AF753013

Die öffentliche Hand als Partei in verwaltungs- und zivilrechtlichen Schiedsverfahren

Schriftenreihe der August Maria Berges Stiftung für Arbitrales Recht

Herausgegeben von Hubertus W. Labes

Band 30

Zur Qualitätssicherung und Peer Review der vorliegenden Publikation

Die Qualität der in dieser Reihe erscheinenden Arbeiten wird vor der Publikation durch den Herausgeber der Reihe geprüft.

Notes on the quality assurance and peer review of this publication

Prior to publication, the quality of the work published in this series is reviewed by the editor of the series.

René Rosenau

Die öffentliche Hand als Partei in verwaltungs- und zivilrechtlichen Schiedsverfahren

PETER LANG

Bibliografische Information der Deutschen Nationalbibliothek
Die Deutsche Nationalbibliothek verzeichnet diese Publikation in der Deutschen Nationalbibliografie; detaillierte bibliografische Daten sind im Internet über http://dnb.d-nb.de abrufbar.

Zugl.: Bonn, Univ., Diss., 2018

Die Publikation wurde von der
August Maria Berges Stiftung für Arbitrales Recht gefördert.

D 5
ISSN 1435-4748
ISBN 978-3-631-76788-7 (Print)
E-ISBN 978-3-631-76821-1 (E-PDF)
E-ISBN 978-3-631-76822-8 (EPUB)
E-ISBN 978-3-631-76823-5 (MOBI)
DOI 10.3726/b14690

© Peter Lang GmbH
Internationaler Verlag der Wissenschaften
Berlin 2018
Alle Rechte vorbehalten.

Peter Lang – Berlin · Bern · Bruxelles · New York ·
Oxford · Warszawa · Wien

Das Werk einschließlich aller seiner Teile ist urheberrechtlich geschützt. Jede Verwertung außerhalb der engen Grenzen des Urheberrechtsgesetzes ist ohne Zustimmung des Verlages unzulässig und strafbar. Das gilt insbesondere für Vervielfältigungen, Übersetzungen, Mikroverfilmungen und die Einspeicherung und Verarbeitung in elektronischen Systemen.

Diese Publikation wurde begutachtet.

www.peterlang.com

Meiner Familie gewidmet.

Vorwort

Die Idee zur Befassung mit der vorliegenden Thematik ist mir bereits relativ früh im Rahmen meines Studiums anlässlich der Teilnahme im Team der Universität Bonn am 17. Willem C. Vis International Commercial Arbitration Moot Court in den Jahren 2009/2010 gekommen. Als ich im Anschluss an das Referendarexamen nach einem passenden Thema für eine Dissertation suchte, erinnerte ich mich daran zurück und legte Herrn Prof. Dr. Dr. Wolfgang Durner ein entsprechendes Exposé vor. Zu meiner großen Freude zeigte er sich sehr interessiert und erklärte sich bereit, die Betreuung meines Promotionsvorhabens zu übernehmen. Insoweit sowie für seine jederzeitige und unverzüglich gewährte Unterstützung gilt ihm mein größter Dank.

Herrn Prof. Dr. Moritz Brinkmann danke ich recht herzlich für die zügige Erstellung des Zweitgutachtens. Des Weiteren bedanke ich mich bei der August Maria Berges Stiftung für Arbitrales Recht für die Aufnahme meiner Arbeit in ihre Schriftenreihe sowie die großzügige finanzielle Förderung bei den Druckkosten.

Ich bin außerdem Jana Braksiek sowie André Manuel Hoppe zum Dank verpflichtet, die sich dazu bereit erklärten, den Entwurf Korrektur zu lesen. Schließlich möchte ich mich bei meiner Familie bedanken, die mich während der Entstehung dieser Dissertation stets unterstützt und motiviert hat.

Das Schrifttum befindet sich auf dem Stand von November 2017.

Inhaltsverzeichnis

Abkürzungsverzeichnis

A.A.	Andere Ansicht
Abg.	Abgeordnete/r
ABl.EG	Amtsblatt der Europäischen Gemeinschaften
ABMG	Autobahnmautgesetz
Abs.	Absatz
Abschn.	Abschnitt
Abw.	Abweichend
AcP	Archiv für die civilistische Praxis
ADR	Alternative Dispute Resolution
a.F.	alte Fassung
AG	Aktiengesellschaft
Allg.	Allgemein
Alt.	Alternative
a.M.	am Main
Anm. d. Verf.	Anmerkung des Verfassers
AnwBl	Anwaltsblatt
AO	Abgabenordnung
AO-Bau/DBGT	Adjudikationsordnung für Baustreitigkeiten des Deutschen Baugerichtstages e.V.
AöR	Archiv für öffentliches Recht bzw. des öffentlichen Rechts
Art. (Plural: Artt.)	Artikel
Aufl.	Auflage
Az.	Aktenzeichen
BABl.	Bundesanzeigenblatt
BAG	Bundesamt für Güterverkehr
BayVBl.	Bayrische Verwaltungsblätter
BB	Betriebs-Berater
Bbg. GVBl.	Gesetz- und Verordnungsblatt für das Land Brandenburg
Bd.	Band
BeckOK	Beck'scher Online-Kommentar
BeckRS	Beck online Rechtsprechung
Bsp. (Plural: Bspe.)	Beispiel
Begr.	Begründer

Beil.	Beilage
BGB	Bürgerliches Gesetzbuch
BGBl.	Bundesgesetzblatt
BGH	Bundesgerichtshof
BK GG	Bonner Kommentar zum Grundgesetz
BMVBW	Bundesministerium für Verkehr, Bau und Wohnen
Bspw.	Beispielsweise
BT-Drs.	Bundestagsdrucksache
BVerfG	Bundesverfassungsgericht
BVerfGE	Entscheidungen des Bundesverfassungsgerichts
BVerfGG	Bundesverfassungsgerichtsgesetz
BVerwG	Bundesverwaltungsgericht
BVerwGE	Entscheidungen des Bundesverwaltungsgerichts
BWB	Berliner Wasserbetriebe
CAS	Court of Arbitration for Sport
Chap.	Chapter
DesignG	Gesetz über den rechtlichen Schutz von Design
DIS	Deutsche Institution für Schiedsgerichtsbarkeit
DJT	Deutscher Juristentag
Dok.	Dokument
DÖV	Die Öffentliche Verwaltung
DRiG	Deutsches Richtergesetz
DuD	Datenschutz und Datensicherheit
DVBl.	Deutsches Verwaltungsblatt
DZWiR	Deutsche Zeitschrift für Wirtschafts- und Insolvenzrecht
E	Entscheidung
Eds.	Editors
EG	Europäische Gemeinschaften
EMRK	Europäische Menschenrechtskonvention
Engl.	Englisch
EuZW	Europäische Zeitschrift für Wirtschaftsrecht
e.V.	eingetragener Verein
EWiR	Entscheidungen zum Wirtschaftsrecht
f.	folgend
FDP	Freie Demokratische Partei
ff.	fortfolgend
FG	Festgabe
FGO	Finanzgerichtsordnung

Fn. (Plural: Fnn.)	Fußnote
FPR	Familie Partnerschaft Recht
FS	Festschrift
GbR	Gesellschaft bürgerlichen Rechts
GebrMG	Gebrauchsmustergesetz
GG	Grundgesetz
Gk.	Großkommentar
GmbH	Gesellschaft mit beschränkter Haftung
GOBT	Geschäftsordnung des Deutschen Bundestages
Grds.	Grundsätzlich
GrundR (Plural: GrundRe)	Grundrecht
GVBl. TH	Gesetz- und Verordnungsblatt für den Freistaat Thüringen
GVG	Gerichtsverfassungsgesetz
GV. NRW	Gesetz- und Verordnungsblatt für das Land Nordrhein-Westfalen
GVOBl. S-H	Gesetz- und Verordnungsblatt für Schleswig-Holstein
GWB	Gesetz gegen Wettbewerbsbeschränkungen
Hdb.	Handbuch/Handbook
Hk.	Handkommentar
H.M.	Herrschende Meinung
Hrsg.	Herausgeber
HS	Halbsatz
i.d.S.	in diesem Sinne
I.E.	Im Ergebnis
i.e.	id est (=das heißt)
IFG	Informationsfreiheitsgesetz
IHR	Zeitschrift für das Recht des internationalen Warenkaufs und Warenvertriebs
Inkl.	Inklusive
Insbes.	Insbesondere
InvestitionsschutzR	Investitionsschutzrecht
IR	InfrastrukturRecht
i.V.m.	in Verbindung mit
i.W.	im Wesentlichen
JA	Juristische Arbeitsblätter
Jura	Juristische Ausbildung
JuS	Juristische Schulung

JZ	Juristenzeitung
Kap.	Kapitel
KHG	Gesetz zur wirtschaftlichen Sicherung der Krankenhäuser und zur Regelung der Krankenhauspflegesätze
KK StPO	Karlsruher Kommentar zur Strafprozessordnung
KSpG	Gesetz zur Demonstration der dauerhaften Speicherung von Kohlendioxid
LKV	Landes- und Kommunalverwaltung
Lkw	Lastkraftwagen
MarkG	Gesetz über den Schutz von Marken und sonstigen Kennzeichen
MedG	Mediationsgesetz
MMR	MultiMedia und Recht
Mrd.	Milliarde
MüKo	Münchener Kommentar
m.w.N.	mit weiteren Nachweisen
Nds. OVG	Niedersächsisches Oberverwaltungsgericht
NJW	Neue Juristische Wochenschrift
NJW-RR	NJW-Rechtsprechungs-Report Zivilrecht
NordÖR	Zeitschrift für Öffentliches Recht in Norddeutschland
Nr. (Plural: Nrn.)	Nummer
NVwZ	Neue Zeitschrift für Verwaltungsrecht
NWVBl.	Nordrhein-Westfälische Verwaltungsblätter
NZBau	Neue Zeitschrift für Baurecht
ÖPP	Öffentlich-private Partnerschaft
OLG	Oberlandesgericht
OVG	Oberverwaltungsgericht
OVGE	Entscheidungen des Oberverwaltungsgerichts
OWiG	Gesetz über Ordnungswidrigkeiten
PPP	Public Private Partnership
Rdziff.	Randziffer
Rhld.-Pfl. GVBl.	Gesetz- und Verordnungsblatt für das Land Rheinland-Pfalz
RmBereinVpG	Gesetz zur Bereinigung des Rechtsmittelrechts im Verwaltungsprozess
Rspr.	Rechtsprechung
S.	Satz/Seite/Siehe
S.A.	Société Anonyme

SchiedsVZ	Zeitschrift für Schiedsverfahren
SGG	Sozialgerichtsgesetz
SPD	Sozialdemokratische Partei Deutschlands
Sog.	Sogenannte/r
T.	Teil
Teilw.	Teilweise
u.a.	unter anderem
UAbs.	Unterabsatz
UIG	Umweltinformationsgesetz
Umstr.	Umstritten
UNCITRAL	United Nations Commission on International Trade Law
UrhG	Urhebergesetz
UWG	Gesetz gegen den unlauteren Wettbewerb
VerwArch	Verwaltungsarchiv
VG	Verwaltungsgericht
VGH	Verwaltungsgerichtshof
Vgl.	Vergleiche
VOB/B	Allgemeine Vertragsbedingungen für die Ausführung von Bauleistungen zur Vergabe- und Vertragsordnung für Bauleistungen
VVDStRL	Veröffentlichungen der Vereinigung der Deutschen Staatsrechtslehrer
VwGO	Verwaltungsgerichtsordnung
VwVfG	Verwaltungsverfahrensgesetz
WoGG	Wohngeldgesetz
WRP	Wettbewerb in Recht und Praxis
ZaöRV	Zeitschrift für ausländisches öffentliches Recht und Völkerrecht
Z.B.	Zum Beispiel
ZfBR	Zeitschrift für deutsches und internationales Bau- und Vergaberecht
ZHR	Zeitschrift für das gesamte Handels- und Wirtschaftsrecht
Ziff.	Ziffer
ZJS	Zeitschrift für das Juristische Studium
ZPO	Zivilprozessordnung
ZRP	Zeitschrift für Rechtspolitik
Z.T.	Zum Teil
ZVglRWiss	Zeitschrift für Vergleichende Rechtswissenschaft

Literaturverzeichnis

Aden, Menno, Die Nichtöffentlichkeit des Schiedsverfahrens – Verstoß gegen prozessuales Grundrecht?, in: Deutsche Zeitschrift für Wirtschafts- und Insolvenzrecht 2012, S. 360–363, zitiert als: *M. Aden*, DZWiR 2012.

Ahlberg, Hartwig/Götting, Horst-Peter (Hrsg.), Beck'scher Online-Kommentar zum Urheberrecht, 17. Edition, München (01.08.2017), zitiert als: *Bearbeiter*, in: Ahlberg/Hartwig, BeckOK UrhR.

Albers, Marion, Grundlagen und Ausgestaltung der Informationsfreiheitsgesetze, in: Zeitschrift für das Juristische Studium 2009, S. 614–624, zitiert als: *M. Albers*, ZJS 2009.

Angelov, Jean, Grundlagen und Grenzen eines staatsbürgerlichen Informationszugangsanspruchs, Frankfurt a.M. (2000), zitiert als: *J. Angelov*, Grundlagen.

Arnauld, Andreas von, Rechtssicherheit, Perspektivische Annäherungen an eine *idée directrice* des Rechts, Tübingen (2006), zitiert als: *A. v. Arnauld*, Rechtssicherheit.

Bader, Johann/Ronellenfitsch, Michael (Hrsg.), Beck'scher Online-Kommentar zum Verwaltungsverfahrensgesetz, 36. Edition, München (01.07.2017), zitiert als: *Bearbeiter*, in: Bader/Ronellenfitsch, BeckOK VwVfG.

Badura, Peter, Staatsrecht, Systematische Erläuterung des Grundgesetzes für die Bundesrepublik Deutschland, 6. Auflage, München (2015), zitiert als: *P. Badura*, StaatsR.

Bäumerich, Maik, Güterichter und Verfahrensrecht – Zum Begriff der Rechtsprechung nach Art. 92 GG, in: Zeitschrift für Schiedsverfahren 2015, S. 237–242, zitiert als: *M. Bäumerich*, SchiedsVZ 2015.

Bäuml, Andreas, Transparenz bei PPP-Projekten, in: InfrastrukturRecht 2012, S. 314–316, zitiert als: *A. Bäuml*, IR 2012.

Denninger, Erhard (Hrsg.), (Alternativ-)Kommentar zum Grundgesetz für die Bundesrepublik Deutschland, Band 1, 3. Auflage, Neuwied/Kriftel (2. Ergänzungslieferung August 2002), zitiert als: *Bearbeiter*, in: Denninger, AK GG, Bd. 1.

Battis, Ulrich/Kersten, Jens, Public Private Partnership in der Städtebauförderung, in: Landes- und Kommunalverwaltung 2006, S. 442–449, zitiert als: *U. Battis/J. Kersten*, LKV 2006.

Baumbach, Adolf (Begr.), Zivilprozessordnung, 76. Auflage, München (2018), zitiert als: *A. Baumbach*, ZPO.

Baur, Fritz, Betriebsjustiz, in: Juristenzeitung 1965, S. 163–167, zitiert als: *F. Baur*, JZ 1965.

Bechte, Diana, Einführung in das Schiedsverfahrensrecht, in: Zeitschrift für das Juristische Studium 2011, S. 307–314, zitiert als: *D. Bechte*, ZJS 2011.

Beck, Daniel, Völkerrechtlicher Investitionsschutz, Die Abgrenzung entschädigungspflichtiger und entschädigungsfreier Ergänzungsgestaltungen im Völkerrecht, Stuttgart u.a. (2009), zitiert als: *D. Beck*, Investitionsschutz.

Becker, Joachim, Rechtsrahmen für Public Private Partnership, Regelungsbedarf für neue Kooperationsformen zwischen Verwaltung und Privaten?, in: Zeitschrift für Rechtspolitik 2002, S. 303–308, zitiert als: *J. Becker*, ZRP 2002.

Benda, Ernst/Maihofer, Werner/Vogel, Hans-Jochen (Hrsg.), Handbuch des Verfassungsrechts der Bundesrepublik Deutschland, Studienausgabe,

Teil 1, 2. Auflage, Berlin/New York (1995),

Teil 2, 2. Auflage, Berlin/New York (1995),

zitiert als: *Bearbeiter*, in: Benda/Maihofer/Vogel, Hdb. VerfassungsR, T.

Beratergruppe „PPP im öffentlichen Hochbau“, PPP im öffentlichen Hochbau, Gutachten im Auftrag des Bundesministeriums für Verkehr, Bau- und Wohnungswesen, Band 1: Leitfaden, Berlin (2003), zitiert als: *Beratergruppe*, PPP Hochbau.

Berger, Sven u.a., Kommentar zum Informationsfreiheitsgesetz, 2. Auflage, Köln (2013), zitiert als: *Bearbeiter*, in: Berger u.a., IFG.

Bernuth, Wolf H. von/Reischl, Marcus, Sequestration of Witnesses – Zur Anwesenheit von Zeugen während der Schiedsverhandlung, in: Zeitschrift für Schiedsverfahren 2017, S. 20–23, zitiert als: *W. v. Bernuth/M. Reischl*, SchiedsVZ 2017.

Bethge, Nadine, Die verfassungsrechtliche Zulässigkeit des Grundrechtsverzichts, Hamburg (2014), zitiert als *N. Bethge*, Grundrechtsverzicht.

Bieber, Roland, Informationsrechte Dritter im Verwaltungsverfahren – Ansätze zu legislativer und dogmatischer Neubewertung, in: Die Öffentliche Verwaltung 1991, S. 857–866, zitiert als: *R. Bieber*, DÖV 1991.

Bietz, Hermann, Baustreitigkeiten vor dem Schiedsgericht, in: Neue Zeitschrift für Baurecht 2003, S. 177–183, zitiert als: *H. Bietz*, NZBau 2003.

Blomeyer, Karl, Betrachtungen über die Schiedsgerichtsbarkeit, in: Beiträge zum Zivilprozeßrecht, Festgabe zum siebzigsten Geburtstag von Leo Rosenberg, Berlin/München (1949), S. 51–71, zitiert als: *K. Blomeyer*, in: FG Rosenberg.

Bodenheim, Dieter G., Kollision parlamentarischer Kontrollrechte, Zum verfassungsrechtlichen Verhältnis von parlamentarischem Frage- und Untersuchungsrecht, Hamburg (1979), zitiert als: *D. Bodenheim*, Kollision.

Böckstiegel, Karl-Heinz, Internationaler Investitionsschutz aus der Perspektive eines Schiedsrichters, in: Zeitschrift für Schiedsverfahren 2008, S. 265–270, zitiert als: *K.-H. Böckstiegel,* SchiedsVZ 2008.

Böckstiegel, Karl-Heinz, Enterprise v. State – The New David and Goliath?, in: Zeitschrift für Schiedsverfahren 2016, S. 121–127, zitiert als: *K.-H. Böckstiegel,* SchiedsVZ 2016.

Boetticher, Christian von, Parlamentsverwaltung und parlamentarische Kontrolle, Berlin (2002), zitiert als: *C. v. Boetticher,* Kontrolle.

Bogdandy, Armin von/Venzke, Ingo, Zur Herrschaft internationaler Gerichte: Eine Untersuchung internationaler öffentlicher Gewalt und ihrer demokratischen Rechtfertigung, in: Zeitschrift für ausländisches öffentliches Recht und Völkerrecht 2010, S. 1–49, zitiert als: *A. v. Bogdandy/I. Venzke,* ZaöRV 2010.

Bohne, Michael, Die Informationsfreiheit und der Anspruch von Datenbankbetreibern auf Zugang zu Gerichtsentscheidungen, in: Neue Zeitschrift für Verwaltungsrecht 2007, S. 656–660, zitiert als: *M. Bohne,* NVwZ 2007.

Braun, Tillmann Rudolf, Ausprägungen der Globalisierung: Der Investor als partielles Subjekt im Internationalen Investitionsrecht – Qualität und Grenzen dieser Wirkungseinheit, Baden-Baden (2012), zitiert als: *T. Braun,* Globalisierung.

Brechtel, Christian, Das Gesellschaftsmodell – Option für eine echte Public Private Partnership (PPP), Rechtsvoraussetzungen und Gestaltungsspielräume bei der Realisierung von PPP-Projekten unter gesellschaftlicher Beteiligung der öffentlichen Hand an der Projektgesellschaft, Hamburg (2010), zitiert als: *C. Brechtel,* Gesellschaftsmodell.

Brink, Stefan/Polenz, Sven/Blatt, Henning, Kommentar zum Informationsfreiheitsgesetz, München (2017), zitiert als: *Bearbeiter,* in: Brink/Polenz/Blatt, IFG.

Bröhmer, Jürgen, Transparenz als Verfassungsprinzip, Grundgesetz und Europäische Union, Tübingen (2004), zitiert als: *J. Bröhmer,* Transparenz.

Brosius-Gersdorf, Frauke, Dritte Gewalt im Wandel: Veränderte Anforderungen an Legitimität und Effektivität?, in: Veröffentlichungen der Vereinigung der Deutschen Staatsrechtslehrer 74 (2015), S. 169–223, zitiert als: *F. Brosius-Gersdorf,* VVDStRL 74.

Bubrowski, Helene, Internationale Investitionsschiedsverfahren und nationale Gerichte, Tübingen (2013), zitiert als: *H. Bubrowski,* Investitionsschiedsverfahren.

Buntenbroich, David/Kaul, Markus, Transparenz in Investitionsschiedsverfahren – Der Fall Vattenfall und die UNCITRAL-Transparenzregeln, in: Zeitschrift für Schiedsverfahren 2014, S. 1–8, zitiert als: *D. Buntenbroich/M. Kaul,* SchiedsVZ 2014.

Burgi, Martin, Funktionale Privatisierung und Verwaltungshilfe, Staatsaufgabendogmatik, Phänomenologie – Verfassungsrecht, Tübingen (1999), zitiert als: *M. Burgi*, Privatisierung.

Burgi, Martin, Privatisierung öffentlicher Aufgaben – Gestaltungsmöglichkeiten, Grenzen, Regelungsbedarf, Gutachten D für den 67. Deutschen Juristentag, in: Verhandlungen des 67. Deutschen Juristentages, Erfurt 2008, Band 1, Gutachten, München (2008), D 3–117, zitiert als: *M. Burgi*, Gutachten DJT.

Calmes-Brunet, Sylvia, Rechtssicherheit und Vertrauensschutz im Verfassungsrecht, Ein Vergleich zwischen deutschem und französischem Recht, in: Juristische Schulung 2014, S. 602–606, zitiert als: *S. Calmes-Brunet*, JuS 2014.

Caspar, Johannes, Informationsfreiheit, Transparenz und Datenschutz, in: Die Öffentliche Verwaltung 2013, S. 371–375, zitiert als: *J. Caspar*, DÖV 2013.

Classen, Claus Dieter, Die Unterwerfung demokratischer Hoheitsgewalt unter eine Schiedsgerichtsbarkeit, in: Europäische Zeitschrift für Wirtschaftsrecht 2014, S. 611–616, zitiert als: *C. Classen*, EuZW 2014.

Dalibor, Marcel, Bundesregierung und Bundesministerien als Behörden i.S.v. § 1 Abs. 1 Satz 1 IFG Bund, in: Deutsches Verwaltungsblatt 2012, S. 933–942, zitiert als: *M. Dalibor*, DVBl. 2012.

Danner, Wolfgang/Theobald, Christian (Hrsg.), Kommentar zum Energierecht, Loseblattsammlung, Band 1, München (92. Ergänzungslieferung März 2017), zitiert als: *Bearbeiter*, in: Danner/Theobald, EnergieR, Bd. 1.

Diederichs, Claus Jürgen, Wirtschaftlichkeitsuntersuchungen bei PPP-Projekten, in: Neue Zeitschrift für Baurecht 2009, S. 547–552, zitiert als: *C. Diederichs*, NZBau 2009.

Dix, Alexander, Der verfassungs- und europarechtliche Rahmen des Rechts auf Informationszugang, in: Dreier, Thomas u.a. (Hrsg.), Informationen der öffentlichen Hand – Zugang und Nutzung, Baden-Baden (2016), S. 77–88, zitiert als: *A. Dix*, in: Dreier u.a., Zugang.

Dörr, Alexander, Informationsansprüche gegenüber dem Staat zuzurechnenden Unternehmen, Hamburg (2015), zitiert als: *A. Dörr*, Informationsansprüche.

Dralle, Tilman Michael, Der Fair and Equitable Treatment-Standard im Investitionsschutzrecht am Beispiel des Schiedsspruchs Glamis Gold v. United States, Halle an der Saale (2011), zitiert als: *T. Dralle*, InvestitionsschutzR.

Drefs, Felix, Informationen über öffentliches Handeln – Zur verfassungsrechtlich gebotenen Transparenz staatlicher Tätigkeit, in: Dreier, Thomas u.a. (Hrsg.), Informationen der öffentlichen Hand – Zugang und Nutzung, Baden-Baden (2016), S. 89–106, zitiert als: *F. Drefs*, in: Dreier u.a., Zugang.

Dreier, Horst (Hrsg.), Kommentar zum Grundgesetz,

Band 1: Präambel, Artikel 1–19, 3. Auflage, Tübingen (2013),

Band 2: Artikel 20–82, 3. Auflage, Tübingen (2015),

Band 3: Artikel 83–146, 2. Auflage, Tübingen (2008),

zitiert als: *Bearbeiter*, in: Dreier, GG, Bd.

Dreier, Thomas/Schulze, Gernot (Hrsg.), Kommentar zum Urheberrechtsgesetz, 5. Auflage, München (2015), zitiert als: *Bearbeiter*, in: Dreier/Schulze, UrhG.

Dreier, Thomas/Spiecker gen. Döhmann, Indra, Gegenrechte – Datenschutz/ Schutz von Betriebs- und Geschäftsgeheimnissen, Geistiges Eigentum, in: Dreier, Thomas u.a. (Hrsg.), Informationen der öffentlichen Hand – Zugang und Nutzung, Baden-Baden (2016), S. 165–191, zitiert als: *T. Dreier/I. Spiecker gen. Döhmann*, in: Dreier u.a., Zugang.

Duve, Christian/Keller, Moritz, Privatisierung der Justiz – bleibt die Rechtsfortbildung auf der Strecke? – Ein Beitrag zur Auflösung des Spannungsverhältnisses von Privatautonomie und Rechtsfortbildung in der Schiedsgerichtsbarkeit, in: Zeitschrift für Schiedsverfahren 2005, S. 169–178, zitiert als: *C. Duve/M. Keller*, SchiedsVZ 2005.

Eckstein, Daniel, Mediation und weitere alternative Konfliktlösungsinstrumente, in: Juristische Schulung 2014, S. 698–702, zitiert als: *D. Eckstein*, JuS 2014.

Ehlers, Dirk, Rechtsstaatliche und prozessuale Probleme des Verwaltungsprivatrechts, in: Deutsches Verwaltungsblatt 1983, S. 422–430, zitiert als: *D. Ehlers*, DVBl. 1983.

Ehlers, Dirk, Verwaltung in Privatrechtsform, Berlin (1984), zitiert als: *D. Ehlers*, Privatrechtsform.

Enders, Christoph, Die Beschränkung der Gerichtsöffentlichkeit durch § 169 S. 2 GVG – verfassungswidrig?, in: Neue Juristische Wochenschrift 1996, S. 2712–2714, zitiert als: *C. Enders*, NJW 1996.

Engelhardt, Hanns, Institutum, quod naturalis ratio suadet, Schiedsgerichtsbarkeit im Kirchenrecht, in: Plantey, Alain/Böckstiegel, Karl-Heinz/Bredow, Jens (Hrsg.), Festschrift für Ottoarndt Glossner zum 70. Geburtstag, Heidelberg (1994), S. 95–117, zitiert als: *H. Engelhardt*, in: Plantey/Böckstiegel/Bredow, FS Glossner.

Epping, Volker/Hillgruber, Christian (Hrsg.), Beck'scher Online-Kommentar zum Grundgesetz, 34. Edition, München (15.08.2017), zitiert als: *Bearbeiter*, in: Epping/Hillgruber, BeckOK GG.

Erichsen, Hans-Uwe, Die Zulässigkeit einer Klage vor dem Verwaltungsgericht, in: Juristische Ausbildung 1994, S. 418–423, zitiert als: *H.-U. Erichsen*, Jura 1994.

Eyermann, Erich/Fröhler, Ludwig (Begr.), Kommentar zur Verwaltungsgerichtsordnung, 14. Auflage, München (2014), zitiert als: *Bearbeiter*, in: Eyermann/Fröhler, VwGO.

Eyermann, Erich/Fröhler, Ludwig/Kornmann, Joachim, Kommentar zur Verwaltungsgerichtsordnung, 9. Auflage, München (1988), zitiert als: *E. Eyermann/L. Fröhler*, VwGO (9. Aufl.).

Fehling, Michael/Kastner, Berthold/Störmer, Rainer (Hrsg.), Handkommentar zum Verwaltungsrecht, VwVfG, VwGO, Nebengesetze, 4. Auflage, Baden-Baden (2016), zitiert als: *Bearbeiter*, in: Fehling/Kastner/Störmer, Hk. VerwaltungsR.

Findeisen, Maximilian/Backhaus, Richard, Vertragliche Vergütungsmechanismen bei PPP-Projekten, in: Nordrhein-Westfälische Verwaltungsblätter 2007, S. 93–101, zitiert als: *M. Findeisen/R. Backhaus*, NWVBl. 2007.

Fögen, Marie Theres, Der Kampf um Gerichtsöffentlichkeit, Berlin (1974), zitiert als: *M. Fögen*, Gerichtsöffentlichkeit.

Franßen, Gregor/Seidel, Sabine, Praxiskommentar zum Informationsfreiheitsgesetz Nordrhein-Westfalen, Berlin (2007), zitiert als: *Bearbeiter*, in: Franßen/Seidel, IFG NRW.

Gärditz, Klaus F. (Hrsg.), Kommentar zur VwGO, Köln (2013), zitiert als: *Bearbeiter*, in: Gärditz, VwGO.

Gärditz, Klaus F., Parlamentarische Untersuchungsausschüsse als informationspflichtige Stellen?, in: Neue Zeitschrift für Verwaltungsrecht 2015, S. 1161–1166, zitiert als: *K. Gärditz*, NVwZ 2015.

Gaier, Reinhard, Schlichtung, Schiedsgericht, staatliche Justiz – Drei Akteure in einem System institutioneller Rechtsverwirklichung, in: Neue Juristische Wochenschrift 2016, S. 1367–1371, zitiert als: *R. Gaier*, NJW 2016.

Ganten, Hans/Jansen, Günther/Voit, Wolfgang (Hrsg.), Kommentar zur Vergabe- und Vertragsordnung für Bauleistungen Teil B, Allgemeine Vertragsbedingungen für die Ausführung von Bauleistungen, 3. Auflage, München (2013), zitiert als: *Bearbeiter*, in: Ganten/Jansen/Voit, VOB/B.

Geiben, Jörg, Die Privatsphäre und Vertraulichkeit im Schiedsverfahren, Eine rechtsvergleichende Untersuchung des deutschen, englischen und US-amerikanischen Schiedsrechts, Köln u.a. (2001), zitiert als: *J. Geiben*, Privatsphäre.

Geimer, Reinhold, Schiedsgerichtsbarkeit und Verfassung (aus deutscher Sicht), in: Schlosser, Peter F. (Hrsg.), Integritätsprobleme im Umfeld der Justiz – Die Organisation der Rechtsberatung; Schiedsgerichtsbarkeit und Verfassungsrecht –, Bielefeld (1994), S. 113–199, zitiert als: *R. Geimer*, in: Schlosser, Integritätsprobleme.

Gern, Alfons, Der Vertrag zwischen Privaten über öffentlichrechtliche Berechtigungen und Verpflichtungen, Zur Dogmatik des öffentlichrechtlichen Vertrages, Berlin (1977), zitiert als: *A. Gern*, Vertrag.

Gersdorf, Hubertus/Paal, Boris P. (Hrsg.), Beck'scher Online-Kommentar zum Informations- und Medienrecht, 17. Edition, München (01.08.2017), zitiert als: *Bearbeiter*, in: Gersdorf/Paal, BeckOK Informations- und MedienR.

Glaser, Andreas, Nachhaltige Entwicklung und Demokratie, Ein Verfassungsrechtsvergleich der politischen Systeme Deutschlands und der Schweiz, Tübingen (2006), zitiert als: *A. Glaser*, Entwicklung.

Glauben, Paul, Umfang und Grenzen des parlamentarischen Informationsrechts, in: Zeitschrift für Landes- und Kommunalrecht Hessen, Rheinland-Pfalz, Saarland 2015, S. 129–137, zitiert als: *P. Glauben*, LKRZ 2015.

Görisch, Christoph, „Staatskirchenrecht" am Ende?, in: Neue Zeitschrift für Verwaltungsrecht 2001, S. 885–888, zitiert als: *C. Görisch*, NVwZ 2001.

Gött, Henner, „Legitimation durch den, den es angeht?" – Die Einbindung der Zivilgesellschaft in die transatlantische Regulierungszusammenarbeit aus demokratischer Perspektive, in: Buszewski, Sinthiou/Martini, Stefan/Rathke, Hannes (Hrsg.), Freihandel vs. Demokratie, Grundsätze transnationaler Legitimation: Partizipation, Reversibilität, Transparenz, Baden-Baden (2016), S. 199–218, zitiert als: *H. Gött*, in: Buszewski/Martini/Rathke, Freihandel.

Graf, Jürgen Peter (Hrsg.), Beck'scher Online-Kommentar zur Strafprozessordnung mit RiStBV und MiStra, 27. Edition, München (01.01.2017), zitiert als: *Bearbeiter*, in: Graf, BeckOK StPO.

Griebel, Jörn, Internationales Investitionsrecht, München (2008), zitiert als: *J. Griebel*, InvestitionsR.

Gröpl, Christoph/Windthorst, Kay/Coelln, Christian von, Studienkommentar zum Grundgesetz, 3. Auflage, München (2017), zitiert als: *Bearbeiter*, in: Gröpl/Windthorst/Coelln, GG.

Gröschner, Rolf, Transparente Verwaltung: Konturen eines Informationsverwaltungsrechts, in: Veröffentlichungen der Vereinigung der Deutschen Staatsrechtslehrer 63 (2004), S. 344–376, zitiert als: *R. Gröschner*, VVDStRL 63.

Grupp, Klaus, Wirtschaftliche Betätigung der öffentlichen Hand unter dem Grundgesetz, in: Zeitschrift für das gesamte Handels- und Wirtschaftsrecht 140 (1976), S. 367–393, zitiert als: *K. Grupp*, ZHR 140.

Guckelberger, Annette, Einheitliches Mediationsgesetz auch für verwaltungsrechtliche Konflikte?, in: Neue Zeitschrift für Verwaltungsrecht 2011, S. 390–396, zitiert als: *A. Guckelberger*, NVwZ 2011.

Günther, Klaus, Einschränkungen der Erhebung von Dokumentenbeweisen aufgrund von Vertraulichkeit und Geschäftsgeheimnissen, in: Berger, Klaus P.

u.a. (Hrsg.), Festschrift für Otto Sandrock zum 70. Geburtstag, Heidelberg (2000), S. 341–356, zitiert als: *K. Günther*, in: Berger u.a., FS Sandrock.

Gurlit, Elke, Konturen eines Informationsverwaltungsrechts, in: Deutsches Verwaltungsblatt 2003, S. 1119–1134, zitiert als: *E. Gurlit*, DVBl. 2003.

Gusy, Christoph, Die Bindung privatrechtlichen Verwaltungshandelns an das öffentliche Recht – Zugleich ein Beitrag zur „Freiheit der Formenwahl" –, in: Die Öffentliche Verwaltung 1984, S. 872–881, zitiert als: *C. Gusy*, DÖV 1984.

Gusy, Christoph, Parlamentarische Kontrolle, in: Juristische Arbeitsblätter 2005, S. 395–399, zitiert als: *C. Gusy*, JA 2005.

Gusy, Christoph, Parlamentarische Kontrolle der Nachrichtendienste im demokratischen Rechtsstaat, in: Zeitschrift für Rechtspolitik 2008, S. 36–40, zitiert als: *C. Gusy*, ZRP 2008.

Gusy, Christoph, Der transparente Staat, in: Deutsches Verwaltungsblatt 2013, S. 941–948, zitiert als: *C. Gusy*, DVBl. 2013.

Habscheid, Walther J., Das Problem der Unabhängigkeit der Schiedsgerichte, in: Neue Juristische Wochenschrift 1962, S. 5–12, zitiert als: *W. Habscheid*, NJW 1962.

Häberle, Peter, Verfassung als öffentlicher Prozeß, Materialien zu einer Verfassungstheorie der offenen Gesellschaft, 2. Auflage, Berlin (1996), Beitrag 7: Öffentlichkeit und Verfassung (1969) mit Nachtrag (1978), S. 225–245, zitiert als: *P. Häberle*, Verfassung.

Häfner, Christof, Aspekte einer Normierung von Public Private Partnerships (PPP), in: Landes- und Kommunalverwaltung 2005, S. 340–343, zitiert als: *C. Häfner*, LKV 2005.

Haft, Fritjof/Schlieffen, Katharina Gräfin von (Hrsg.), Handbuch Mediation – Verhandlungstechnik, Strategien, Einsatzgebiete, 3. Auflage, München (2016), zitiert als: *F. Haft/K. G. v. Schlieffen*, Hdb. Mediation.

Haller, Heiko, Vorlagepflicht von Schiedsrichterakten im staatlichen Überprüfungsverfahren, in: Zeitschrift für Schiedsverfahren 2011, S. 179–183, zitiert als: *H. Haller*, SchiedsVZ 2011.

Hammerstein, Christian von/Roegele, Peter, Der Fair and Equitable Treatment-Standard im Investitionsschutzrecht, in: Zeitschrift für Schiedsverfahren 2015, S. 275–280, zitiert als: *C. v. Hammerstein/P. Roegele*, SchiedsVZ 2015.

Hannich, Rolf (Hrsg.), Karlsruher Kommentar zur Strafprozessordnung, 7. Auflage, München (2013), zitiert als: *Bearbeiter*, in: Hannich, KK StPO.

Hansalek, Erik, Die parlamentarische Kontrolle der Bundesregierung im Bereich der Nachrichtendienste, Frankfurt a.M. u.a. (2006), zitiert als: *E. Hansalek*, Kontrolle.

Haubner, Tobias, Die Auswirkungen des Almunia-Pakets auf Public Private Partnerships, in: Europäische Zeitschrift für Wirtschaftsrecht 2013, S. 816–821, zitiert als: *T. Haubner*, EuZW 2013.

Heldrich, Andreas, 50 Jahre Rechtsprechung des BGH – Auf dem Weg zu einem Präjudizienrecht?, Festvortrag zum 50-jährigen Bestehen des BGH, in: Zeitschrift für Rechtspolitik 2000, S. 497–500, zitiert als: *A. Heldrich*, ZRP 2000.

Henn, Günter, Schiedsverfahrensrecht, Handbuch für die Praxis, 3. Auflage, Heidelberg (2000), zitiert als: *G. Henn*, SchiedsverfahrensR.

Hesselbarth, Franziska, Schiedsgerichtsbarkeit und Grundgesetz, (Teil-)Verfassungswidrigkeit des reformierten Schiedsverfahrensrechts, Lichtenberg (2004), zitiert als: *F. Hesselbarth*, Schiedsgerichtsbarkeit.

Hilgard, Marc C., Verschwiegenheitspflichten eines Schiedsrichters, in: Betriebs-Berater 2015, S. 1091–1094, zitiert als: *M. Hilgard*, BB 2015.

Hirsch, Günter, Schiedsgerichte – ein Offenbarungseid für die staatlichen Gerichte?, in: Zeitschrift für Schiedsverfahren 2003, S. 49–52, zitiert als: *G. Hirsch*, SchiedsVZ 2003.

Hirte, Heribert, Mitteilung und Publikation von Gerichtsentscheidungen, Zum Spannungsverhältnis von Persönlichkeitsschutz und Interessen der Öffentlichkeit, in: Neue Juristische Wochenschrift 1988, S. 1698–1705, zitiert als: *H. Hirte*, NJW 1988.

Hobe, Stephan, Einführung in das Völkerrecht, 10. Auflage, Tübingen (2014), zitiert als: *S. Hobe*, VölkerR.

Hobeck, Paul/Stubbe, Christian, Genese einer Schiedsklausel, in: Zeitschrift für Schiedsverfahren 2003, S. 15–23, zitiert als: *P. Hobeck/C. Stubbe*, SchiedsVZ 2003.

Hömig, Dieter/Wolff, Heinrich Amadeus (Hrsg.), Kommentar zum Grundgesetz, 11. Auflage, Baden-Baden (2016), zitiert als: *Bearbeiter*, in: Hömig/Wolff, GG.

Hösch, Ulrich, Die Nachprüfung von Vergabeentscheidungen der öffentlichen Hand, in: Bayrische Verwaltungsblätter 1997, S. 193–201, zitiert als: *U. Hösch*, BayVBl. 1997.

Holder, Daniel, Vertraulichkeit im Schiedsverfahren nach deutschem Recht, Unter Berücksichtigung der Rechtslage in England, Australien, Schweden und Neuseeland, Frankfurt a.M. u.a. (2009), zitiert als: *D. Holder*, Vertraulichkeit.

Horn, Hendrik/Peters, Andrea, Vertragsgestaltung bei Public Private Partnership (PPP)-Projekten, in: Betriebs-Berater 2005, S. 2421–2427, zitiert als: *H. Horn/A. Peters*, BB 2005.

Hufen, Friedhelm, Verwaltungsprozessrecht, 10. Auflage, München (2016), zitiert als: *F. Hufen*, VerwaltungsprozessR.

Huff, Martin W., Die Veröffentlichungspflicht der Gerichte, in: Neue Juristische Wochenschrift 1997, S. 2651–2653, zitiert als: *M. Huff*, NJW 1997.

Iding, Andreas, Öffentlich Private Partnerschaften im Hochbau – Mehr oder weniger Transparenz im Vergleich zur Eigenerstellung?, in: InfrastrukturRecht 2012, S. 320–322, zitiert als: *A. Iding*, IR 2012.

Ipsen, Jörn, Richterrecht und Verfassung, Berlin (1975), zitiert als: *J. Ipsen*, RichterR.

Isensee, Josef/Kirchhof, Paul (Hrsg.), Handbuch des Staatsrechts der Bundesrepublik Deutschland,

Band 2: Verfassungsstaat, 3. Auflage, Heidelberg u.a. (2004),

Band 3: Demokratie – Bundesorgane, 3. Auflage, Heidelberg u.a. (2005),

Band 7: Freiheitsrechte, 3. Auflage, Heidelberg u.a. (2009),

Band 8: Grundrechte: Wirtschaft, Verfahren, Gleichheit, 3. Auflage, Heidelberg u.a. (2010),

zitiert als: *Bearbeiter*, in: Isensee/Kirchhof, Hdb. StaatsR, Bd.

Jahn, Mark, Das Informationsfreiheitsrecht nach dem Informationsfreiheitsgesetz Schleswig-Holstein, Hamburg (2007), zitiert als: *M. Jahn*, InformationsfreiheitsR.

Janssen, Albert, Die verfassungsrechtliche Bedeutung des Volkswillens für die Legitimation der Staatsgewalt – Ein Beitrag zur Auslegung des Art. 20 Abs. 2 GG –, in: Die Öffentliche Verwaltung 2010, S. 949–960, zitiert als: *A. Janssen*, DÖV 2010.

Jarass, Hans D./Pieroth, Bodo, Kommentar zum Grundgesetz für die Bundesrepublik Deutschland, 14. Auflage, München (2016), zitiert als: *Bearbeiter*, in: Jarass/Pieroth, GG.

Jastrow, Serge-Daniel/Schlatmann, Arne, Kommentar zum Informationsfreiheitsgesetz, Heidelberg u.a. (2006), zitiert als: *S.-D. Jastrow/A. Schlatmann*, IFG.

Jauernig, Othmar (Begr.), Kommentar zum Bürgerlichen Gesetzbuch, 16. Auflage, München (2015), zitiert als: *Bearbeiter*, in: Jauernig, BGB.

Jerschke, Hans-Ulrich, Öffentlichkeitspflicht der Exekutive und Informationsrecht der Presse, Berlin (1971), zitiert als: *H.-U. Jerschke*, Öffentlichkeitspflicht.

Jessen, Kai-Olaf, Neuere Ansätze parlamentarischer Steuerung und Kontrolle, Speyerer Forschungsberichte 223, Speyer (2001), zitiert als: *K.-O. Jessen*, Ansätze.

Jestaedt, Matthias, Das Geheimnis im Staat der Öffentlichkeit, Was darf der Verfassungsstaat verbergen?, in: Archiv des öffentlichen Rechts 126 (2001), S. 204–243, zitiert als: *M. Jestaedt*, AöR 126.

Jestaedt, Matthias, Demokratische Legitimation – quo vadis?, in: Juristische Schulung 2004, S. 649–653, zitiert als: *M. Jestaedt*, JuS 2004.

Kahl, Wolfgang, Der europarechtlich determinierte Verfassungswandel im Kommunikations- und Informationsstaat Bundesrepublik Deutschland, in: Haratsch, Andreas/Kugelmann, Dieter/Repkewitz, Ulrich (Hrsg.), Herausforderungen an das Recht der Informationsgesellschaft, 36. Tagung der Wissenschaftlichen Mitarbeiterinnen und Mitarbeiter der Fachrichtung „Öffentliches Recht", Stuttgart u.a. (1996), S. 9–31, zitiert als: *W. Kahl*, in: Haratsch/Kugelmann/Repkewitz, Herausforderungen.

Kahl, Wolfgang/Waldhoff, Christian/Walter, Christian (Hrsg.), Kommentar zum Bonner Grundgesetz, Loseblattsammlung,

Band 2: Art. 5–6 I,

Band 5: Art. 20–21,

Heidelberg (186. Ergänzungslieferung September 2017), zitiert als: *Bearbeiter*, in: Kahl/Waldhoff/Walter, BK GG, Bd.

Kahlert, Heiner, Vertraulichkeit im Schiedsverfahren, Eine Untersuchung nach deutschem Recht mit internationalen Bezügen, Dissertation Zürich (2014), zitiert als: *H. Kahlert*, Vertraulichkeit.

Kees, Alexander, Die Staatsstrukturprinzipien in der Klausurbearbeitung, in: Juristische Arbeitsblätter 2008, S. 795–800, zitiert als: *A. Kees*, JA 2008.

Kempen, Bernhard, Die Formenwahlfreiheit der Verwaltung, Die öffentliche Verwaltung zwischen öffentlichem Recht und privatem Recht, München (1989), zitiert als *B. Kempen*, Formenwahlfreiheit.

Kiethe, Kurt/Groeschke, Peer, Informationsfreiheitsgesetz: Informationsfreiheit contra Betriebsgeheimnis? – Notwendige Vorkehrungen für den Schutz von Betriebs- und Geschäftsgeheimnissen, in: Wettbewerb in Recht und Praxis 2006, S. 303–306, zitiert als: *K. Kiethe/P. Groeschke*, WRP 2006.

Kissel, Otto Rudolf/Mayer, Herbert, Kommentar zum Gerichtsverfassungsgesetz, 8. Auflage, München (2015), zitiert als: *Kissel/Mayer*, GVG.

Kloepfer, Michael, Informationsrecht, München (2002), zitiert als: *M. Kloepfer*, InformationsR.

Kloepfer, Michael/Greve, Holger, Das Informationsfreiheitsgesetz und der Schutz von Betriebs- und Geschäftsgeheimnissen, in: Neue Zeitschrift für Verwaltungsrecht 2011, S. 577–584, zitiert als: *M. Kloepfer/H. Greve*, NVwZ 2011.

Kloepfer, Michael/Lewinski, Kai von, Das Informationsfreiheitsgesetz des Bundes (IFG), in: Deutsches Verwaltungsblatt 2005, S. 1277–1288, zitiert als: *M. Kloepfer/K. v. Lewinski*, DVBl. 2005.

Kloepfer, Michael/Schärdel, Florian, Grundrechte für die Informationsgesellschaft – Datenschutz und Informationszugangsfreiheit ins Grundgesetz?, in: Juristenzeitung 2009, S. 453–462, zitiert als: *M. Kloepfer/F. Schärdel*, JZ 2009.

Klowait, Jürgen/Gläßer, Ulla (Hrsg.), Handkommentar zum Mediationsgesetz, Baden-Baden (2014), zitiert als: *Bearbeiter*, in: Klowait/Gläßer, MedG.

Körber, Ulrich, Kurzkommentar zur Entscheidung des OLG Düsseldorf vom 14.01.1988 – 8 U 205/86, in: Entscheidungen zum Wirtschaftsrecht 1988, S. 623–624, zitiert als: *U. Körber*, EWiR 1988.

Kopp, Ferdinand O. (Begr.)/Ramsauer, Ulrich (Hrsg.), Kommentar zum Verwaltungsverfahrensgesetz, 18. Auflage, München (2017), zitiert als: *Bearbeiter*, in: Kopp/Ramsauer, VwVfG.

Kopp, Ferdinand O. (Begr.)/Schenke, Wolf-Rüdiger (Hrsg.), Kommentar zur Verwaltungsgerichtsordnung, 23. Auflage, München (2017), zitiert als: *Bearbeiter*, in: Kopp/Schenke, VwGO.

Korn, Juhani M.V., Akteneinsicht und Informationsfreiheit im Steuerrecht – Voraussetzungsloser Zugang zu Steuerakten über das Informationsfreiheitsrecht?, in: Die Öffentliche Verwaltung 2012, S. 232–239, zitiert als: *J. Korn*, DÖV 2012.

Krebs, Walter, Kontrolle in staatlichen Entscheidungsprozessen, Ein Beitrag zur rechtlichen Analyse von gerichtlichen, parlamentarischen und Rechnungshof-Kontrollen, Heidelberg (1984), zitiert als: *W. Krebs*, Kontrolle.

Kreindler, Richard H./Schäfer, Jan K./Wolff, Reinmar, Schiedsgerichtsbarkeit, Kompendium für die Praxis, Frankfurt a.M. (2006), zitiert als: *R. Kreindler/J. Schäfer/R. Wolff*, Schiedsgerichtsbarkeit.

Kretschmer, Gerald, Empfiehlt es sich, die informationelle Zusammenarbeit zwischen Parlament und Regierung gesetzlich zu regeln?, in: Hill, Hermann (Hrsg.), Speyerer Forschungsberichte 220, Parlamentarische Steuerungsordnung, Tagung vom 12. und 13. Oktober 2000, Speyer (2001), S. 99–114, zitiert als: *G. Kretschmer*, in: Hill, Steuerungsordnung.

Kudlich, Hans/Christensen, Ralph, Die Kanones der Auslegung als Hilfsmittel für die Entscheidung von Bedeutungskonflikten, in: Juristische Arbeitsblätter 2004, S. 74–83, zitiert als: *H. Kudlich/R. Christensen*, JA 2004.

Kühling, Jürgen/Schreiner, Thomas, Grundprobleme von Public Private Partnerships, in: Zeitschrift für das Juristische Studium 2011, S. 112–122, zitiert als: *J. Kühling/T. Schreiner*, ZJS 2011.

Kühn, Wolfgang/Gantenberg, Ulrike, Confidentiality in Arbitration, in: Bachmann, Birgit u.a. (Hrsg.), Grenzüberschreitungen, Beiträge zum Internationalen Verfahrensrecht und zur Schiedsgerichtsbarkeit, Festschrift für Peter

Schlosser zum 70. Geburtstag, Tübingen (2005), S. 461–475, zitiert als: *W. Kühn/U. Gantenberg*, in: Bachmann u.a., FS Schlosser.

Kühner, Detlev, Geschäftsgeheimnisse und Schiedsverfahren – neuerdings ein Gegensatz?, in: Internationales Handelsrecht (Zeitschrift für das Recht des internationalen Warenkaufs und Warenvertriebs) 2003, S. 202–207, zitiert als: *D. Kühner*, IHR 2003.

Kugelmann, Dieter, Die informatorische Rechtsstellung des Bürgers, Grundlagen und verwaltungsrechtliche Grundstrukturen individueller Rechte auf Zugang zu Informationen der Verwaltung, Tübingen (2001), zitiert als: *D. Kugelmann*, Rechtsstellung.

Kugelmann, Dieter, Das Informationsfreiheitsgesetz des Bundes, in: Neue Juristische Wochenschrift 2005, S. 3609–3613, zitiert als: *D. Kugelmann*, NJW 2005.

Kunig, Philip, Das Rechtsstaatsprinzip, Überlegungen zu seiner Bedeutung für das Verfassungsrecht der Bundesrepublik Deutschland, Tübingen (1986), zitiert als: *P. Kunig*, Rechtsstaatsprinzip.

Kunig, Philip, Unzulässigkeit des Verwaltungsrechtswegs bei öffentlich-rechtlichen Streitigkeiten, in: Juristische Ausbildung 1990, S. 386–389, zitiert als: *P. Kunig*, Jura 1990.

Kunkel, Carsten/Weigelt, Alexander, Anwendbarkeit des Rechts der Allgemeinen Geschäftsbedingungen auf Öffentlich-Private Partnerschaften (ÖPP), in: Neue Juristische Wochenschrift 2007, S. 2433–2438, zitiert als: *C. Kunkel/A. Weigelt*, NJW 2007.

Kupjetz, Jörg/Eftekharzadeh, Puya, PPP im Verkehrswesen, Entwicklung und Stand in Deutschland und Großbritannien, in: Neue Zeitschrift für Baurecht 2013, S. 142–148, zitiert als: *J. Kupjetz/P. Eftekharzadeh*, NZBau 2013.

Lachmann, Jens-Peter, Handbuch für die Schiedsgerichtspraxis, 3. Auflage, Köln (2008), zitiert als: *J.-P. Lachmann*, Hdb. Schiedsgerichtspraxis.

Landmann, Robert von/Rohmer, Gustav (Begr.), Kommentar zum Umweltrecht, Loseblattsammlung, Band 1, München (83. Ergänzungslieferung Mai 2017), zitiert als: *Bearbeiter*, in: Landmann/Rohmer, UmweltR, Bd. 1.

Lange, Klaus, Die Abgrenzung des öffentlichrechtlichen Vertrages vom privatrechtlichen Vertrag, in: Neue Zeitschrift für Verwaltungsrecht 1983, S. 313–322, zitiert als: *K. Lange*, NVwZ 1983.

Leibholz, Gerhard, Strukturprobleme der modernen Demokratie, 3. Auflage, Karlsruhe (1967), zitiert als: *G. Leibholz*, Strukturprobleme.

Leisinger, Christian M., Vertraulichkeit in internationalen Schiedsverfahren, Baden-Baden (2012), zitiert als: *C. Leisinger*, Vertraulichkeit.

Lembcke, Moritz, Aktuelle Entwicklungen bei der Alternativen Streitbeilegung im Baurecht, in: Neue Juristische Wochenschrift 2013, S. 1704–1709, zitiert als: *M. Lembcke*, NJW 2013.

Lenski, Sophie-Charlotte, Informationszugangsfreiheit und Schutz geistigen Eigentums, in: Zeitschrift für öffentliches Recht in Norddeutschland 2006, S. 89–96, zitiert als: *S.-C. Lenski*, NordÖR 2006.

Leutheusser-Schnarrenberger, Sabine, Ein paradigmatischer Wandel vom Amtsgeheimnis zum gläsernen Staat?, in: Arnim, Hans Herbert von (Hrsg.), Transparenz contra Geheimhaltung in Staat, Verwaltung und Wirtschaft, Beiträge auf der 16. Speyerer Demokratietagung vom 23. bis 24. Oktober 2014 an der Deutschen Universität für Verwaltungswissenschaft Speyer, Berlin (2015), zitiert als: *S. Leutheusser-Schnarrenberger*, in: Arnim, Transparenz.

Lionnet, Klaus/Lionnet, Annette, Handbuch der internationalen und nationalen Schiedsgerichtsbarkeit, 3. Auflage, Stuttgart u.a. (2005), zitiert als: *K. Lionnet/A. Lionnet*, Hdb. Schiedsgerichtsbarkeit.

Lipp, Volker, Öffentlichkeit der mündlichen Verhandlung und der Entscheidungsverkündung?, in: Familie Partnerschaft Recht 2011, S. 37–40, zitiert als: *V. Lipp*, FPR 2011.

Lippert, Hans-Dieter, Wem stehen die Ergebnisse eines Sachverständigengutachtens zu?, in: Neue Juristische Wochenschrift 1989, S. 2935–2936, zitiert als: *H.-D. Lippert*, NJW 1989.

Löhr, Marcel C., Rechtsschutz im Schiedsverfahrensrecht, Frankfurt a.M. (2017), zitiert als: *M. Löhr*, Rechtsschutz.

Loeser, Roman, Das Berichtswesen der öffentlichen Verwaltung, Öffentliche Verwaltung im Rahmen unterschiedlicher Rechtsformen, Baden-Baden (1991), zitiert als: *R. Loeser*, Berichtswesen.

Longrée, Sebastian J.M./Wedel, Dominik, Die Entscheidung über die Einrede der Schiedsvereinbarung nach § 1032 Abs. 1 ZPO als finaler verfassungs- und europarechtlicher Kontrollgegenstand – (K)ein Ende des Prozessmarathons im Fall *Pechstein* in Sicht?, in: Zeitschrift für Schiedsverfahren 2016, S. 237–242, zitiert als: *S. Longrée/D. Wedel*, SchiedsVZ 2016.

Loos, Christa M., Die Schiedsgerichtsbarkeit in der Verwaltungsgerichtsbarkeit, Dissertation Kiel (1984), zitiert als: *C. Loos*, Schiedsgerichtsbarkeit.

Lorenz, Werner, Die Rechtsnatur von Schiedsvertrag und Schiedsspruch, in: Archiv für die civilistische Praxis 157 (1958/1959), S. 265–302, zitiert als: *W. Lorenz*, AcP 157.

Lorz, Ralph Alexander, Gerichtsberichterstattung und Informationsanspruch der Öffentlichkeit aus der Sicht deutscher und amerikanischer Verfassungsrechtsprechung, in: Haratsch, Andreas/Kugelmann, Dieter/Repkewitz,

Ulrich (Hrsg.), Herausforderungen an das Recht der Informationsgesellschaft, 36. Tagung der Wissenschaftlichen Mitarbeiterinnen und Mitarbeiter der Fachrichtung „Öffentliches Recht“, Stuttgart u.a. (1996), S. 59–79, zitiert als: *R. Lorz*, in: Haratsch/Kugelmann/Repkewitz, Herausforderungen.

Lüttgau, Thomas, Informationsfreiheit als Mittel unzulässiger Recherche?, Informationsrechte vs. unternehmerische Privatsphäre, in: Anwaltsblatt 2010, S. 462–463, zitiert als: *T. Lüttgau*, AnwBl 2010.

Lundmark, Thomas, Umgang mit dem Präjudizienrecht, in: Juristische Schulung 2000, S. 546–549, zitiert als: *T. Lundmark*, JuS 2000.

Lukaßen, David, Die Fallpraxis der Informationsbeauftragten und ihr Beitrag zur Entwicklung des Informationsfreiheitsrechts, Berlin (2010), zitiert als: *D. Lukaßen*, Fallpraxis.

Lukits, Rainer, Die private Schiedsgerichtsbarkeit im römischen Recht und heute, in: Zeitschrift für Schiedsverfahren 2013, S. 269–274, zitiert als: *R. Lukits*, SchiedsVZ 2013.

Mader, Oliver, Internationale Schiedsgerichtsbarkeit und Europäisches Öffentliches Auftragswesen – zur Praxis der Schiedsvereinbarung in öffentlichen Aufträgen, in: Vergaberecht 2004, S. 436–454, zitiert als: *O. Mader*, VergabeR 2004.

Magiera, Siegfried, Parlament und Staatsleitung in der Verfassungsordnung des Grundgesetzes, Eine Untersuchung zu den Grundlagen der Stellung und Aufgaben des Deutschen Bundestages, Berlin (1979), zitiert als: *S. Magiera*, Staatsleitung.

Mangoldt, Hermann von (Begr.)/*Klein, Friedrich/Starck, Christian* (Hrsg.), Kommentar zum Bonner Grundgesetz,

Band 2: Artikel 20–82,

Band 3: Artikel 83–146,

6. Auflage, München (2010), zitiert als: *Bearbeiter*, in: Mangoldt/Klein/Starck, GG, Bd.

Mann, Thomas/Sennekamp, Christoph/Uechtritz, Michael (Hrsg.), Großkommentar zum Verwaltungsverfahrensgesetz, Baden-Baden (2014), zitiert als: *Bearbeiter*, in: Mann/Sennekamp/Uechtritz, Gk. VwVfG.

Martens, Wolfgang, Öffentlich als Rechtsbegriff, Berlin u.a. (1969), zitiert als: *W. Martens*, Rechtsbegriff.

Masing, Johannes, Parlamentarische Untersuchungen privater Sachverhalte, Art. 44 GG als staatsgerichtetes Kontrollrecht, Tübingen (1998), zitiert als: *J. Masing*, Untersuchungen.

Masing, Johannes, Transparente Verwaltung: Konturen eines Informationsverwaltungsrechts, in: Veröffentlichungen der Vereinigung der Deutschen Staatsrechtslehrer 63 (2004), S. 377–441, zitiert als: *J. Masing*, VVDStRL 63.

Maunz, Theodor (Begr.), Kommentar zum Bundesverfassungsgerichtsgesetz, Loseblattsammlung, Band 2, München (51. Ergänzungslieferung Mai 2017), zitiert als: *Bearbeiter*, in: Maunz, BVerfGG, Bd. 2.

Maunz, Theodor/Dürig, Günter (Begr.), Kommentar zum Grundgesetz, Loseblattsammlung,

Band 1: Art. 1–5,

Band 3: Art. 16–22,

Band 4: Art. 23–53a,

Band 5: Art. 54–85,

Band 6: Art. 86–106a,

München (80. Ergänzungslieferung Juni 2017), zitiert als: *Bearbeiter*, in: Maunz/Dürig, GG, Bd.

Mayer, Otto, Zur Lehre vom öffentlichen Vertrage, in: Archiv für öffentliches Recht 3 (1888), S. 3–86, zitiert als: *O. Mayer*, AöR 3.

Meder, Götz, Das Prinzip der Rechtmäßigkeitsvermutung dargestellt für die Vermutung der Verfassungsmäßigkeit von Gesetzen, Berlin (1970), zitiert als: *G. Meder*, Rechtsmäßigkeitsvermutung.

Merten, Detlef/Papier, Hans-Jürgen (Hrsg.), Handbuch der Grundrechte,

Band 2: Grundrechte in Deutschland: Allgemeine Lehren I, Heidelberg u.a. (2006),

Band 4: Grundrechte in Deutschland: Einzelgrundrechte I, Heidelberg u.a. (2011),

zitiert als: *Bearbeiter*, in: Merten/Papier, Hdb. GrundRe, Bd.

Messerschmidt, Burkhard/Voit, Wolfgang (Hrsg.), Privates Baurecht, Kommentar zu §§ 631 ff. BGB, 2. Auflage, München (2012), zitiert als: *Bearbeiter*, in: Messerschmidt/Voit, Privates BauR.

Meyer-Ladewig, Jens/Nettesheim, Martin/Raumer, Stefan von (Hrsg.), Handkommentar zur Europäischen Menschenrechtskonvention, 4. Auflage, Baden-Baden (2017), zitiert als: *Bearbeiter*, in: Meyer-Ladewig/Nettesheim/Raumer, Hk. EMRK.

Milej, Tomasz, Entwicklung des Völkerrechts, Der Beitrag internationaler Gerichte und Sachverständigengremien, Berlin/Boston (2014), zitiert als: *T. Milej*, Entwicklung.

Möller, Kaspar Henrik, Echte Schiedsgerichtsbarkeit im Verwaltungsrecht, Eine Studie zu Rechtsrahmen und Kontrolle nichtstaatlicher Streitentscheidung im Verwaltungsrecht, Berlin (2014), zitiert als: *K. Möller*, Schiedsgerichtsbarkeit.

Möllers, Christoph, Staat als Argument, München (2000), zitiert als: *C. Möllers*, Staat.

Münch, Ingo von (Begr.)/*Kunig, Philip* (Hrsg.), Kommentar zum Grundgesetz, Band 2: Art. 70 bis 146, 6. Auflage, München (2012), zitiert als: *Bearbeiter*, in: Münch/Kunig, Bd. 2.

Münch, Joachim, Schiedsverfahren mit Verzicht auf Staatskontrolle – zum Residualschutz der *fair-trial*-Maxime, in: Zeitschrift für Schiedsverfahren 2017, S. 114–119, zitiert als: *J. Münch*, SchiedsVZ 2017.

Murswiek, Dietrich, Das Bundesverfassungsgericht und die Dogmatik mittelbarer Grundrechtseingriffe, Zu der Glykol- und der Osho-Entscheidung vom 26.6.2002, in: Neue Zeitschrift für Verwaltungsrecht 2003, S. 1–8, zitiert als: *D. Murswiek*, NVwZ 2003.

Musielak, Hans-Joachim/Voit, Wolfgang (Hrsg.), Kommentar zur Zivilprozessordnung mit Gerichtsverfassungsgesetz, 14. Auflage, München (2017), zitiert als: *Bearbeiter*, in: Musielak/Voit, ZPO.

Nickel, Thomas/Kopf, Hannes, Public Private Partnerships: Ein Ausweg aus der Finanzkrise der öffentlichen Hand? Private Finanzierung öffentlicher Hochbaumaßnahmen in Deutschland, in: Zeitschrift für deutsches und internationales Bau- und Vergaberecht 2004, S. 9–15, zitiert als: *T. Nickel/H. Kopf*, ZfBR 2004.

Nolte, Georg, Die Herausforderung für das deutsche Recht der Akteneinsicht durch europäisches Verwaltungsrecht, in: Die Öffentliche Verwaltung 1999, S. 363–374, zitiert als: *G. Nolte*, DÖV 1999.

Ohler, Christoph, Demokratische Legitimation und rechtsstaatliche Bindung von Investor-Staat-Schiedsverfahren, in: Bungenberg, Marc/Herrmann, Christoph (Hrsg.), Die gemeinsame Handelspolitik der Europäischen Union, Fünf Jahre nach Lissabon – Quo Vadis?, Baden-Baden (2016), S. 119–135, zitiert als: *C. Ohler*, in: Bungenberg/Herrmann, Handelspolitik.

Oldenstam, Robin/Pachelbel, Johann von, Confidentiality and Arbitration – a few reflections and practical notes, in: Zeitschrift für Schiedsverfahren 2006, S. 31–36, zitiert als: *R. Oldenstam/J. v. Pachelbel*, SchiedsVZ 2006.

Ortloff, Karsten-Michael, Vom Gerichtsmediator zum Güterichter im Verwaltungsprozess, in: Neue Zeitschrift für Verwaltungsrecht 2012, S. 1057–1061, zitiert als: *K.-M. Ortloff*, NVwZ 2012.

Palandt, Otto (Begr.), Kommentar zum Bürgerlichen Gesetzbuch, 76. Auflage, München (2017), zitiert als: *Bearbeiter*, in: Palandt, BGB.

Palm, Thomas, Akteneinsicht im öffentlichen Recht, Eine Darstellung der Voraussetzungen für die Gewährung von Akteneinsicht in behördlichen und in gerichtlichen Verfahren, Frankfurt a.M. (2002), zitiert als: *T. Palm*, Akteneinsicht.

Papier, Hans-Jürgen, Informationszugang und Akteneinsicht bei Behörden, in: Franzius, Claudio u.a. (Hrsg.), Beharren. Bewegen. Festschrift für Michael Kloepfer zum 70. Geburtstag, Berlin (2013), zitiert als: *H.-J. Papier*, in: Franzius u.a., FS Kloepfer.

Papier, Hans-Jürgen, Schiedsverfahren, Mediation, Adjudikation und andere ADR-Verfahren, Eine Gefährdung von Justizgewährleistung und Rechtsschutz?, in: Zeitschrift für Internationales Wirtschaftsrecht 2016, S. 14–18, zitiert als: *H.-J. Papier*, IWRZ 2016.

Paulus, Christoph G., Zivilprozessrecht, Erkenntnisverfahren, Zwangsvollstreckung und Europäisches Zivilprozessrecht, 6. Auflage, Berlin/Heidelberg (2017), zitiert als: *C. Paulus*, ZivilprozessR.

Pieroth, Bodo, Die planende Verwaltung zwischen Geheimhaltung und Öffentlichkeit, in: Juristische Schulung 1981, S. 625–635, zitiert als: *B. Pieroth*, JuS 1981.

Pieroth, Bodo, Das Verfassungsrecht der Öffentlichkeit für die staatliche Planung, in: Erbguth, Wilfied u.a. (Hrsg.), Planung, Festschrift für Werner Hoppe zum 70. Geburtstag, München (2000), S. 195–211, zitiert als: *B. Pieroth*, in: Erbguth u.a., FS Hoppe.

Pietzcker, Jost, Der Staatsauftrag als Instrument des Verwaltungshandelns, Recht und Praxis der Beschaffungsverträge in den Vereinigten Staaten von Amerika und der Bundesrepublik Deutschland, Tübingen (1978), zitiert als: *J. Pietzcker*, Staatsauftrag.

Plagemann, Jürgen, Die erwerbswirtschaftliche Betätigung der Deutschen Bundespost durch Eigengesellschaften, Berlin (1992), zitiert als: *J. Plagemann*, Eigengesellschaften.

Posser, Herbert/Wolff, Heinrich Amadeus (Hrsg.), Beck'scher Online-Kommentar zur Verwaltungsgerichtsordnung, 43. Edition, München (01.10.2017), zitiert als: *Bearbeiter*, in: Posser/Wolff, BeckOK VwGO.

Prütting, Hanns, Schlichten statt Richten?, in: Juristenzeitung 1985, S. 261–271, zitiert als: *H. Prütting*, JZ 1985.

Prütting, Hanns, Vertraulichkeit in der Schiedsgerichtsbarkeit und in der Mediation, in: Briner, Robert u.a. (Hrsg.), Law of International Business and Dispute Settlement in the 21st Century, Recht der Internationalen Wirtschaft und Streiterledigung im 21. Jahrhundert, Liber Amicorum Karl-Heinz Böckstiegel, Köln (2001), S. 629–639, zitiert als: *H. Prütting*, in: Briner u.a., FS Böckstiegel.

Prütting, Hanns, Schiedsgerichtsbarkeit ist Anwaltssache!, Ein Beitrag zu einer rationalen Diskussion über die Schiedsgerichtsbarkeit, in: Anwaltsblatt 2015, S. 546–551, zitiert als: *H. Prütting*, AnwBl 2015.

Püttner, Günter, Die öffentlichen Unternehmen, Ein Handbuch zu Verfassungs- und Rechtsfragen der öffentlichen Wirtschaft, 2. Auflage, Stuttgart u.a. (1985), zitiert als: *G. Püttner*, Unternehmen.

Quack, Friedrich, Adjudication als Problemlösung für den Bauprozess, in: Zeitschrift für deutsches und internationales Bau- und Vergaberecht 2010, S. 211–213, zitiert als: *F. Quack*, ZfBR 2010.

Quidde, Torsten, Gründung des Haager Schiedshofs vor hundert Jahren, in: Die Öffentliche Verwaltung 2000, S. 112–113, zitiert als: *T. Quidde*, DÖV 2000.

Rapp, Angela, Vom Recht auf Akteneinsicht zum Jedermann-Recht auf Information, Der Wandel von Informationsrechten im 21. Jahrhundert, in: Anwaltsblatt 2010, S. 460–461, zitiert als: *A. Rapp*, AnwBl 2010.

Raue, Benjamin, Informationsfreiheit und Urheberrecht, in: Juristenzeitung 2013, S. 280–288, zitiert als: *B. Raue*, JZ 2013.

Rauscher, Thomas/Krüger, Wolfgang (Hrsg.), Münchener Kommentar zur Zivilprozessordnung mit Gerichtsverfassungsgesetz und Nebengesetzen,

Band 1: §§ 1–354, 5. Auflage, München (2016),

Band 2: §§ 355–945b, 5. Auflage, München (2016),

Band 3: §§ 1025–1109 ZPO, EGZPO, GVG, EGGVG, UKlaG, Internationales und Europäisches Zivilprozessrecht, 5. Auflage, München (2017),

zitiert als: *Bearbeiter*, in: Rauscher/Krüger, MüKo ZPO, Bd.

Risse, Jörg, Das Mediationsgesetz – eine Kommentierung, in: Zeitschrift für Schiedsverfahren 2012, S. 244–254, zitiert als: *J. Risse*, SchiedsVZ 2012.

Risse, Jörg, Wehrt Euch endlich! Wider das Arbitration-Bashing, in: Zeitschrift für Schiedsverfahren 2014, S. 265–274, zitiert als: *J. Risse*, SchiedsVZ 2014.

Risse, Jörg, Wirtschaftsmediation, 2. Auflage, München (2018), zitiert als: *J. Risse*, Wirtschaftsmediation.

Risse, Jörg/Oehm, Max, Vertraulichkeit und Nicht-Öffentlichkeit in Schiedsverfahren, Rechtsvergleichende und verfassungsrechtliche Überlegungen, in: Zeitschrift für Vergleichende Rechtswissenschaft 114 (2015), S. 407–430, zitiert als: *J. Risse/M. Oehm*, ZVglRWiss 114.

Röhl, Klaus F./Röhl, Hans Christian, Allgemeine Rechtslehre, Ein Lehrbuch, 3. Auflage, Köln/München (2008), zitiert als: *K. Röhl/H. Röhl*, Rechtslehre.

Rolfs, Christian u.a. (Hrsg.), Beck'scher Online-Kommentar zum Arbeitsrecht, 45. Edition, München (01.09.2017), zitiert als: *Bearbeiter*, in: Rolfs u.a., BeckOK ArbeitsR.

Rossen-Stadtfeld, Helge, § 29 Beteiligung, Partizipation und Öffentlichkeit, in: Hoffmann-Riem, Wolfgang/Schmidt-Aßmann, Eberhard/Voßkuhle, Andreas (Hrsg.), Grundlagen des Verwaltungsrechts, Band 2: Informationsordnung, Verwaltungsverfahren, Handlungsformen, 2. Auflage, München (2012), zitiert als: *H. Rossen-Stadtfeld*, in: Hoffmann-Riem/Schmidt-Aßmann/Voßkuhle, VerwaltungsR, Bd. 2, § 29.

Rossi, Matthias, Informationszugangsfreiheit und Verfassungsrecht, Zu den Wechselwirkungen zwischen Informationsfreiheitsgrenzen und der Verfassungsordnung in Deutschland, Berlin (2004), zitiert als: *M. Rossi*, Informationszugangsfreiheit.

Rossi, Matthias, Handkommentar zum Informationsfreiheitsgesetz, Baden-Baden (2006), zitiert als: *M. Rossi*, Hk. IFG.

Rossi, Matthias, Das Informationsfreiheitsrecht in der gerichtlichen Praxis, in: Deutsches Verwaltungsblatt 2010, S. 554–571, zitiert als: *M. Rossi*, DVBl. 2010.

Rossi, Matthias, Informationsfreiheit – Anspruch und Wirklichkeit, in: Arnim, Hans Herbert von (Hrsg.), Transparenz contra Geheimhaltung in Staat, Verwaltung und Wirtschaft, Beiträge auf der 16. Speyerer Demokratietagung vom 23. bis 24. Oktober 2014 an der Deutschen Universität für Verwaltungswissenschaft Speyer, Berlin (2015), zitiert als: *M. Rossi*, in: Arnim, Transparenz.

Rossi, Matthias, Staatliche Daten als Informationsrohstoff, in: Dreier, Thomas u.a. (Hrsg.), Informationen der öffentlichen Hand – Zugang und Nutzung, Baden-Baden (2016), S. 145–163, zitiert als *M. Rossi*, in: Dreier u.a., Zugang.

Roßnagel, Alexander, Konflikte zwischen Informationsfreiheit und Datenschutz, in: MultiMedia und Recht 2007, S. 16–21, zitiert als: *A. Roßnagel*, MMR 2007.

Roth, Hans-Peter, Regierungstätigkeiten im Lichte der Informationsfreiheit, – Gleichzeitig Anmerkung zu BVerwG vom 3.11.2011, 7 C 3.11, 7 C 4.11 –, in: Die Öffentliche Verwaltung 2012, S. 717–725, zitiert als: *H.-P. Roth*, DÖV 2012.

Rüthers, Bernd/Fischer, Christian/Birk, Axel, Rechtstheorie mit Juristischer Methodenlehre, 9. Auflage, München (2016), zitiert als: *B. Rüthers/C. Fischer/A. Birk*, Rechtstheorie.

Sachs, Klaus, Schiedsgerichtsverfahren über Unternehmenskaufverträge – unter besonderer Berücksichtigung kartellrechtlicher Aspekte, in: Zeitschrift für Schiedsverfahren 2004, S. 123–129, zitiert als: *K. Sachs*, SchiedsVZ 2004.

Sachs, Michael (Hrsg.), Kommentar zum Grundgesetz, 7. Auflage, München (2014), zitiert als: *Bearbeiter*, in: Sachs, GG.

Säcker, Franz Jürgen u.a. (Hrsg.), Münchener Kommentar zum Bürgerlichen Gesetzbuch, Band 2: §§ 241–432 BGB, 7. Auflage, München (2016), zitiert als: *Bearbeiter*, in: Säcker u.a., MüKo BGB, Bd 2.

Saenger, Ingo (Hrsg.), Handkommentar zur Zivilprozessordnung, 7. Auflage, Baden-Baden (2017), zitiert als: *Bearbeiter*, in: Saenger, Hk. ZPO.

Sawang, Judith, Geheimhaltung und rechtliches Gehör im Schiedsverfahren nach deutschem Recht, Tübingen (2010), zitiert als: *J. Sawang*, Geheimhaltung.

Schaar, Peter, Zwischen Öffentlichkeit und Datenschutz, in: Arnim, Hans Herbert von (Hrsg.), Transparenz contra Geheimhaltung in Staat, Verwaltung und Wirtschaft, Beiträge auf der 16. Speyerer Demokratietagung vom 23. bis 24. Oktober 2014 an der Deutschen Universität für Verwaltungswissenschaft Speyer, Berlin (2015), zitiert als: *P. Schaar*, in: Arnim, Transparenz.

Schäfer, Jan K., Buchbesprechung von Stumpf, Alternative Streitbeilegung, Tübingen (2006), in: Zeitschrift für Schiedsverfahren 2009, S. 336–337, zitiert als: *J. Schäfer*, SchiedsVZ 2009.

Schäfer, Peter W., Grundzüge des öffentlichen Auftragswesens, in: Betriebs-Berater 1996, Beilage Nr. 12, S. 1–18, zitiert als: *P. Schäfer*, BB 1996, Beil. 12.

Schäfer, Raphael, Einführung in das internationale Investitionsschutzrecht, in: Juristische Schulung 2016, S. 795–799, zitiert als: *R. Schäfer*, JuS 2016.

Scherer, Joachim, Verwaltung und Öffentlichkeit, Baden-Baden (1978), zitiert als: *J. Scherer*, Öffentlichkeit.

Scherzberg, Arno, Die Öffentlichkeit der Verwaltung, Baden-Baden (2000), zitiert als: *A. Scherzberg*, Öffentlichkeit.

Schill, Stephan, Öffentlich-rechtliche Schiedsverfahren zwischen Risikobewältigung und Rechtsrisiko, in: Die Öffentliche Verwaltung, 2010, S. 1013–1018, zitiert als: *S. Schill*, DÖV 2010.

Schill, Stephan, Internationales Investitionsschutzrecht und Vergleichendes Öffentliches Recht: Grundlagen und Methode eines öffentlich-rechtlichen Leitbildes für die Investitionsschiedsgerichtsbarkeit, in: Zeitschrift für ausländisches öffentliches Recht und Völkerrecht 71 (2011), S. 247–289, zitiert als: *S. Schill*, ZaöRV 71.

Schlecht, Jutta, Behördliche Warnungen vor gesundheitsgefährdenden Produkten, München (2002), zitiert als: *J. Schlecht*, Warnungen.

Schleich, Albrecht, Das parlamentarische Untersuchungsrecht des Bundestages, Berlin (1985), *A. Schleich*, UntersuchungsR.

Schlemminger, Horst, Schriftformrisiken beim Abschluss öffentlich-rechtlicher Verträge, in: Neue Zeitschrift für Verwaltungsrecht 2009, S. 223–226, zitiert als: *H. Schlemminger*, NVwZ 2009.

Schlette, Volker, Die Verwaltung als Vertragspartner, Empirie und Dogmatik verwaltungsrechtlicher Vereinbarungen zwischen Behörde und Bürger, Tübingen (2000), zitiert als: *V. Schlette*, Vertragspartner.

Schlosser, Peter, Schiedsgerichtsbarkeit und öffentlich-rechtlich beeinflußte Streitgegenstände, in: Böckstiegel, Karl-Heinz/Glossner, Ottoarndt (Hrsg.), Festschrift für Arthur Bülow zum 80. Geburtstag, München u.a. (1981), S. 189–197, zitiert als: *P. Schlosser*, in: Böckstiegel/Glossner, FS Bülow.

Schmale, Wolfgang/Tinnefeld, Marie-Theres, Öffentlichkeit, Geheimhaltung und Privatheit, Sichtweisen im Raum der europäischen Geschichte und in Cyberia, in: MultiMedia und Recht 2011, S. 786–791, zitiert als: *W. Schmale/M.-T. Tinnefeld*, MMR 2011.

Schmidt, Felix, Der Schiedsspruch, in: Zeitschrift für Schiedsverfahren 2013, S. 32–41, zitiert als: *F. Schmidt*, SchiedsVZ 2013.

Schmidt, Ingrid, Gerechtigkeit braucht eine starke Justiz, in: Recht der Arbeit 2015, S. 260–263, zitiert als: *I. Schmidt*, RdA 2015.

Schmidt-Bleibtreu, Bruno (Begr.)/*Hofmann, Hans/Henneke, Hans-Günter* (Hrsg.), Kommentar zum Grundgesetz, 13. Auflage, Köln (2014), zitiert als: *Bearbeiter*, in: Schmidt-Bleibtreu/Hofmann/Henneke, GG.

Schmitz, Heribert/Jastrow, Serge-Daniel, Das Informationsfreiheitsgesetz des Bundes, in: Neue Zeitschrift für Verwaltungsrecht 2005, S. 984–995, zitiert als: *H. Schmitz/S.-D. Jastrow*, NVwZ 2005.

Schneider, Hans-Peter (Hrsg.), Das Grundgesetz, Dokumentation seiner Entstehung, Band 23: Artikel 92 bis 96, Teilband I: Vor Artikel 92, Artikel 92 und 93, Frankfurt a.M. (1999), zitiert als: Dokument, abgedruckt in: H.-P. Schneider, Dokumentation, Bd. 23.1.

Schoch, Friedrich, Das Grundrecht der Informationsfreiheit, in: Juristische Ausbildung 2008, S. 25–34, zitiert als: *F. Schoch*, Jura 2008.

Schoch, Friedrich, Die Schwierigkeiten des BVerfG mit der Bewältigung staatlichen Informationshandelns, in: Neue Zeitschrift für Verwaltungsrecht 2011, S. 193–198, zitiert als: *F. Schoch*, NVwZ 2011.

Schoch, Friedrich, Zugang zu amtlichen Informationen nach dem Informationsfreiheitsgesetz des Bundes (IFG), in: Juristische Ausbildung 2012, S. 203–212, zitiert als: *F. Schoch*, Jura 2012.

Schoch, Friedrich, Kommentar zum Informationsfreiheitsgesetz, 2. Auflage, München (2016), zitiert als: *F. Schoch*, IFG.

Schoch, Friedrich/Schneider, Jens-Peter/Bier, Wolfgang (Hrsg.), Kommentar zur Verwaltungsgerichtsordnung, Loseblattsammlung,

Band 1: §§ 1–80b,

Band 2: §§ 81–195,

München (32. Ergänzungslieferung Oktober 2016), zitiert als: *Bearbeiter*, in: Schoch/Schneider/Bier, VwGO, Bd.

Schöbener, Burkhard (Hrsg.), Völkerrecht, Lexikon zentraler Begriffe und Themen, Heidelberg u.a. (2014), zitiert als: *Bearbeiter*, in: Schöbener, Völkerrecht.

Schorkopf, Frank, Transparenz im „Toll-Haus", Anmerkungen zur Vertraulichkeit des Maut-Konzessionsvertrags aus staatsrechtlicher Perspektive, in: Neue Zeitschrift für Verwaltungsrecht 2003, S. 1471–1474, zitiert als: *F. Schorkopf*, NVwZ 2003.

Schreuer, Christoph, Schutz gegen regulatorische Maßnahmen durch Investitionsschutzabkommen, Bonner Energiegespräche, 4. Nov 2013, in: Löwer, Wolfgang (Hrsg.), Europäische und internationale Aspekte der Energierechtsreformdebatte. Bonner Gespräch zum Energierecht, Band 8, Göttingen (2014), S. 73–85, zitiert als: *C. Schreuer*, in: Löwer, Aspekte.

Schröder, Meinhard, Verfassungsrechtlicher Investitionsschutz beim Atomausstieg, in: Neue Zeitschrift für Verwaltungsrecht 2013, S. 105–111, zitiert als: *M. Schröder*, NVwZ 2013.

Schünemann, Wolfgang, Die wirtschaftliche Tätigkeit der öffentlichen Hand zwischen öffentlichem und privatem Wettbewerbsrecht, in: Wettbewerb in Recht und Praxis 2000, S. 1001–1008, zitiert als: *W. Schünemann*, WRP 2000.

Schütze, Rolf A., Zur Präzedenzwirkung von Schiedssprüchen, in: Plantey, Alain/Böckstiegel, Karl-Heinz/Bredow, Jens (Hrsg.), Festschrift für Ottoarndt Glossner zum 70. Geburtstag, Heidelberg (1994), S. 333–340, zitiert als: *R. Schütze*, in: Plantey/Böckstiegel/Bredow, FS Glossner.

Schütze, Rolf A., Schiedsgericht und Schiedsverfahren, 6. Auflage, München (2016), zitiert als: *R. Schütze*, Schiedsgericht.

Schultz, Michael, Revisionsverfahren – Verfahrensgrundrechte und Wiederholungsgefahr, in: Monatsschrift für Deutsches Recht 2003, S. 1392–1400, zitiert als: *M. Schultz*, MDR 2003.

Schulze, Jörn-Christian, Grenzen der objektiven Schiedsfähigkeit im Rahmen des § 1030 ZPO, Eine Betrachtung des Rechts der Schiedsfähigkeit nach der Schiedsverfahrensrechtsreform, Frankfurt a.M. (2003), zitiert als: *J.-C. Schulze*, Schiedsfähigkeit.

Schwab, Karl Heinz/Walter, Gerhard, Schiedsgerichtsbarkeit, Systematischer Kommentar zu den Vorschriften der Zivilprozeßordnung, des Arbeitsgerichtsgesetzes, der Staatsverträge und der Kostengesetze über das privatrechtliche Schiedsgerichtsverfahren, 7. Auflage, München (2005), zitiert als: *K. Schwab/G. Walter*, Schiedsgerichtsbarkeit.

Sitsen, Michael, Das Informationsfreiheitsgesetz des Bundes, Rechtsprobleme im Zusammenhang mit dem Anspruch auf Informationszugang nach dem IFG, Hamburg (2009), zitiert als: *M. Sitsen*, IFG.

Sobota, Katharina, Das Prinzip Rechtsstaat, Verfassungs- und verwaltungsrechtliche Aspekte, Tübingen (1997), zitiert als: *K. Sobota*, Rechtsstaat.

Sodan, Helge (Hrsg.), Kommentar zum Grundgesetz, 3. Auflage, München (2015), zitiert als: *Bearbeiter*, in: Sodan, GG.

Staats, Johann-Friedrich, Kommentar zum Deutschen Richtergesetz, Baden-Baden (2012), zitiert als: *J.-F. Staats*, DRiG.

Stadler, Peter M., Die parlamentarische Kontrolle der Bundesregierung, Opladen (1984), zitiert als: *P. Stadler*, Kontrolle.

Stein, Friedrich/Jonas, Martin (Begr.), Kommentar zur Zivilprozessordnung, Band 9: §§ 916–1068, EGZPO, 22. Auflage, Tübingen (2002), zitiert als: *Bearbeiter*, in: Stein/Jonas, ZPO, Bd. 9.

Stein, Torsten/Buttlar, Christian von/Kotzur, Markus, Völkerrecht, 14. Auflage, München (2017), zitiert als: *T. Stein/C. v. Buttlar/M. Kotzur*, VölkerR.

Steiner, Udo, Das Verhältnis von Schiedsgerichtsbarkeit und staatlicher Gerichtsbarkeit, in: Zeitschrift für Schiedsverfahren 2013, S. 15–19, zitiert als: *U. Steiner*, SchiedsVZ 2013.

Stelkens, Paul/Bonk, Heinz Joachim/Sachs, Michael (Hrsg.), Kommentar zum Verwaltungsverfahrensgesetz, 8. Auflage, München (2014), zitiert als: *Bearbeiter*, in: Stelkens/Bonk/Sachs, VwVfG.

Stern, Klaus, Das Staatsrecht der Bundesrepublik Deutschland,

Band 1: Grundbegriffe und Grundlagen des Staatsrechts, Strukturprinzipien der Verfassung, 2. Auflage, München (1984),

Band 2: Staatsorgane, Staatsfunktionen, Finanz- und Haushaltsverfassung, Notstandsverfassung, München (1980),

zitiert als: *K. Stern*, Staatsrecht, Bd.

Stern, Klaus/Becker, Florian (Hrsg.), Grundrechte-Kommentar, 2. Auflage, Köln (2015), zitiert als: *Bearbeiter*, in: Stern/Becker, GrundRe.

Stober, Rolf, Staatsgerichtsbarkeit und Schiedsgerichtsbarkeit, in: Neue Juristische Wochenschrift 1979, S. 2001–2008, zitiert als: *R. Stober*, NJW 1979.

Stober, Rolf, Privatisierung öffentlicher Aufgaben, Phantomdiskussion oder Gestaltungsoption in einer verantwortungsgeteilten, offenen Wirtschafts-, Sozial- und Sicherheitsverfassung?, in: Neue Juristische Wochenschrift 2008, S. 2301–2308, zitiert als: *R. Stober*, NJW 2008.

Stubbe, Christian, Konfliktmanagement – bedarfsgerechte Streitbeilegungsinstrumente, in: Zeitschrift für Schiedsverfahren 2009, S. 321–326, zitiert als: *C. Stubbe*, SchiedsVZ 2009.

Stürmer, Philipp Heinrich, Die Vereinbarung von Verfahren privater Streitbeilegung, Dissertation Köln (2008), zitiert als: *P. Stürmer*, Vereinbarung.

Stumpf, Christoph A., Alternative Streitbeilegung im Verwaltungsrecht, Schiedsgerichtsbarkeit – Schiedsgutachten – Mediation – Schlichtung, Tübingen (2006), zitiert als: *C. Stumpf*, Streitbeilegung.

Stumpf, Herbert, Vor- und Nachteile des Verfahrens vor Schiedsgerichten gegenüber dem Verfahren vor Ordentlichen Gerichten, in: Böckstiegel, Karl-Heinz/Glossner, Ottoarndt (Hrsg.), Festschrift für Arthur Bülow zum 80. Geburtstag, München (1981), S. 217–227, zitiert als: *H. Stumpf*, in: Böckstiegel/Glossner, FS Bülow.

Thomas, Heinz/Putzo, Hans (Begr.), Kommentar zur Zivilprozessordnung, 38. Auflage, München (2017), zitiert als: *Bearbeiter*, in: Thomas/Putzo, ZPO.

Tiedemann, Paul, Der Öffentlichkeitsauftrag der Gerichte, in: Neue Zeitschrift für Verwaltungsrecht 1997, S. 1187–1188, zitiert als: *P. Tiedemann*, NVwZ 1997.

Timmerbeil, Sven/Stancke, Christoph, Einführung in den Unternehmenskauf, in: Bucerius Law Journal 2008, S. 24–30, zitiert als: *S. Timmerbeil/C. Stancke*, BLJ 2008.

Tolkmitt, Ulrike/Schomerus, Thomas, Finanzmarktstabilisierung contra Informationsfreiheit? Keine Einschränkung des Informationsfreiheitsgesetzes, in: Neue Zeitschrift für Verwaltungsrecht 2009, S. 568–571, zitiert als: *U. Tolkmitt/T. Schomerus*, NVwZ 2009.

Troidl, Thomas, Akteneinsicht im Verwaltungsrecht, Informationszugang gemäß VwVfG, VwGO, UIG, VIG, IFG u.a., München (2013), zitiert als: *T. Troidl*, Akteneinsicht.

Tubis, Robert, Die Öffentlichkeit des Verfahrens nach Art. 6 I EMRK, in: Neue Juristische Wochenschrift 2010, S. 415–417, zitiert als: *R. Tubis*, NJW 2010.

Uechtritz, Michael/Otting, Olaf, Das „ÖPP-Beschleunigungsgesetz“: Neuer Name, neuer Schwung für „öffentlich-private Partnerschaften“?, in: Neue Zeitschrift für Verwaltungsrecht 2005, S. 1105–1111, zitiert als: *M. Uechtritz/O. Otting*, NVwZ 2005.

Umbach, Dieter C./Clemens, Thomas (Hrsg.), Mitarbeiterkommentar und Handbuch zum Grundgesetz, Band 1, Heidelberg (2002), zitiert als: *Bearbeiter*, in: Umbach/Clemens, GG, Bd. 1.

Vitzthum, Wolfgang Graf/Proelß Alexander (Hrsg.), Völkerrecht, 7. Auflage, Berlin/Boston (2016), zitiert als: *Bearbeiter*, in: Vitzthum/Proelß, VölkerR.

Vorwerk, Volkert/Wolf, Christian (Hrsg.), Beck'scher Online-Kommentar zur Zivilprozessordnung, 26. Edition, München (15.09.2017), zitiert als: *Bearbeiter*, in: Vorwerk/Wolf, BeckOK ZPO.

Voßkuhle, Andreas/Kaiser, Anna-Bettina, Grundwissen – Öffentliches Recht: Demokratische Legitimation, in: Juristische Schulung 2009, S. 803–805, zitiert als: *A. Voßkuhle/A.-B. Kaiser*, JuS 2009.

Wagner, Gerhard, Sicherung der Vertraulichkeit von Mediationsverfahren durch Vertrag, in: Neue Juristische Wochenschrift 2001, S. 1398–1400, zitiert als: *G. Wagner*, NJW 2001.

Wagner, Jörg, Mediation in Behörden, Zur Einführung eines Konfliktmanagementsystems, in: Neue Zeitschrift für Verwaltungsrecht 2014, S. 1344–1350, zitiert als: *J. Wagner*, NVwZ 2014.

Walter, Sebastian, Die Lkw-Maut in Deutschland, Berlin (2012), zitiert als: *S. Walter*, Maut.

Wank, Rolf, Grenzen richterlicher Rechtsfortbildung, Berlin (1978), zitiert als: *R. Wank*, Rechtsfortbildung.

Warg, Gunter, Die Grenzen parlamentarischer Kontrolle am Beispiel des Staatswohls, in: Neue Zeitschrift für Verwaltungsrecht 2014, S. 1263–1269, zitiert als: *G. Warg*, NVwZ 2014.

Waßmuth, Carl-Friedrich, Transparenz kann Infrastruktur schützen helfen, in: InfrastrukturRecht 2012, S. 317–319, zitiert als: *C.-F. Waßmuth*, IR 2012.

Weber, Martin/Schäfer, Michael/Hausmann, Friedrich Ludwig (Hrsg.), Praxishandbuch Public Private Partnership, München (2006), zitiert als: *Bearbeiter*, in: Weber/Schäfer/Hausmann, Praxishdb. PPP.

Wegener, Bernhard W., Der geheime Staat, Arkantradition und Informationsfreiheitsrecht, Göttingen (2006), zitiert als: *B. Wegener*, Arkantradition.

Weidemann, Helmut, Schiedsgerichtsbarkeit in verwaltungsrechtlichen Streitsachen, Dissertation Marburg (1968), zitiert als: *H. Weidemann*, Schiedsgerichtsbarkeit.

Wenzel, Joachim, Das neue zivilprozessuale Revisionszulassungsrecht in der Bewährung, in: Neue Juristische Wochenschrift 2002, S. 3353–3359, zitiert als: *J. Wenzel*, NJW 2002.

Wildhaber, Luzius, Entstehung und Aktualität der Souveränität, in: Staatsorganisation und Staatsfunktionen im Wandel, in: Müller, Georg u.a. (Hrsg.), Festschrift für Kurt Eichenberger zum 60. Geburtstag, Basel/Frankfurt a.M. (1982), S. 131–145, zitiert als: *L. Wildhaber*, in: Müller u.a., FS Eichenberger.

Wirtz, Sonja/Brink, Stefan, Die verfassungsrechtliche Verankerung der Informationszugangsfreiheit, Kennt das Grundgesetz ein Recht auf Zugang zu amtlichen Informationen?, in: Neue Zeitschrift für Verwaltungsrecht 2015, S. 1166–1173, zitiert als: *S. Wirtz/S. Brink*, NVwZ 2015.

Wittreck, Fabian, Dritte Gewalt im Wandel – Veränderte Anforderungen an Legitimität und Effektivität?, in: Veröffentlichungen der Vereinigung der Deutschen Staatsrechtslehrer 74 (2015), S. 115–167, zitiert als: *F. Wittreck*, VVDStRL 74.

Wolff, Heinrich Amadeus, Der nachrichtendienstliche Geheimnisschutz und die parlamentarische Kontrolle, in: Juristenzeitung 2010, S. 173–180, zitiert als: *H. Wolff*, JZ 2010.

Wolff, Johanna, Grenze der Heimlichkeit, Nicht-öffentliche Schiedsverfahren mit Beteiligung der öffentlichen Hand am Maßstab des Verfassungsrechts, in: Neue Zeitschrift für Verwaltungsrecht 2012, S. 205–209, zitiert als: *J. Wolff*, NVwZ 2012.

Wolff, Reinmar, Empfiehlt sich eine Reform des deutschen Schiedsverfahrensrechts?, in: Zeitschrift für Schiedsverfahren 2016, S. 293–306, zitiert als: *R. Wolff*, SchiedsVZ 2016.

Woltereck, Richard, Die Erledigung verwaltungsrechtlicher Streitigkeiten durch Schiedsgerichte, Dissertation Hamburg (1964), zitiert als: *R. Woltereck*, Erledigung.

Würtenberger, Thomas, Verwaltungsprozessrecht, Ein Studienbuch, 3. Auflage, München (2011), zitiert als: *T. Würtenberger*, VerwaltungsprozessR.

Wuschka, Sebastian, Investitionsschiedsverfahren: Individualrechtsschutz oder „anti-demokratische Herrschaft der Konzerne“?, in: Buszewski, Sinthiou/Martini, Stefan/Rathke, Hannes (Hrsg.), Freihandel vs. Demokratie, Grundsätze transnationaler Legitimation: Partizipation, Reversibilität, Transparenz, Baden-Baden (2016), S. 15–35, zitiert als: *S. Wuschka*, in: Buszewski/Martini/Rathke, Freihandel.

Zezschwitz, Friedrich von, Rechtsstaatliche und prozessuale Probleme des Verwaltungsprivatrechts, in: Neue Juristische Wochenschrift 1983, S. 1873–1882, zitiert als: *F. v. Zezschwitz*, NJW 1983.

Ziegler, Andreas R./Gratton, Louis-Philippe, Chapter 13: Investment Insurance, in: Muchlinski, Peter/Ortino, Federico/Schreuer, Christoph (Eds.), The Oxford Handbook of International Investment Law, Oxford (2008), zitiert als: *A. Ziegler/L.-P. Gratton*, in: Muchlinski/Ortino/Schreuer, Hdb. Investment Law, Chap. 13.

Ziekow, Jan/Debus, Alfred G./Musch, Elisabeth, Bewährung und Fortentwicklung des Informationsfreiheitsrechts, Evaluierung des Informationsfreiheitsgesetzes des Bundes im Auftrag des Deutschen Bundestages, Baden-Baden (2013), zitiert als: *J. Ziekow/A. Debus/E. Musch*, Bewährung.

Ziekow, Jan/Sicko, Corinna/Piesker, Axel, Abschied vom Arkanprinzip?, Evaluation des Landesinformationsfreiheitsgesetzes Rheinland-Pfalz, Speyerer Forschungsberichte 272, Speyer (2013), zitiert als: *J. Ziekow/C. Sicko/A. Piesker*, Arkanprinzip.

Ziekow, Jan/Windoffer, Alexander, Public Private Partnership als Verfahren – Struktur und Erfolgsbedingungen von Kooperationsarenen, in: Neue Zeitschrift für Baurecht 2005, S. 665–671, zitiert als: *J. Ziekow/A. Windoffer*, NZBau 2005.

Zimmerlin, Sven, Der Verzicht des Beschuldigten auf Verfahrensrechte im Strafprozess – zugleich ein Beitrag zum Grundrechtsverzicht, Zürich u.a. (2008), zitiert als: *S. Zimmerlin*, Verzicht.

Zöller, Richard (Begr.), Kommentar zur Zivilprozessordnung, 31. Auflage, Köln (2016), zitiert als: *Bearbeiter*, in: Zöller, ZPO.

Zott, Christine, Aktive Informationen des Staates im Internet – Mittelalterlicher Pranger oder modernes Steuerungsinstrument?, Eine Analyse der Publikumsinformation unter besonderer Berücksichtigung des Lebensmittel-, Verbraucherinformations- und Sozialrechts, Baden-Baden (2016), zitiert als: *C. Zott*, Informationen.

Internetquellenverzeichnis

Anmerkung: Die Internetquellen sind alphabetisch sortiert und wurden allesamt am 26.10.2017 zuletzt abgerufen.

Internetquelle „Aggertal“:
http://www.partnerschaften-deutschland.de/oepp-markt/transparenzplattform/aggertal-gymnasium-engelskirchen

Internetquelle „AO-Bau“:
http://www.heimann-partner.com/dbgt/mp-content/user_upload/dateien/AO-Bau.pdf

Internetquelle „ARGE Baurecht“:
http://arge-baurecht.com/service-fuer-mandanten/schlichterordnung/

Internetquelle „Bockeroth“:
http://www.partnerschaften-deutschland.de/oepp-markt/transparenzplattform/feuerwehrgeraetehaus-bockeroth/

Internetquelle „Büdingen“:
http://www.partnerschaften-deutschland.de/oepp-markt/transparenzplattform/amt-fuer-bodenmanagement-buedingen/

Internetquelle „Celle“:
http://www.partnerschaften-deutschland.de/oepp-markt/transparenzplattform/feuerwehrhauptwache-celle/

Internetquelle „Dietzenbach“:
http://www.partnerschaften-deutschland.de/oepp-markt/transparenzplattform/rathaus-dietzenbach/

Internetquelle „Dinslaken“:
http://www.partnerschaften-deutschland.de/oepp-markt/transparenzplattform/feuer-und-rettungswache-dinslaken/

Internetquelle „DIS“:
http://www.dis-arb.de/de/16/regeln/dis-schiedsgerichtsordnung-98-id2

Internetquelle „Düren“:
http://www.partnerschaften-deutschland.de/oepp-markt/transparenzplattform/schulen-kreis-dueren/

Internetquelle „Ense“:
http://www.partnerschaften-deutschland.de/oepp-markt/transparenzplattform/conrad-von-ense-schule-in-ense-bremen/

Internetquelle „Ergänzende Regelungen DIS“:
http://www.dis-arb.de/de/16/regeln/dis-erg%C3%A4nzende-regeln-f%C3%BCr-beschleunigte-verfahren-08-erbv-id3

Internetquelle „Ergänzungsvereinbarung“:
https://file.wikileaks.org/file/tc-betreibervertrag-auszug.pdf

Internetquelle „Frankfurter Rundschau“:
http://www.fr-online.de/politik/lkw-maut-toll-collect-mit-tricks-gegen-den-bund,1472596,32052472.html

Internetquelle „Grundschule Halstenbek“:
http://www.partnerschaften-deutschland.de/oepp-markt/transparenzplattform/grund-und-gemeinschaftsschule-halstenbek/

Internetquelle „Gymnasium Halstenbek“:
http://www.partnerschaften-deutschland.de/oepp-markt/transparenzplattform/wolfgang-borchert-gymnasium-halstenbek/

Internetquelle „Heppenheim“:
http://www.partnerschaften-deutschland.de/oepp-markt/transparenzplattform/behoerdenzentrum-heppenheim/

Internetquelle „Konsortialvertrag“:
http://www.berlin.de/sen/finanzen/vermoegen/downloads/artikel.7166.php

Internetquelle „Kunstrasenplatz Oberpleis“:
http://www.partnerschaften-deutschland.de/oepp-markt/transparenzplattform/kunstrasenplatz-oberpleis/

Internetquelle „Limburg“:
http://www.partnerschaften-deutschland.de/oepp-markt/transparenzplattform/amt-fuer-bodenmanagement-limburg/

Internetquelle „Marienfeld“:
http://www.partnerschaften-deutschland.de/oepp-markt/transparenzplattform/entlastungsstrasse-harsewinkel-marienfeld/

Internetquelle „Mitteilung“:
https://www.berlin.de/sen/finanzen/vermoegen/nachrichten/artikel.30112.php

Internetquelle „Oberdollendorf“:
http://www.partnerschaften-deutschland.de/oepp-markt/transparenzplattform/feuerwehrgeraetehaus-oberdollendorf/

Internetquelle „Rahmenvereinbarung“
http://www.partnerschaften-deutsch-land.de/fileadmin/Daten/Organisatorisches/RAHMENVEREINBARUNG_2012.pdf

Internetquelle „Schulzentrum Oberpleis“:
http://www.partnerschaften-deutschland.de/oepp-markt/transparenzplattform/dach-fassadensanierung-schulzentrum-oberpleis/

Internetquelle „SL Bau“:
http://www.betonverein.de/upload/pdf/Fachthemen/SL_Bau_Fassung_1._Juli_2013_mit_Korrektur_September_2013.pdf

Internetquelle „Sporthalle Halstenbek“:
http://www.partnerschaften-deutschland.de/oepp-markt/transparenzplattform/sporthalle-halstenbek/

Internetquelle „Toll Collect“:
https://file.wikileaks.org/file/tc-betreibervertrag-auszug.pdf

Internetquelle „Transparenzplattform“:
http://www.partnerschaften-deutschland.de/oepp-markt/transparenzplattform/

Internetquelle „Unna“:
http://www.partnerschaften-deutschland.de/oepp-markt/transparenzplattform/kreishaus-unna/

Internetquelle „Weiden“:
http://www.partnerschaften-deutschland.de/oepp-markt/transparenzplattform/fachoberschule-berufsoberschule-weiden/

Einführung in die Thematik

Das Schiedsverfahren ist ein Instrument der nicht-staatlichen Konfliktbewältigung, das im Bereich des (insbesondere internationalen) Wirtschaftsrechts bereits seit vielen Jahrzehnten zum juristischen Alltag gehört.[1] In manchen Teilrechtsgebieten wie dem Unternehmenskaufrecht ist die Etablierung der Schiedsgerichtsbarkeit bereits so weit vorangeschritten, dass ein Großteil der entscheidungsbedürftigen Auseinandersetzungen die staatlichen Gerichte nicht mehr erreicht.[2] Nach Ansicht des ehemaligen Präsidenten des Bundesgerichtshofs *G. Hirsch* leiden darunter – weil es aufgrund der Parteiöffentlichkeit und Vertraulichkeit des Verfahrens nicht zu einer Veröffentlichung der ergangenen Schiedssprüche komme – die Rechtsfortbildung, Rechtssicherheit sowie der rechtswissenschaftliche Diskurs.[3]

Auch für die öffentliche Hand[4] hat die Schiedsgerichtsbarkeit in den vergangenen Jahren insbesondere in Gestalt sogenannter Investitionsschutzverfahren zunehmend an Bedeutung gewonnen: Die internationale Investitionsschiedsgerichtsbarkeit betrifft Verfahren, die dem Schutz ausländischer Investoren vor

---

1 S. die Begründung des Entwurfs eines Gesetzes zur Neuregelung des Schiedsverfahrensrechts (Schiedsverfahrens-Neuregelungsgesetz – SchiedsVfG) vom 12.07.1996, BT-Drs. 13/5274, S. 22; *C. Stumpf*, Streitbeilegung, S. 1; *H. Weidemann*, Schiedsgerichtsbarkeit, S. 35 f.; *J. Wolff*, NVwZ 2012, 205; es gilt indes zu berücksichtigen, dass zu der Frage der tatsächlichen Bedeutung der Schiedsgerichtsbarkeit keine umfassenden statistischen Erhebungen existieren, vgl. *J.-P. Lachmann*, Hdb. Schiedsgerichtspraxis, Rdnr. 93.

2 Vgl. *F. Brosius-Gersdorf*, VVDStRL 74, 169 (172); *C. Duve/M. Keller*, SchiedsVZ 2005, 169 (172); *G. Hirsch*, SchiedsVZ 2003, 49 (52); *J. Risse*, SchiedsVZ 2014, 265 (273 f.); *S. Timmerbeil/C. Stancke*, BJL 2008, 24 (30); beachte in diesem Zusammenhang auch die bereits im Rechtspflegeausschuss des parlamentarischen Rates geäußerten Bedenken des Abg. *P. d. Chapeaurouge*, Stenographisches Protokoll der 3. Sitzung vom 22.10.1948, S. 31–33, abgedruckt in: Schneider, Dokumentation, Bd. 23.1, Dok. 28, S. 252.

3 *G. Hirsch*, SchiedsVZ 2003, 49 (52).

4 Der Begriff der öffentlichen Hand i.d.S. umfasst sämtliche der deutschen staatlichen Gewalt zuzuordnenden Entitäten, die über eine eigene Rechtspersönlichkeit verfügen und damit grds. als Partei in einem Schiedsverfahren in Betracht kommen. Hierzu zählen zuvorderst – aber nicht abschließend – der Bund, die Länder sowie die Kommunen. Synonym wird in der vorliegenden Arbeit insoweit z.T. auch der Begriff des *Staates* verwendet.

einer nachteiligen Behandlung durch den Gaststaat dienen.[5] Das bekannteste Beispiel für ein entsprechendes Verfahren, an dem die Bundesrepublik Deutschland als Beklagte beteiligt ist, dürfte wohl in der Klage eines internationalen Energieversorgungsunternehmens zu sehen sein, das eine milliardenschwere Entschädigung für die Abschaltung seines Atomkraftwerks im Zuge der sogenannten Energiewende begehrt.[6]

Obwohl die Schiedsgerichtsbarkeit bereits frühzeitig auch auf nationaler Ebene als tauglicher Streitlösungsmechanismus für die öffentliche Hand identifiziert worden ist,[7] hat sie in Deutschland insoweit bislang jedoch nur eine untergeordnete Rolle gespielt.[8] Es finden sich allerdings Anhaltspunkte, dass sich dieser Befund anlässlich der vermehrten Zusammenarbeit zwischen Staat und Privaten in Gestalt sogenannter öffentlich-privater Partnerschaften[9] zwischenzeitig geändert hat.[10] So spricht *J. Wolff* etwa davon, dass „Schiedsklauseln in PPP-Verträgen (…) typisch“[11] seien.[12]

Soweit dies tatsächlich der Fall sein sollte, wurde diese Entwicklung von Seiten des rechtswissenschaftlichen Schrifttums jedoch kaum nachvollzogen:[13] Die zur Thematik verfügbaren Abhandlungen sind entweder bereits veraltet oder setzen sich inhaltlich ausschließlich mit der Schiedsgerichtsbarkeit in verwaltungsrechtlichen Angelegenheiten auseinander.[14] Genauso gut, wie die öffentliche Hand als

---

5 Zur Investitionsschiedsgerichtsbarkeit s. unten A.II.3., S. 18 f.

6 Der Antrag auf Durchführung dieses Schiedsverfahrens wurde vom klagenden Unternehmen beim Internationalen Zentrum zur Beilegung von Investitionsstreitigkeiten (engl.: International Centre for Settlement of Investment Disputes – ICSID) eingereicht; dort wird der Fall unter dem Az. ICSID Case No. ARB/12/12 geführt; ausführlich zu diesem Schiedsverfahren *D. Buntenbroich/M. Kaul*, SchiedsVZ 2014, 1 ff.; vgl. auch *F. Brosius-Gersdorf*, VVDStRL 74, 169 (173).

7 Vgl. *C. Loos*, Schiedsgerichtsbarkeit; *H. Weidemann*, Schiedsgerichtsbarkeit; *R. Woltereck*, Erledigung.

8 So auch *F. Brosius-Gersdorf*, VVDStRL 74, 169 (172 f.); *J. Schäfer*, SchiedsVZ 2009, 336; *S. Schill*, DÖV 2010, 1013 f.

9 Kurz: ÖPP; häufig wird insoweit auch die entsprechende engl. Übersetzung „Public Private Partnership“ bzw. deren Akronym PPP verwendet.

10 Vgl. *C. Classen*, EuZW 2014, 611 (612); *J. Schäfer*, SchiedsVZ 2009, 336; *S. Schill*, DÖV 2010, 1013, der freilich einräumt, dass sich diese Annahme nicht anhand empirischer Daten belegen lasse, und sich daher i.W. auf das stützt, „was im Ausland im Bereich von PPPs üblich“ sei.

11 *J. Wolff*, NVwZ 2012, 205 (206).

12 Vgl. auch *C. Leisinger*, Vertraulichkeit, S. 180.

13 Diese Beobachtung teilt *S. Schill*, DÖV 2010, 1013 (1014).

14 Vgl. die Nachweise in Fn. 7.

Prozesspartei in Verfahren vor den Zivilgerichten beteiligt sein kann, sind jedoch Schiedsverfahren denkbar, die zivilrechtliche Streitigkeiten des Staates zum Gegenstand haben. Diesem Umstand trägt die vorliegende Arbeit Rechnung, indem sie die Teilnahme der öffentlichen Hand an Schiedsverfahren rechtsgebietsübergreifend beleuchtet.

Wertet man das wenige neue, zur Beteiligung der öffentlichen Hand in Schiedsverfahren vorhandene Schrifttum aus, so wird allerdings alsbald klar, dass dieses Phänomen überwiegend kritisch gesehen wird:[15] Erhoben werden insbesondere verfassungsrechtliche Bedenken, die sich gegen die vermeintliche Opazität der Schiedsgerichtsbarkeit richten: So erblickt *S. Schill* in der Übertragung von Streitbeilegungsfunktionen auf vertraulich verhandelnde Schiedsgerichte eine Gefahr für die Kontrolle von Behördenhandeln und die Sicherstellung der Gesetzmäßigkeit der Verwaltung.[16] Auch *J. Wolff* sieht die parlamentarische Kontrolle der Exekutive in Gefahr, sofern die öffentliche Hand von ihr im Rahmen eines Schiedsverfahrens vertreten wird; insbesondere blieben der Legislative all diejenigen Informationen entzogen, die ihr anlässlich eines öffentlichen Gerichtsverfahrens ohne Weiteres zur Verfügung stünden.[17]

Vor dem Hintergrund der dargestellten Kritik wird sich die vorliegende Arbeit daher insbesondere auch mit der Frage auseinanderzusetzen haben, wie transparent die Schiedsgerichtsbarkeit *in concreto* ausgestaltet sein muss, damit sich die Beteiligung der öffentlichen Hand als Partei an Schiedsverfahren in Einklang mit ihren grundgesetzlichen Bindungen befindet.

---

15 Kritisch äußern sich insbes. *S. Schill*, DÖV 2010, 1013 (1016 f.), sowie *J. Wolff*, NVwZ 2012, 205 ff.

16 *S. Schill*, DÖV 2010, 1013 (1016).

17 S. *J. Wolff*, NVwZ 2012, 205 (207 f.).

Aufbau der Arbeit

Die vorliegende Dissertation ist zweigeteilt: Der erste Teil der Arbeit verfolgt dabei den Zweck, die verwaltungs- beziehungsweise zivilrechtliche Schiedsgerichtsbarkeit als Streitlösungsinstrument im Verhältnis zur öffentlichen Hand vorzustellen. Weil der Begriff der Schiedsgerichtsbarkeit nicht immer einheitlich verwendet wird, erfolgt aus diesem Anlass zunächst eine Charakterisierung und Abgrenzung des Untersuchungsgegenstands von ähnlichen und artverwandten Streitlösungsmechanismen (Teil 1 A., S. 9 ff.).

Außerdem sollen knapp die unterschiedlichen Arten der Schiedsgerichtsbarkeit betrachtet werden (Teil 1 B., S. 23 ff.), bevor im nächsten Schritt die Schiedsvereinbarung als rechtliche Grundlage des Schiedsverfahrens vorgestellt wird (Teil 1 C., S. 29 ff.). In diesem Zusammenhang wird vor allem auf die Rechtsnatur der Schiedsvereinbarung (Teil 1 C.III., S. 30 ff.) sowie die Kriterien ihrer Zuordnung zum Verwaltungs- beziehungsweise Zivilrecht (Teil 1 C.IV., S. 32 ff.) einzugehen sein. Zudem sollen bei dieser Gelegenheit der notwendige Inhalt (Teil 1 C.V., S. 41 f.), die Wirksamkeitsvoraussetzungen (Teil 1 C.VI., S. 43 ff.) sowie die Rechtsfolgen (Teil 1 C.VII., S. 49 ff.) der Schiedsvereinbarung unter Berücksichtigung der einfach-gesetzlichen Eigenheiten von Verwaltungs- und Zivilschiedsgerichtsbarkeit herausgestellt werden.

Anschließend wird die These überprüft, wonach insbesondere die Zunahme von ÖPP dazu geführt habe, dass die Schiedsgerichtsbarkeit auch im Verhältnis zur öffentlichen Hand an Bedeutung gewonnen habe (Teil 1 D., S. 52 ff.). Hierzu sollen eingangs die Projektverträge von insgesamt 21 kleineren ÖPP-Vorhaben auf das Vorliegen einer Schiedsvereinbarung hin untersucht werden, die auf der sogenannten Transparenzplattform der ÖPP Deutschland AG im Internet eingesehen werden können (Teil 1 D.II.1., S. 55 ff.). Weiterhin soll anhand zweier vielbeachteter Beispiels-ÖPP (Toll Collect; Berliner Wasserbetriebe, kurz: BWB), von denen bekannt ist, dass es in ihrem Zusammenhang nicht nur zum Abschluss einer Schiedsvereinbarung, sondern gleichsam zur Durchführung eines Schiedsverfahrens gekommen ist, untersucht werden, wie sich die schiedsrichterliche Streitbewältigung *in concreto* für Konflikte vollzieht, an denen die öffentliche Hand als Partei beteiligt ist (Teil 1 D.II.2./3., S. 75 ff.).

Interessant sind auch die Motive, die dafür sprechen (könnten), die Schiedsgerichtsbarkeit gerade im Verhältnis zur öffentlichen Hand als Streitlösungsmechanismus zum Einsatz zu bringen; nach ihnen soll gesucht werden (Teil 1 E., S. 84 ff.), bevor als Nächstes erörtert wird, ob sich die Teilnahme des Staates an

Schiedsverfahren überhaupt als verfassungsrechtlich zulässig erweist (Teil 1 F., S. 87 ff.). Dies hat sinnvollerweise zweistufig zu geschehen: Bevor die Verfassungsmäßigkeit eines schiedsgerichtlichen Engagements speziell der öffentlichen Hand behandelt wird (Teil 1 F.II., S. 98 ff.), ist die Vereinbarkeit der Existenz privater Gerichte mit dem Grundgesetz *per se* zu klären (Teil 1 F.I., S. 88 ff.). Denn nur soweit diese Vorfrage positiv beantwortet werden kann, wird die Frage, ob sich auch der Staat in verfassungsrechtlich zulässiger Weise in Schiedsverfahren engagieren darf, überhaupt erst virulent. Insoweit wird vor allem auf das staatliche Rechtsprechungsmonopol nach Art. 92 GG (Teil 1 F.I.1., S. 88 ff.) sowie die justiziellen Gewährleistungen des Grundgesetzes (Teil 1 F.I.2., S. 94 ff.) einzugehen sein. Die Frage, inwiefern für die öffentliche Hand besondere Transparenz-Anforderungen anlässlich ihrer Teilnahme als Partei an Schiedsverfahren bestehen, soll in diesem Zusammenhang ausgeklammert bleiben.

Ihr wird stattdessen eigens der zweite Teil dieser Arbeit gewidmet: Nach einem kurzen Problemaufriss, in dem auch die einschlägige Kritik im Schrifttum dargestellt wird (Teil 2 H., S. 109 ff.) soll zu diesem Zwecke zunächst die Bedeutung verschiedener Termini geklärt werden, die für den weiteren Verlauf der Untersuchung von Bedeutung sind (Teil 2 I., S. 111 ff.). Hierzu zählen die Begriffe der Öffentlichkeit und Transparenz (Teil 2 I.I., S. 111 f.), der Gerichtsöffentlichkeit (Teil 2 I.II., S. 112 ff.) sowie der Vertraulichkeit des Schiedsverfahrens (Teil 2 I.III., S. 115 ff.).

Sodann soll geklärt werden, wie transparent beziehungsweise intransparent sich die Schiedsgerichtsbarkeit am Vergleichsmaßstab der staatlichen Gerichtsbarkeit tatsächlich darstellt (Teil 2 J., S. 125 ff.). Vor dem Hintergrund, dass auch der Grundsatz der Gerichtsöffentlichkeit unterschiedliche gesetzliche wie faktische Durchbrechungen erfährt, erweist sich ein pauschal proklamierter Antagonismus zwischen transparenter Gerichtsbarkeit und intransparenter Schiedsgerichtsbarkeit nämlich als durchaus zweifelhaft. In diesem Zusammenhang werden zunächst die gesetzlich vorgesehen Ausnahmen vom Grundsatz der Gerichtsöffentlichkeit einer näheren Betrachtung unterzogen (Teil 2 J.I., S. 126 ff.). Des Weiteren soll geprüft werden, inwiefern es in der Praxis schon aus tatsächlichen Gründen zu Durchbrechungen dieses Verfahrensgrundsatzes kommt (Teil 2 J.II., S. 133 ff.).

Auf der anderen Seite könnte sich in Schiedsverfahren, an denen der Staat beteiligt ist, ein zusätzlicher Transparenzgewinn daraus ergeben, dass diesbezüglich Ansprüche nach den Informationsfreiheitsgesetzen des Bundes oder der Länder bestehen; aus diesem Grund soll exemplarisch anhand des Informationsfreiheitsgesetzes des Bundes untersucht werden, unter welchen Voraussetzungen ein entsprechender Anspruch bestehen kann und welchen Beschränkungen er gegebenenfalls unterliegt (Teil 2 J.III., S. 135 ff.).

Es schließen sich verfassungsrechtliche Ausführungen zu der Frage an, ob die vertrauliche Teilnahme der öffentlichen Hand an Schiedsverfahren in Einklang mit dem Grundgesetz steht (Teil 2 K., S. 167 ff.): Diesbezüglich soll zunächst geprüft werden, ob subjektiv-verfassungsrechtliche Gehalte den Staat dazu verpflichten, in diesem Zusammenhang für Transparenz zu sorgen (Teil 2 K.I., S. 169 ff.); als grundrechtlicher Ansatz kommt dabei vor allem das Informationsfreiheitsrecht nach Art. 5 Abs. 1 S. 1 Alt. 2 GG in Betracht (Teil 2 K.I.1., S. 169 ff.). Die gleiche Prüfung wird außerdem für die objektiv-rechtlichen Verfassungsinhalte wiederholt (Teil 2 K.II., S. 183 ff.); im Mittelpunkt sollen dabei das Demokratie- (Teil 2 K.II.3., S. 189 ff.) sowie das Rechtsstaatsprinzip (Teil 2 K.II.4., S. 215 ff.) stehen.

Am Ende der Untersuchung steht eine thesenförmige Zusammenfassung.

Teil 1: Die öffentliche Hand als Partei im Schiedsverfahren

A. Echte Schiedsgerichtsbarkeit als Untersuchungsgegenstand

In den vergangenen Jahrzehnten wurde eine ganze Reihe von alternativen Streitlösungsmechanismen entwickelt, die unter dem Oberbegriff der *Alternative Dispute Resolution*[18] zusammengefasst werden.[19] Schon frühzeitig wurde dabei erkannt, dass sich diese Instrumente der nicht-staatlichen Konfliktbewältigung grundsätzlich auch zur Behandlung von Auseinandersetzungen eignen, an denen die öffentliche Hand als Partei beteiligt ist.[20] Den Untersuchungsgegenstand der vorliegenden Arbeit bildet insoweit der Streitlösungsmechanismus, der allgemein als *echte Schiedsgerichtsbarkeit* bezeichnet wird. Dieser zeichnet sich durch die folgenden Merkmale aus:

I. Charakteristika der echten Schiedsgerichtsbarkeit

1. Private Instanz

Das wohl wesentlichste Merkmal dieses Streitlösungsinstruments besteht darin, dass es sich bei den zur Streitentscheidung berufenen Instanzen um private Einrichtungen handelt, die anstelle des eigentlich zuständigen staatlichen Gerichts die ihnen vorgelegte Streitigkeit entscheiden.[21] Obwohl auch Schiedsgerichte

---

18 Kurz: ADR.

19 Das Begriffsverständnis der ADR ist teilw. divergierend: So zählen bspw. *K. Lionnet/A. Lionnet*, Hdb. Schiedsgerichtsbarkeit, S. 62 f., die Schiedsgerichtsbarkeit nicht dazu; so offensichtlich auch *F. Brosius-Gersdorf*, VVDStRL 74, 169 (183); s. zur unterschiedlichen Verwendung dieses Begriffs auch *C. Stubbe*, SchiedsVZ 2009, 321 (322); *P. Stürmer*, Vereinbarung, S. 1 f.

20 Vgl. dazu *H. Kahlert*, Vertraulichkeit, S. 134 f.

21 Hieraus kann freilich nicht geschlussfolgert werden, dass das staatliche Gericht nicht trotzdem auch unter bestimmten Voraussetzungen mit der Angelegenheit in Berührung kommt. Der wirksame Abschluss einer Schiedsvereinbarung bedeutet zwar, dass sämtliche dieser unterfallenden Streitigkeiten der Entscheidung des eigentlich zuständigen staatlichen Gerichts in materiell-rechtlicher Hinsicht entzogen sind, vgl. *J.-P. Lachmann*, Hdb. Schiedsgerichtspraxis, Rdnr. 5. Gleichwohl sieht die ZPO eine ganze Reihe von Rechtsbehelfen vor, die zu einem Tätigwerden der staatlichen Gerichte im Zusammenhang mit Schiedsverfahren führen können. Sollte das staatliche Gericht dabei einen Verstoß gegen einen seinem eingeschränkten rechtlichen Prüfungsmaßstab

Rechtsprechung im Sinne des Art. 92 GG ausüben,[22] handelt es sich bei ihnen weder um staatliche Gerichte, noch sind schiedsrichterliche Spruchkörper mit Richtern im Sinne des Grundgesetzes[23] oder des § 1 DRiG besetzt.[24] Schiedsrichter müssen daher im Grundsatz auch über keinerlei juristisch-berufliche Qualifikation verfügen, selbst wenn sich die Schiedsrichterbänke in der Praxis in aller Regel mit (Voll-)Juristen besetzt finden.[25]

Aus der privaten Natur der schiedsrichterlichen Spruchkörper folgt zugleich, dass für sie keine unmittelbare Grundrechtsbindung gilt.[26] Im Gegenzug kommt der Schiedsgerichtsbarkeit jedoch auch nur deshalb eine das Faktische überschreitende Bedeutung zu, weil der Staat ihren Entscheidungen rechtliche Anerkennung verleiht.[27]

2. *Freiwillige Übertragung der Entscheidungsbefugnis*

Damit die Entscheidung einer Streitigkeit den staatlichen Gerichten entzogen und einem Schiedsgericht übertragen wird, bedarf es einer entsprechenden Willensbekundung der Beteiligten:[28] Diese erfolgt regelmäßig in Gestalt eines zwischen den Parteien des Streits geschlossenen Rechtsgeschäfts, das als Schiedsvereinbarung bezeichnet wird, vergleiche § 1029 Abs. 1 ZPO.[29]

Der Abschluss einer Schiedsvereinbarung ist für die Streitentscheidungskompetenz des Schiedsgerichts konstitutiv;[30] ihre Wirksamkeit setzt zwingend voraus, dass sie freiwillig von den Parteien getroffen wurde.[31] Dies folgt einerseits bereits aus der Natur der Schiedsvereinbarung als Vertrag und lässt sich andererseits mit

---

(keine *Révision au fond*!) unterfallenden Gesichtspunkt feststellen, dann stehen ihm weitreichende Eingriffsmöglichkeiten gegenüber den Parteien zur Verfügung (z.B. Aufhebung des Schiedsspruchs nach § 1059 ZPO).

22 S. dazu unten F.I.1.a., S. 88 ff.

23 S. unten F.I.1.b., S. 91 f.

24 Vgl. *J.-F. Staats*, DRiG, § 1 DRiG Rdnr. 2.

25 So *J.-P. Lachmann*, Hdb. Schiedsgerichtspraxis, Rdnr. 816.

26 Vgl. *U. Steiner*, SchiedsVZ 2013, 15 (19).

27 S. dazu sogleich unten A.I.4., S. 13.

28 Vgl. *G. Henn*, SchiedsverfahrensR, Rdnr. 18.

29 Zu weiteren Möglichkeiten der Begründung schiedsrichterlicher Zuständigkeit s. *R. Kreindler/J. Schäfer/R. Wolff*, Schiedsgerichtsbarkeit, Rdnrn. 87 ff.

30 S. *C. Stumpf*, Streitbeilegung, S. 10.

31 S. *F. Brosius-Gersdorf*, VVDStRL 74, 169 (177); *R. Geimer*, in: Schlosser, Integritätsprobleme, S. 113 (119); *U. Steiner*, SchiedsVZ 2013, 15 (17 f.); *J. Münch*, SchiedsVZ 2017, 114 (116); *F. Hesselbarth*, Schiedsgerichtsbarkeit, S. 201 ff., hält die Neuregelung des Schiedsverfahrensrechts durch das Gesetz zur Neuregelung des Schiedsverfahrensrechts

den tiefgreifenden Folgen begründen, zu denen ihr Abschluss führt: Die Parteien verzichten auf den Rechtsschutz durch die staatliche Gerichtsbarkeit.[32] Damit bedeutet der Abschluss einer grundrechtsberechtigten Partei zugleich die (zumindest partielle) Preisgabe ihres (allgemeinen) Justizgewährungsanspruchs.[33]

Der Grundrechtsverzicht ist allerdings nur unter besonderen Voraussetzungen möglich: Der Verzichtende muss einsichtsfähig[34] und ihm die Tragweite seiner Entscheidung bewusst[35] sein, so dass er auf dieser Grundlage eine freiwillige[36] Verzichtsentscheidung treffen kann.[37] Bereits aus grundrechtsdogmatischen Gründen setzt der Abschluss der Schiedsvereinbarung für eine grundrechtsberechtigte Partei folglich Freiwilligkeit voraus.[38]

Freiwilligkeit in diesem Sinne liegt dann vor, wenn keine der Parteien zum Abschluss der Schiedsvereinbarung durch Zwang oder Täuschung bewegt worden ist; jeder Partei muss die reale Option offen gestanden haben, sich auch gegen die Wahl der Schiedsgerichtsbarkeit zu entscheiden.[39] An dieser Voraussetzung fehlt es dann, wenn einer Seite (aus wirtschaftlichen oder anderen Gründen) ein so starkes Übergewicht gegenüber der anderen zukommt, dass diese einseitig die Schiedsgerichtsbarkeit als Streitlösungsmechanismus vorgeben kann.[40]

---

vom 22.12.1997, BGBl. I, S. 3224, wegen Verstoßes gegen das Verbot des Schiedszwangs für verfassungswidrig.

32 Zutreffend *F. Brosius-Gersdorf*, VVDStRL 74, 169 (182); *J.-P. Lachmann*, Hdb. Schiedsgerichtspraxis, Rdnr. 240; *S. Longrée/D. Wedel*, SchiedsVZ 2016, 237 (238).

33 Vgl. *H. Kahlert*, Vertraulichkeit, S. 94; *S. Longrée/D. Wedel*, SchiedsVZ 2016, 237 (238); *K. Möller*, Schiedsgerichtsbarkeit, S. 109 ff.

34 S. *C. Hillgruber*, in: Epping/Hillgruber, BeckOK GG, Art. 1 GG Rdnr. 74; *M. Sachs*, in: Sachs, GG, Vor Art. 1 GG Rdnr. 56.

35 So das BVerfG, E 9, 194 (199), für den Verzicht auf gerichtlichen Rechtsschutz; s. auch *K. Möller*, Schiedsgerichtsbarkeit, S. 110, 113 ff., der auch von der Vereinbarkeit des „*pro-futuro*-Verzichts" mit der Schutzfunktion des Art. 19 Abs. 4 GG ausgeht.

36 S. *C. Hillgruber*, in: Epping/Hillgruber, BeckOK GG, Art. 1 GG Rdnr. 74; *H. Kahlert*, Vertraulichkeit, S. 87; *S. Longrée/D. Wedel*, SchiedsVZ 2016, 237 (238); *K. Möller*, Schiedsgerichtsbarkeit, S. 110; *M. Sachs*, in: Sachs, GG, Vor Art. 1 GG Rdnr. 56.

37 Umfassend zum Grundrechtsverzicht *N. Bethge*, Grundrechtsverzicht; *J. Zimmerlin*, Verzicht.

38 Vgl. *R. Geimer*, in: Schlosser, Integritätsprobleme, S. 113 (120); *S. Longrée/D. Wedel*, SchiedsVZ 2016, 237 (238).

39 Vgl. *R. Geimer*, in: Schlosser, Integritätsprobleme, S. 113 (119 f.).

40 Ähnlich *R. Geimer*, in: Schlosser, Integritätsprobleme, S. 113 (119 f.); vgl. auch *K. Möller*, Schiedsgerichtsbarkeit, S. 110 ff.; bereits vor seinem Erlass umstr. ist in dieser Hinsicht § 11 des Gesetzes zur Bekämpfung von Doping im Sport, s. den entsprechenden Gesetzentwurf der Bundesregierung vom 27.03.2015, BR-Drs. 126/15, da aus Sicht der

Von einer freiwilligen Übertragung der Streitentscheidungsbefugnis auf ein Schiedsgericht kann auch dann keine Rede sein, wenn diese auf einer einseitigen hoheitlichen Entscheidung des Staates beruht.[41] Als unschädlich stellt es sich demgegenüber dar, wenn das Gesetz die Schiedsgerichtsbarkeit lediglich zulässt;[42] dann besteht nämlich keine Pflicht der Parteien, ihre Streitigkeiten durch ein Schiedsgericht entscheiden zu lassen.

Auch der freiwillige Beitritt zu einer Körperschaft, die in ihren Statuten über eine Schiedsklausel verfügt, widerspricht grundsätzlich nicht dem Prinzip der Freiwilligkeit. Hier steht es der beitretenden Partei offen, sich in Kenntnis der Schiedsvereinbarung bewusst gegen die Mitgliedschaft zu entscheiden.[43]

3. *Verbindliche Streitentscheidung*

Die Aufgabe des Schiedsgerichts besteht darin, die ihm von den Parteien unterbreiteten Streitigkeiten im Rahmen des von diesen vorgesehenen Verfahrens anhand der von ihnen festgelegten rechtlichen Maßstäbe zu entscheiden.[44] Sein Schiedsspruch ist umfassend und endgültig.[45]

Umfassend meint, dass das Schiedsgericht die ihm von den Parteien unterbreitete Streitigkeit unter Berücksichtigung aller tatsächlichen und rechtlichen Gesichtspunkte entscheidet.[46] Endgültig beziehungsweise verbindlich ist der Schiedsspruch dann, wenn von ihm eine die Parteien unmittelbar bindende rechtliche Wirkung ausgeht.[47] Daran fehlt es, falls die Rechtsfolgen der schiedsrichterlichen Entscheidung erst aufgrund der rechtserheblichen Erklärung eines Dritten (zum Beispiel der Parteien) eintreten.[48] Demgegenüber schließt Endgültigkeit nicht aus, dass die von Seiten des Schiedsgerichts getroffene Entscheidung der Kontrolle durch eine weitere staatliche oder nicht-staatliche Instanz unterliegt.[49]

Kritiker ein faktischer Zwang der Sportler zum Abschluss von Schiedsvereinbarungen besteht, vgl. *U. Steiner*, SchiedsVZ 2013, 15 (17 f.).

41 Vgl. *C. Stumpf*, Streitbeilegung, S. 12 f.

42 So auch *C. Stumpf*, Streitbeilegung, S. 12 f.

43 S. *C. Stumpf*, Streitbeilegung, S. 13.

44 Vgl. *G. Henn*, SchiedsverfahrensR, Rdnr. 1; zu den Freiheiten bei der Ausgestaltung des Schiedsverfahrens s. *R. Kreindler/J. Schäfer/R. Wolff*, Schiedsgerichtsbarkeit, Rdnrn. 8 f.

45 Ausführlich zum Schiedsspruch *F. Schmidt*, SchiedsVZ 2013, 32 ff.

46 Vgl. *J.-P. Lachmann*, Hdb. Schiedsgerichtspraxis, Rdnr. 7; *C. Stumpf*, Streitbeilegung, S. 11 f.

47 Vgl. BGHZ 65, 59 (61); *K. Schwab/G. Walter*, Schiedsgerichtsbarkeit, Kap. 18 Rdnr. 2.

48 Vgl. *C. Stumpf*, Streitbeilegung, S. 10.

49 S. *C. Stumpf*, Streitbeilegung, S. 10.

4. Staatliche Anerkennung

Schiedssprüche erlangen nur deshalb eine über die faktische Bindungswirkung hinausgehende rechtliche Relevanz, weil der Gesetzgeber ihnen Anerkennung verleiht: Dies geschieht in Deutschland einerseits durch die Gleichstellung der Schiedssprüche mit rechtskräftigen Gerichtsurteilen nach § 1055 ZPO, sogenannte Urteilswirkung.[50]

Andererseits bringt der Staat seine Anerkennung dadurch zum Ausdruck, dass er den Parteien seine Unterstützung bei der Zwangsvollstreckung offeriert: Nach § 794 Abs. 1 Nr. 4a ZPO findet die Zwangsvollstreckung aus Entscheidungen statt, die Schiedssprüche für vollstreckbar erklären, sofern die Entscheidungen rechtskräftig oder für vorläufig vollstreckbar erklärt worden sind. Nach § 168 Abs. 1 Nr. 5 VwGO wiederum wird aus den für vollstreckbar erklärten Schiedssprüchen öffentlich-rechtlicher Schiedsgerichte vollstreckt, ebenfalls sofern die Entscheidung über die Vollstreckbarkeit rechtskräftig oder für vorläufig vollstreckbar erklärt worden ist.

Auf diese Unterstützung sind die Parteien gleichsam angewiesen: Denn obwohl der Gesetzgeber Schiedssprüche mit den Wirkungen eines Urteils versehen hat, verfügen die Schiedsgerichte über keinerlei Befugnisse die Zwangsvollstreckung betreffend; das Gewaltmonopol verbleibt beim Staat.[51]

5. Rechtsstaatlichkeit des Verfahrens

Es ist die notwendige Kehrseite der staatlichen Anerkennung von Schiedssprüchen, dass die ihnen zugrunde liegenden Schiedsverfahren rechtsstaatlichen Anforderungen zu entsprechen haben.[52] Dabei sind die für staatliche Gerichtsverfahren geltenden rechtsstaatlichen Standards nicht deckungsgleich auch auf das Schiedsverfahren zu übertragen; das Schiedsgericht hat insoweit nach herrschender Meinung lediglich gewisse Mindeststandards einzuhalten.[53] Die

---

50 S. *K. Möller*, Schiedsgerichtsbarkeit, S. 29; *M. Löhr*, Rechtsschutz, S. 26, bezeichnet diesen Vorgang als „Internalisierungsmechanismus".

51 Vgl. *R. Geimer*, in: Schlosser, Integritätsprobleme, S. 113 (194).

52 Vgl. BGHZ 65, 59 (62); *C. Stumpf*, Streitbeilegung, S. 42; *H. Prütting*, AnwBl 2015, 546 (549).

53 S. BGHZ 65, 59 (63 f.); *C. Stumpf*, Streitbeilegung, S. 41 ff.; ähnlich *R. Geimer*, in: Schlosser, Integritätsprobleme, S. 113 (135 f.); Gegenstand und Reichweite dieser Mindeststandards sind umstr.; zumindest was die Gewährleistung rechtlichen Gehörs anbelangt, geht der BGH davon aus, dass das Schiedsgericht dieses Verfahrensrecht im wesentlich gleichen Umfang wie staatliche Gerichte zu gewähren hat, s. BGHZ 85, 288 (291).

Bindung des Schiedsgerichts an diese Standards ergibt sich dabei nicht unmittelbar aus der Verfassung,[54] sondern sie folgt mittelbar aus den verschiedenen staatlichen Eingriffsmöglichkeiten (zum Beispiel Aufhebungsantrag nach § 1059 Abs. 2 Nr. 2 lit. b ZPO, Ablehnung der Vollstreckbarerklärung gemäß §§ 1060 Abs. 2 S. 1, 1059 Abs. 2 Nr. 2 lit. b ZPO), die das Schiedsgericht zur Berücksichtigung rechtsstaatlicher Gewährleistungen anhalten sollen.[55]

Dabei findet sich die Gewährung rechtlichen Gehörs, die das Bundesverfassungsgericht als unabdingbar für jedes rechtsstaatliche Verfahren erachtet,[56] in § 1042 Abs. 1 S. 2 ZPO normiert.[57] Indem diese Garantie den Parteien Äußerungsrechte mitsamt einer korrespondierenden Beachtenspflicht durch das Schiedsgericht einräumt,[58] wird sichergestellt, dass es nicht zu einer Degradierung der Parteien zum bloßen Objekt innerhalb des Schiedsverfahrens kommt.[59]

§ 1042 Abs. 1 S. 1 ZPO statuiert des Weiteren die Pflicht zur Gleichbehandlung der Parteien; das Schiedsgericht hat sich ihnen gegenüber neutral zu verhalten.[60] In engem Zusammenhang mit der schiedsrichterlichen Neutralität steht des Weiteren die schiedsrichterliche Unabhängigkeit; aus ihr folgt, dass beiden Parteien beispielsweise der gleiche Einfluss bei der Ernennung der Schiedsrichter zukommen muss.[61]

---

54 Vgl. *H. Kahlert*, Vertraulichkeit, S. 85.

55 Vgl. *U. Steiner*, SchiedsVZ 2013, 15 (17).

56 BVerfGK 7, 205 (210); s. auch BGHZ 85, 288 (291).

57 Ausführlich zur Garantie rechtlichen Gehörs im schiedsgerichtlichen Verfahren *R. Geimer*, in: Schlosser, Integritätsprobleme, S. 113 (131 f.); *J.-P. Lachmann*, Hdb. Schiedsgerichtspraxis, Rdnrn. 1295 ff.; *K. Möller*, Schiedsgerichtsbarkeit, S. 118 f.; *R. Schütze*, Schiedsgericht, Rdnrn. 386 ff.; *U. Steiner*, SchiedsVZ 2013, 15 (16 f.); *C. Stumpf*, Streitbeilegung, S. 43 ff.

58 S. BGHZ 85, 288 (291).

59 Vgl. *R. Geimer*, in: Schlosser, Integritätsprobleme, S. 113 (136); *K. Möller*, Schiedsgerichtsbarkeit, S. 118; *C. Stumpf*, Streitbeilegung, S. 45 f.

60 Dazu BGHZ 98, 70 (72); BGHZ 65, 59 (62); das gilt gleichermaßen für den parteiernannten Schiedsrichter, zutreffend *R. Geimer*, in: Schlosser, Integritätsprobleme, S. 113 (137 f.); die Neutralität der Schiedsrichter schließt ebenfalls eine Entscheidung in eigenen Angelegenheiten aus, vgl. OLG München, Beschluss vom 07.08.2006 – 34 SchH 9/05[=SchiedsVZ 2006, 286 (288)]; *R. Geimer*, in: Schlosser, Integritätsprobleme, S. 113 (130).

61 So *W. Habscheid*, NJW 1962, 5 (9).

6. *Zusammenfassende Begriffsdefinition*

Nimmt man die oben dargestellten Merkmale zusammen, dann ergibt sich daraus die nachfolgende Definition: Das echte Schiedsverfahren stellt eine Methode der nicht-staatlichen Konfliktbewältigung dar, in der ein nicht-hoheitlich handelnder Spruchkörper, dessen Entscheidungen infolge staatlicher Anerkennung den Wirkungen staatlicher Richtersprüche im Wesentlichen gleichgestellt sind, anstelle des eigentlich zuständigen staatlichen Gerichts die ihm von den Parteien auf vertraglicher Grundlage unterbreiteten Rechtsstreitigkeiten im Rahmen eines rechtsstaatlichen Grundsätzen genügenden Verfahrens umfassend und verbindlich entscheidet.[62]

II. Abgrenzung

Weil viele Methoden der alternativen Streitbewältigung zum Teil eine große Ähnlichkeit aufweisen und die in diesem Bereich gebräuchlichen Begrifflichkeiten mitunter nicht einheitlich verwendet werden, soll die echte Schiedsgerichtsbarkeit im Folgenden zur weiteren Präzisierung des Untersuchungsgegenstands von ähnlichen und artverwandten Streitbewältigungsmechanismen abgegrenzt werden.

1. *...zur unechten Schiedsgerichtsbarkeit*

Eingangs soll das echte Schiedsverfahren von der unechten Schiedsgerichtsbarkeit unterschieden werden. Gemein ist diesen beiden „Schiedsgerichtsbarkeiten", dass die zur Entscheidung berufenen Spruchkörper die ihnen unterbreiteten Streitigkeiten in einem umfassenden Sinne zu beurteilen haben.[63] Dabei beschreibt der Begriff der unechten Schiedsgerichtsbarkeit jedoch keine bestimmte sowie abgrenzbare Methode der alternativen Konfliktbewältigung, sondern er dient vielmehr als Sammelbezeichnung für unterschiedliche Verfahren im Bereich des (vorderhand besonderen) Verwaltungsrechts[64], die von Seiten des Gesetzgebers als *Schiedsgericht, Schiedsstelle* oder ähnlich bezeichnet werden,

62 Diese Definition ist i.W. an die Begriffsbestimmung bei *R. Woltereck*, Erledigung, S. 27, angelehnt; einzig zwei Aspekte wurden deutlicher hervorgehoben: Dies betrifft einerseits den großen Gestaltungsspielraum, der den Parteien mit Blick auf die Verfahrensgestaltung zukommt, und andererseits die Notwendigkeit der Einhaltung der Grundsätze eines rechtsstaatlichen Verfahrens.

63 Vgl. *C. Stumpf*, Streitbeilegung, S. 187.

64 Verschiedene Anwendungsgebiete der unechten Schiedsgerichtsbarkeit finden sich bei *K. Möller*, Schiedsgerichtsbarkeit, S. 33 f., nachgewiesen.

ohne dass sie über die oben beschriebenen Merkmale der Schiedsgerichtsbarkeit im eigentlichen (*echten*) Sinne verfügen.[65]

Der maßgebliche Unterschied zwischen echter und unechter Schiedsgerichtsbarkeit ist im Übrigen darin zu sehen, dass die unechten Schiedsgerichte ihre Streitentscheidungsbefugnis nicht aus einer entsprechenden Vereinbarung der Parteien herleiten, sondern insoweit eine gesetzliche Aufgabenzuweisung erfolgt.[66] Dies ist beispielweise bei Schiedsgerichten zur Befassung mit Vermögensauseinandersetzungen öffentlich-rechtlicher Verbände nach § 187 Abs. 1 VwGO der Fall, deren Aufgaben ausweislich dieser Vorschrift von den Ländern den Gerichten der Verwaltungsgerichtsbarkeit übertragen werden können.

Erfüllt der zuständige Spruchkörper dabei die grundgesetzlichen Anforderungen an die Gerichtsqualität (und ist für die betreffende Streitigkeit der Verwaltungsrechtsweg nach § 40 Abs. 1 S. 1 VwGO eröffnet),[67] so kann er rechtlich als obligatorisches Verwaltungsgericht eingeordnet werden.[68] Nimmt das unechte Schiedsgericht seine Aufgaben demgegenüber zwar weisungsunabhängig wahr, untersteht es aber der Rechtsaufsicht[69] einer übergeordneten Behörde, dann ist es als Verwaltungsbehörde zu charakterisieren, gegen deren Entscheidungen den Betroffenen der Rechtsweg zu den staatlichen Gerichten offensteht.[70]

2. ...zum Adjudikationsverfahren

Herkömmlich wird unter dem Begriff der Adjudikation ein summarisches Verfahren der außergerichtlichen Konfliktbewältigung verstanden, in dem auf Antrag einer Partei ein neutraler Dritter einen zwischen den Parteien bestehenden Streit in tatsächlicher und rechtlicher Hinsicht innerhalb kürzester Zeit für sie mit vorläufiger Bindungswirkung entscheidet.[71] Bei ihr handelt es sich um ein

---

65 Vgl. *R. Woltereck*, Erledigung, S. 33.

66 S. *D. Ehlers/J.-P. Schneider*, in: Schoch/Schneider/Bier, VwGO, Bd. 1, § 40 VwGO Rdnr. 718; *J.-P. Lachmann*, Hdb. Schiedsgerichtspraxis, Rdnr. 3; *K. Möller*, Schiedsgerichtsbarkeit, S. 33; *K. Rennert*, in: Eyermann/Fröhler, VwGO, § 40 VwGO Rdnr. 162; *C. Stumpf*, Streitbeilegung, S. 186.

67 S. dazu unten F.I.1.b., S. 91 f.

68 So *C. Stumpf*, Streitbeilegung, S. 187 f.

69 Dies ist bspw. für die von den Landeskrankenhausgesellschaften und den Landesverbänden der Krankenkassen nach § 18a Abs. 1 KHG gebildeten Schiedsstellen der Fall, s. § 18 Abs. 5 KHG.

70 S. *K. Möller*, Schiedsgerichtsbarkeit, S. 33.

71 S. die Definition bei *A. Kölbl*, in: Ganten/Jansen/Voit, VOB/B, § 18 Abs. 3 VOB/B Rdnr. 84; *M. Lembcke*, NJW 2013, 1704 (1705); auch die Begründung der

Verfahren, das speziell mit Blick auf die Lösung baurechtlicher Streitigkeiten entwickelt wurde.[72] Indem es baubegleitend stattfindet, trägt es den Besonderheiten und Erfordernissen solcherlei Streitigkeiten Rechnung und hilft, längere, kostenträchtige Baustillstände zu vermeiden.[73]

Dabei entfaltet die Entscheidung des Adjudikators zwischen den Parteien lediglich eine – von diesen in ihrem Umfang festzulegende –[74] schuldrechtliche Wirkung,[75] die beseitigt wird, wenn die streitige Angelegenheit nachträglich anderweitig (zum Beispiel durch gütliche Einigung, Gerichtsentscheidung, Schiedsspruch etc.) beigelegt wird.[76] Die Entscheidung des Adjudikators steht insoweit unter einer auflösenden Bedingung im Sinne des § 158 Abs. 2 BGB.[77]

Im Gegensatz hierzu ergehen Schiedssprüche grundsätzlich als endgültige Entscheidungen, auf deren Grundlage Maßnahmen der Zwangsvollstreckung mit staatlicher Hilfe betrieben werden können.[78]

Auch präjudizielle Wirkungen für nachträglich eingeleitete (Gerichts-)Verfahren sind den im Rahmen der Adjudikationsverfahren ergangenen Entscheidungen nicht zu entnehmen.[79]

In diesem Punkt unterscheidet sich das Adjudikationsverfahren wiederum vom schiedsgutachterlichen Verfahren,[80] da die im Rahmen des Schiedsgutachtens getroffenen Feststellungen eine Bindungswirkung dahingehend entfal-

---

Bundesregierung zum Entwurf eines Gesetzes zur Förderung der Mediation und anderer Verfahren der außergerichtlichen Konfliktbeilegung vom 01.04.2011, BT-Drs. 17/5335, erwähnt auf S. 11 die Adjudikation.

72 Zu den Ursprüngen der Adjudikation in England s. *A. Kölbl*, in: Ganten/Jansen/Voit, VOB/B, § 18 Abs. 3 VOB/B Rdnrn. 81 ff.; s. zum „englischen Modell" auch *F. Quack*, ZfBR 2010, 211 (212).

73 Zu den Besonderheiten und Schwierigkeiten baurechtlicher Rechtsstreitigkeiten s. *M. Lembcke*, NJW 2013, 1704 f.; *A. Boldt*, in: Messerschmidt/Voit, Privates BauR, T. Rdnr. 92.

74 Vgl. *A. Boldt*, in: Messerschmidt/Voit, Privates BauR, T. Rdnr. 94; *M. Lembcke*, NJW 2013, 1704 (1707).

75 S. *A. Boldt*, in: Messerschmidt/Voit, Privates BauR, T. Rdnr. 94, 110.

76 Nach *M. Lembcke*, NJW 2013, 1704 (1706), werden nur 2 % der Adjudikations-Entscheidungen vor Gericht neu aufgerollt; die Antwort, worauf er diese Erkenntnis stützt, bleibt er allerdings schuldig; ähnlich *J. Klowait/U. Gläßer*, in: *Klowait/Gläßer*, MedG, Hintergründe Einführung Rdnr. 41.

77 So *M. Lembcke*, NJW 2013, 1704 (1707).

78 S. oben A.I.3./4., S. 12 f.

79 Vgl. *M. Lembcke*, NJW 2013, 1704 (1705).

80 Zum Schiedsgutachten s. sogleich unten A.II.4., S. 19 f.

ten, dass sie von Seiten der staatlichen Gerichte nur dann aufgehoben werden können, wenn sie sich durch offenbare Unbilligkeit gemäß oder analog § 319 Abs. 1 S. 1 BGB auszeichnen.[81]

3. ...*zur internationalen Investitionsschiedsgerichtsbarkeit*

Bei der internationalen Investitionsschiedsgerichtsbarkeit[82] handelt es sich um ein Verfahren, das seine Grundlage nicht in einer Parteivereinbarung findet, sondern auf bi- oder multilateralen völkerrechtlichen Investitionsschutzabkommen beruht.[83] Hierin ist der wesentliche Unterschied zur „herkömmlichen" (Handels-)Schiedsgerichtsbarkeit zu erblicken.[84]

Inhaltlich befassen sich diese Abkommen einerseits mit dem Schutz privater Auslandsinvestitionen und legen insoweit bestimmte Schutzstandards fest.[85] Andererseits enthalten sie regelmäßig Vorgaben für den Fall, dass zwischen den Signatarstaaten und den privaten ausländischen Investoren Streitigkeiten auftreten sollten: Fühlen sich Letztere in ihren nach dem Investitionsschutzabkommen gewährleisteten Rechten verletzt, dann steht ihnen unter den im Investitionsschutzabkommen niedergelegten Voraussetzungen der Gang vor ein Schiedsgericht offen. Mit dessen Hilfe können sie den Versuch unternehmen, Entschädigungsansprüche gegenüber dem Gaststaat durchzusetzen. Das Investitionsschutzabkommen räumt ihnen damit sowohl eine bestimmte eigene materiell-rechtliche Rechtsposition als

---

81 Vgl. *A. Boldt*, in: Messerschmidt/Voit, Privates BauR, T. Rdnr. 94.

82 Ausführlich zur internationalen Investitionsschiedsgerichtsbarkeit *K.-H. Böckstiegel*, SchiedsVZ 2008, 265 ff.; *S. Wuschka*, in: Buszewski/Martini/Rathke, Freihandel, S. 15 ff.; mit der Investitionsschiedsgerichtsbarkeit als Ausübung öffentlicher Gewalt befasst sich *S. Schill*, ZaöRV 71, 247 (266 ff.).

83 S. *C. Ohler*, in: Bungenberg/Herrmann, Handelspolitik, 119 (121); zum internationalen Investitionsschutz s. insbes. *D. Beck*, Investitionsschutz, *J. Griebel*, InvestitionsR, S. 14 ff.; *S. Schill*, ZaöRV 71, 247 ff., *C. Schreuer*, in: Löwer, Aspekte, S. 73 ff.; *A. Ziegler/L.-P. Gratton*, in: Muchlinski/Ortino/Schreuer, Hdb. Investment Law, Chap. 13; eingehend zur historischen Entwicklung des Investitionsschutzes *T. Braun*, Globalisierung, S. 32 ff.; *H. Bubrowski*, Investitionsschiedsverfahren, S. 15 ff.

84 Vgl. hierzu auch *S. Schill*, ZaöRV 71, 247 (263 ff.).

85 Vgl. zu den Standards im InvestitionsschutzR *R. Dolzer/C. Kreuter-Kirchhof*, in: Vitztum/Proelß, VölkerR, Abschn. 6 Rdnrn. 15 ff.; *R. Schäfer*, JuS 2016, 795 (798); zum *Fair and Equitable Treatment-Standard* s. auch *T. Dralle*, InvestitionsschutzR; *C. v. Hammerstein/P. Roegele*, SchiedsVZ 2015, 275 ff.

auch eine verfahrensrechtliche Stellung gegenüber dem Gaststaat ein;[86] den privaten Investoren wird in der Folge partielle Völkerrechtssubjektivität zuteil.[87]

4. …zum Schiedsgutachtenverfahren

Das Schiedsgutachten ist ein Verfahren der alternativen Streitlösung, in dem die Parteien einem (sachverständigen) Dritten auf der Grundlage einer sogenannten Schiedsgutachtenabrede[88] die verbindliche Entscheidung über einzelne streitige Elemente eines zwischen ihnen bestehenden Rechtsverhältnisses übertragen.[89]

Der Schiedsgutachter kann dabei einerseits rechtsgestaltend tätig werden, indem er den Vertragsinhalt ergänzend ausfüllt (zum Beispiel: Bestimmung der Gegenleistung) oder diesen an veränderte Verhältnisse anpasst; andererseits kann ihm die verbindliche Feststellung von Tatsachen durch die Parteien übertragen worden sein.[90] Auf die rechtsgestaltende Tätigkeit des Schiedsgutachters findet § 317 BGB unmittelbar, auf die feststellende entsprechend Anwendung.[91]

Seine Tätigkeit muss der Schiedsgutachter dabei wie das Schiedsgericht unbefangen ausüben;[92] ob er zudem noch die weiteren Prinzipien eines rechtsstaatlichen Verfahrens einzuhalten und insbesondere den Parteien rechtliches Gehör zu gewähren hat, ist umstritten.[93]

Das Schiedsgutachten ist für die Parteien und ein nachfolgend mit der Sache befasstes Gericht verbindlich; dies gilt jedoch nicht, wenn das Schiedsgutachten nach oder analog § 319 Abs. 1 S. 1 BGB offenbar unbillig ist.[94] Beim Schiedsverfahren ist eine inhaltliche Überprüfung des Schiedsspruchs auf Billigkeit durch die

86 S. *J. Risse/M. Oehm*, ZVglRWiss 114, 407 (428).

87 S. *C. Wolf/N. Eslami*, in: Vorwerk/Wolf, BeckOK ZPO, § 1025 ZPO Rdnr. 9a.

88 Vgl. dazu *A. Koenen*, in: Messerschmidt/Voit, Privates BauR, S Rdnr. 2.

89 S. *K. Lionnet/A. Lionnet*, Hdb. Schiedsgerichtsbarkeit, S. 472.

90 S. *C. Grüneberg*, in: Palandt, BGB, § 317 BGB Rdnrn. 5 f.; *K. Lionnet/A. Lionnet*, Hdb. Schiedsgerichtsbarkeit, S. 472.

91 So *C. Grüneberg*, in: Palandt, BGB, § 317 BGB Rdnr. 3; *M. Würdinger*, in: Säcker u.a., MüKo BGB, Bd. 2, § 317 BGB Rdnrn. 29 f., 38.

92 OLG Köln, Urteil vom 06.04.2001 - 19 U 27/00(=BeckRS 2001, 30180259); *J.-P. Lachmann*, Hdb. Schiedsgerichtspraxis, Rdnr. 77; *K. Schwab/G. Walter*, Schiedsgerichtsbarkeit, Kap. 2 Rdnr. 12.

93 Dafür *P. Schlosser*, in: Stein/Jonas, ZPO, Bd. 9, Vor § 1025 ZPO Rdnr. 34; dagegen *J.-P. Lachmann*, Hdb. Schiedsgerichtspraxis, Rdnr. 77, m.w.N.; differenzierend *K. Schwab/G. Walter*, Schiedsgerichtsbarkeit, Kap. 2 Rdnr. 11.

94 OLG München, Beschluss vom 07.08.2006 - 34 SchH 9/05[=SchiedsVZ 2006, 286 (288)]; *J. Klowait/U. Gläßer*, in: Klowait/Gläßer, MedG, Hintergründe Einführung Rdnrn. 33 f., differenzieren zwischen „echten“ Schiedsgutachten mit verbindlicher

staatlichen Gerichte hingegen nicht vorgesehen; darin ist der maßgebliche Unterschied zum Schiedsgutachten zu sehen.[95] Zudem entscheidet das Schiedsgericht die Streitigkeit im Gegensatz zum Schiedsgutachter umfassend und setzt sich nicht lediglich mit Teilaspekten auseinander.[96] Auch die Zwangsvollstreckung kann auf der Grundlage eines Schiedsgutachtens nicht betrieben werden.[97]

Verbleibt trotz Anwendung dieser Abgrenzungskriterien ein Rest an Unsicherheit, welcher Streitlösungsmechanismus von den Parteien gewählt wurde, ist nach der Rechtsprechung aufgrund der mit der Schiedsgerichtsbarkeit für die Parteien verbundenen weitreichenden Folgen (beschränkter Verzicht auf den Zugang zur staatlichen Gerichtsbarkeit u.a.) im Zweifel vom Vorliegen einer Schiedsgutachtenvereinbarung auszugehen.[98]

5. ...zu sonstigen Verfahren der einvernehmlichen Streitbeilegung

Die Schiedsgerichtsbarkeit ist weiterhin von solchen Verfahren abzugrenzen, die auf eine einvernehmliche Lösung des Konflikts abzielen. In diesem Zusammenhang ist insbesondere an die Verhandlung, die Mediation sowie das Schlichtungsverfahren zu denken.

Unter Verhandlung wird ein wenig formalisierter, bilateraler Austausch zwischen den Konfliktpartnern verstanden, der auf eine einvernehmliche Lösungsfindung abzielt. Auf diesen Streitbeilegungsmechanismus wird häufig zu Beginn eines Konflikts und damit zu einem Zeitpunkt zurückgegriffen, an dem eine Einigung der Parteien auch ohne die Vermittlung eines neutralen Dritten noch im Bereich des Möglichen erscheint.[99]

Bei der Mediation handelt es sich ausweislich des § 1 Abs. 1 MedG[100] demgegenüber um ein „vertrauliches und strukturiertes Verfahren, bei dem Parteien

---

Wirkung und „unechten“, die einen lediglich unverbindlichen Charakter aufweisen sollen.

95 So auch *J.-P. Lachmann*, Hdb. Schiedsgerichtspraxis, Rdnr. 78.

96 S. *J.-P. Lachmann*, Hdb. Schiedsgerichtspraxis, Rdnr. 74; *K. Lionnet/A. Lionnet*, Hdb. Schiedsgerichtsbarkeit, S. 473 f.

97 Vgl. *J.-P. Lachmann*, Hdb. Schiedsgerichtspraxis, Rdnr. 84.

98 OLG München, Beschluss vom 07.08.2006 – 34 SchH 9/05[=SchiedsVZ 2006, 286 (288)]; zustimmend *W. Voit*, in: Musielak/Voit, ZPO, § 1029 ZPO Rdnr. 17.

99 Vgl. *J. Klowait/U. Gläßer*, in: Klowait/Gläßer, MedG, Hintergründe Einführung Rdnr. 29; *K. Möller*, Schiedsgerichtsbarkeit, S. 38.

100 Mediationsgesetz vom 21.07.2012, BGBl. I, S. 1577; dazu *K.-M. Ortloff*, NVwZ 2012, 1057 (1058); *J. Risse*, SchiedsVZ 2012, 244 ff.

mithilfe eines oder mehrerer Mediatoren freiwillig und eigenverantwortlich eine einvernehmliche Beilegung ihres Konflikts anstreben."[101]

Ziel der Mediation ist zuvorderst eine an den Interessen der Konfliktparteien orientierte Beendigung des Streits für die Gegenwart und Zukunft.[102] Der Mediator verfügt dabei über keinerlei eigene Entscheidungskompetenz, sondern agiert im Verfahren als neutraler Dritter.[103]

Auch im Rahmen der Schlichtung ist ein neutraler Dritter bemüht, die Parteien zu einer gütlichen Einigung zu bewegen. Die Durchführung eines (erfolglosen) Schlichtungsverfahrens wird in einer Reihe von Gesetzen als Voraussetzung für eine nachfolgende gerichtliche Entscheidung der Streitigkeit vorgeschrieben.[104]

Ob es sich bei der Mediation und der Schlichtung um identische Streitbeilegungsmethoden handelt, ist umstritten.[105] Mit *J.-P. Lachmann* ist allerdings davon auszugehen, dass eine genaue Unterscheidung dieser beiden Verfahrensarten dahinstehen kann, da ihr jedenfalls keinerlei rechtliche Bedeutung zukommt.[106]

Bedeutsam für die Abgrenzung von Schiedsgerichtsbarkeit und diesen Streitlösungsmechanismen ist in erster Linie die Rolle, die ein gegebenenfalls eingeschalteter Dritter innerhalb des Verfahrens einnimmt: Im Schiedsverfahren entscheidet dieser die ihm unterbreitete Streitigkeit einseitig und mit verbindlicher Wirkung gegenüber den Parteien. Im Rahmen von Verhandlung, Mediation und Schlichtung verbleibt die Streitbeilegungskompetenz demgegenüber vollständig bei den Parteien, und der Dritte begleitet die Parteien lediglich moderierend auf dem Weg hin zu einer einvernehmlichen Lösung.[107] Je nach Ausgestaltung des Verfahrens kann ihm zusätzlich die Aufgabe zukommen, den

---

101 Zu § 1 MedG s. die Kommentierung bei *J. Klowait/U. Gläßer*, in: Klowait/Gläßer, MedG, § 1 MedG Rdnrn. 1 ff.; umfassend zum Streitlösungsmechanismus der Mediation *F. Haft/K. G. v. Schlieffen*, Hdb. Mediation; ausführlich zur Wirtschaftsmediation *J. Risse*, Wirtschaftsmediation.

102 S. *A. Guckelberger*, NVwZ 2011, 390 (391).

103 S. *J.-P. Lachmann*, Hdb. Schiedsgerichtspraxis, Rdnr. 49; *K. Möller*, Schiedsgerichtsbarkeit, S. 38.

104 Vgl. den Überblick bei *J.-P. Lachmann*, Hdb. Schiedsgerichtspraxis, Rdnrn. 52 ff.

105 Zum Streitstand *J.-P. Lachmann*, Hdb. Schiedsgerichtspraxis, Rdnr. 48.

106 *J.-P. Lachmann*, Hdb. Schiedsgerichtspraxis, Rdnr. 49.

107 Bei seiner Tätigkeit wird der Dritte dabei regelmäßig auf bestimmte Konzepte und Techniken zurückgreifen, die geeignet sind, eine Einigung der Parteien zu befördern; vgl. zum sog. Harvard-Konzept und seine Anwendbarkeit auf behördeninterne Streitigkeiten *J. Wagner*, NVwZ 2014, 1344 (1346 ff.).

Parteien einen eigenen Einigungsvorschlag zu unterbreiten; von diesem geht jedoch keinerlei Bindungswirkung aus.[108]

6. …zur staatlichen Gerichtsbarkeit

Die Schiedsgerichtsbarkeit ist schließlich vom staatlichen Gerichtsverfahren abzugrenzen.[109] Letzteres stellt den von Seiten der Verfassung in Art. 92 GG vorgesehenen Normalfall für die Entscheidung von Auseinandersetzungen im Bürger-Bürger- sowie Bürger-Staat-Verhältnis dar.[110] Hierbei übernimmt es ein staatlicher, kraft Gesetzes mit Rechtsprechungsaufgaben betrauter Spruchkörper, der sich aus einem oder mehreren Richtern zusammensetzt, die ihm unterbreiteten Rechtsfragen und -streitigkeiten in personaler wie sachlicher Unabhängigkeit (Art. 97 Abs. 1 GG) gemäß dem geltenden Recht (Artt. 20 Abs. 3, 97 Abs. 1 GG)[111] innerhalb eines gesetzlich vorgesehenen, rechtsstaatlichen Verfahrens verbindlich zu entscheiden.[112]

Ihre Rechtsprechungsbefugnis leiten die staatlichen Gerichte dabei unmittelbar aus Art. 92 GG ab;[113] sie wird wahrgenommen von Richtern im Sinne des § 1 DRiG, die sich regelmäßig durch die Befähigung zum Richteramt nach § 5 Abs. 1 DRiG auszeichnen, im Staatsdienst stehen und von einer staatlichen Stelle durch Aushändigung einer Urkunde (§ 17 Abs. 1 DRiG) zu Richtern ernannt worden sind. Daneben werden in der staatlichen Gerichtsbarkeit auch ehrenamtliche Richter unter den in den §§ 44 ff. DRiG genannten Voraussetzungen tätig.

In Abgrenzung hierzu handelt es sich bei Schiedsgerichten um nicht-staatliche Spruchkörper, die ihre Entscheidungsbefugnis konstitutiv[114] vom Willen der sich ihnen unterwerfenden Parteien ableiten.[115] Obwohl die streitentscheidende

---

108 S. *D. Eckstein*, JuS 2014, 698 (699).

109 Vgl. insoweit auch die oben getätigten Ausführungen zum unechten Schiedsverfahren, wonach die Streitentscheidung gesetzlich auch einem Verwaltungsgericht zugewiesen sein kann.

110 Vgl. *U. Steiner*, SchiedsVZ 2013, 15 (16); *J. Wolff*, NVwZ 2012, 205 (207).

111 So auch *M. Löhr*, Rechtsschutz, S. 20.

112 Vgl. BVerfGE 103, 111 (136 ff.); *K. Möller*, Schiedsgerichtsbarkeit, S. 75 f.; *C. Stumpf*, Streitbeilegung, S. 31, erwägt, ob auch Schiedsgerichte *qua* staatlicher Anerkennung als staatliche Gerichte zu qualifizieren sein könnten, lehnt dies jedoch i.E. zutreffend ab.

113 Vgl. *K. Möller*, Schiedsgerichtsbarkeit, S. 81.

114 *C. Stumpf*, Streitbeilegung, S. 10.

115 S. oben A.I.2., S. 10 ff.

Tätigkeit der Schiedsgerichte vom Wesen her als privates Handeln zu betrachten ist,[116] handelt es sich nach herrschender Meinung hierbei dennoch um Rechtsprechung im Sinne des Art. 92 GG.[117]

Während die staatlichen Gerichte bei ihrer rechtsprechenden Tätigkeit dabei an die geltenden Prozessordnungen gebunden sind, kann das schiedsrichterliche Verfahren weitgehend frei nach dem Willen der Parteien gestaltet werden.[118] Genau wie staatliche Gerichte haben die Schiedsgerichte ihre Entscheidungen jedoch neutral und unabhängig im Rahmen eines rechtsstaatlichen Prinzipien genügenden Verfahrens zu fällen.[119]

Schließlich soll noch darauf hingewiesen werden, dass die Schiedsvereinbarung ebenfalls eine gewisse Ähnlichkeit zur Prorogation aufweist.[120] Darunter ist die Begründung der örtlichen, sachlichen oder/und internationalen Zuständigkeit des Eingangsgerichts durch Verhalten der Prozessparteien zu verstehen.[121]

Der maßgebliche Unterschied zwischen Schiedsgerichtsbarkeit und Prorogation besteht darin, dass die Entscheidungskompetenz im Falle der Prorogation weiterhin bei den staatlichen Gerichten verbleibt; demgegenüber führt der Abschluss einer Schiedsvereinbarung dazu, dass es zur Begründung einer vollständig neuen örtlichen, sachlichen sowie funktionellen Zuständigkeit zugunsten eines privaten Spruchkörpers kommt.[122]

B. Arten der Schiedsgerichtsbarkeit

Genauso wie sich in der staatlichen Gerichtsbarkeit verschiedene Rechtswege unterscheiden lassen, können auch im Bereich der Schiedsgerichtsbarkeit unterschiedliche Verfahrensarten voneinander abgegrenzt werden. Die Unterscheidung vollzieht sich dabei entsprechend der für die Rechtswegeröffnung entwickelten Kriterien:[123] Ein öffentlich-rechtliches Schiedsverfahren liegt demnach dann vor, wenn sich die streitige Angelegenheit dem öffentlichen Recht zuordnen lässt; vom Vorliegen eines privatrechtlichen Schiedsverfahrens ist demgegenüber

---

116 S. *F. Hesselbarth*, Schiedsgerichtsbarkeit, S. 3.

117 S. unten F.I.1.a., S. 88 ff.

118 *H. Prütting*, AnwBl 2015, 546 (548).

119 S. oben A.I.5., S. 13 f.

120 Vgl. *C. Stumpf*, Streitbeilegung, S. 10 f.

121 S. *R. Bendtsen*, in: Saenger, Hk. ZPO, § 38 ZPO Rdnr. 1.

122 S. *C. Stumpf*, Streitbeilegung, S. 11.

123 Vgl. *J.-P. Lachmann*, Hdb. Schiedsgerichtspraxis, Rdnr. 14; *J. Münch*, in: Rauscher/Krüger, MüKo ZPO, Bd. 3, § 1025 ZPO Rdnr. 9; *C. Stumpf*, Streitbeilegung, S. 4.

auszugehen, wenn den Gegenstand des Verfahrens eine privatrechtliche Streitigkeit bildet. Je nachdem, welches Teilrechtsgebiet innerhalb des öffentlichen Rechts oder Privatrechts von der Auseinandersetzung betroffen ist, kann diese Differenzierung weiter verfeinert werden.

I. Öffentlich-rechtliche Schiedsverfahren

So lassen sich die öffentlich-rechtlichen Schiedsverfahren genauer unterteilen, und zwar in: staatsrechtliche, (staats-)kirchenrechtliche, völkerrechtliche sowie verwaltungsrechtliche Schiedsverfahren.

1. Staatsrechtliche Schiedsverfahren

Staatsrechtliche Schiedsverfahren befassen sich mit Streitigkeiten verfassungsrechtlicher Art. Ob eine solche Streitigkeit vorliegt, lässt sich anhand der zu § 40 Abs. 1 S. 1 VwGO entwickelten Kriterien beurteilen: Nach herrschender Meinung ist insoweit auf das Kriterium der doppelten Verfassungsunmittelbarkeit abzustellen, das heißt, der Konflikt muss sich einerseits auf unmittelbar am Verfassungsleben Beteiligte beziehen, die andererseits um Rechte und Pflichten streiten, die sich unmittelbar aus dem Grundgesetz ergeben.[124]

In einer Reihe von Staatsverträgen zwischen Bund und Ländern sowie zwischen den Ländern ist ein entsprechender Streitlösungsmechanismus vorgesehen;[125] hieraus kann allerdings nicht ohne Weiteres geschlussfolgert werden, dass es sich bei den auf dieser Grundlage initiierten Schiedsverfahren auch um staatsrechtliche Verfahren handelt. Denn nicht alle Ansprüche im Bund-Länder- und Länder-Länder-Verhältnis liegen zwangsläufig in einem verfassungsrechtlichen

---

124 BVerfGE 27, 240 (246); BVerwGE 36, 218 (227 f.); *H.-U. Erichsen*, Jura 1994, 418 (422); *F. Hufen*, VerwaltungsprozessR, § 11 Rdnr. 49; *P. Kunig*, Jura 1990, 386 (387); *M. Ronellenfitsch*, in: Bader/Ronellenfitsch, BeckOK VwVfG, § 1 VwVfG Rdnr. 37; *T. Würtenberger*, VerwaltungsprozessR, Rdnr. 161; Kritik an der h.M. üben *W.-R. Schenke/J. Ruthig*, in: Kopp/Schenke, VwGO, § 40 VwGO Rdnr. 32a, *P. Unruh*, in: Fehling/Kastner/Störmer, Hk. VerwaltungsR, § 40 VwGO Rdnr. 159.

125 Als Bspe. seien genannt: Art. 6 des Abkommens über die Zentralstelle der Länder für Gesundheitsschutz bei Arzneimitteln und Medizinprodukten vom 18.10.1994, GV. NRW, S. 972, zuletzt geändert durch Abkommen vom 24.07.2012, GV. NRW, S. 277; Art. 8 Abs. 5 des Staatsvertrags über die Errichtung und den Betrieb einer gemeinsamen Justizvollzugsanstalt in Zwickau vom 15.04.2014, GVBl. TH, S. 658; Art. 13 des Abkommens über das Deutsche Institut für Bautechnik, Bbg. GVBl. I/1993, Nr. 14, S. 203, zuletzt geändert durch Abkommen vom 15.05.2012, Bbg. GVBl. I, Nr. 39; ältere Bspe. finden sich bei *H. Weidemann*, Schiedsgerichtsbarkeit, S. 14 ff.

Rechtsverhältnis begründet.[126] Es ist vielmehr auf die konkrete Streitigkeit abzustellen: Nur wenn in diesem Zusammenhang die Verletzung oder unmittelbare Gefährdung eines die Beteiligten umschließenden materiellen Verfassungsrechtsverhältnisses in Frage steht, kann auch von einer verfassungsrechtlichen Streitigkeit ausgegangen werden.[127]

Zum Teil wird behauptet, die Entscheidung verfassungsrechtlicher Streitigkeiten zwischen Bund und Ländern sowie zwischen unterschiedlichen Ländern könne nicht in verfassungsrechtlich zulässiger Weise auf ein Schiedsgericht übertragen werden.[128] Aufgrund der geringen Bedeutung staatsrechtlicher Schiedsverfahren für die Praxis soll hierauf jedoch nicht weiter eingegangen werden.

2. (Staats-)Kirchenrechtliche Schiedsverfahren

Die Schiedsgerichtsbarkeit stellt sich auch im Rahmen kirchenrechtlicher Auseinandersetzungen grundsätzlich als tauglicher Streitlösungsmechanismus dar; dabei kann der Begriff des Kirchenrechts in einem weiten und in einem engen Sinne verstanden werden: Das Kirchenrecht im weiten Sinne betrifft das Verhältnis von Staat und Kirchen, sogenanntes Staatskirchenrecht; das Kirchenrecht im engen Sinne bezieht sich auf die kircheneigenen Angelegenheiten, aus denen sich der Staat grundsätzlich herauszuhalten hat.[129]

Insbesondere aus Anlass von Verträgen zwischen Staat und Kirche(n) wird des Öfteren auf schiedsrichterliche Streitlösungsmechanismen zurückgegriffen.[130] Ob es sich bei den mit kircheninternen Streitigkeiten befassten Einrichtungen, welche die Bezeichnung „Schiedsgericht" tragen, ebenfalls um Schiedsgerichte im echten Sinne handelt, ist demgegenüber zweifelhaft; im Regelfall dürfte es sich bei den fraglichen Institutionen wohl vielmehr um ordentliche Kirchengerichte

---

126 Vgl. BVerwGE 96, 45 (48).

127 S. BVerwGE 96, 45 (48); OVGE Berlin 16, 256 (257).

128 Vgl. OVGE Berlin 16, 256 (258 f.), m.w.N.

129 Vgl. die Unterscheidung bei *P. Badura*, StaatsR, L Rdnr. 40; *D. Ehlers*, in: Sachs, GG, Art. 140 GG Rdnr. 5; zum Begriff des Staatskirchenrechts s. auch *C. Görisch*, NVwZ 2001, 885 f.

130 S. z.B. Art. 4 Abs. 3 des Vertrags des Landes Rheinland-Pfalz mit den Evangelischen Landeskirchen in Rheinland-Pfalz vom 31.03.1962, Rhld.-Pfl. GVBl., S. 191; Art. 12 Abs. 2 des Vertrags zwischen dem Land Schleswig-Holstein und den evangelischen Landeskirchen in Schleswig-Holstein vom 23.04.1957, GVOBl. S-H, S. 73.

handeln.[131] Auch auf die Schiedsgerichtsbarkeit in kirchenrechtlichen Angelegenheiten soll im Folgenden nicht vertiefend eingegangen werden.[132]

3. *Völkerrechtliche Schiedsverfahren*

Aufgrund der Besonderheiten des Völkerrechts (Stichwort: „*par in parem non habet iudicium*")[133] existiert innerhalb dieses Rechtsgebiets keine obligatorische, vom Willen der Parteien unabhängige, rechtsprechende Instanz.[134] Hierin liegt auch die Erklärung, wieso gerade im völkerrechtlichen Kontext bei vielfältigen Gelegenheiten von schiedsrichterlichen Streitlösungsmechanismen Gebrauch gemacht wurde beziehungsweise wird. Die Schiedsgerichtsbarkeit verfügt insoweit über eine lange Tradition:[135] So sieht Art. 33 Abs. 1 der Charta der Vereinten Nationen die Streitbeilegung durch Schiedsspruch ausdrücklich als vorzugswürdiges Mittel der Konfliktbewältigung vor; als weitere Instrumente werden die Verhandlung, die Untersuchung, die Vermittlung, die gerichtliche Entscheidung sowie die Inanspruchnahme regionaler Einrichtungen oder Abmachungen genannt. Darüber hinaus findet sich dieser Streitlösungsmechanismus in Art. 37 des Haager Abkommens zur friedlichen Erledigung internationaler Streitfälle von 1907 wie folgt umrissen:

> „Die internationale Schiedssprechung hat zum Gegenstand die Erledigung von Streitigkeiten zwischen den Staaten durch Richter ihrer Wahl auf Grund der Achtung vor dem Recht. Die Anrufung der Schiedssprechung schließt die Verpflichtung in sich, sich nach Treu und Glauben dem Schiedsspruche zu unterwerfen."

Auf der Grundlage von Artt. 41 ff. des Haager Abkommens zur friedlichen Erledigung internationaler Streitfälle von 1907 wurde außerdem in Den Haag der Ständige Schiedshof errichtet, der entgegen seiner Bezeichnung zwar selbst keine rechtsprechende Instanz darstellt, aber den Parteien im Streitfall zumindest bei der Konstituierung des Schiedsgerichts behilflich ist.[136]

---

131 Vgl. *H. Weidemann*, Schiedsgerichtsbarkeit, S. 20, 22 f.

132 S. stattdessen *H. Engelhardt*, in: Plantey/Böckstiegel/Bredow, FS Glossner, S. 95 ff.; *H. Weidemann*, Schiedsgerichtsbarkeit, S. 17 ff.

133 Vgl. *B. Schöbener*, in: Schöbener, VölkerR, S. 406.

134 Vgl. *M. Schröder*, in: Vietzthum/Proelß, VölkerR, 7. Abschn. Rdnr. 77.

135 Zur Geschichte der völkerrechtlichen Schiedsgerichtsbarkeit s. *A. v. Bogdandy/I. Venzke*, ZaöRV 2010, 1 (6 ff.); *S. Hobe*, VölkerR, S. 343 ff.; *T. Milej*, Entwicklung, S. 11 ff.; *M. Schröder*, in: Vitzthum/Proelß, VölkerR, Abschn. 7 Rdnr. 78; *T. Stein/C. v. Buttlar/M. Kotzur*, VölkerR, Rdnrn. 928 ff.

136 Zur Gründung des Haager Schiedshofs *T. Quidde*, DÖV 2000, 112 f.

Abweichend von der oben genannten Definition stellt sich die völkerrechtlich veranlasste Schiedsgerichtsbarkeit allerdings heute nicht mehr nur als Streitlösungsinstrument im zwischenstaatlichen Bereich dar, sondern kann ebenfalls im Verhältnis von Staaten zu Privatpersonen im Rahmen von Investitionsschutzverfahren zum Einsatz gelangen.[137] Nachdem sich in den vergangenen Jahren auf völkerrechtlicher Ebene in zunehmendem Maße Gerichte etabliert haben, liegt der (quantitative) Hauptanwendungsbereich der völkerrechtlich veranlassten Schiedsgerichtsbarkeit mittlerweile denn auch weniger im allgemeinen Völkerrecht als vielmehr in diesem Bereich.[138]

4. *Verwaltungsrechtliche Schiedsverfahren*

Auch im Bereich des Verwaltungsrechts erweist sich die Schiedsgerichtsbarkeit grundsätzlich als tauglicher Streitlösungsmechanismus; in der Verwaltungsgerichtsordnung wird sie vorausgesetzt,[139] ohne indes eine eingehende Regelung zu erfahren.[140]

Gegenständlich liegt ein verwaltungsrechtliches Schiedsverfahren zunächst immer dann vor, wenn für die streitige Angelegenheit an sich der Verwaltungsrechtsweg nach § 40 Abs. 1 S. 1 VwGO eröffnet wäre.[141] Allerdings reicht der Anwendungsbereich der Verwaltungsschiedsgerichtsbarkeit noch über die Eröffnung des Verwaltungsrechtswegs nach der Generalklausel hinaus, weil auch solche Streitigkeiten von ihr erfasst werden, für die in der staatlichen Gerichtsbarkeit eine abdrängende Sonderzuweisung Platz greifen würde.

Dieser Umstand liegt darin begründet, dass die Zuweisung einer Streitigkeit an einen anderen Gerichtszweig als die Verwaltungsgerichtbarkeit entweder

---

137 Vgl. *K.-H. Böckstiegel*, SchiedsVZ 2016, 121 (122); *R. Kreindler/J. Schäfer/R. Wolff*, Schiedsgerichtsbarkeit, Rdnr. 27.

138 Diese Entwicklung findet sich auch bei *S. Hobe*, VölkerR, S. 342, beschrieben; nach *M. Schröder*, in Vitzthum/Proelß, VölkerR, Abschn. 7 Rdnr. 79, sollte die Unterscheidung von internationalen Gerichten und Schiedsgerichten freilich nicht überbetont werden: Es gebe fließende Übergänge und Mischformen.

139 So *J. Schäfer*, SchiedsVZ 2009, 336.

140 S. dazu ausführlich unten C.IV.1.a.aa., S. 33.

141 So auch *J.-P. Lachmann*, Hdb. Schiedsgerichtspraxis, Rdnr. 14; *R. Woltereck*, Erledigung, S. 3.

historisch[142] oder politisch (so zum Beispiel im Energierecht)[143] bedingt beziehungsweise aus Gründen des Sachzusammenhangs und der Prozessökonomie gerechtfertigt ist.[144] Die zuletzt genannten Gesichtspunkte spielen für die Verwaltungsschiedsgerichtsbarkeit jedoch keine Rolle, denn hier kann eine angemessene Behandlung des Streitstoffs stets durch die Wahl sachkundiger Schiedsrichter sichergestellt werden.

II. Privatrechtliche Schiedsverfahren

Den Hauptanwendungsfall der privatrechtlichen Schiedsgerichtsbarkeit bilden solche Verfahren, die sich mit „bürgerlichen Rechtsstreitigkeiten" im Sinne des § 13 GVG auseinandersetzen.[145] Hierzu zählen neben den klassischen bürgerlich-rechtlichen Streitigkeiten vor allem Konflikte im Bereich des Handelsrechts (Handelsschiedsgerichtsbarkeit).[146] Für sie gelten die Vorschriften des Zehnten Buchs der Zivilprozessordnung unmittelbar.

Daneben kommt die Durchführung eines Schiedsverfahrens auch in einer Reihe von Nebengebieten des Privatrechts und zwar insbesondere im Bereich des Gesellschafts-, Kartell- sowie Patentrechts in Betracht.[147] Wie die Regelungen im Vierten Teil des Arbeitsgerichtsgesetzes zeigen, können schiedsrichterliche Streitlösungsmechanismen außerdem im Arbeitsrecht zum Einsatz kommen;[148] ausweislich § 101 Abs. 3 ArbGG finden insoweit die zivilprozessualen Vorschriften zum Schiedsverfahren jedoch keine Anwendung.

Abschließend soll zudem auf die Schiedsgerichtsbarkeit innerhalb von (privatrechtlichen) Verbänden und Vereinen hingewiesen werden: Satzungsmäßig berufene Schiedsgerichte, denen die Entscheidung das Mitgliedschaftsverhältnis betreffender Streitigkeiten übertragen ist, können unter bestimmten

---

142 Vgl. die Begründung zum Entwurf einer Verwaltungsgerichtsordnung vom 05.12.1957, BT-Drs. 03/55, S. 30; *D. Ehlers/J.-P. Schneider*, in: Schoch/Schneider/Bier, VwGO, Bd. 1, § 40 VwGO Rdnr. 6.

143 Vgl. dazu *P. Boos*, in: Danner/Theobald, EnergieR, Bd. 1, § 75 EnWG Rdnr. 6.

144 Vgl. *W.-R. Schenke/J. Ruthig*, in: Kopp/Schenke, VwGO, § 40 VwGO Rdnr. 49a.

145 S. zur bürgerlichen Rechtstreitigkeit i.S.v. § 13 GVG und den „sonstigen Arten von Zivilsachen" *W. Zimmermann*, in: Rauscher/Krüger, MüKo ZPO, Bd. 3, § 13 GVG Rdnr. 4.

146 Zutreffend *H. Weidemann*, Schiedsgerichtsbarkeit, S. 5; zum Begriff der Handelsschiedsgerichtsbarkeit s. *K. Lionnet/A. Lionnet*, Hdb. Schiedsgerichtsbarkeit, S. 45.

147 Zu den verschiedenen Einsatzmöglichkeiten des Schiedsverfahrens in „besonderen Sachgebieten" s. *R. Schütze*, Schiedsgericht, Rdnrn. 794 ff.

148 Vgl. zum arbeitsrechtlichen Schiedsverfahren *R. Schütze*, Schiedsgericht, Rdnrn. 794 ff.

Voraussetzungen ebenfalls als Schiedsgerichte im Sinne des Zehnten Buches der Zivilprozessordnung zu betrachten sein.[149]

III. Zusammenfassung

Die verschiedenen Formen der Schiedsgerichtsbarkeit lassen sich grob in öffentlich-rechtliche und privatrechtliche Schiedsverfahren unterteilen; je nachdem, welches Teilrechtsgebiet innerhalb der beiden großen Rechtsgebiete betroffen ist, lässt sich diese Unterscheidung weiter ausdifferenzieren. Genauso wie eine Beteiligung der öffentlichen Hand innerhalb der verschiedenen Formen der staatlichen Gerichtsbarkeit in Frage kommt, kann dabei grundsätzlich auch eine Teilnahme des Staates an den verschiedenen Arten ihrer schiedsrichterlichen Entsprechungen vorliegen.

C. Die Schiedsvereinbarung als rechtliche Grundlage der Schiedsgerichtsbarkeit

I. Schiedsvereinbarung als „Herzstück des Schiedsverfahrensrechts“[150]

Die Schiedsvereinbarung bildet die vertragsrechtliche Grundlage der Schiedsgerichtsbarkeit und kommt durch Angebot und Annahme zustande (vergleiche §§ 145, 147 BGB).[151] Ihr Zweck besteht darin, für bestimmte Streitigkeiten zum Ausschluss der Zuständigkeit der staatlichen Gerichtsbarkeit zu gelangen.[152] Vor diesem Hintergrund kommt ihr innerhalb des Schiedsverfahrensrechts eine überragend wichtige Bedeutung zu.[153] Dies soll als Anlass genommen werden, um den rechtlichen Rahmen näher zu betrachten, in dem sich sowohl die verwaltungsrechtliche als auch die zivilrechtliche Schiedsvereinbarung bewegt.

II. Schiedsabrede und Schiedsklausel

Ausweislich § 1029 Abs. 2 ZPO lassen sich zwei Formen der Schiedsvereinbarung unterscheiden: Einerseits kann von Seiten der Parteien eine Schiedsvereinbarung

149 Zu den Voraussetzungen, unter denen ein satzungsmäßig berufenes Schiedsgericht als Schiedsgericht i.S.d. 10. Buchs der ZPO zu betrachten ist, vgl. *J.-P. Lachmann*, Hdb. Schiedsgerichtspraxis, Rdnrn. 27 ff.

150 *K. Möller*, Schiedsgerichtsbarkeit, S. 26.

151 Vgl. *J.-P. Lachmann*, Hdb. Schiedsgerichtspraxis, Rdnr. 319.

152 S. *R. Kreindler/J. Schäfer/R. Wolff*, Schiedsgerichtsbarkeit, Rdnr. 84.

153 Vgl. *K. Möller*, Schiedsgerichtsbarkeit, S. 26.

in Gestalt einer selbstständigen vertraglichen Vereinbarung getroffen werden, sogenannte Schiedsabrede. Andererseits kann die Schiedsvereinbarung als Schiedsklausel in ein größeres Vertragswerk integriert werden. Dabei stellt die Schiedsklausel den Regelfall, der Abschluss einer Schiedsabrede hingegen die Ausnahme dar; letzteres kommt in der Praxis in erster Linie dann vor, wenn sich die Parteien erst nachträglich dazu entschließen, ihre Streitigkeiten der Entscheidung eines Schiedsgerichts zu unterwerfen.[154]

Im Anschluss an das sogenannte Trennungsprinzip ist die Wirksamkeit der Schiedsvereinbarung dabei unabhängig von der Gültigkeit des Hauptvertrags zu beurteilen (vergleiche § 1040 Abs. 1 S. 2 ZPO).[155] Nach welchen rechtlichen Maßstäben (materielles Recht und/oder Prozessrecht?) sich dies beurteilt, hängt maßgeblich von der Rechtsnatur der Schiedsvereinbarung ab.[156]

III. Rechtsnatur

Schon seit Langem ist streitig, über welche Rechtsnatur die Schiedsvereinbarung verfügt. Zum Teil wird die Schiedsvereinbarung als materiell-rechtlicher Vertrag gesehen.[157] Zur Begründung wird darauf verwiesen, die hauptsächlichen Wirkungen der Schiedsvereinbarung bestünden in der negativen schuldrechtlichen Verpflichtung einerseits, nicht vor dem staatlichen Gericht zu klagen, und der positiven Verpflichtung andererseits, bei der Durchführung des Schiedsverfahrens mitzuwirken.[158] Werde trotz Schiedsvereinbarung Klage vor einem staatlichen Gericht erhoben, so hindere dies im Ausgangspunkt nicht die Durchführung des staatlichen Gerichtsverfahrens; erst der auf Grundlage der Schiedsvereinbarung erhobenen Einrede komme eine prozessgestaltende Wirkung zu.[159]

Auch nach Auffassung der Vertreter der prozessrechtlichen Ansicht ist maßgeblich auf die Hauptwirkungen der Schiedsvereinbarung abzustellen: Diese lägen erstens im Ausschluss der staatlichen Gerichtsbarkeit und zweitens in der

---

154 S. *J.-P. Lachmann*, Hdb. Schiedsgerichtspraxis, Rdnr. 264.

155 S. OLG Hamburg, Beschluss vom 21.12.2012 – 6 Sch 19/12, Rdnr. 23 (juris); *J.-P. Lachmann*, Hdb. Schiedsgerichtspraxis, Rdnrn. 532 ff.; *K. Möller*, Schiedsgerichtsbarkeit, S. 142; *J. Münch*, in: Rauscher/Krüger, MüKo ZPO, Bd. 3, § 1031 ZPO Rdnr. 12.

156 Vgl. *K. Möller*, Schiedsgerichtsbarkeit, S. 140.

157 So *K. Blomeyer*, in: FG Rosenberg, S. 51 (62 f.); *W. Lorenz*, AcP 157, 265 (277 ff.).

158 S. *W. Lorenz*, AcP 157, 265 (280).

159 So *W. Lorenz*, AcP 157, 265 (280).

Entstehung einer prozesshindernden Einrede.[160] Zu einer Umgestaltung der materiellen Rechtslage komme es demgegenüber weder infolge des Abschlusses der Schiedsvereinbarung noch durch den später erlassenen Schiedsspruch.[161] Auch die Förderungs- und Mitwirkungspflichten der Parteien anlässlich des Schiedsverfahrens seien letztlich (?) prozessual zu qualifizieren.[162]

Die Auffassung der Rechtsprechung zu dieser Frage lässt sich nicht eindeutig identifizieren: Nachdem der Bundesgerichtshof die Schiedsvereinbarung in mehreren älteren Entscheidungen als „materiell-rechtlichen Vertrag über prozessrechtliche Beziehungen“ bezeichnet hatte,[163] benannte er sie in einer jüngeren Entscheidung als „Unterfall des Prozessvertrags“[164] – ohne sich allerdings von seiner bisherigen Judikatur ausdrücklich zu distanzieren.[165] Jenseits dieser terminologischen Inkongruenz zeigt sich jedoch, dass die Rechtsprechung offenbar von einem doppelten Charakter der Schiedsvereinbarung einschließlich materiell-rechtlicher sowie prozessualer (Neben-)Wirkungen ausgeht.[166]

---

160 S. *I. Saenger*, in: Saenger, Hk. ZPO, § 1029 ZPO Rdnr. 1; *K. Schwab/G. Walter*, Schiedsgerichtsbarkeit, Kap. 7 Rdnr. 37; *C. Wolf/N. Eslami*, in: Vorwerk/Wolf, BeckOK ZPO, § 1029 ZPO Rdnr. 5.

161 *F. Hesselbarth*, Schiedsgerichtsbarkeit, S. 50; *I. Saenger*, in: Saenger, Hk. ZPO, § 1029 ZPO Rdnr. 1; a.A. *C. Wolf/N. Eslami*, in: Vorwerk/Wolf, BeckOK ZPO, § 1029 ZPO Rdnr. 5, die davon ausgehen, dass der Schiedsspruch zu einer Änderung der materiellen Rechtslage führt.

162 So *C. Wolf/N. Eslami*, in: Vorwerk/Wolf, BeckOK ZPO, § 1029 ZPO Rdnr. 5; anders *I. Saenger*, in: Saenger, Hk. ZPO, § 1029 ZPO Rdnr. 1, der darauf hinweist, dass eine Qualifikation der Schiedsvereinbarung als Prozessvertrag die Existenz materieller Nebenwirkungen wie einklagbarer Mitwirkungs- und Förderungspflichten der Parteien nicht ausschließe.

163 BGHZ 49, 384 (386); BGHZ 48, 35 (46); BGHZ 40, 320 (322); BGHZ 23, 198 (200); zustimmend *J.-P. Lachmann*, Hdb. Schiedsgerichtspraxis, Rdnr. 266; *C. Stumpf*, Streitbeilegung, S. 111.

164 BGHZ 99, 143 (147); zustimmend *J. Münch*, in: Rauscher/Krüger, MüKo ZPO, Bd. 3, § 1029 ZPO Rdnr. 13.

165 Darauf weisen ebenfalls *J. Münch*, in: Rauscher/Krüger, MüKo ZPO, Bd. 3, § 1029 ZPO Rdnr. 13, und *C. Wolf/N. Eslami*, in: Vorwerk/Wolf, BeckOK ZPO, § 1029 ZPO Rdnr. 5, hin; *J.-P. Lachmann*, Hdb. Schiedsgerichtspraxis, Rdnr. 266 Fn. 5, macht außerdem darauf aufmerksam, dass die betreffende Entscheidung nicht von dem für Schiedssachen zuständigen Senat getroffen worden sei.

166 Zustimmend die h.M.: *J.-P. Lachmann*, Hdb. Schiedsgerichtspraxis, Rdnr. 266; *K. Lionnet/A. Lionnet*, Hdb. Schiedsgerichtsbarkeit, S. 180; *K. Möller*, Schiedsgerichtsbarkeit, S. 141, 143; *J. Münch*, in: Rauscher/Krüger, MüKo ZPO, Bd. 3, § 1029 ZPO

Für die eingangs referierte Ansicht spricht, dass sich die Schiedsgerichtsbarkeit im Ausgangspunkt vollkommen außerhalb eines gerichtlichen Kontextes abspielt und die staatlichen Gerichte im Idealfall während der gesamten Streitigkeit außen vor bleiben.[167] Die Parteien trifft dabei die materiell-rechtliche Pflicht zur förderlichen Mitwirkung am Schiedsverfahren, sobald von Seiten einer Partei ein solches auf den Weg gebracht wird. In prozessualer Hinsicht entfaltet die Schiedsvereinbarung frühestens dann unmittelbare prozessuale Wirkungen, wenn sich eine Partei (rechtzeitig) auf die Einrede der Schiedsgerichtsbarkeit vor Gericht beruft.

Damit ist die Schiedsvereinbarung in der Hauptsache als materiell-rechtlicher Vertrag zu betrachten, der auf Initiative der Parteien gewisse Nebenwirkungen auf prozessualer Ebene entfalten kann. Neben den prozessrechtlichen Vorschriften finden damit auch die materiell-rechtlichen Vorschriften unmittelbare Anwendung auf die Schiedsvereinbarung;[168] ob es sich bei diesen Vorschriften um solche des Verwaltungs- oder Zivilrechts handelt, hängt wiederum von der Zuordnung der Schiedsvereinbarung zu einem dieser Rechtsgebiete ab.[169]

IV. Rechtsgebietszugehörigkeit

Hiernach stellt sich die Frage, wann vom Vorliegen einer verwaltungs- beziehungsweise zivilrechtlichen Schiedsvereinbarung auszugehen ist. Bevor die betreffenden Zuordnungskriterien herausgearbeitet werden, soll jedoch zunächst die Bedeutung der Rechtsgebietszugehörigkeit untersucht werden.

1. *Bedeutung der Rechtsgebietszugehörigkeit*

a. *Anwendbares Schiedsverfahrensrecht*

Von dieser Zuordnung hängt vor allem ab, nach welchem Regelungsregime sich die Durchführung des Schiedsverfahrens vorderhand richtet:

Rdnrn. 12 ff.; *R. Schütze*, Schiedsgericht, Rdnr. 244; *C. Stumpf*, Streitbeilegung, S. 111; *W. Voit*, in: Musielak/Voit, ZPO, § 1029 ZPO Rdnr. 3.

167 Vgl. *J.-C. Schulze*, Schiedsfähigkeit, S. 12.

168 Was die Anwendbarkeit materiell-rechtlicher Vorschriften auf die Schiedsvereinbarung anbelangt, ist der vorangehend dargelegte Meinungsstreit freilich von untergeordneter Bedeutung: I.E. wenden alle referierten Ansichten die Vorschriften des materiellen Rechts zumindest entsprechend an, vgl. *K. Möller*, Schiedsgerichtsbarkeit, S. 141; *K. Schwab/G. Walter*, Schiedsgerichtsbarkeit, Kap. 7 Rdnr. 37.

169 S. *K. Möller*, Schiedsgerichtsbarkeit, S. 141 ff.

aa. Im Ausgangspunkt: Unterschiedliches Schiedsverfahrensrecht

Liegt eine zivilrechtliche Schiedsvereinbarung vor, sind die Vorschriften des Zehnten Buchs der Zivilprozessordnung für das betreffende Verfahren unmittelbar anwendbar. Für den staatlichen Rechtsträger gelten in diesem Zusammenhang dabei keinerlei rechtliche Besonderheiten im Verhältnis zu anderen nicht-hoheitlichen Parteien, die sich ebenfalls für die Durchführung eines zivilrechtlichen Schiedsverfahrens zur Lösung ihrer streitigen Angelegenheiten entschieden haben. Denn genauso wenig wie der Staat im Zivilprozess über einen gesonderten verfahrensrechtlichen Status verfügt,[170] kommt ihm als Partei in der Zivilschiedsgerichtsbarkeit eine herausgehobene Stellung zu.

Ist die Schiedsvereinbarung hingegen verwaltungsrechtlicher Natur, so ist – weil das Verwaltungsschieds- an die Stelle des Verwaltungsgerichtsverfahrens tritt – naheliegender Weise zunächst ein Blick in die Verwaltungsgerichtsordnung zu werfen: Dieser ergibt, dass die öffentlich-rechtliche Schiedsgerichtsbarkeit tatsächlich in § 168 Abs. 1 Nr. 5 dieses Gesetzes im 17. Abschnitt zur Vollstreckung Erwähnung findet.[171] Auch § 187 Abs. 1 VwGO spricht die Schiedsgerichtsbarkeit an, meint im Gegensatz zu § 168 Abs. 1 Nr. 5 VwGO jedoch nicht das – hier untersuchte – echte, sondern vielmehr das unechte Schiedsverfahren.[172] Dies wird daran deutlich, dass nach dieser Vorschrift die Streitentscheidungskompetenz auf einer Übertragung durch die Länder beruht.[173] Im Übrigen können der Verwaltungsgerichtsordnung jedoch keine weiteren Vorgaben zum Schiedsverfahren entnommen werden.[174]

bb. Aber: Verweisung auf die ZPO

Aus diesem Grund kommen – über die Verweisungsvorschrift des § 173 S. 1 VwGO – insoweit ebenfalls die Vorgaben des Zehnten Buchs der

---

170 Vgl. *R. Patzina*, in: Rauscher/Krüger, MüKo ZPO, Bd. 1, § 18 ZPO Rdnr. 2.

171 S. zum Inhalt dieser Vorschrift oben A.I.4., S. 13; § 168 Abs. 1 Nr. 5 VwGO betrifft nach h.M. die Schiedssprüche echter Schiedsgerichte, s. *W.-R. Schenke*, in: Kopp/Schenke, VwGO, § 168 VwGO Rdnr. 7; *W. Porz*, in: Fehling/Kastner/Störmer, Hk. VerwaltungsR, § 168 VwGO Rdnr. 12; zweifelnd *C. Stumpf*, Streitbeilegung, S. 55; *R. Woltereck*, Erledigung, S. 84.

172 S. *H. Wolff*, in: Posser/Wolff, BeckOK VwGO, § 187 VwGO Rdnr. 5; vgl. zur Abgrenzung von echtem und unechtem Schiedsverfahren oben A.II.1., S. 15 f.

173 Vgl. *C. Stumpf*, Streitbeilegung, S. 55 f.

174 Vgl. auch *K. Möller*, Schiedsgerichtsbarkeit, S. 135.

Zivilprozessordnung zum Tragen;[175] fraglich ist, wie umfassend diese Verweisung zu verstehen ist, und ob es in ihrer Folge zu einer Eins-zu-eins-Umsetzung der zivilprozessrechtlichen Schiedsverfahrensregeln kommt, oder aber eine an die Besonderheiten des Verwaltungsrechts (zum Beispiel: Amtsermittlungsgrundsatz)[176] angepasste Übertragung der Vorschriften auf das Verwaltungsschiedsverfahren vorzunehmen ist.

Für eine inhaltsgleiche Übertragung könnte dabei das Interesse an einer Parallelität der Prozessrechte sprechen;[177] allerdings steht dieses Bestreben einer Rücksichtnahme auf die Besonderheiten der unterschiedlichen Verfahrensarten prinzipiell nicht entgegen und kann in diesem Zusammenhang folglich nicht als Argument gegen eine Modifikation des einschlägigen Schiedsverfahrensrechts angeführt werden.

K. Möller hält eine Adaption der zivilprozessrechtlichen Vorschriften zumindest insoweit für zulässig, wie verfassungsrechtliche Vorgaben dies geböten.[178] Auch für *H. Wolff* liegt es bei einer so „pauschalen Verweisung“[179] wie der des § 173 VwGO auf die Zivilprozessordnung „nahe“, den Begriff „entsprechend“ ebenfalls auf die Rechtsfolgen zu beziehen; daher seien gleichsam Anpassungen einer Regelung an die Besonderheiten der Verwaltungsgerichtsordnung für zulässig zu erachten.

Im Ergebnis kann diesen beiden Ansichten mit folgenden Erwägungen zugestimmt werden: Der Normzweck des § 173 S. 1 VwGO besteht primär darin, ein lückenloses System des Verwaltungsprozessrechts durch notwendige Ergänzungen und Vervollständigungen zu schaffen.[180] Ob es auf der Grundlage von § 173 S. 1 VwGO zu einer entsprechenden Anwendung gerichtsverfassungsgesetzlicher oder zivilprozessualer Vorschriften kommen kann, ist dabei in drei Schritten zu

175 H.M.: BVerwG, Urteil vom 20.02.1992 – 5 C 22/88[=NVwZ 1993, 584 (585)]; *J.-P. Lachmann*, Hdb. Schiedsgerichtspraxis, Rdnr. 14; *C. Meissner/C. Steinbeiß-Winkelmann*, in: Schoch/Schneider/Bier, VwGO, Bd. 2, § 173 VwGO Rdnr. 316; *K. Möller*, Schiedsgerichtsbarkeit, S. 135, m.w.N.

176 Vgl. die Auflistung bei *C. Meissner/C. Steinbeiß-Winkelmann*, in: Schoch/Schneider/Bier, VwGO, Bd. 2, § 173 VwGO Rdnr. 78.

177 So *K. Möller*, Schiedsgerichtsbarkeit, S. 136; vgl. auch *H. Wolff*, in: Posser/Wolff, BeckOK VwGO, § 173 VwGO Rdnr. 11.

178 *K. Möller*, Schiedsgerichtsbarkeit, S. 137.

179 *H. Wolff*, in: Posser/Wolff, BeckOK VwGO, § 173 VwGO Rdnr. 12.

180 S. *C. Meissner/C. Steinbeiß-Winkelmann*, in: Schoch/Schneider/Bier, VwGO, Bd. 2, § 173 VwGO Rdnr. 13.

ermitteln:[181] In einem ersten Schritt ist naturgemäß die Verwaltungsgerichtsordnung selbst auf das Vorliegen einschlägiger Regelungen hin zu untersuchen.[182] Soweit sich hierbei ein negativer Befund ergibt, ist im nächsten Schritt zu prüfen, ob sich für einen bestimmten Regelungsbereich spezielle Verweisungsvorschriften in der Verwaltungsgerichtsordnung finden lassen, die andere Gesetze ausdrücklich in Bezug nehmen. Erst wenn dies abzulehnen ist, kann auf die Generalverweisung des § 173 S. 1 VwGO zurückgegriffen werden.

In rechtsmethodischer Hinsicht folgt aus dieser Verweisung dabei eine Inkorporation derjenigen Vorschriften aus dem Gerichtsverfassungsgesetz beziehungsweise der Zivilprozessordnung in die Verwaltungsgerichtsordnung, für die es keine Entsprechungen im kodifizierten Verwaltungsprozessrecht gibt, und deren Anwendung die grundsätzlichen Unterschiede der Verfahrensarten nicht entgegenstehen.[183]

Nur wenn sich auch auf diesem Wege keine passenden Vorschriften für das Verwaltungsgerichtsverfahren finden lassen, ist gemäß der Gesetzessystematik vom Vorliegen einer planwidrigen Regelungslücke auszugehen, deren Schließung vermittels Analogie versucht werden darf.[184]

Im Grundsatz ist allerdings davon auszugehen, dass eine normativ angebundene Ausformung eines Regelungssachverhalts stets dem Rückgriff auf eine Analogie vorzuziehen ist; lassen grundlegende Unterschiede zwischen Verwaltungs- und Zivilgerichtsverfahren eine einheitliche Übernahme von Vorschriften des Gerichtsverfassungsgesetzes oder der Zivilprozessordnung in die Verwaltungsgerichtsbarkeit nicht zu, könnte dieses Hindernis jedoch durch eine Modifikation der betreffenden Vorschriften beseitigt werden, dann ist dieses Vorgehen dementsprechend der Analogiebildung regelmäßig vorzuziehen.

Vorschriften des Gerichtsverfassungsgesetzes und der Zivilprozessordung können folglich in zulässiger Weise an die Besonderheiten des Verwaltungsprozessrechts

---

181 Vgl. das Vorgehen von *C. Meissner/C. Steinbeiß-Winkelmann*, in: Schoch/Schneider/Bier, VwGO, Bd. 2, § 173 VwGO Rdnrn. 48 ff.

182 Oben wurden die wenigen Regelungen der VwGO herausgestellt, die sich auf Schiedsverfahren beziehen, s. C.IV.1.a.aa., S. 33.

183 So *C. Meissner/C. Steinbeiß-Winkelmann*, in: Schoch/Schneider/Bier, VwGO, Bd. 2, § 173 VwGO Rdnr. 51; vgl. auch *H. Wolff*, in: Posser/Wolff, BeckOK VwGO, § 173 VwGO Rdnr. 12.

184 S. *C. Meissner/C. Steinbeiß-Winkelmann*, in: Schoch/Schneider/Bier, VwGO, Bd. 2, § 173 VwGO Rdnr. 53.

angepasst werden, um auf diesem Weg die Anwendbarkeit der Verweisungsvorschrift des § 173 S. 1 VwGO zu gewährleisten.[185]

cc. Zwischenergebnis

Im Ergebnis kann das verwaltungsprozessrechtliche Schiedsverfahrensrecht damit als *compositum mixtum* beschrieben werden, dessen zivilprozessrechtlich geprägter Schwerpunkt an die Besonderheiten des Verwaltungsprozesses anzupassen ist.

b. Gerichtliche Zuständigkeit

Trotz wirksamer Schiedsvereinbarung sind die Beteiligten eines Schiedsverfahrens in bestimmten Fällen auf die Mitwirkung staatlicher Gerichte angewiesen; deren Tätigwerden dient dabei zugleich dem Zweck, die Schiedsgerichtsbarkeit zu überwachen und die Einhaltung gewisser rechtsstaatlicher Mindeststandards zu garantieren.[186]

Da die betreffenden Aufgabenzuweisungen in verwaltungs- und zivilrechtlichen Schiedsverfahren von unterschiedlichen Gerichten wahrgenommen werden, erweist sich die Rechtsgebietszugehörigkeit der Schiedsvereinbarung auch insoweit als belangvoll. Im Einzelnen sind die nachfolgenden gerichtlichen Zuständigkeiten auseinanderzuhalten:

aa. Zivilrechtliches Schiedsverfahren

Nach § 1062 Abs. 1 ZPO ist das Oberlandesgericht, das in der Schiedsvereinbarung bezeichnet ist oder, wenn eine solche Bezeichnung fehlt, in dessen Bezirk der Ort des schiedsrichterlichen Verfahrens liegt, zuständig für Entscheidungen über Anträge betreffend

1. die Bestellung eines Schiedsrichters (§§ 1034, 1035 ZPO), die Ablehnung eines Schiedsrichters (§ 1037 ZPO) oder die Beendigung des Schiedsrichteramtes (§ 1038 ZPO);
2. die Feststellung der Zulässigkeit oder Unzulässigkeit eines schiedsrichterlichen Verfahrens (§ 1032 ZPO) oder die Entscheidung eines Schiedsgerichts, in der dieses seine Zuständigkeit in einem Zwischenentscheid bejaht hat (§ 1040 ZPO);
3. die Vollziehung, Aufhebung oder Änderung der Anordnung vorläufiger oder sichernder Maßnahmen des Schiedsgerichts (§ 1041 ZPO) sowie

185 So auch BVerwG, Urteil vom 31.07.1984 – 9 C 881/82(=NJW 1985, 1178).

186 S. *K. Möller*, Schiedsgerichtsbarkeit, S. 182 f.; *R. Schütze*, Schiedsgericht, Rdnr. 225; *C. Stumpf*, Streitbeilegung, S. 102 f.

4. die Aufhebung (§ 1059 ZPO) oder die Vollstreckbarerklärung des Schiedsspruchs (§§ 1060 ff. ZPO) oder die Aufhebung der Vollstreckbarerklärung (§ 1061 ZPO).

Im Übrigen überträgt § 1062 Abs. 4 ZPO die Unterstützung bei der Beweisaufnahme und sonstige richterliche Handlungen (§ 1050 ZPO) dem Amtsgericht, in dessen Bezirk die richterliche Handlung vorzunehmen ist.

Soweit gegen die nach § 1062 Abs. 1 ZPO getroffenen Entscheidungen die Rechtsbeschwerde statthaft ist (vergleiche insoweit § 1065 Abs. 1 ZPO), ist laut § 133 GVG schließlich der Bundesgerichtshof zuständig.

bb. Verwaltungsrechtliches Schiedsverfahren

§ 173 S. 3 VwGO normiert die gerichtliche Zuständigkeit abweichend von §§ 1062, 1065 ZPO wie folgt:

> „Gericht im Sinne des § 1062 der Zivilprozeßordnung ist das zuständige Verwaltungsgericht, Gericht im Sinne des § 1065 der Zivilprozeßordnung das zuständige Oberverwaltungsgericht."

Im Falle verwaltungsrechtlicher Streitigkeiten, für die in der staatlichen Gerichtsbarkeit eine abdrängende Sonderzuweisung an die ordentlichen Gerichte gelten würde, bleibt es demgegenüber bei der oberlandesgerichtlichen Zuständigkeit nach § 1062 ZPO.[187]

c. Zwischenergebnis

Die praktische Relevanz der Zuordnung einer Schiedsvereinbarung zum Verwaltungs- beziehungsweise Zivilrecht wird dadurch eingeebnet, dass sich auch das Verwaltungsschiedsverfahren weitgehend nach zivilprozessrechtlichen Vorgaben richtet. Da die zivilprozessualen Regelungen aber nicht ungefiltert übernommen werden dürfen, sondern an die Besonderheiten des Verwaltungsprozesses anzupassen sind, erweist sich diese Unterscheidung in dieser Hinsicht nicht als vollständig bedeutungslos. Zudem hängt die gerichtlichte Zuständigkeit von der Zuordnung der Schiedsvereinbarung zum Verwaltungs- oder Zivilrecht ab.

2. Maßgaben für die Zuordnung

Im Folgenden soll herausgearbeitet werden, wie die Rechtsgebietszugehörigkeit einer Schiedsvereinbarung festzustellen ist; aufgrund des Trennungsprinzips[188]

---

187 So C. *Stumpf*, Streitbeilegung, S. 107, m.w.N.

188 Vgl. dazu oben C.II., S. 30.

kann zur Beantwortung dieser Frage jedenfalls nicht ohne Weiteres auf die Rechtsgebietszugehörigkeit des materiellen Rechtsverhältnisses zurückgegriffen werden, das den Bezugspunkt für die Schiedsvereinbarung (sogenannter Gegenstand der Schiedsvereinbarung) bildet.[189]

K. Möller will stattdessen – da die materiellen Wirkungen der Schiedsvereinbarung für sich genommen keine entsprechende Zuordnung erlaubten – auf die prozessuale Wirkung des Schiedsvertrags abstellen: Diese bestehe im Falle der verwaltungsrechtlichen Schiedsvereinbarung in der Verfügung über das Recht auf Zugang zur staatlichen Gerichtsbarkeit nach Art. 19 Abs. 4 GG.[190] Ob nun aber der Anwendungsbereich des Art. 19 Abs. 4 GG betroffen sei, könne wiederum nur anhand des streitigen Rechtsverhältnisses, das den Gegenstand der Schiedsvereinbarung bilde, bestimmt werden; die Rechtsnatur der Schiedsvereinbarung folge dementsprechend der Rechtsnatur des Hauptvertrags.[191]

Der *Möller'sche* Ansatz überzeugt jedoch nicht, denn im Ergebnis kommt er nicht umhin – was *K. Möller* selbst einräumt – zum Zwecke der Beurteilung des verwaltungsrechtlichen Charakters einer Schiedsvereinbarung letztlich auf die Rechtsgebietszugehörigkeit des streitigen Rechtsverhältnisses abzustellen. Sich der Rechtsgebietszugehörigkeit der Schiedsvereinbarung zunächst vermittels ihrer prozessualen Wirkung nähern zu wollen, stellt sich dementsprechend als unnötiger Umweg dar. Überzeugender ist es, die Zuordnung der Schiedsvereinbarung zum Verwaltungs- beziehungsweise Zivilrecht stattdessen unmittelbar anhand des Gegenstandes der Schiedsvereinbarung im Sinne von § 1030 Abs. 1 ZPO vorzunehmen.[192]

Dass insoweit eine gewisse „Verklammerung"[193] des materiellen Rechtsverhältnisses mit der Schiedsvereinbarung erfolgt, lässt sich nicht vermeiden, denn letztere ist mit ihrem Anliegen, zu einem Ausschluss der staatlichen Gerichtsbarkeit zu gelangen, *per se* rechtsgebietsneutral.[194] Eine entsprechende rechtliche Charakterisierung der Schiedsvereinbarung lässt sich damit nur anhand des ihren Bezugspunkt bildenden Rechtsverhältnisses vornehmen: Entspringt der Gegenstand der Schiedsvereinbarung einem verwaltungsrechtlichen Rechtsverhältnis, dann ist auch die Schiedsvereinbarung als verwaltungsrechtlich zu be-

---

189 Vgl. *K. Möller*, Schiedsgerichtsbarkeit, S. 142 f.

190 S. *K. Möller*, Schiedsgerichtsbarkeit, S. 142.

191 *K. Möller*, Schiedsgerichtsbarkeit, S. 142 f.

192 So auch *C. Loos*, Schiedsgerichtsbarkeit, S. 70 f.; *J. Wolff*, NVwZ 2012, 205 Fn. 1; ähnlich *R. Woltereck*, Erledigung, S. 90.

193 *K. Möller*, Schiedsgerichtsbarkeit, S. 143.

194 Vgl. *K. Möller*, Schiedsgerichtsbarkeit, S. 142.

urteilen; stellt sich dieses Rechtsverhältnis demgegenüber als zivilrechtlich dar, dann ist vom Vorliegen einer zivilrechtlichen Schiedsvereinbarung auszugehen.

In der Praxis dürfte es sich bei dem betreffenden Rechtsverhältnis regelmäßig um einen Vertrag handeln. Ob ein Vertrag dem Öffentlichen Recht oder dem Privatrecht zuzuordnen ist, richtet sich nach dem Vertragsgegenstand (siehe § 54 S. 1 VwVfG);[195] für dessen Klassifizierung kommt es wiederum maßgeblich darauf an, ob die den Vertrag prägenden Rechte und Pflichten dem Öffentlichen Recht oder dem Privatrecht angehören.[196]

Was vertragsförmiges Handeln anbelangt, ist die Verwaltung dabei nicht auf den Abschluss öffentlich-rechtlicher Verträge beschränkt;[197] es ist vielmehr mittlerweile allgemein anerkannt, dass der Staat zur Erfüllung seiner Aufgaben grundsätzlich auch vom Instrument des privatrechtlichen Vertrags Gebrauch machen darf.[198] Soweit das Gesetz ihr nicht eine öffentlich-rechtliche Handlungsform vorschreibt, verfügt die Verwaltung nach herrschender Meinung in diesem Zusammenhang über ein entsprechendes Formenwahlrecht.[199]

Allerdings lassen sich nicht immer alle Verträge, an denen der Staat als Vertragspartner beteiligt ist, eindeutig dem Verwaltungs- oder Zivilrecht zuordnen;[200] es stellt sich daher die Frage, wie die Rechtsgebietszugehörigkeit

---

195 H.M.: *H. Bonk/W. Neumann*, in: Stelkens/Bonk/Sachs, VwVfG, § 54 VwVfG Rdnr. 76; *M. Fehling*, in: Fehling/Kastner/Störmer, Hk. VerwaltungsR, § 54 VwVfG Rdnr. 38; *J. Kämmerer*, in: Bader/Ronellenfitsch, BeckOK VwVfG, § 54 VwVfG Rdnr. 41.

196 S. *M. Fehling*, in: Fehling/Kastner/Störmer, Hk. VerwaltungsR, § 54 VwVfG Rdnr. 39; für die Zuordnung einer Vorschrift zum öffentlichen Recht oder Privatrecht kann wiederum auf die Ansichten zurückgegriffen werden, die i.R.d. § 40 Abs. 1 S. 1 VwGO zur Abgrenzung dieser beiden Rechtsgebiete entwickelt worden sind, vgl. *C. Brüning/P. Bosesky*, in: Mann/Sennekamp/Uechtritz, VwVfG, § 54 VwVfG Rdnr. 63.

197 Anders noch das Denken *O. Mayers*, AöR 3, 3 (42), wonach „wahre Verträge des Staates auf dem Gebiete des öffentlichen Rechts überhaupt nicht denkbar" seien.

198 Vgl. *F. Kirchhof*, in: Maunz/Dürig, GG, Bd. 5, Art. 83 GG Rdnr. 103.

199 S. BVerwGE 94, 229 (231 f.); *H. Bonk/W. Neumann*, in: Stelkens/Bonk/Sachs, VwVfG, § 54 VwVfG Rdnr. 73; *C. Gusy*, DÖV 1984, 872 (880); a.A. *D. Ehlers*, DVBl. 1983, 422 (429 f.); *A. Gern*, Vertrag, S. 48 f.; *F. v. Zezschwitz*, NJW 1983, 1873 (1875); umfassend zur Formenwahlfreiheit der Verwaltung *B. Kempen*, Formenwahlfreiheit; *V. Schlette*, Vertragspartner, S. 122 ff.

200 Hiervon zu unterscheiden ist die sog. objektive Vertragshäufung, die vorliegt, wenn ein verwaltungsrechtlich zu beurteilender Vertrag sowie ein privatrechtlich zu charakterisierendes Vertragswerk lediglich äußerlich i.R.e. gemeinsamen Urkunde zusammengefasst werden, vgl. *J. Kämmerer*, in: Bader/Ronellenfitsch, BeckOK VwVfG, § 54 VwVfG Rdnr. 48; *K. Lange*, NVwZ 1983, 313 (319 f.).

der Schiedsvereinbarungen im Falle von sogenannten gemischten Verträgen[201] zu beurteilen ist.

Was den Hauptvertrag anbelangt, werden in diesem Zusammenhang von Seiten der Rechtsprechung und des Schrifttums verschiedene Ansätze vertreten:[202] So wird zum Teil eine rechtliche Aufteilung des Vertrags sowie Zuordnung einzelner Rechte und Pflichten zum Verwaltungs- beziehungsweise Zivilrecht für zweckmäßig gehalten.[203] Die herrschende Meinung lehnt dies jedoch ab und befürwortet stattdessen eine einheitliche Betrachtungsweise.[204] Uneinheitlich wird innerhalb der herrschenden Meinung dabei allerdings die Frage beantwortet, wann ein Vertrag hiernach als öffentlich-rechtlich oder privatrechtlich zu beurteilen ist. Die Rechtsprechung stellt insoweit darauf ab, welches Rechtsgebiet die Vertragsinhalte schwerpunktmäßig betreffen;[205] der Vertrag müsse demnach insgesamt entweder ein öffentlich-rechtliches oder ein privatrechtliches „Gepräge“[206] aufweisen. Andere befürworten eine einheitliche öffentlich-rechtliche Betrachtung der gemischten Verträge.[207]

Fraglich ist, ob sich diese Kriterien auch auf die Schiedsvereinbarung übertragen lassen. Oben wurde dargelegt, dass sich die Rechtsgebietszugehörigkeit der Schiedsvereinbarung nach ihrem Gegenstand im Sinne von § 1030 Abs. 1 S. 1 ZPO richtet. Dementsprechend könnte beispielsweise daran gedacht werden, die rechtliche Beurteilung der Schiedsvereinbarung anhand des Teils des Rechtsverhältnisses vorzunehmen, das gerade in Streit steht; die Schiedsvereinbarung wäre folglich immer dann als zivilrechtlich zu beurteilen, wenn sich die Parteien um

---

201 *H. Bonk/W. Neumann*, in: Stelkens/Bonk/Sachs, VwVfG, § 54 VwVfG Rdnr. 77.

202 Ein Überblick zu den entwickelten Zuordnungskriterien findet sich bei *K. Lange*, NVwZ 1983, 313 (318 ff.).

203 So BVerwGE 84, 183 (186); *A. Gern*, Vertrag, S. 56.

204 S. BVerwGE 42, 331 (333 f.); BVerwGE 22, 138 (140 f.); *H. Bonk/W. Neumann*, in: Stelkens/Bonk/Sachs, VwVfG, § 54 VwVfG Rdnrn. 77 f.; *M. Fehling*, in: Fehling/Kastner/Störmer, Hk. VerwaltungsR, § 54 VwVfG Rdnr. 40; *J. Kämmerer*, in: Bader/Ronellenfitsch, BeckOK VwVfG, § 54 VwVfG Rdnr. 49; *K. Lange*, NVwZ 1983, 313 (319); *V. Schlette*, Vertragspartner, S. 132 ff.

205 BVerwGE 22, 138 (140 f.); so auch *H. Bonk/W. Neumann*, in: Stelkens/Bonk/Sachs, VwVfG, § 54 VwVfG Rdnr. 78; *M. Fehling*, in: Fehling/Kastner/Störmer, Hk. VerwaltungsR, § 54 VwVfG Rdnr. 40.

206 BVerwGE 92, 56 (59); s. auch *H. Bonk/W. Neumann*, in: Stelkens/Bonk/Sachs, VwVfG, § 54 VwVfG Rdnr. 78; *M. Fehling*, in: Fehling/Kastner/Störmer, Hk. VerwaltungsR, § 54 VwVfG Rdnr. 40.

207 Für eine einheitliche öffentlich-rechtliche Betrachtung sind bspw. *K. Lange*, NVwZ 1983, 313 (319), sowie *V. Schlette*, Vertragspartner, S. 134 ff., m.w.N.

zivilrechtliche Elemente des Hauptvertrags stritten; stünden dagegen verwaltungsrechtliche Ansprüche in Streit, dann wäre die Schiedsvereinbarung einer verwaltungsrechtlichen Einordnung zu unterziehen. Entsprechend der Logik der unterschiedlichen Bindungen könnte dies theoretisch dazu führen, dass ein und dieselbe Schiedsvereinbarung in dem einen Fall als wirksam und im anderen als unwirksam zu betrachten wäre; dies überzeugt indes nicht.

Stattdessen ist mit den folgenden Argumenten ein Ansatz zu wählen, der auf eine einheitliche Betrachtung der Schiedsvereinbarung hinausläuft: Selbst wenn man in Bezug auf den Hauptvertrag von einer rechtlichen Teilbarkeit ausgehen mag, lässt sich dies nicht auf die Schiedsvereinbarung übertragen; denn im Gegensatz zum Hauptvertrag, der im Regelfall aus einer ganzen Reihe verschiedener Rechte und Pflichten zusammengesetzt sein wird, besteht die Schiedsvereinbarung aus einer einzigen (notwendigen) Regelung,[208] die auf die Begründung der schiedsrichterlichen Streitentscheidungsbefugnis abzielt. Eine Aufteilung der Schiedsvereinbarung muss damit schon von vornherein in Ermangelung inhaltlich teilbarer Elemente ausscheiden.

Überzeugender erscheint es, sich für die Rechtsgebietszugehörigkeit der Schiedsvereinbarung stattdessen an einer entsprechenden schwerpunktmäßigen Einordnung des Hauptvertrags zu orientieren. Für eine pauschale Einordnung des Hauptvertrags und damit der Schiedsvereinbarung zum Öffentlichen Recht spräche in diesem Zusammenhang zwar das Argument der Einfachheit und Rechtsklarheit; allerdings erscheint es nicht einsichtig, warum ein Vertrag inklusive Schiedsvereinbarung alleine deswegen insgesamt öffentlich-rechtlich zu beurteilen sein soll, weil sich innerhalb des Hauptvertrags – womöglich unter einer Vielzahl privatrechtlicher Regelungen – ein Regelungsgegenstand befindet, der dem Öffentlichen Recht angehört.[209]

Die Rechtsgebietszugehörigkeit der Schiedsvereinbarung ist damit richtigerweise anhand des schwerpunktmäßigen „Gepräges“ des Hauptvertrags zu bestimmen.

V. Inhalt

Jede wirksame Schiedsvereinbarung weist einen notwendigen Inhalt auf und kann außerdem um fakultative Vorgaben erweitert werden.[210] Dabei

---

208 Vgl. zum (notwendigen) Inhalt der Schiedsvereinbarung sogleich unten C.V., S. 41.

209 Vgl. *M. Fehling*, in: Fehling/Kastner/Störmer, Hk. VerwaltungsR, § 54 VwVfG Rdnr. 40.

210 So auch *J.-P. Lachmann*, Hdb. Schiedsgerichtspraxis, Rdnrn. 373 ff.; *R. Schütze*, Schiedsgericht, Rdnrn. 306 f.; umstr. ist, ob sich die Formerfordernisse nach § 1031

wird der notwendige Inhalt der zivilrechtlichen Schiedsvereinbarung von § 1029 Abs. 1 ZPO vorgegeben: Nach dieser Vorschrift handelt es sich bei der Schiedsvereinbarung um eine Vereinbarung der Parteien, „alle oder einzelne Streitigkeiten, die zwischen ihnen in Bezug auf ein bestimmtes Rechtsverhältnis vertraglicher oder nichtvertraglicher Art entstanden sind oder künftig entstehen, der Entscheidung durch ein Schiedsgericht zu unterwerfen."

Zum obligatorischen Inhalt der Schiedsvereinbarung gehört dementsprechend zunächst der Ausschluss der staatlichen Gerichtsbarkeit durch die Berufung eines Schiedsgerichts zur Streitentscheidung.[211] Die Parteien müssen im Rahmen der Schiedsvereinbarung des Weiteren hinreichend deutlich zu erkennen geben, welches zwischen ihnen bestehende Rechtsverhältnis den Bezugspunkt (Gegenstand) der Schiedsvereinbarung bildet und welche hieraus resultierenden Streitigkeiten von Seiten des Schiedsgerichts entschieden werden sollen.[212] Alle sonstigen Regelungsgegenstände rund um das anwendbare Recht, die Besetzung des Spruchkörpers und den Ablauf des schiedsrichterlichen Verfahrens stellen einen lediglich fakultativen Inhalt der Schiedsvereinbarung dar.[213]

Haben die Parteien insoweit keine Regelung getroffen, kommen stattdessen die entsprechenden gesetzlichen Vorgaben zum Tragen. Freilich ist den Parteien zu empfehlen, statt einer „schlanken"[214] Schiedsvereinbarung von ihrer umfassenden Regelungsbefugnis Gebrauch zu machen und eigene Vorgaben zum schiedsrichterlichen Verfahren zu treffen.[215] Ihre Gestaltungsmacht wird einzig

---

ZPO lediglich auf den obligatorischen Inhalt der Schiedsvereinbarung beziehen oder auch auf deren fakultativen Teil Anwendung finden; für ersteres *C. Wolf/N. Eslami*, in: Vorwerk/Wolf, BeckOK ZPO, § 1031 ZPO Rdnr. 5; *W. Voit*, in: Musielak/Voit, ZPO, § 1031 ZPO Rdnr. 2; *J. Münch*, in: Rauscher/Krüger, MüKo ZPO, Bd. 3, § 1031 ZPO Rdnr. 13; für letzteres *J.-P. Lachmann*, Hdb. Schiedsgerichtspraxis, Rdnr. 343.

211 Vgl. *J. Münch*, in: Rauscher/Krüger, MüKo ZPO, Bd. 3, § 1029 ZPO Rdnr. 93; *K. Reichold*, in: Thomas/Putzo, ZPO, § 1029 ZPO Rdnr. 3; *C. Wolf/N. Eslami*, in: Vorwerk/Wolf, BeckOK ZPO, § 1029 ZPO Rdnr. 10.

212 S. *W. Voit*, in: Musielak/Voit, ZPO, § 1029 ZPO Rdnr. 16; a.A. bezüglich der „Tragweite der Schiedsvereinbarung" ist offensichtlich *R. Schütze*, Schiedsgericht, Rdnrn. 307 f., der die Frage, welche Ansprüche der Schiedsvereinbarung unterfallen sollen, lediglich als möglichen Inhalt der Schiedsvereinbarung bezeichnet.

213 Zum fakultativen Inhalt von Schiedsvereinbarungen s. *J. Münch*, in: Rauscher/Krüger, MüKo ZPO, Bd. 3, § 1029 ZPO Rdnrn. 99 ff.; *I. Saenger*, in: Saenger, Hk. ZPO, § 1029 ZPO Rdnr. 13.

214 S. *J.-P. Lachmann*, Hdb. Schiedsgerichtspraxis, Rdnr. 378.

215 Zustimmend *R. Schütze*, Schiedsgericht, Rdnr. 307.

beschränkt durch die zwingenden Vorschriften des Zehnten Buchs der Zivilprozessordnung, vergleiche § 1042 Abs. 3 ZPO.[216]

Dabei bestehen hinsichtlich des (notwendigen) Inhalts keinerlei Besonderheiten der verwaltungsrechtlichen gegenüber der zivilrechtlichen Schiedsvereinbarung: Auch die verwaltungsrechtliche Schiedsvereinbarung befasst sich inhaltlich mit dem Ausschluss der staatlichen Gerichtsbarkeit durch die Berufung eines Schiedsgerichts. Außerdem müssen die Parteien im Rahmen der Schiedsvereinbarung festschreiben, auf welches Rechtsverhältnis sie sich bezieht, und welche daraus resultierenden Streitigkeiten von Seiten des Schiedsgerichts entschieden werden sollen.[217]

VI. Wirksamkeitsvoraussetzungen

1. Schiedsfähigkeit

Um Wirksamkeit zu entfalten, muss die Schiedsvereinbarung bestimmten formalen wie inhaltlichen Anforderungen genügen, die im Folgenden näher betrachtet werden sollen.

Dazu gehört erstens die sogenannte Schiedsfähigkeit:[218] Sie liegt vor, wenn die Parteien in subjektiver Hinsicht einerseits über die Fähigkeit zum Abschluss von Schiedsvereinbarungen verfügen (subjektive Schiedsfähigkeit),[219] und die den Gegenstand der Schiedsvereinbarung bildende Streitigkeit andererseits der Entscheidung durch ein Schiedsgericht zugänglich ist (objektive Schiedsfähigkeit).[220] Nur wenn diese beiden Voraussetzungen kumulativ erfüllt sind, kann von den Parteien eine wirksame Schiedsvereinbarung getroffen werden.[221]

---

216 Dazu *I. Saenger*, in: Saenger, Hk. ZPO, § 1042 ZPO Rdnr. 14.

217 Nach *K. Möller*, Schiedsgerichtsbarkeit, S. 152 ff., sind im Falle der verwaltungsrechtlichen Schiedsvereinbarung erhöhte Anforderungen an die Bestimmtheit des ihren Gegenstand bildenden Rechtsverhältnisses zu stellen: Er begründet dies mit dem (teilw.) Verzicht auf die Rechtsweggarantie nach Art. 19 Abs. 4 GG, die mit dem Abschluss der Schiedsvereinbarung verbunden sei. Allerdings ist auch mit dem Abschluss einer zivilrechtlichen Schiedsvereinbarung ein Verzicht auf den aus dem Rechtsstaatsprinzip folgenden allg. Justizgewähranspruch verbunden. Wieso hierauf einfacher als auf Art. 19 Abs. 4 GG zu verzichten sein soll, gibt *K. Möller* nicht hinreichend zu erkennen.

218 Zutreffend *K. Möller*, Schiedsgerichtsbarkeit, S. 143.

219 Vgl. zur subjektiven Schiedsfähigkeit *R. Kreindler/J. Schäfer/R. Wolff*, Schiedsgerichtsbarkeit, Rdnr. 138.

220 Ausführlich zur objektiven Schiedsfähigkeit *J.-C. Schulze*, Schiedsfähigkeit, S. 14 ff.

221 Darauf weist *J.-P. Lachmann*, Hdb. Schiedsgerichtspraxis, Rdnr. 278, ausdrücklich hin.

a. *Subjektive Schiedsfähigkeit*

Die subjektive Schiedsfähigkeit betrifft die Anforderungen, die an die Vertrag schließenden Parteien zu stellen sind,[222] und setzt im Zivilrecht zweierlei voraus: Die Parteien der Schiedsvereinbarung müssen zunächst rechts- und geschäftsfähig sein,[223] und es dürfen zweitens keine gesetzlichen Ausschlusstatbestände für sie in persönlicher Hinsicht eingreifen.[224] War eine der Parteien nach dem Recht, das für sie persönlich maßgeblich ist, demgegenüber nicht zum Abschluss einer Schiedsvereinbarung befähigt, dann bildet dies einen Grund zur Aufhebung des Schiedsspruchs nach § 1059 Abs. 2 Nr. 1 lit. a ZPO.[225]

An der Rechts- und Geschäftsfähigkeit des fiskalisch, das heißt privatrechtlich handelnden Staates bestehen heute keine Zweifel mehr;[226] was zivilrechtliche Schiedsverfahren anbelangt, ist damit prinzipiell von der subjektiven Schiedsfähigkeit der öffentlichen Hand auszugehen. Das Gleiche gilt für das Verwaltungsrecht: Als Träger verwaltungsvertraglicher Rechte und Pflichten kommen grundsätzlich alle juristischen Personen des öffentlichen Rechts in Betracht; ihre Handlungsfähigkeit ist wiederum nach § 12 Abs. 1 Nr. 3 VwVfG zu beurteilen.[227] Diese Vorschrift ist als Entsprechung zur Geschäftsfähigkeit im Zivilrecht zu betrachten. Über subjektive Schiedsfähigkeit in der verwaltungsrechtlichen Schiedsgerichtsbarkeit verfügen demnach insbesondere der Bund, die Bundesländer sowie die Gemeinden.

---

222 Hinsichtlich der subjektiven Schiedsfähigkeit ist ausschließlich auf die Parteien der Schiedsvereinbarung abzustellen, die nicht zwangsläufig mit den Parteien des später initiierten Schiedsverfahrens identisch sein müssen, s. *C. Wolf/N. Eslami*, in: Vorwerk/Wolf, BeckOK ZPO, § 1029 ZPO Rdnr. 7.

223 So *J.-C. Schulze*, Schiedsfähigkeit, S. 15 f.; vgl. *R. Schütze*, Schiedsgericht, Rdnr. 189; ähnlich *J.-P. Lachmann*, Hdb. Schiedsgerichtspraxis, Rdnr. 286: „Die subjektive Schiedsfähigkeit entspricht weitestgehend der Geschäftsfähigkeit einer Partei"; anders *C. Wolf/N. Eslami*, in: Vorwerk/Wolf, BeckOK ZPO, § 1029 ZPO Rdnr. 7, die insoweit auf die Prozessfähigkeit abstellen.

224 Bspe. solcher Ausschlusstatbestände sind zu finden bei *J.-P. Lachmann*, Hdb. Schiedsgerichtspraxis, Rdnrn. 292 ff.

225 S. *I. Saenger*, in: Saenger, ZPO, § 1059 ZPO Rdnr. 7.

226 So *F. Kirchhof*, in: Maunz/Dürig, GG, Bd. 6, Art. 83 GG Rdnr. 103; vgl. auch *F. v. Zezschwitz*, NJW 1983, 1873.

227 Vgl. *V. Schlette*, Vertragspartner, S. 438 ff.

b. Objektive Schiedsfähigkeit

§ 1030 ZPO normiert die objektive Schiedsfähigkeit: Nach Absatz 1 Satz 1 kann jeder vermögensrechtliche Anspruch Gegenstand einer Schiedsvereinbarung sein; Schiedsvereinbarungen über nicht-vermögensrechtliche Ansprüche verfügen nach Absatz 1 Satz 2 demgegenüber nur insoweit über rechtliche Wirkung, als die Parteien berechtigt sind, über den Gegenstand des Streits einen Vergleich zu schließen. Der dritte Absatz der Vorschrift stellt weiterhin klar, dass gesetzliche Vorschriften außerhalb des Zehnten Buchs der Zivilprozessordnung, nach denen Streitigkeiten einem schiedsrichterlichen Verfahren nicht oder nur unter bestimmten Voraussetzungen unterworfen werden dürfen, von diesen Vorgaben unberührt bleiben.

Der Begriff des Anspruchs im Sinne von Absatz 1 ist dabei weit und im Sinne von „Streitgegenstand" zu verstehen; er umfasst nicht lediglich materielle Ansprüche, die der Legaldefinition des § 194 Abs. 1 BGB unterfallen, sondern gleichsam Streitigkeiten um andere subjektive Rechte.[228] Vermögensrechtlicher Art ist ein Anspruch dann, wenn er entweder auf einem vermögensrechtlichen Rechtsverhältnis beruht oder aber auf Geld oder andere geldwerte Sachen und Rechte gerichtet ist.[229]

Umstritten ist, welche Streitigkeiten in zulässiger Weise zum Gegenstand einer verwaltungsrechtlichen Schiedsvereinbarung gemacht werden können. In einer älteren Entscheidung hielt das Bundesverwaltungsgericht verwaltungsrechtliche Angelegenheiten insoweit für objektiv schiedsfähig, wie der Sachverhalt erstens durch Vergleich zwischen den Parteien geregelt werden könne, zweitens kein Hoheitsakt den Gegenstand der Schiedsvereinbarung bilde und drittens der Abschluss der Schiedsvereinbarung nicht gesetzlich ausgeschlossen sei.[230]

Nach *Weidemann* ist der „Entscheidungsbereich vertraglicher Schiedsgerichte des Verwaltungsrechts"[231] demgegenüber danach zu bestimmen, inwieweit das streitige Rechtsverhältnis das Gemeininteresse berührt. Sei dies – wie etwa bei subordinationsrechtlichen Streitigkeiten – der Fall, dann scheide eine schiedsrichterliche

228 S. *J. Münch*, in: Rauscher/Krüger, MüKo ZPO, Bd. 3, § 1030 ZPO Rdnr. 13.

229 S. *J.-P. Lachmann*, Hdb. Schiedsgerichtspraxis, Rdnr. 281, m.w.N.; *I. Saenger*, in: Saenger, Hk. ZPO, § 1030 ZPO Rdnr. 2; *C. Wolf/N. Eslami*, in: Vorwerk/Wolf, BeckOK ZPO, § 1030 ZPO Rdnr. 4; Bspe. für vermögensrechtliche Ansprüche finden sich bei *R. Schütze*, Schiedsgericht, Rdnr. 268.

230 BVerwG, Urteil vom 05.06.1959 – VII C 97/57[=NJW 1959, 1985 (1986)].

231 *H. Weidemann*, Schiedsgerichtsbarkeit, S. 119.

Erledigung der Streitigkeit von vornherein aus.[232] Auch Parteistreitigkeiten[233] fielen demnach nicht ohne Weiteres in den schiedsrichterlichen Entscheidungsbereich; allerdings tritt das Gemeininteresse nach *H. Weidemann* regelmäßig dann hinter private Interessen zurück, wenn rein vermögensrechtliche Angelegenheiten in Streit stehen.[234]

Weder der normungebundene Ansatz des Bundesverwaltungsgerichts noch *H. Weidemanns* am Gemeinwohl orientierte Bestimmung der objektiven Schiedsfähigkeit vermögen indes zu überzeugen: Zur Begründung lässt sich anführen, dass mit § 1030 ZPO eine Regelung zur Bestimmung der objektiven Schiedsfähigkeit existiert, die über § 173 S. 1 VwGO nicht etwa fakultativ, sondern obligatorisch[235] in das Verwaltungsprozessrecht inkorporiert wird.[236] Diese Vorschrift ist damit auch im Verwaltungsrecht als Ausgangspunkt für die Beurteilung der objektiven Schiedsfähigkeit von Streitigkeiten zu betrachten.

Abweichend von der in § 1030 Abs. 1 ZPO vorgegebenen Differenzierung zwischen vermögens- und nichtvermögensrechtlichen Ansprüchen plädiert *K. Möllers* allerdings dafür, die Vergleichsbefugnis nach § 1030 Abs. 1 S. 2 ZPO allgemein zum Maßstab der Schiedsfähigkeit im Verwaltungsrecht zu erheben;[237] andernfalls würden die Restriktionen umgangen, die für zahlreiche vermögensrechtliche

232 *H. Weidemann*, Schiedsgerichtsbarkeit, S. 119.

233 S. zum Begriff der Parteistreitigkeiten *E. Schmidt-Aßmann/W. Schenk*, in: Schoch/Schneider/Bier, VwGO, Bd. 1, Einleitung Rdnr. 173a; vgl. auch *R. Woltereck*, Erledigung, S. 100 ff., der als allg. Zulässigkeitsvoraussetzung der Schiedsgerichtsbarkeit in verwaltungsrechtlichen Angelegenheiten die Vergleichsfähigkeit des Gegenstands der Schiedsvereinbarung nach § 1025 Abs. 1 ZPO a.F. i.V.m. § 173 VwGO betrachtet, die Schiedsfähigkeit allerdings auf Parteistreitigkeiten beschränkt.

234 *H. Weidemann*, Schiedsgerichtsbarkeit, S. 119 f.

235 S. oben C.IV.1.a.bb., S. 33 ff.

236 So auch *K. Möller*, Schiedsgerichtsbarkeit, S. 27, 143 ff.; *C. Stumpf*, Streitbeilegung, S. 110, 116; vgl. zudem die Altkommentierung von *E. Eyermann/L. Fröhler*, VwGO (9. Aufl.), § 40 VwGO Rdnr. 140, wonach § 1025 ZPO a.F. gemäß § 173 VwGO entsprechend für die Zulässigkeit der Schiedsvereinbarung gelte; dort, wo es der Behörde freistehe, den öffentlich-rechtlichen Vertrag zu wählen, müsse auch eine Schiedsvereinbarung zulässig sein; in der aktuellen Kommentierung stellt *K. Rennert*, in: Eyermann/Fröhler, VwGO, § 40 VwGO Rdnr. 161, bezüglich der objektiven Schiedsfähigkeit verwaltungsrechtlicher Angelegenheiten demgegenüber darauf ab, ob die Beteiligten über den Streitgegenstand verfügen dürfen; so auch *C. Classen*, EuZW 2014, 611 (612).

237 *K. Möller*, Schiedsgerichtsbarkeit, S. 145, 151 f.

Streitigkeiten (vor allem im Steuer- und Kommunalabgabenrecht) aufgrund von Vertragsformverboten[238] für die Dispositionsbefugnis der Parteien bestünden.[239]

K. Möller ist darin zuzustimmen, dass gesetzlichen Einschränkungen der Befugnis zur vertraglichen Disposition in jedem Fall Rechnung zu tragen ist. Dies wird indes bereits durch § 54 S. 1 VwVfG gewährleistet, der bestimmt, dass ein Rechtsverhältnis auf dem Gebiet des öffentlichen Rechts durch Vertrag begründet, geändert oder aufgehoben werden kann, soweit Rechtsvorschriften nicht entgegenstehen. Als Zulassungskriterium der Schiedsgerichtsbarkeit im Verwaltungsrecht ist daher nicht auf die Vergleichsbefugnis, sondern allgemeiner auf die Vorgaben des § 54 S. 1 VwVfG zurückzugreifen. Diese Auffassung stimmt zudem mit der gesetzgeberischen Intention überein, es trotz Neuregelung der objektiven Schiedsfähigkeit im Zivilprozessrecht für das Öffentliche Recht bei dem Grundsatz zu belassen, „daß Schiedsgerichtsbarkeit insoweit möglich ist, als die Parteien über den Streitgegenstand einen öffentlich-rechtlichen Vertrag schließen können"[240].

2. Form

Seit der Reform des Schiedsverfahrensrechts durch das Gesetz zur Neuregelung des Schiedsverfahrensrechts vom 22.12.1997[241] wird hinsichtlich der notwendigen Form der zivilrechtlichen Schiedsvereinbarung danach unterschieden, ob am Abschluss ein Verbraucher beteiligt ist oder nicht.[242] Ist dies nicht der Fall, so genügt es grundsätzlich, wenn die Schiedsvereinbarung nach § 1031 Abs. 1 ZPO entweder in einem von den Parteien unterzeichneten Dokument oder in zwischen ihnen gewechselten Schreiben, Fernkopien, Telegrammen oder anderen Formen der Nachrichtenübermittlung, die einen Nachweis der Vereinbarung sicherstellen, enthalten ist.

Demgegenüber müssen Schiedsvereinbarungen, an denen ein Verbraucher beteiligt ist, prinzipiell in einer von beiden Parteien eigenhändig unterzeichneten

---

238 Bei Vertragsformverboten geht es um die Frage, ob vertragsförmiges Handeln in einem bestimmten Rechtsbereich überhaupt zulässig oder vielmehr verboten ist, s. dazu *H. Bonk/W. Neumann*, in: Stelkens/Bonk/Sachs, VwVfG, § 54 VwVfG Rdnrn. 102 ff.; Bspe. nennt *K. Möller*, Schiedsgerichtsbarkeit, S. 146 f.

239 *K. Möller*, Schiedsgerichtsbarkeit, S. 151 f.

240 So die Begründung des Entwurfs eines Gesetzes zur Neuregelung des Schiedsverfahrensrechts (Schiedsverfahrens-Neuregelungsgesetz – SchiedsVfG) vom 12.07.1996, BT-Drs. 13/5274, S. 35.

241 BGBl. I, S. 3224.

242 Zur alten Rechtslage *J.-P. Lachmann*, Hdb. Schiedsgerichtspraxis, Rdnr. 326.

Urkunde enthalten sein, § 1031 Abs. 5 S. 1 ZPO; nach § 1031 Abs. 5 S. 3 HS 1 ZPO darf diese keine anderen Vereinbarungen als solche enthalten, die sich auf das schiedsrichterliche Verfahren beziehen, es sei denn, es erfolgt eine notarielle Beurkundung der Schiedsvereinbarung, vergleiche § 1031 Abs. 5 S. 3 HS 2 ZPO.

Der Begriff des Verbrauchers richtet sich dabei nach § 13 BGB:[243] Verbraucher ist demnach jede natürliche Person, die ein Rechtsgeschäft zu Zwecken abschließt, die überwiegend weder ihrer gewerblichen noch ihrer selbstständigen beruflichen Tätigkeit zugerechnet werden können. Da ein Auftreten der öffentlichen Hand als natürliche Person denknotwendig ausgeschlossen ist, kann es sich bei ihr nie um eine Verbraucherin im Sinne des § 1031 Abs. 5 ZPO in Verbindung mit § 13 BGB handeln. Für die Frage, ob eine Schiedsvereinbarung, an deren Abschluss sie als Partei beteiligt ist, der strengen Form nach § 1031 Abs. 5 ZPO genügen muss, kommt es damit immer auf die Verbrauchereigenschaft ihres Vertragspartners an.

Erfüllt eine Schiedsvereinbarung nicht die oben erläuterten Formerfordernisse, dann wird der Mangel der Form gemäß § 1031 Abs. 6 ZPO durch die Einlassung auf die schiedsgerichtliche Verhandlung zur Hauptsache geheilt.[244]

Umstritten ist, welcher Form verwaltungsrechtliche Schiedsvereinbarungen zu genügen haben: Einerseits ist denkbar, dass die zivilprozessualen Formerfordernisse nach § 1031 ZPO kraft der Verweisungsvorschrift des § 173 S. 1 VwGO ebenfalls auf verwaltungsrechtliche Schiedsvereinbarungen Anwendung finden. Andererseits könnte insoweit jedoch auch auf § 57 VwVfG abzustellen sein, der Schriftform anordnet.[245]

Letzteres befürwortet *C. Stumpf*, der die in § 57 VwVfG vorgesehene Schriftform als Grundform der Schiedsvereinbarung im Verwaltungsrecht betrachtet; einen Rückgriff auf § 1031 ZPO will er demgegenüber nur insoweit erlauben, wie dies – so im Falle des § 1031 Abs. 5 ZPO – zu einer Verschärfung der Form führe.[246]

K. Möller lehnt diese Auffassung ausdrücklich ab und will zu einer Anwendbarkeit des § 1031 ZPO auch im Verwaltungsrecht gelangen: Der Gesetzgeber habe eine einheitliche Regelung der Formvorschrift für sämtliche Schiedsvereinbarungen schaffen wollen, unabhängig von ihrer Zuordnung zu öffentlich-rechtlichen

---

243 S. *J.-P. Lachmann*, Hdb. Schiedsgerichtspraxis, Rdnr. 327.

244 Ausführlich zur Heilung nach § 1031 Abs. 6 ZPO *J. Münch*, in: Rauscher/Krüger, MüKo ZPO, Bd. 3; § 1031 ZPO Rdnrn. 62 ff.

245 Zum Schriftformerfordernis nach § 57 VwVfG s. *U. Ramsauer/C. Tegethoff*, in: Kopp/Ramsauer, VwVfG, § 57 VwVfG Rdnrn. 1 ff.; *H. Schlemminger*, NVwZ 2009, 223 ff.

246 *C. Stumpf*, Streitbeilegung, S. 120 f.

oder privatrechtlichen Streitigkeiten.[247] Zudem könne der Schutzzweck des § 57 VwVfG, der in dessen Warn- und Nachweisfunktion bestehe, ebenfalls durch § 1031 ZPO erfüllt werden.[248] Schließlich bringt *K. Möller* argumentativ die Subsidiarität des Verwaltungsverfahrensgesetzes in Stellung, die einer Anwendung des § 57 VwVfG entgegenstehe.[249]

In der Tat handelt es sich bei § 57 VwVfG um eine Auffangvorschrift, die gemäß ihrem zweiten Halbsatz nur insoweit eingreift, als nicht durch sonstige Rechtsvorschrift eine andere Form vorgeschrieben ist. Auch § 1 Abs. 1 VwVfG betont, dass das Verwaltungsverfahrensgesetz nur dann für die öffentlich-rechtliche Verwaltungstätigkeit der genannten Behörden gilt, soweit nicht Rechtsvorschriften des Bundes inhaltsgleiche oder entgegenstehende Bestimmungen enthalten.

Zwar wird das verwaltungsrechtliche Schiedsverfahren nur ganz rudimentär in der Verwaltungsgerichtsordnung selbst geregelt, allerdings werden die schiedsverfahrensrechtlichen Vorgaben des Zehnten Buchs der Zivilprozessordnung über die Verweisung des § 173 S. 1 VwGO in das Verwaltungsprozessrecht inkorporiert.[250] Folglich existiert mit § 1031 ZPO auch eine Vorschrift, die Vorgaben für die Form der verwaltungsrechtlichen Schiedsvereinbarung trifft und damit den subsidiären § 57 VwVfG verdrängt.

Es könnte allenfalls darüber nachgedacht werden, ob § 1031 ZPO modifiziert im Verwaltungsrecht anzuwenden ist. Da diese Vorschrift jedoch – *K. Möller* weist zutreffend darauf hin –[251] in gleicher Weise wie § 57 VwVfG geeignet ist, eine Warn- und Nachweisfunktion zu erfüllen, erscheint dies nicht notwendig.

VII. Rechtsfolgen

Im Zivilprozess begründet die Schiedsvereinbarung ausweislich § 1032 Abs. 1 ZPO eine prozesshindernde Einrede, die vom staatlichen Gericht zu berücksichtigen ist, sofern der Beklagte sie vor Beginn der mündlichen Verhandlung erhebt, es sei denn, das Gericht stellt fest, dass die Schiedsvereinbarung nichtig, unwirksam oder undurchführbar ist.[252]

Für den Verwaltungsprozess ist hingegen umstritten, ob das staatliche Gericht aufgrund des hier gemäß § 86 Abs. 1 S. 1 HS 1 VwGO geltenden

---

247 *K. Möller*, Schiedsgerichtsbarkeit, S. 166.

248 S. *K. Möller*, Schiedsgerichtsbarkeit, S. 166 f.

249 *K. Möller*, Schiedsgerichtsbarkeit, S. 165 f.

250 Vgl. oben C.IV.1.a.bb., S. 33 ff.

251 *K. Möller*, Schiedsgerichtsbarkeit, S. 166 f.

252 S. dazu *C. Wolf/N. Eslami*, in: Vorwerk/Wolf, BeckOK ZPO, § 1032 ZPO Rdnr. 1.

Amtsermittlungsgrundsatzes eine Schiedsvereinbarung von Amts wegen zu berücksichtigen hat.[253]

Dafür plädiert *C. Stumpf*, der darauf hinweist, dass nach § 173 S. 1 VwGO zivilprozessrechtliche Vorgaben nur insoweit auf den Verwaltungsprozess übertragbar seien, wie die Verwaltungsgerichtsordnung keine eigenen Regelungen enthalte und grundlegende Unterschiede zwischen beiden Verfahrensarten dem nicht entgegenstünden.[254] Zwar fänden sich in der Verwaltungsgerichtsordnung keine eigenen Vorgaben zur Einrede der Schiedsvereinbarung; allerdings seien dort Vorschriften über verwaltungsprozessuale Ermittlungsgrundsätze normiert.[255] Aus dem Amtsermittlungsgrundsatz folge wiederum, dass die Schiedsvereinbarung als Prozesshindernis von Amts wegen zu berücksichtigen sei.[256]

Nach anderer Ansicht existieren keine solchen Unterschiede zwischen Verwaltungs- und Zivilprozess, dass die Anwendbarkeit des § 1032 Abs. 1 ZPO im Verwaltungsprozess abzulehnen ist; so wie es den Parteien freistehe, für bestimmte Streitfälle die Zuständigkeit eines Schiedsgerichts zu vereinbaren, könnten sie sich im Einzelfall auch auf ein Verfahren vor den staatlichen Gerichten einigen.[257]

Der zweiten Ansicht gebührt der Vorzug, denn dem Wesen der Schiedsgerichtsbarkeit ist die Dispositionsfreiheit der Parteien immanent. Von ihr machten die Parteien Gebrauch, als sie sich ursprünglich für die alternative Streitlösung und gegen die Entscheidungszuständigkeit der staatlichen Gerichtsbarkeit entschieden. Genauso gut hätten sich die Parteien auch gänzlich gegen jedwede streitförmig organisierte Austragung ihres Konflikts entscheiden können.[258] Denn eine Pflicht der Parteien, ihre Streitigkeit durch einen Dritten – egal ob es sich bei diesem um ein staatliches Gericht, ein Schiedsgericht oder eine anderweitige zur Streitentscheidung berufene Instanz handelt – entscheiden zu lassen, existiert zu keinem Zeitpunkt.[259] Sie können sich stattdessen stets dazu entschließen, ihren Konflikt einvernehmlich-bilateral beizulegen.

---

253 Allg. zum Amtsermittlungsgrundsatz *M. Dawin*, in: Schoch/Schneider/Bier, VwGO, Bd. 2, § 86 VwGO Rdnrn. 8 ff.

254 *C. Stumpf*, Streitbeilegung, S. 136.

255 S. *C. Stumpf*, Streitbeilegung, S. 136; ähnlich *R. Woltereck*, Erledigung, S. 134 f.

256 *C. Stumpf*, Streitbeilegung, S. 136.

257 So BVerwG, Urteil vom 20.02.1992 – 5 C 22/88[=NVwZ 1993, 584 (585)]; ähnlich *K. Möller*, Schiedsgerichtsbarkeit, S. 168.

258 Vgl. *R. Woltereck*, Erledigung, S. 87: „Der Rechtsweg wird durch die VwGO eröffnet, aber nicht den Parteien aufgezwungen.“.

259 S. insoweit auch unten F.I.2.a., S. 94 f.

Aufgrund dieser Möglichkeit zur Disposition über das Ob und Wie der Konfliktbewältigung muss es den Parteien jedoch offen stehen, ihre ursprüngliche Entscheidung zugunsten der Schiedsgerichtsbarkeit auch nachträglich noch zu revidieren und zur staatlichen Gerichtsbarkeit zurückzukehren.[260] Indem sich der Kläger an das staatliche Gericht wendet, und der Beklagte sich hiergegen nicht vermittels der Einrede nach § 1032 Abs. 1 ZPO wehrt, findet eine entsprechende (konkludente) Einigung der Parteien statt.[261]

Richtigerweise wird man also zu dem Ergebnis gelangen müssen, dass auch im Verwaltungsprozess das Vorliegen einer Schiedsvereinbarung von Seiten des Verwaltungsgerichts nur auf eine entsprechende Einrede hin zu berücksichtigen ist.

VIII. Zusammenfassung

Die Schiedsvereinbarung bildet die vertragsrechtliche Grundlage der Schiedsgerichtsbarkeit. Ihr obligatorischer Inhalt ist darauf gerichtet, zu einem Ausschluss der staatlichen Gerichtsbarkeit durch die Berufung eines Schiedsgerichts zu gelangen. In der Hauptsache ist sie als materiell-rechtlicher Vertrag zu betrachten, der auf Initiative der Parteien gewisse Nebenwirkungen auf prozessualer Ebene entfalten kann. Neben den prozessrechtlichen finden damit auch die materiellrechtlichen Vorschriften unmittelbare Anwendung auf die Schiedsvereinbarung.

Ihre Rechtsgebietszugehörigkeit ist nach dem schwerpunktmäßigen „Gepräge" des Hauptvertrags zu bemessen. Diese Einordnung ist vor allem für das anwendbare Schiedsverfahrensrecht sowie die gerichtliche Zuständigkeit von Bedeutung. Im Ergebnis wird sie jedoch dadurch eingeebnet, dass sich auch das Verwaltungsschiedsverfahren weitgehend nach zivilprozessrechtlichen Vorgaben richtet. So gilt sowohl für die verwaltungsrechtliche als auch die zivilrechtliche Schiedsvereinbarung einheitlich die Formvorschrift des § 1031 ZPO.

Die Wirksamkeit der Schiedsvereinbarung ist maßgeblich dadurch bedingt, dass die den Gegenstand der Schiedsvereinbarung bildende Streitigkeit der Entscheidung durch ein Schiedsgericht zugänglich ist, sogenannte objektive Schiedsfähigkeit. Ausweislich § 1030 Abs. 1 S. 1 ZPO kann jeder vermögensrechtliche Anspruch Gegenstand einer Schiedsvereinbarung sein; Schiedsvereinbarungen über nicht-vermögensrechtliche Ansprüche verfügen nach Absatz 1 Satz 2 demgegenüber nur insoweit über rechtliche Wirkung, als die Parteien berechtigt sind, über den Gegenstand des Streits einen Vergleich zu schließen.

---

260 Vgl. BGH, Beschluss vom 07.07.2016 – I ZB 45/15[=SchiedsVZ 2017, 107 (108 Rdziff. 14)].

261 Vgl. *W. Voit*, in: Musielak/Voit, ZPO, § 1032 ZPO Rdnr. 7.

Im Verwaltungsrecht hängt die objektive Schiedsfähigkeit davon ab, ob es den Parteien gemäß § 54 S. 1 VwVfG erlaubt ist, das betreffende Rechtsverhältnis vertraglich zu gestalten.

Im Zivilprozess bildet die wirksame Schiedsvereinbarung eine prozesshindernde Einrede, die von Seiten des staatlichen Gerichts nur dann zu berücksichtigen ist, sofern sie vom Beklagten erhoben wird; das Gleiche gilt im Verwaltungsprozess.

D. ÖPP und Schiedsgerichtsbarkeit

Gemessen an der Bedeutung, die das Schiedsverfahren in den vergangenen 60 Jahren im Privatrechtsverkehr entfalten konnte, kann zweifelsohne gesagt werden, dass es für die öffentliche Hand bislang nur eine untergeordnete Rolle gespielt hat. Eine Entwicklung in der Verwaltungspraxis der letzten Jahre hat jedoch dazu geführt, dass sich dieser Befund möglicherweise zwischenzeitlich geändert hat: Glaubt man Stimmen in der Literatur, dann hat die zunehmende Kooperation von öffentlicher Hand und Privaten in Gestalt von ÖPP gleichsam dazu geführt, dass es zum vermehrten Abschluss von Schiedsvereinbarungen gekommen ist, an denen der Staat als Partei beteiligt ist.[262]

I. ÖPP als Beschaffungsansatz

Bei der ÖPP handelt es sich um ein Phänomen, das in Deutschland seit Ende der achtziger Jahre unter dieser Bezeichnung diskutiert wird.[263] Rechtstypologisch lässt sich die ÖPP dabei als eine Maßnahme der Privatisierung betrachten,[264] bei der es im Kern um verschiedene Formen der Zusammenarbeit zwischen öffentlicher Hand und Privaten zum Zwecke der öffentlichen Aufgabenerfüllung und Beschaffung geht.[265]

Eine Beschaffung via ÖPP kommt dabei in einer Vielzahl von Verwaltungsbereichen auf allen Ebenen der Staatlichkeit (Bund, Länder, Kommunen) in Betracht; ihr Anwendungsbereich ist prinzipiell immer dann eröffnet, wenn die

---

262 Vgl. oben Fnn. 10 f.

263 Vgl. *J. Kühling/T. Schreiner*, ZJS 2011, 112; zur rechtshistorischen Entwicklung der ÖPP in Deutschland *C. Brechtel*, Gesellschaftsmodell, S. 40 ff.

264 Vgl. *M. Burgi*, Privatisierung, S. 98 f.; zum Verhältnis von ÖPP und Privatisierungsbegriff s. auch *M. Burgi*, Gutachten DJT, D 3 (33 ff.); *J. Kühling/T. Schreiner*, ZJS 2011, 112 (113).

265 Vgl. *U. Battis/J. Kersten*, LKV 2006, 442 (443); *J. Kühling/T. Schreiner*, ZJS 2011, 112 (113); *J. Kupjetz/P. Eftekharzadeh*, NZBau 2013, 142; *R. Stober*, NJW 2008, 2301 (2307).

öffentliche Hand zur Erfüllung ihrer Aufgaben auf Anlagen, Einrichtungen oder sonstige Infrastrukturen sowie Arbeits- und Hilfsmittel angewiesen ist.[266]

Welche weiteren Merkmale eine Kooperation aufweisen muss, um als ÖPP gelten zu können, wird von Seiten des Schrifttums im Übrigen nicht einheitlich beantwortet;[267] auch an einer einheitlichen Kodifikation fehlt es insoweit.[268]

Betrachtet man die verschiedenen hierzu vertretenen Definitionsansätze,[269] dann lassen sich allerdings bestimmte Elemente identifizieren, die ganz überwiegend dieser Beschaffungsvariante zugeschrieben werden: Im Anschluss hieran stellt sich die ÖPP als eine langfristig angelegte und vertragsförmig verfestigte Form der Zusammenarbeit dar, die im Wesentlichen davon geprägt ist, dass es zu einer Teilung von Verantwortlichkeit und Risiken zwischen den Beteiligten kommt. Die Risikoverteilung vollzieht sich dabei entsprechend der

---

266 Mögliche Anwendungsgebiete benennen *H. Alfen/H. Fischer*, in: Weber/Schäfer/Hausmann, Praxishdb. PPP, S. 2, Abb. 1; *M. Findeisen/R. Backhaus*, NWVBl. 2007, 93 (94); *C. Schede/M. Pohlmann*, in: Weber/Schäfer/Hausmann, Praxishdb. PPP, S. 103; vgl. auch das Grünbuch zu öffentlich-privaten Partnerschaften und den gemeinschaftlichen Rechtsvorschriften für öffentliche Aufträge und Konzessionen vom 30.04.2004, vorgelegt von der Kommission der EG, KOM(2004) 327 endg., S. 3 f.

267 Kritik daran, was alles unter den Begriff der ÖPP subsumiert wird, äußert *A. Iding*, IR 2012, 320.

268 Die gesetzgeberischen Initiativen beschränkten sich vielmehr auf eine Anpassung bestehender Vorschriften, um zu einer Verbesserung der Rahmenbedingungen dieses Beschaffungsansatzes zu gelangen, vgl. hierzu *J. Kühling/T. Schreiner*, ZJS 2011, 112 (115); ausführlich zum sog. „ÖPP-Beschleunigungsgesetz" *M. Uechtritz/O. Otting*, NVwZ 2005, 1105 ff.; zu Aspekten einer Normierung von ÖPP s. *C. Häfner*, LKV 2005, 340 ff.; für ein (allg.) ÖPP-Gesetz (auf Bundes- und auf Landesebene) *M. Burgi*, Gutachten DJT, D 3 (109 ff.); ebenso *C. Kunkel/A. Weigelt*, NJW 2007, 2433 (2438); *J. Ziekow/A. Windoffer*, NZBau 2005, 665 (671); *R. Stober*, NJW 2008, 2301 (2308), hält eine Kodifikation angesichts der Heterogenität der Rechtsverhältnisse und des bisherigen rechtswissenschaftlichen Erkenntnisstands demgegenüber für verfrüht.

269 Definitionsansätze sind u.a. zu finden bei *H. Alfen/H. Fischer*, in: Weber/Schäfer/Hausmann, Praxishdb. PPP, S. 3 f.; *C. Brechtel*, Gesellschaftsmodell, S. 17 f.; *M. Findeisen/R. Backhaus*, NWVBl. 2007, 93; *T. Haubner*, EuZW 2013, 816; *A. Iding*, IR 2012, 320; *J. Kühling/T. Schreiner*, ZJS 2011, 112 (113); *C. Schede/M. Pohlmann*, in: Weber/Schäfer/Hausmann, Praxishdb. PPP, S. 102; *M. Uechtritz/O. Otting*, NVwZ 2005, 1105; vgl. auch das Grünbuch zu öffentlich-privaten Partnerschaften und den gemeinschaftlichen Rechtsvorschriften für öffentliche Aufträge und Konzessionen vom 30.04.2004, vorgelegt von der Kommission der EG, KOM(2004) 327 endg., S. 3; *T. Nickel/H. Kopf*, ZfBR 2004, 9 (10), halten eine abstrakte Definition des Begriffs der ÖPP für überflüssig; ähnlich *J. Ziekow/A. Windoffer*, NZBau 2005, 665 (666 f.).

Risikomanagementkompetenz der Partner; das heißt, dass ein bestimmtes Risiko von demjenigen getragen wird, der es am besten bewältigen kann.[270] Charakteristisch ist zudem, dass die zur Vorhabenrealisierung erforderlichen Ressourcen (Betriebs- und Finanzmittel, Personal, Sachverstand etc.) von beiden Partnern in einen gemeinsamen Organisationszusammenhang[271] eingestellt werden.

Was die Kostenstruktur von ÖPP anbelangt, erfolgt deren Kalkulation regelmäßig anhand einer sogenannten Lebenszyklusbetrachtung.[272] Dabei werden die Planungs-, Bau- und Finanzierungskosten nicht isoliert betrachtet, sondern in Verhältnis zu den während der gesamten Projektlaufzeit entstehenden Betriebskosten gesetzt. Höhere Baukosten können dann als gerechtfertigt gelten, wenn sich über die Jahre hinweg damit Betriebskosten einsparen lassen.[273] Ziel der Lebenszyklusbetrachtung ist es, zu einem optimalen Ausgleich der verschiedenen Kostenpositionen zu gelangen.[274] Darin ist zugleich ein Motiv für die Wahl der ÖPP zu erblicken: Die Einbindung privater Partner in die Aufgabenerfüllung soll der öffentlichen Hand nicht nur die Nutzung deren Kapitals und Sachverstands ermöglichen,[275] sondern zugleich zu Effizienz- und Kostenvorteilen führen.[276]

---

270 Umfassend zum Risikomanagement i.R.v. ÖPP *M. Weber/O. Moß/A. Parzych*, in: Weber/Schäfer/Hausmann, Praxishdb. PPP, S. 529 ff.; s. auch *M. Findeisen/R. Backhaus*, NWVBl. 2007, 93 (94 f.); zur Risikoverteilung im Verkehrsinfrastrukturbereich *J. Kupjetz/P. Eftekharzadeh*, NZBau 2013, 142 (145).

271 Als ein solcher gemeinsamer Organisationszusammenhang kommen dabei die Projektverträge einerseits, aber auch eine gemischtwirtschaftliche Projektgesellschaft andererseits in Betracht, vgl. *C. Brechtel*, Gesellschaftsmodell, S. 19 f.

272 Zum Lebenszyklusansatz s. *Beratergruppe*, PPP Hochbau, S. 5; *C. Brechtel*, Gesellschaftsmodell, S. 18.

273 Es gilt zu berücksichtigen, dass bei Hochbauten das Gros der gesamten Lebenszykluskosten die Betriebs- und Unterhaltungskosten betrifft; auf die ursprünglichen Investitionskosten entfallen hingegen nur ca. 20–30 % der Kosten, s. *T. Nickel/H. Kopf*, ZfBR 2004, 9 (13).

274 Zutreffend *C. Brechtel*, Gesellschaftsmodell, S. 18.

275 Vgl. *J. Kühling/T. Schreiner*, ZJS 2011, 112; s. auch das Grünbuch zu öffentlich-privaten Partnerschaften und den gemeinschaftlichen Rechtsvorschriften für öffentliche Aufträge und Konzessionen vom 30.04.2004, vorgelegt von der Kommission der EG, KOM(2004) 327 endg., S. 3.

276 S. *C. Diederichs*, NZBau 2009, 547 (548); *J. Kupjetz/P. Eftekharzadeh*, NZBau 2013, 142 (145); *C. Brechtel*, Gesellschaftsmodell, S. 17; *J. Kühling/T. Schreiner*, ZJS 2011, 112; vgl. auch das Grünbuch zu öffentlich-privaten Partnerschaften und den gemeinschaftlichen Rechtsvorschriften für öffentliche Aufträge und Konzessionen vom 30.04.2004, vorgelegt von der Kommission der EG, KOM(2004) 327 endg., S. 4.

Ausgehend von bestimmten vertraglichen Gestaltungen, die in der Praxis immer wieder vorgekommen sind, wurden im rechtswissenschaftlichen Schrifttum außerdem verschiedene Modelle entwickelt, deren Zweck in der Kategorisierung und Handhabbarmachung[277] der verschiedenen Erscheinungsformen der ÖPP liegt.[278] Vertragsrechtlich stellen sich diese Ausarbeitungen überwiegend als Kombination unterschiedlicher Vertragstypen dar, die dem Privatrecht zuzuordnen sind.[279] Hierbei handelt es sich jedoch um „theoretische Reinformen"[280], die so in der Praxis regelmäßig nicht auftauchen werden, und dort allenfalls als Ausgangspunkt für die weitere Vertragsgestaltung dienen können.[281] Vor diesem Hintergrund ist davon auszugehen, dass im Ergebnis kein Projektvertrag dem anderen gleicht.[282]

II. Bedeutungszuwachs der Schiedsgerichtsbarkeit durch ÖPP?

Im Folgenden soll überprüft werden, ob sich verobjektivierbare Anhaltspunkte für die im Schrifttum aufgestellte Behauptung finden lassen, die Zunahme von ÖPP habe ebenfalls zu einem Bedeutungszuwachs der Schiedsgerichtsbarkeit im Verhältnis zur öffentlichen Hand geführt.

1. Analyse von Projektverträgen

Zu diesem Zwecke sollen zunächst die Vertragsunterlagen von 21 zum Teil kleineren ÖPP-Vorhaben auf das Vorliegen einer Schiedsvereinbarung hin untersucht werden, die von Seiten der ÖPP Deutschland AG[283] auf einer von ihr

277 Vgl. *C. Häfner*, LKV 2005, 340 (341).

278 Ausführlich zu den vertragsrechtlichen Grundlagen der ÖPP *C. Schede/M. Pohlmann*, in: Weber/Schäfer/Hausmann, Praxishdb. PPP, S. 102 ff.; s. auch *H. Horn/A. Peters*, BB 2005, 2421 ff.; *M. Findeisen/R. Backhaus*, NWVBl. 2007, 93 (95 f.); *T. Nickel/H. Kopf*, ZfBR 2004, 9 (10 f.); zu den Modellvarianten im Bereich der Verkehrsinfrastruktur *J. Kupjetz/P. Eftekharzadeh*, NZBau 2013, 142 (143 f.); ausführlich zum Gesellschaftsmodell *C. Brechtel*, Gesellschaftsmodell.

279 Vgl. *J. Becker*, ZRP 2002, 303 (306 f.); *M. Findeisen/R. Backhaus*, NWVBl. 2007, 93; *J. Kühling/T. Schreiner*, ZJS 2011, 112 (113 f., 121); *C. Kunkel/A. Weigelt*, NJW 2007, 2433 (2436); *C. Schede/M. Pohlmann*, in: Weber/Schäfer/Hausmann, Praxishdb. PPP, S. 146.

280 *C. Brechtel*, Gesellschaftsmodell, S. 20.

281 S. *C. Häfner*, LKV 2005, 340 (341); *H. Horn/A. Peters*, BB 2005, 2421 f.

282 So *J. Wolff*, NVwZ 2012, 205 (206).

283 Die ÖPP Deutschland AG war Gegenstand einer Kleinen Anfrage der Bundestagsfraktion Bündnis90/Die Grünen u.a. vom 04.03.2015, BT-Drs. 18/4231; aufschlussreich

initiierten sogenannten Transparenzplattform im Internet[284] zur Einsichtnahme bereitgestellt werden.

Bei der ÖPP Deutschland AG handelt es sich um eine mehrheitlich im Eigentum der öffentlichen Hand (Bund, Länder und Kommunen) stehende, 2008 gegründete Gesellschaft, die sich ausweislich § 2 Abs. 1 der zwischen dem Bund und der ÖPP Deutschland AG geschlossenen „Rahmenvereinbarung über die Erbringung von Beratungsleistungen für ÖPP-Projekte" von 2012[285] der ÖPP-Grundlagenarbeit widmet und öffentlichen Auftraggebern Beratungsleistungen zu deren Vorhaben anbietet.[286]

Um die „Kommunikation zu ÖPP-Projekten an[zu]regen"[287], können die Vertragsunterlagen der nachstehend im Einzelnen aufgeführten Vorhaben im Internet eingesehen werden:

- Aggertal-Gymnasium Engelskirchen
- Amt für Bodenmanagement Büdingen
- Amt für Bodenmanagement Limburg
- Behördenzentrum Heppenheim
- Berufskolleg Jülich
- Conrad-von-Ense-Schule in Ense-Bremen
- Dach- & Fassadensanierung Schulzentrum Oberpleis
- Entlastungsstraße Harsewinkel-Marienfeld
- Erich-Kästner-Schule Düren
- Fachoberschule/Berufsoberschule Weiden
- Feuer- und Rettungswache Dinslaken
- Feuerwehrgerätehaus Bockeroth
- Feuerwehrhauptwache Celle
- Feuerwehrgerätehaus Oberdollendorf

---

bezüglich der bislang von der ÖPP Deutschland AG erbrachten Beratungsleistungen ist die Antwort der Bundesregierung vom 23.03.2015, BT-Drs. 18/4391, hierauf.

284 S. die Internetquelle „Transparenzplattform".

285 Die zwischen dem Bund und der ÖPP Deutschland AG geschlossene Rahmenvereinbarung über die Erbringung von Beratungsleistungen für ÖPP-Projekte von 2012 kann ebenfalls im Internet eingesehen werden: S. die Internetquelle „Rahmenvereinbarung".

286 Dabei wurde die ÖPP Deutschland AG selbst als ÖPP realisiert, an der über die ÖPP Deutschland Beteiligungsgesellschaft mbH eine Vielzahl privater Unternehmen und Verbände beteiligt ist; vgl. zur Gesellschafterstruktur dieser Gesellschaft die Antwort der Bundesregierung auf die Kleine Anfrage der Bundestagsfraktion Bündnis90/Die Grünen u.a. vom 23.03.2015, BT-Drs. 18/4391, S. 2 ff.

287 S. die Internetquelle „Transparenzplattform".

- Grund- und Gemeinschaftsschule Halstenbek
- Kreishaus Unna
- Kunstrasenplatz Oberpleis
- Rathaus Dietzenbach
- Sporthalle Halstenbek
- Stephanusschule Selgersdorf
- Wolfgang-Borchert-Gymnasium Halstenbek

Bei einer eingehenden Analyse dieser Projekte konnten dabei die folgenden Feststellungen getroffen werden:

a. Aggertal-Gymnasium Engelskirchen[288]

Diese ÖPP betrifft gemäß § 1 Abs. 1 des Bauerrichtungs- und Finanzierungsvertrags vom 18.12.2013 die Sanierung, den Abriss sowie den Teilneubau des Aggertal-Gymnasiums in Engelskirchen inklusive Bauzwischenfinanzierung der vorgenommenen Maßnahmen. Daneben treten gemäß § 1 Abs. 1 des Servicevertrags vom 18.12.2013 für die Dauer von 30 Jahren bestimmte, in Anlage 3 zu diesem Vertrag bezeichnete Gebäudemanagementleistungen.

Sowohl im Bauerrichtungs- und Finanzierungsvertrag als auch im Servicevertrag sind Vorgaben für den Streitfall enthalten: So schreibt § 12 Abs. 2 in Verbindung mit Abs. 3 des Bauerrichtungs- und Finanzierungsvertrags vor, dass alle im Zusammenhang mit diesem Vertrag stehenden Streitigkeiten, die von den Parteien nicht gütlich beigelegt werden können, bis zur Abnahme unter Ausschluss des ordentlichen Rechtswegs durch ein Adjudikationsverfahren[289] gemäß der Adjudikationsordnung für Baustreitigkeiten des Deutschen Baugerichtstages e.V. (AO-Bau/DBGT) zu entscheiden sind.[290]

§ 15 Abs. 1 in Verbindung mit Abs. 3 des Servicevertrags verpflichtet die Parteien wiederum dazu, bei Meinungsverschiedenheiten (insbesondere über die Erforderlichkeit von Bau- und Gebäudemanagementmaßnahmen sowie über die Entgelte und Regelungen über die Beendigung dieses Projektvertrags) zunächst den Versuch einer gütlichen Einigung zu unternehmen. Hierbei sollen sie durch

288 Die Projektverträge zu dieser ÖPP können im Internet eingesehen werden: S. die Internetquelle „Aggertal“.

289 Vgl. zum Adjudikationsverfahren oben A.II.2., S. 16 f.

290 Gemeint ist wohl der Diskussionsvorschlag des Arbeitskreises VII/2 des Deutschen Baugerichtstages e.V. für eine Adjudikations-Ordnung für Baustreitigkeiten auf vertraglicher Grundlage mit Stand vom 14.01.2010, der im Internet eingesehen werden kann: S. die Internetquelle „AO-Bau“.

zwei Vertragsbeauftragte unterstützt werden, die von ihnen gemäß § 15 Abs. 2 UAbs. 1 S. 1 des Servicevertrags zu benennen sind. Erst wenn auch die Vertragsbeauftragten nicht in der Lage sind, Einvernehmen herzustellen, soll jede Partei laut § 15 Abs. 3 des Projektvertrags berechtigt sein, ein Adjudikationsverfahren gemäß § 16 des Servicevertrags einzuleiten.

Im Anschluss an § 16 Abs. 1 des Servicevertrags können die Parteien ein Adjudikationsverfahren gemäß der AO-Bau/DBGT einleiten, sofern zwischen ihnen Dissens über Mehr- oder Minderkosten bei Leistungsänderungen oder die Art der Durchführung dieses Vertrags besteht.

Dabei soll nach § 16 Abs. 2 des Servicevertrags der ordentliche Rechtsweg nicht [sic!] ausgeschlossen sein; dies gilt nach § 16 Abs. 3 des Servicevertrags jedoch nicht für Streitigkeiten mit einem Streitwert über einem bestimmten Betrag[291] inklusive Umsatzsteuer. Es ist demnach davon auszugehen, dass die Parteien unterhalb dieses Betrags frei sind, sich entweder für die Durchführung eines Adjudikations- oder ordentlichen Gerichtsverfahrens beziehungsweise für beides zu entscheiden.

b. Amt für Bodenmanagement Büdingen[292]

Der dieser ÖPP zugrunde liegende Projektvertrag kam am 03.12.2007 zwischen dem Land Hessen und der Objekt Bodenmanagement Büdingen GmbH & Co. KG zustande. Nach § 1 Abs. 1 des Projektvertrags verpflichtet sich die Auftragnehmerin, ein Verwaltungsgebäude nebst zugehörigen Stellplätzen und Außenanlage zu planen, schlüssel- und bezugsfertig zu errichten, die Finanzierung hierfür zu übernehmen, dem Mieter gegen Zahlung eines Mietzinses die bezugsfertige Mietfläche nebst Stellplätzen und Außenanlage zu übergeben und für einen Mietzeitraum von 30 Jahren spätesten zum 01.03.2009 zu überlassen sowie für die Mietflächen Betreiber- und Betriebsleistungen zu erbringen.

In §§ 38 f. des Projektvertrags finden sich Vorgaben für den Streitfall: Sollten sich die Parteien über streitige Fragen nicht einigen können, so sind diese gemäß § 38 Abs. 1 des Projektvertrags im Wege des schiedsgutachterlichen Verfahrens[293] von einem geeigneten technischen oder juristischen Sachverständigen vorläufig verbindlich zu entscheiden.

---

291 Die betreffende Stelle im Vertrag wurde geschwärzt.

292 Der Projektvertrag zu dieser ÖPP kann im Internet eingesehen werden: S. die Internetquelle „Büdingen".

293 Vgl. zum Schiedsgutachten oben A.II.4., S. 19 f.

Nach § 39 Abs. 1 des Projektvertrags werden wiederum alle schiedsfähigen Streitigkeiten, die sich in Zusammenhang mit dem Projektvertrag oder über seine Wirksamkeit ergeben, nach der Schiedsgerichtsordnung der Deutschen Institution für Schiedsgerichtsbarkeit e.V. (DIS)[294] unter Ausschluss des ordentlichen Rechtswegs endgültig entschieden. Ausweislich § 39 Abs. 2 des Projektvertrags ist das Schiedsgericht mit drei Volljuristen zu besetzen; anwendbares materielles Recht soll nach § 39 Abs. 3 des Projektvertrags das deutsche sein.

Es stellt sich die Frage, in welchem Verhältnis das schiedsgutachterliche Verfahren und die Schiedsgerichtsbarkeit zueinander stehen; dies kann den vorliegenden Vorschriften nicht entnommen werden. Zieht man allerdings in Erwägung, dass die Streitfrage im Anschluss an § 38 Abs. 1 des Projektvertrags nur *vorläufig verbindlich* von Seiten des Schiedsgutachters entschieden werden soll, dann liegt der Schluss nahe, dass dieses Verfahren nach dem Parteiwillen nur eine Art Vorverfahren bildet, das für eine zügige, einstweilige Klärung der streitigen Angelegenheit sorgen soll. Erst wenn eine endgültige Befriedung der Situation hierdurch nicht erreicht werden kann, soll den Parteien – so die hier vertretene Auslegung – die Möglichkeit offenstehen, die Streitigkeit abschließend durch ein Schiedsgericht gemäß § 39 Abs. 1 des Projektvertrags entscheiden zu lassen.

c. Amt für Bodenmanagement Limburg[295]

Der Projektvertrag zu diesem Vorhaben wurde am 19.10.2007 zwischen dem Land Hessen und der Objekt Bodenmanagement Limburg GmbH & Co. KG i.G. geschlossen. Nach § 1 Abs. 1 des Projektvertrags verpflichtet sich die Auftragnehmerin, ein Verwaltungsgebäude nebst zugehörigen Stellplätzen und Außenanlage zu planen, schlüssel- und bezugsfertig zu errichten, die Finanzierung hierfür zu übernehmen, dem Mieter gegen Zahlung eines Mietzinses die bezugsfertige Mietfläche nebst Stellplätzen und Außenanlage zu übergeben und für einen Mietzeitraum von 30 Jahren spätesten zum 15.12.2008 zu überlassen sowie für die Mietflächen Betreiber- und Betriebsleistungen zu erbringen.

Was den zwischen den Parteien in den §§ 38 f. des Projektvertrags vereinbarten Streitlösungsmechanismus betrifft, so findet sich hier inhaltlich die gleiche

294 Die Schiedsgerichtsordnung der DIS kann in ihrer ab dem 01.07.1998 gültigen Fassung im Internet eingesehen werden: S. die Internetquelle „DIS".

295 Der Projektvertrag zu dieser ÖPP kann im Internet eingesehen werden: S. die Internetquelle „Limburg".

Regelung wie in §§ 38 f. des Projektvertrags zum Vorhaben „Amt für Bodenmanagement Büdingen"; auf die dortigen Ausführungen wird verwiesen.[296]

d. Behördenzentrum Heppenheim[297]

Die rechtliche Grundlage für das Vorhaben „Behördenzentrum Heppenheim" bildet ein Konvolut von Verträgen (Rahmenvertrag, Projektvertrag, Bauleistungsvereinbarung, Mietvertrag, Bewirtschaftungsvertrag). Nach § 1.1 S. 1 des Rahmenvertrags obliegt es dem privaten Partner, ein Grundstück zu erwerben, dort ein Behördenzentrum zu planen, zu errichten, die Finanzierungsleistung hierfür zu übernehmen und das betreffende Gebäude alsdann an das Land Hessen für einen Zeitraum von 30 Jahren zu vermieten. Darüber hinaus wird der private Partner gemäß § 1.1 S. 2 des Rahmenvertrags das Behördenzentrum bewirtschaften und dem Land bestimmte Betriebsvorrichtungen und Mobilien vermieten.

In § 10 des Rahmenvertrags treffen die Parteien Vorkehrungen für den Streitfall: Gemäß § 10.1 werden alle schiedsfähigen Streitigkeiten zwischen den Parteien, die sich im Zusammenhang mit diesem Vertrag oder über seine Wirksamkeit beziehungsweise den mit ihm nach § 4 verbundenen Verträgen (*id est* Projektvertrag, Bauleistungsvereinbarung, Mietvertrag, Bewirtschaftungsvertrag) oder deren Wirksamkeit ergeben, nach der Schiedsgerichtsordnung der DIS unter Ausschluss des ordentlichen Rechtswegs endgültig entschieden. Dies gilt vorbehaltlich § 10.2 des Rahmenvertrags, wonach streitige Fragen durch einen Schiedsgutachter entschieden werden, wenn dies im Vertrag vorgesehen ist (vergleiche zum Beispiel § 3.3.2 UAbs. 2 S. 2 des Bauleistungsvertrags) oder zwischen den Parteien ein schriftlich dokumentiertes Einvernehmen besteht, dass die konkrete Streitentscheidung durch einen Schiedsgutachter erfolgen soll. In den bezeichneten Fällen tritt das Schiedsgutachten mithin an die Stelle des Schiedsgerichtsverfahrens.

Nach § 10.1.1 UAbs. 1 des Rahmenvertrags ist das Schiedsgericht mit drei Volljuristen zu besetzen; abweichend davon können die Parteien im konkreten Fall einvernehmlich bestimmen, dass die Entscheidung durch einen Einzelschiedsrichter erfolgen soll und die ergänzenden Regelungen der DIS zum beschleunigten Verfahren[298] zur Anwendung gelangen.

---

296 S. oben D.II.1.b., S. 58 f.

297 Die Projektverträge zu dieser ÖPP können im Internet eingesehen werden: S. die Internetquelle „Heppenheim".

298 Die Ergänzenden Regelungen für beschleunigte Verfahren der DIS können in ihrer ab April 2008 gültigen Fassung im Internet eingesehen werden: S. die Internetquelle „Ergänzende Regelungen DIS".

Als ausschließlichen Gerichtsstand für alle nicht schiedsfähigen Streitigkeiten, für die auch kein anderer ausschließlicher Gerichtsstand besteht, legen die Parteien gemäß § 10.1.2 des Rahmenvertrags Wiesbaden fest. Ausweislich dieser Vorschrift soll Wiesbaden außerdem ausschließlicher Gerichtsstand für alle das schiedsrichterliche Verfahren betreffenden richterlichen Handlungen gemäß § 1062 Abs. 1 Nr. 1 ZPO sein. Laut dieser Vorschrift ist das Oberlandesgericht, das in der Schiedsvereinbarung bezeichnet ist, unter anderem zuständig für die Anträge auf Bestellung eines Schiedsrichters nach den §§ 1034, 1035 ZPO.[299]

Zwar verfügt die Stadt Wiesbaden über ein Landgericht, nicht jedoch ein Oberlandesgericht. Es stellt sich also die Frage, wie diese Parteivereinbarung auszulegen ist. In Betracht käme einerseits, sie dahingehend zu verstehen, dass das Gericht im Sinne des § 1062 Abs. 1 Nr. 1 ZPO ein Wiesbadener Gericht sein soll; fraglich wäre dann jedoch im nächsten Schritt, welches Gericht (Amts- oder Landgericht?) hier sachlich zuständig sein soll. Überzeugender erscheint es daher, § 10.1.2 des Rahmenvertrags so zu lesen, dass zuständiges Gericht im Sinne des § 1062 Abs. 1 Nr. 1 ZPO das für den Gerichtsbezirk Wiesbaden zuständige Oberlandesgericht Frankfurt am Main ist.

e. *Berufskolleg Jülich*[300]

Der zwischen dem Kreis Düren und der PPP Schulen Kreis Düren GmbH am 18.04.2007 geschlossene Projektvertrag betrifft laut Präambel die Erweiterung, Sanierung, den Umbau und die Modernisierung des vorhandenen Gebäudebestands sowie dessen Unterhaltung und Bewirtschaftung (mit Ausnahme der Hausmeisterwohnung). Zudem finanziert der Projektpartner nach § 24 Ziff. 1 S. 1 des Projektvertrags die anfänglichen Bau- und Sanierungsleistungen im Sinne von § 22 Ziff. 2 des Projektvertrags. Der Vertrag hat ausweislich § 2 Ziff. 1 eine Laufzeit bis zum 31.03.2032.

Nach § 34 Ziff. 9 des Vertrags ist immer dann, wenn Meinungsverschiedenheiten zwischen den Vertragsparteien über tatsächliche [?] Fragestellungen im Zusammenhang mit diesem Vertrag, seiner Anwendung, Auslegung, Ausführung oder seinen Auswirkungen entstehen, die nicht einvernehmlich bereinigt werden können, und in allen sonstigen vertraglich vorgesehenen Fällen (vergleiche zum Beispiel § 22 Ziff. 7 S. 2, § 29 Ziff. 1 S. 2 lit. b und § 30 Ziff. 4 S. 4 des

---

299 Vgl. im Übrigen oben C.IV.1.b.aa., S. 36.

300 Der Projektvertrag zu dieser ÖPP kann im Internet eingesehen werden: S. die Internetquelle „Düren“.

Projektvertrags) ein schiedsgutachterliches Verfahren gemäß der in Anlage 7.1 des Vertrags enthaltenen Schiedsgutachterabrede durchzuführen.[301]

f. Conrad-von-Ense-Schule in Ense-Bremen[302]

Nach § 1 Abs. 1 UAbs. 1 des Projektvertrags vom 12.11.2009 verpflichtet sich die PPP Conrad-von-Ense-Schule GmbH als Auftragnehmerin für die Stadt Ense als Auftraggeberin zu Planung und Neubau eines Schulgebäudes in Verbindung mit der Sanierung eines bestehenden Gebäudes. Außerdem werden der Auftragnehmerin das technische und infrastrukturelle Gebäudemanagement für die Schulgebäude sowie ausgewählte Leistungen des infrastrukturellen Gebäudemanagements für eine Ballspielhalle einschließlich der Finanzierung der genannten Maßnahmen übertragen. Nach § 7 Abs. 1 S. 2 des Projektvertrags läuft der Auftragszeitraum von seiner Unterzeichnung bis zum Ablauf des letzten nordrhein-westfälischen Schultages des Schuljahres 2033/2034.

Nach § 44 Abs. 1 S. 1 des Projektvertrags richten die Vertragsparteien einen gemeinsamen Vertragsbeirat ein, dessen Aufgabe ausweislich § 44 Abs. 1 S. 2 in Verbindung mit § 45 Abs. 2 S. 2 des Projektvertrags darin besteht, beratend, koordinierend und gegebenenfalls vermittelnd zwischen den Vertragspartnern zu wirken, noch bevor das in § 45 des Projektvertrags festgelegte Schlichtungsverfahren zur Anwendung gelangt. Sollte es dem Vertragsbeirat nicht gelingen, bestehende Unstimmigkeiten zwischen den Parteien zu klären, dann verpflichten sich diese in § 45 Abs. 1 UAbs. 1 des Projektvertrags zur Durchführung eines Schlichtungsverfahrens mit dem Ziel, eine interessengerechte und einvernehmliche Vereinbarung aufgrund der vorhandenen rechtlichen, wirtschaftlichen, persönlichen und sozialen Gegebenheiten mit Unterstützung eines neutralen Schlichters zu erarbeiten.

Nach § 45 Abs. 2 S. 1 des Vertrags wird das Schlichtungsverfahren dabei unter Ausschluss des ordentlichen Rechtswegs durchgeführt (dieser Ausschluss erstreckt sich laut § 45 Abs. 2 S. 3 des Projektvertrags nicht auf abgetretene Entgeltansprüche und lässt gemäß § 45 Abs. 6 des Projektvertrags Maßnahmen des einstweiligen Rechtsschutzes unberührt); sollten die Parteien im Rahmen des Schlichtungsverfahrens allerdings nicht innerhalb von sechs Wochen nach Ernennung des Schlichters zu einer tragfähigen Vereinbarung gelangen, dann steht

---

301 Anlage 7.1 wurde auf der Internetseite der Transparenzplattform der ÖPP Deutschland AG nicht zur Verfügung gestellt.

302 Die Projektverträge zu dieser ÖPP können im Internet abgerufen werden: S. die Internetquelle „Ense".

es ihnen ausweislich § 45 Abs. 5 S. 2 des Projektvertrags frei, sich an ein ordentliches Gericht zu wenden.

Zum Schlichter sollen nach § 45 Abs. 3 S. 2 des Projektvertrags in Abhängigkeit von der streitigen Angelegenheit technische Sachverständige oder Bausachverständige beziehungsweise Volljuristen ernannt werden, die gegebenenfalls über einschlägige Erfahrungen mit vergleichbaren ÖPP verfügen.

g. Dach- & Fassadensanierung Schulzentrum Oberpleis[303]

Nach § 1 Abs. 2 des am 23.11.2010 unterzeichneten Projektvertrags erbringt die Auftragnehmerin Sanierungsleistungen an Dach beziehungsweise Fassade mehrerer Schulgebäude und übernimmt die bauliche Erhaltung der sanierten Gebäudeteile sowie die Zwischenfinanzierung des Gesamtprojekts. Der Vertrag wurde zwischen der Stadt Königswinter und der Goldbeck Public Partner GmbH geschlossen und hat gemäß § 31 Abs. 2 eine Laufzeit bis zum 31.12.2041.

In § 36 des Projektvertrags finden sich Vorgaben für das Vorgehen im Streitfall normiert: Bei Meinungsverschiedenheiten, insbesondere solchen über die Erforderlichkeit von Sanierungs-, Unterhaltungs- und Bewirtschaftungsmaßnahmen sowie die Entgelte und Regelungen bezüglich der Beendigung dieses Vertrags haben die Parteien nach § 36 Abs. 2 in Verbindung mit Abs. 3 S. 2 des Projektvertrags zunächst zu versuchen, diese mithilfe eines aus vier Personen bestehenden Vertragsbeirats einer einvernehmlichen und gütlichen Einigung zuzuführen.

Gelingt dies nicht, dann muss [!] die betroffene [?] Partei nach § 36 Abs. 4 UAbs. 1 S. 1 des Projektvertrags nach Ablauf von vier Wochen ab Zugang einer schriftlichen Absichtsanzeige ein Schlichtungs-, selbstständiges Beweis- oder gegebenenfalls schiedsrichterliches Verfahren nach der „Schlichtungs- und Schiedsordnung für Baustreitigkeiten (SO-Bau) der Arbeitsgemeinschaft für privates Bau- und Architektenrecht im Deutschen Anwaltsverein – ARGE Baurecht –“[304] einleiten.

---

303 Der Projektvertrag zu dieser ÖPP kann im Internet eingesehen werden: S. die Internetquelle „Schulzentrum Oberpleis“.

304 Die Arbeitsgemeinschaft für Bau- und Architektenrecht im Deutschen Anwaltverein wurde mittlerweile in Arbeitsgemeinschaft für Bau- und Immobilienrecht umbenannt; die Schlichtungs- und Schiedsordnung für Baustreitigkeiten (SOBau) der Arbeitsgemeinschaft für Bau- und Immobilienrecht kann i.d.F. von September 2009 auf der Internetseite der ARGE Baurecht eingesehen werden: S. die Internetquelle „ARGE Baurecht“; zur Schlichtung nach der SOBau vgl. *A. Boldt*, in: Messerschmidt/Voit, Privates BauR, T Rdnrn. 32 ff.

Nach § 36 Abs. 4 UAbs. 1 S. 2 des Projektvertrags ist die erwähnte Absichtsanzeige zwei Wochen nach dem Scheitern der Verhandlungen – wohl von der Partei, die weitere rechtliche Schritte wünscht – zu versenden. Der ordentliche Rechtsweg wird nach § 36 Abs. 4 UAbs. 1 S. 3 des Projektvertrags ausgeschlossen; kommt es allerdings nicht zu einem schiedsrichterlichen Verfahren, soll den Parteien gemäß § 36 Abs. 4 UAbs. 1 S. 6 des Projektvertrags wegen Ansprüchen auf Kostenerstattung aus einem durchgeführten selbstständigen Beweisverfahren der Rechtsweg zu den ordentlichen Gerichten offenstehen.

Insgesamt stellen sich diese Formulierungen als schwer nachvollziehbar dar; insbesondere wird nicht deutlich, in welchem Verhältnis Schlichtung und Schiedsgerichtsbarkeit zueinander stehen sollen. Auf ein Alternativitätsverhältnis deutet insoweit jedenfalls die Verwendung der Konjunktion „oder" hin.[305] Auch das Verfahren und die Rechtsfolgen der geforderten Absichtsanzeige werden nur unzureichend normiert.

h. Entlastungsstraße Harsewinkel-Marienfeld[306]

Die Stadt Harsewinkel überträgt der Hermann Kirchner Projektgesellschaft mbH gemäß § 1 Abs. 1 des am 10.01.2007 geschlossenen Projektvertrags die Planung und den Bau eines näher bezeichneten Verkehrswegs. Ein Teil der Projektstrecke soll zudem von Seiten der Auftragnehmerin betrieben und erhalten werden; ihr obliegt weiterhin die Finanzierung der durchgeführten Maßnahmen, siehe § 1 Abs. 2 des Projektvertrags. Die Laufzeit der ÖPP beträgt ausweislich § 5 Abs. 1 des Projektvertrags 30 Jahre ab Unterzeichnung.

In § 40 Abs. 1 UAbs. 1 des Projektvertrags verpflichten sich die Parteien in den vertraglich vorgesehenen Fällen zur Durchführung eines Schlichtungsverfahrens mit dem Ziel, eine interessengerechte und einvernehmliche Vereinbarung aufgrund der vorhandenen rechtlichen, wirtschaftlichen, persönlichen und sozialen Gegebenheiten mit Unterstützung eines neutralen Schlichters zu erarbeiten.

Nach § 40 Abs. 1 UAbs. 2 des Projektvertrags ist das Schlichtungsverfahren ebenfalls dann durchzuführen, wenn Meinungsverschiedenheiten bei der Interpretation des Vertrags bestehen, oder sich bei seiner Durchführung zeigt, dass bezüglich wesentlicher Fragen eine Regelungslücke besteht. Das Schlichtungsverfahren wird

305 Vgl. demgegenüber § 14 Abs. 1 S. 1 SOBau, wonach ein schiedsrichterliches Verfahren dann eingeleitet werden kann, wenn eine Schlichtung nicht vereinbart oder ein vereinbartes Schlichtungsverfahren gescheitert ist.

306 Der Projektvertrag zu dieser ÖPP kann im Internet eingesehen werden: S. die Internetquelle „Marienfeld".

dabei gemäß § 40 Abs. 2 des Vertrags unter Ausschluss des ordentlichen Rechtswegs durchgeführt (Maßnahmen des einstweiligen Rechtsschutzes bleiben nach § 40 Abs. 6 des Projektvertrags von dieser Regelung unberührt).

Sollten die Parteien im Rahmen des Schlichtungsverfahrens nicht innerhalb von sechs Wochen nach Ernennung des Schlichters zu einer tragfähigen Vereinbarung gelangen, dann steht es ihnen laut § 40 Abs. 5 des Projektvertrags frei, ein ordentliches Gericht anzurufen.

Der Schlichter wird von den Parteien gemäß § 40 Abs. 4 S. 1 des Projektvertrags gemeinschaftlich ernannt; bei diesem soll es sich in Abhängigkeit von der streitigen Angelegenheit entweder um einen Bausachverständigen oder einen Volljuristen handeln, der möglichst über einschlägige Erfahrungen mit vergleichbaren ÖPP verfügt, siehe § 40 Abs. 3 S. 2 des Projektvertrags.

i. *Erich-Kästner-Schule Düren*[307]

Nach der Präambel des Projektvertrags vom 18.04.2007 übernimmt der private Partner im Rahmen dieses Vorhabens die Planung, Finanzierung und Ausführung von Erweiterung, Sanierung, Umbau sowie Modernisierung der Erich-Kästner-Schule in Düren. Parteien des Vertrags sind der Kreis Düren einerseits sowie die PPP Schulen Kreis Düren GmbH andererseits; die Vertragslaufzeit endet unter Berücksichtigung der Finanzierungsdauer nach § 2 des Projektvertrags am 31.03.2032.

Die in § 23 Ziff. 9 des Vertrags enthaltene Regelung zum Schiedsgutachtenverfahren entspricht den Vorgaben in § 34 Ziff. 9 des Projektvertrags zum Vorhaben „Berufskolleg Jülich"; auf die dortigen Ausführungen wird verwiesen.[308]

j. *Fachoberschule/Berufsoberschule Weiden*[309]

Anlässlich dieses Projekts kam es zum Abschluss eines Vertrags zwischen der Stadt Weiden in der Oberpfalz und der Goldbeck Public Partner GmbH. Nach § 1 Abs. 2 des Projektvertrags bestehen die von Seiten der Auftragnehmerin zu erbringenden Leistungen in dem Neubau eines Schulgebäudes, dessen Unterhaltung und Instandhaltung, seiner Bewirtschaftung für einen Zeitraum von

---

307 Der Projektvertrag zu dieser ÖPP kann im Internet eingesehen werden: S. die Internetquelle „Düren".

308 S. oben D.II.1.e., S. 61.

309 Der Projektvertrag zu dieser ÖPP kann im Internet eingesehen werden: S. die Internetquelle „Weiden".

25 Jahren nach vollständiger Fertigstellung und Abnahme sowie der Zwischenfinanzierung des Gesamtobjekts.

In § 41 dieses Vertrags finden sich umfangreiche Regelungen zum Vorgehen im Streitfall: Gemäß § 41 Abs. 2 UAbs. 1 des Projektvertrags vereinbaren die Parteien zunächst die Einrichtung eines Vertragsbeirats zur Mediation[310], dessen Aufgabe in der Unterstützung der Parteien bei der Beilegung von Meinungsstreitigkeiten im Wege der einvernehmlichen Lösung besteht. Gelingt es dem Vertragsbeirat innerhalb einer Beratungsfrist von vier Wochen nach seiner Anrufung durch eine Vertragspartei nicht, eine für beide Parteien akzeptable Lösung zu erzielen, und einigen sich die Parteien nicht auf eine Verlängerung der Beratungsfrist, so gilt das Verfahren vor dem Vertragsbeirat nach § 41 Abs. 4 S. 1 des Projektvertrags als gescheitert. Das Gleiche gilt, wenn vor Ablauf der Frist eine Partei eine einvernehmliche Lösung durch den Vertragsbeirat endgültig verweigert oder nicht zu den Sitzungen des Vertragsbeirats erscheint, § 41 Abs. 4 S. 2 des Projektvertrags.

Daneben können die Parteien gemäß § 41 Abs. 5 UAbs. 1 des Projektvertrags einvernehmlich einen Sachverständigen mit der Erstellung eines Schiedsgutachtens bei Meinungsverschiedenheiten oder Streitigkeiten insbesondere zu technischen Fragestellungen, zum Vorliegen von Mängeln, zu Nachtragsforderungen und zu Abrechnungsmodalitäten beauftragen. In diesem Zusammenhang verpflichtet § 41 Abs. 5 UAbs. 5 des Projektvertrags die Parteien dazu, das Schiedsgutachtenverfahren – sofern sie sich für dessen Durchführung entschieden haben – zu fördern, insbesondere indem sie dem Schiedsgutachter die zur Gutachtenerstellung notwendigen Unterlagen aushändigen. Nach § 41 Abs. 5 UAbs. 3 S. 1 des Projektvertrags soll der Schiedsgutachter eine für beide Parteien verbindliche Leistungsbestimmung analog § 317 Abs. 1 BGB treffen. Die Bindungswirkung des Schiedsgutachtens soll laut § 41 Abs. 5 UAbs. 4 S. 2 des Projektvertrags nur dann entfallen, wenn es offensichtlich unrichtig ist.

Gemäß § 41 Abs. 5 UAbs. 4 S. 3 des Projektvertrags sind die Parteien allerdings berechtigt, innerhalb von zwei Wochen Einwände zu dem Gutachten vorzubringen und Ergänzungsfragen zu stellen; die ergänzende Stellungnahme des Gutachters wird Bestandteil des Schiedsgutachtens. Der Rechtsweg zu den ordentlichen Gerichten und die Einleitung eines selbstständigen Beweisverfahrens vor den ordentlichen Gerichten beziehungsweise eines selbstständigen Beweis- sowie Schiedsverfahrens nach § 41 Abs. 6 des Projektvertrags sind nach § 41

---

310 Vgl. zu diesem Streitbeilegungsmechanismus oben A.II.5., S. 20 f.

Abs. 5 UAbs. 4 S. 6 des Projektvertrags (außer in den Fällen des § 319 BGB) insoweit ausgeschlossen.

Für den Fall, dass die Parteien in einer streitigen Angelegenheit kein Schiedsgutachten einholen, sieht § 41 Abs. 6 UAbs. 1 S. 1 des Projektvertrags vor, dass diese unter Ausschluss des ordentlichen Rechtswegs im Rahmen eines Schiedsverfahrens nach den Abschnitten 1 und 5 der Streitlösungsordnung für das Bauwesen in einer näher bezeichneten Fassung[311] zu entscheiden ist.[312] Nach § 41 Abs. 6 UAbs. 2 S. 2 des Projektvertrags ist das Schiedsgericht mit drei Personen zu besetzen und entscheidet nach deutschem Recht.

Es stellt sich die Frage, in welchem Verhältnis die erwähnten Streitlösungsmechanismen zueinander stehen. Dabei ist davon auszugehen, dass sich das schiedsgutachterliche und das schiedsrichterliche Verfahren nach dem Parteiwillen nicht hierarchisch, jedoch in einem Exklusivitätsverhältnis zueinander verhalten sollen [vergleiche § 41 Abs. 5 UAbs. 4 S. 6 („insoweit ausgeschlossen") sowie Abs. 6 UAbs. 1 S. 1 („Soweit kein") des Projektvertrags]. Dafür, dass vor beiden Verfahren eine Mediation durch den Vertragsbeirat nach § 41 Abs. 2 des Projektvertrags durchzuführen ist, spricht die Fristenregelung in § 41 Abs. 4 des Projektvertrags. Berücksichtigt man allerdings, dass nach § 41 Abs. 6 UAbs. 1 S. 2 des Projektvertrags die Möglichkeit zur Durchführung eines Mediationsverfahrens nach § 41 Abs. 2 des Projektvertrags vom Schiedsverfahren unberührt bleiben soll, dann muss man zu dem Schluss gelangen, dass auch insoweit ein Alternativitätsverhältnis (allerdings ohne Exklusivität) gewollt ist.

k. *Feuer- und Rettungswache Dinslaken*[313]

Das ÖPP-Projekt „Feuer- und Rettungswache Dinslaken" betrifft gemäß § 1 Abs. 1 des am 04.06.2009 zwischen der Stadt Dinslaken und der Frauenrath PPP2 GmbH geschlossenen Bau- und Generalunternehmervertrags die Errichtung einer Feuer- und Rettungswache. In diesem Vertrag wurden keine alternativen Streitlösungsmechanismen für den Streitfall vereinbart.

---

311 Der Vertrag ist insoweit geschwärzt.

312 Die Streitlösungsordnung für das Bauwesen (SL Bau), herausgegeben von der Deutschen Gesellschaft für Baurecht e.V. sowie dem Deutschen Beton- und Bautechnikverein e.V., kann i.d.F. vom 01.07.2014 im Internet eingesehen werden: S. die Internetquelle „SL Bau".

313 Der Projektvertrag zu dieser ÖPP kann im Internet eingesehen werden: S. die Internetquelle „Dinslaken".

l. Feuerwehrgerätehaus Bockeroth[314]

Anlässlich dieser ÖPP kam es am 11.08.2009 zum Vertragsschluss zwischen der Stadt Königswinter und der Fechtelkord & Eggersmann GmbH; der Vertrag hat eine Laufzeit von 30 Jahren, vergleiche § 6 Abs. 2 des Projektvertrags. Seinen Gegenstand bildet nach § 1 S. 1 die Ausführungsplanung, Bauerrichtung, Bauunterhaltung und Finanzierung der Gesamtinvestitionsmaßnahme eines Feuerwehrgerätehauses.

Ausweilich § 16 Abs. 1 UAbs. 1 des Projektvertrags steht die Auftragnehmerin dafür ein, dass sich das Gebäude inklusive Außenanlage nach Ablauf der Vertragsdauer in einem altersentsprechenden Erhaltungszustand befindet und keine Instandhaltungs- und Instandsetzungsarbeiten ausstehen. Besteht zwischen den Parteien Uneinigkeit darüber, ob dies der Fall ist, dann soll diese Frage mit verbindlicher Wirkung für sie nach § 16 Abs. 2 UAbs. 1 S. 1 des Projektvertrags durch einen von diesen gemeinsam zu bestimmenden, öffentlich bestellten und vereidigten Sachverständigen im Rahmen eines Schiedsgutachtens entschieden werden.

m. Feuerwehrgerätehaus Oberdollendorf[315]

Den Gegenstand des zwischen der Stadt Königswinter und der Hubert Mees Schlüsselfertig-Bau GmbH am 21.12.2010 geschlossenen Vertrags bildet nach dessen § 1 S. 1 die Ausführungsplanung, Bauerrichtung, Bauunterhaltung und (Teil-) Finanzierung der Gesamtinvestitionsmaßnahme eines Feuerwehrgerätehauses. Die Vertragslaufzeit beträgt 30 Jahre, vergleiche § 6 Abs. 2 des Projektvertrags.

Ausweislich § 16 Abs. 1 UAbs. 1 des Projektvertrags steht die Auftragnehmerin dafür ein, dass sich das Gebäude inklusive Außenanlage nach Ablauf der Vertragsdauer in einem altersentsprechenden Erhaltungszustand befindet und keine Instandhaltungs- und Instandsetzungsarbeiten ausstehen; für Streitigkeiten legen die Parteien in § 16 Abs. 2 UAbs. 1 S. 1 des Projektvertrags insoweit den gleichen schiedsgutachterlichen Streitlösungsmechanismus wie in § 16 Abs. 2 UAbs. 1 S. 1 des Projektvertrags zum Vorhaben „Feuerwehrgerätehaus Bockeroth“ fest; auf die dortigen Ausführungen wird verwiesen.[316]

---

314 Der Projektvertrag zu dieser ÖPP kann im Internet eingesehen werden: S. die Internetquelle „Bockeroth“.

315 Der Projektvertrag zu dieser ÖPP kann im Internet eingesehen werden: S. die Internetquelle „Oberdollendorf“.

316 S. oben D.II.1.l., S. 68.

n. *Feuerwehrhauptwache Celle*[317]

Das ÖPP-Projekt „Feuerwehrhauptwache Celle“ beruht auf einem Bauerrichtungs- und Finanzierungsvertrag einerseits sowie einem Servicevertrag andererseits; beide Verträge wurden zwischen der Stadt Celle und der Goldbeck Private Partner GmbH geschlossen. Nach § 1 Abs. 1 des Bauerrichtungs- und Finanzierungsvertrags übernimmt die Auftragnehmerin die Planung und Errichtung einer Feuerwehrhauptwache inklusive Tankstelle, die Herrichtung der Außenanlagen mit Übungsplatz und -turm sowie die Finanzierung der genannten Maßnahmen. Nach § 1 Abs. 1 S. 1 des Servicevertrags hat die Auftraggeberin das Vertragsobjekt außerdem für 25 Jahre ab Abnahme zu betreiben und dafür zu sorgen, dass es für diesen Zeitraum durchgehend bestimmungsgemäß und ohne Einschränkungen durch die Auftraggeberin genutzt werden kann.

Beide Verträge sehen ein Verfahren für den Fall von Streitigkeiten vor: Nach § 12 Abs. 1 des Bauerrichtungs- und Finanzierungsvertrags sollen alle im Zusammenhang mit diesem Vertrag bis zur Abnahme entstehenden Streitigkeiten unter Ausschluss des Rechtswegs zu den ordentlichen Gerichten durch ein Schiedsgericht auf der Grundlage der „Schlichtungs- und Schiedsordnung für Baustreitigkeiten (SOBau) der ARGE Baurecht Arbeitsgemeinschaft für privates Bau- und Architektenrecht im Deutschen Anwalt Verein“[318] entschieden werden.

Abweichend von dieser Regelung können sich die Parteien bei Streitigkeiten, die Mehr- oder Minderkosten bei Leistungsänderungen oder die Art der Durchführung des Vertrags betreffen, nach § 12 Abs. 2 des Bauerrichtungs- und Finanzierungsvertrags ebenfalls für die Erstellung eines für sie verbindlichen Schiedsgutachtens entscheiden.

Die Vorgaben für den Streitfall in § 17 des Servicevertrags entsprechen im Wesentlichen denjenigen in § 12 des Bauerrichtungs- und Finanzierungsvertrags.

o. *Grund- und Gemeinschaftsschule Halstenbek*[319]

Ausweislich § 1 Ziff. 1 S. 1 des Projektvertrags kommen die Parteien anlässlich dieser ÖPP überein, dass die Gemeinde Halstenbek der Goldbeck Public Partner GmbH die Planung, Finanzierung und Errichtung sowie das langfristige Gebäudemanagement einschließlich der Instandhaltung der Grund- und

317 Die Projektverträge zu dieser ÖPP können auf der folgenden Internetseite eingesehen werden: S. die Internetquelle „Celle“.

318 Vgl. dazu oben Fn. 304.

319 Der Projektvertrag zu dieser ÖPP kann auf der folgenden Internetseite eingesehen werden: S. die Internetquelle „Grundschule Halstenbek“.

Gemeinschaftsschule Halstenbek überträgt. Nach § 38 Ziff. 1 S. 2 des Projektvertrags endet dieser am 31.08.2033.

Für die Lösung von Streitigkeiten enthält der Vertrag für die Planungs- und Bauphase sowie das langfristige Gebäudemanagement jeweils eine eigene Regelung: Sollte es während der Planungs- und Bauphase zu Differenzen zwischen den Parteien kommen, dann haben sie sich gemäß § 18 Ziff. 1 S. 1 des Projektvertrags zunächst zu bemühen, den Konflikt intern ohne Zuhilfenahme einer Schlichtung oder der Schiedsgerichtsbarkeit beizulegen. Zu diesem Zwecke benennen die Parteien nach § 18 Ziff. 2 des Projektvertrags auf den Ebenen der Bauprojektleitung, der Projektleitung sowie der Geschäftsleitung jeweils drei Entscheidungsträger, die im Rahmen eines abgestuften Vorgehens eine einvernehmliche Lösung erzielen sollen, vergleiche insoweit § 18 Ziff. 4 und 5 des Projektvertrags.

Sollte der Konflikt auch auf der Ebene der höchsten Entscheidungsträger nicht beigelegt werden können, so sieht § 18 Ziff. 5 S. 5 in Verbindung mit § 19 Ziff. 1 S. 1 des Projektvertrags ein Vorgehen nach der „Schlichtungs- und Schiedsordnung der ARGE Bau im Deutschen Anwaltsverein"[320] vor.

In § 19 Ziff. 1 S. 2 des Projektvertrags heißt es weiter, dass beide Parteien dieses Reglement durchgesehen hätten und die hierzu erforderliche „Schlichtungsvereinbarung" träfen. Insgesamt stellen sich diese Formulierungen als missverständlich dar, wird doch nicht deutlich, ob die Parteien die Durchführung nur eines Schlichtungs- oder aber auch eines Schiedsverfahrens für den Streitfall vereinbaren.

Erst in Verbindung mit § 19 Ziff. 3 des Projektvertrags wird klar, dass die Parteien ebenfalls den schiedsgerichtlichen Teil der SOBau in Bezug nehmen. In dieser Vorschrift sehen sie die Errichtung eines Dreier-Schiedsgerichts für den Streitfall vor; liegt der Streitwert nicht höher als 50.000 Euro, soll jedoch ein Einzelschiedsrichter entscheiden. In welchem Verhältnis Schlichtung und Schiedsgerichtsbarkeit zueinander stehen, ergibt sich dabei aus der Parteivereinbarung nicht unmittelbar. Da nach § 14 Abs. 1 S. 1 SOBau jedoch ein schiedsrichterliches Verfahren dann eingeleitet werden kann, wenn ein vereinbartes Schlichtungsverfahren gescheitert ist, ist der Parteiwille dahingehend auszulegen, dass sich Schlichtung und Schiedsgerichtsbarkeit in einem Stufenverhältnis zueinander befinden.

Für die Phase des langfristigen Gebäudemanagements vereinbaren die Parteien nach § 39 Ziff. 1 S. 1 des Projektvertrags weiterhin die Bildung eines Vertragsbeirats. Dessen Aufgabe besteht nach § 39 Ziff. 2 S. 1 und 2 des Projektvertrags

---

320 Vgl. dazu oben Fn. 304.

darin, die ihm von den Parteien vorgetragenen Unklarheiten und Unstimmigkeiten zu erörtern und einer einvernehmlichen Lösung zuzuführen.

Nach § 39 Ziff. 3 des Projektvertrags hat der Vertragsbeirat darüber hinaus in bestimmten Angelegenheiten das Recht zur „letzten Entscheidung". Die interne Entscheidungsfindung erfordert dabei laut § 39 Ziff. 4 S. 1 des Projektvertrags die Mehrheit der Stimmen der Vertragsbeiratsmitglieder; bei Gleichstand gibt die Stimme des Vorsitzenden den Ausschlag. In § 39 Ziff. 4 S. 3 lit. a und b des Projektvertrags werden hiervon jedoch bestimmte Themenbereiche (Veränderung des Umfangs der im Vertrag gemäß Abschnitt III vereinbarten Leistungen, Änderungen des vereinbarten Entgelts gemäß § 5 Ziff. 1.1.2) ausgenommen, in denen die „letzte Entscheidung" einstimmig zu treffen ist.

Ist auch nach erneuter Beratung und Abstimmung Einstimmigkeit innerhalb des Vertragsbeirats insoweit nicht herzustellen, dann soll es jeder Partei gemäß § 39 Ziff. 5 S. 2 des Projektvertrags offenstehen, ein Schlichtungs-, isoliertes Beweis- und gegebenenfalls Schiedsrichterverfahren entsprechend § 18 – es dürfte wohl § 19 gemeint sein – des Projektvertrags einzuleiten.

p. Kreishaus Unna[321]

Die rechtliche Grundlage der ÖPP „Kreishaus Unna" bildet ein umfangreiches Vertragswerk, das sich aus mehreren Verträgen (Projekt- und Konsortialvertrag, Pachtvertrag, Sanierungs- und Mietvertrag, Hausmeister-Servicevertrag, Reinigungs-Servicevertrag, Außenanlagen-Servicevertrag, Finanzierungsvertrag) auf unterschiedlichen Hierarchieebenen zusammensetzt, vergleiche § 4 Abs. 1 und 2 des Projekt- und Konsortialvertrags. Anlässlich dieses Vorhabens übernimmt die gemischt-wirtschaftliche Projekt- und Betriebsgesellschaft Kreis Unna GmbH (vergleiche § 1 Abs. 1 des Projekt- und Konsortialvertrags) für den Kreis die Sanierung, Erweiterung sowie den Betrieb des Kreishauses und zweier weiterer Verwaltungsgebäude für mindestens 25 Jahre einschließlich der Planung, Finanzierung und Steuerung dieser Leistungen, siehe Buchstabe A der Präambel des Finanzierungsvertrags. Zwecks Durchführung der betreffenden Maßnahmen verpachtet der Kreis die betroffenen Verwaltungsgebäude an die Gesellschaft, um sie anschließend von dieser wieder zurückzumieten, vergleiche die Buchstaben B und C der Präambel des Finanzierungsvertrags.

Die Projektparteien treffen eine Schlichtungs- und Schiedsvereinbarung, die sich wortlautgleich im Projekt- und Konsortialvertrag (§ 9), Pachtvertrag (§ 8),

---

321 Die Projektverträge zu dieser ÖPP können auf der folgenden Internetseite eingesehen werden: S. die Internetquelle „Unna".

Sanierungs- und Mietvertrag (§ 30), Hausmeister-Servicevertrag (§ 8), Reinigungs-Servicevertrag (§ 10) und Außenanlagen-Servicevertrag (§ 10) findet. Nach Satz 1 dieser Vereinbarung werden alle Streitigkeiten, die sich aus dem Vertrag ergeben oder in Zusammenhang mit ihm entstehen, nach Maßgabe einer durch die Parteien gesondert abzuschließenden Schiedsvereinbarung entschieden.

Aus Satz 2 der Vereinbarung ergibt sich, dass die Parteien zudem eine Schiedsgutachterabrede[322] getroffen haben (vergleiche auch § 32 Abs. 2 des Sanierungs- und Mietvertrags); diese gehe in den Fällen, in denen auf sie verwiesen werde (vergleiche zum Beispiel § 14 Abs. 6 S. 3 des Sanierungs- und Mietvertrags), dem Schlichtungs- und Schiedsverfahren vor. Weil die Anlagen zu den Verträgen nicht im Internet veröffentlicht wurden, kann eine weitergehende Stellungnahme zu den von den Parteien im Rahmen dieser ÖPP vorgesehenen Streitlösungsmechanismen nicht erfolgen.

q. Kunstrasenplatz Königswinter-Oberpleis[323]

Der Vertrag zur vorliegenden ÖPP wurde zwischen der Stadt Königswinter und der STRABAG Sportstättenbau GmbH am 23.10.2006 geschlossen; er hat eine Laufzeit von 20 Jahren, vergleiche § 1 Abs. 4 des Projektvertrags. Den Gegenstand des Vertrags bildet ausweislich seines § 1 der Bau, die Bauunterhaltung sowie die Finanzierung der Gesamtinvestitionskosten einer Kunstrasen-Sportanlage.

Nach § 15 Abs. 1 S. 1 des Vertrags steht die Auftragnehmerin dafür ein, dass die Sportanlage nach Ende der Vertragslaufzeit noch eine Restnutzungsdauer von 10 Jahren aufweist. Für den Fall, dass Uneinigkeit zwischen den Vertragsparteien hinsichtlich dieser Frage besteht, sehen sie in § 15 Abs. 3 UAbs. 1 S. 1 des Projektvertrags ein Streitlösungsverfahren vor, das demjenigen in § 16 Abs. 2 UAbs. 1 S. 1 des Projektvertrags zum Vorhaben „Feuerwehrgerätehaus Bockeroth" vereinbarten Mechanismus entspricht; auf die dortigen Ausführungen wird verwiesen.[324]

r. Rathaus Dietzenbach[325]

Im Rahmen dieser ÖPP übernimmt die Goldbeck Public Partner GmbH für die Kreisstadt Dietzenbach in Hessen ausweislich § 1 Abs. 1 des Projektvertrags die

322 Vgl. dazu oben A.II.4., S. 19 f.

323 Der Projektvertrag zu dieser ÖPP kann auf der folgenden Internetseite eingesehen werden: S. die Internetquelle „Kunstrasenplatz Oberpleis".

324 S. oben D.II.1.l., S. 68.

325 Der Projektvertrag zu dieser ÖPP kann auf der folgenden Internetseite eingesehen werden: S. die Internetquelle „Dietzenbach".

Sanierung und Modernisierung einschließlich Planungsleistungen sowie ab dem Zeitpunkt der Abnahme die Bewirtschaftung (Instandhaltung und Energiemanagement) des Rathauses. Nach § 22 Abs. 1 des am 30.06.2009 geschlossenen Projektvertrags endet dieser 25 Jahre nach dem Tag der Abnahme im Sinne seines § 5. Nach § 3 Abs. 3 S. 1 des Projektvertrags übernimmt die Auftragnehmerin zudem eine Finanzierungsleistung, indem sie der Auftraggeberin ein Darlehen zur Finanzierung der für die Sanierungsleistungen fälligen Vergütung gewährt.

In § 29 Abs. 1 S. 1 des Projektvertrags treffen die Parteien eine Schiedsvereinbarung, wonach alle schiedsfähigen Streitigkeiten, die sich in Zusammenhang mit diesem Sanierungs- und Bewirtschaftungsvertrag oder über dessen Wirksamkeit ergeben, von einem mit drei Personen besetzten Schiedsgericht nach der Schiedsgerichtsordnung der DIS unter Ausschluss des ordentlichen Rechtswegs endgültig entschieden werden.

Nach § 29 Abs. 3 des Projektvertrags gilt weiterhin deutsches Recht. Als ausschließlichen Gerichtsstand für alle nicht schiedsfähigen Streitigkeiten, für die auch kein anderer ausschließlicher Gerichtsstand besteht, legen die Parteien gemäß § 29 Abs. 2 des Projektvertrags Frankfurt am Main fest; ausweislich dieser Vorschrift ist außerdem das Oberlandesgericht in Frankfurt am Main das nach § 1062 Abs. 1 Nr. 1 ZPO zuständige Gericht.[326]

s. Sporthalle Halstenbek[327]

Der Projektvertrag zwischen der Gemeinde Halstenbek und der Goldbeck Public Partner GmbH betrifft nach § 1 Ziff. 1 S. 1 des Abschnitts I des Projektvertrags die Planung, Finanzierung, Bauerrichtung und Bauunterhaltung sowie das langfristige Gebäudemanagement einschließlich der baulichen Instandhaltung einer Sporthalle. Der Vertrag hat nach § 12 Ziff. 1 S. 2 des Abschnitts III (Langfristiges Gebäudemanagement) eine Laufzeit bis zum 31.08.2033.

Für die Planungs- und Bauphase normieren die §§ 10 f. des Abschnitts II des Projektvertrags ein Streitlösungsverfahren, das demjenigen nach den §§ 18 f. des Projektvertrags zum Vorhaben „Grund- und Gemeinschaftsschule Halstenbek" entspricht; auf die dortigen Ausführungen wird verwiesen.[328]

---

326 Vgl. in diesem Zusammenhang auch die Ausführungen zu den entsprechenden Regelungen in § 10.1.2 des Rahmenvertrags zum Vorhaben „Behördenzentrum Heppenheim".

327 Der Projektvertrag zu dieser ÖPP kann auf der folgenden Internetseite eingesehen werden: S. die Internetquelle „Sporthalle Halstenbek".

328 S. oben D.II.1.o., S. 69 ff.

Für Streitigkeiten, die das langfristige Gebäudemanagement betreffen, haben die Parteien in Abschnitt III des Projektvertrags für den Streitfall hingegen keinerlei besondere Vorkehrungen getroffen.

t. Stephanusschule Selgersdorf[329]

Das Vorhaben „Stephanusschule Selgersdorf" betrifft laut Präambel des zwischen der Stadt Düren und der PPP Schulen Kreis Düren GmbH getroffenen Projektvertrags vom 18.04.2007 die Erweiterung, Sanierung, den Umbau und die Modernisierung des vorhandenen Gebäudebestands sowie dessen Unterhaltung und Bewirtschaftung (mit Ausnahme der Hausmeisterwohnung). Auch in diesem Fall übernimmt der private Projektpartner wieder eine Finanzierungsleistung, vergleiche § 24 Ziff. 1 S. 1 des Projektvertrags. Die Laufzeit des Vertrags geht ausweislich dessen § 2 Ziff. 1 bis zum 31.03.2032. In § 35 Ziff. 9 des Projektvertrags treffen die Parteien die gleiche Regelung zur Streitlösung im Wege des schiedsgutachterlichen Verfahrens wie in § 34 Ziff. 9 des Projektvertrags zum Vorhaben „Berufskolleg Jülich"; auf die dortigen Ausführungen wird verwiesen.[330]

u. Wolfgang-Borchert-Gymnasium Halstenbek[331]

Das Vorhaben „Wolfgang-Borchert-Gymnasium Halstenbek" betrifft gemäß § 1 Abs. 1 UAbs. 1 S. 1 des Projektvertrags die Planung, Errichtung, Einrichtung und Finanzierung sowie das langfristige Gebäudemanagement des Neubaus eines Gymnasiums einschließlich einer integrierten Bücherei; zudem übernimmt die Auftragnehmerin die ganzheitliche [sic!] Instandhaltung einer bereits existierenden Sporthalle. Der Vertrag wurde am 31.01.2014 zwischen der Gemeinde Halstenbek in Schleswig-Holstein und der Hochtief PPP Europa GmbH geschlossen und hat eine Laufzeit bis zum 31.08.2033.

Für die Planungs- und Bauphase sehen die Parteien nach §§ 17 f. des Projektvertrags ein Streitlösungsverfahren vor, das im Wesentlichen dem in §§ 18 f. des Projektvertrags zum Vorhaben „Grund- und Gemeindeschule Halstenbek" normierten Vorgehen entspricht; auf die dortigen Ausführungen wird verwiesen.[332] Das Gleiche gilt für die Phase des langfristigen Gebäudemanage-

---

329 Der Projektvertrag zu dieser ÖPP kann auf der folgenden Internetseite eingesehen werden: S. die Internetquelle „Düren".

330 S. oben D.II.1.e., S. 61 f.

331 Der Projektvertrag zu dieser ÖPP kann auf der folgenden Internetseite eingesehen werden: S. die Internetquelle „Gymnasium Halstenbek".

332 S. oben D.II.1.o., S. 69 ff.

ments: Auch hier vereinbaren die Parteien gemäß § 38 des Projektvertrags einen Streitlösungsmechanismus, der sich im Wesentlichen mit demjenigen in § 39 des Vertrags des erwähnten Projekts deckt.

v. *Zwischenergebnis*

Sämtliche Analysen der auf der Transparenzplattform der ÖPP Deutschland AG zur Verfügung gestellten Projektverträge haben nicht ergeben, dass dort Schiedsvereinbarungen getroffen wurden. Jedoch konnte gezeigt werden, dass die Parteien mit Ausnahme eines Vorhabens (Feuer- und Rettungswache Dinslaken) stets alternative Streitbewältigungsmechanismen (Einrichtung eines Verwaltungsbeirats, Mediation, Schiedsgutachten, Schlichtung etc.) für den Streitfall vereinbart haben. Auffallend ist zudem, dass die Verträge nur selten einen Streitlösungsmechanismus isoliert vorsehen, sondern zumeist eine Kombination verschiedener ADR-Methoden vorgeben, die im Rahmen eines Stufen- oder Alternativitätsverhältnisses miteinander verbunden sind.

2. *Der Fall Toll Collect*

Aufschlussreich für die Beantwortung der vorliegend untersuchten Frage kann außerdem eine Betrachtung der ÖPP anlässlich der Einführung eines Lkw-Mautsystems auf Bundesautobahnen (Toll Collect)[333] sein: Von diesem Projekt ist bekannt, dass die Parteien im Rahmen des Betreibervertrags eine Schiedsklausel vereinbart haben, auf deren Grundlage es später zur Einleitung zweier Schiedsverfahren gekommen ist.[334] Eingangs sollen die Hintergründe dieser Auseinandersetzung skizziert werden:

Aus § 1 Abs. 1 Autobahnmautgesetz (im Folgenden: ABMG)[335] ergibt sich, dass für die Benutzung von Bundesautobahnen mit Kraftfahrzeugen oder Fahrzeugkombinationen, die ausschließlich für den Güterkraftverkehr bestimmt sind oder eingesetzt werden, und deren zulässiges Gesamtgewicht mindestens 12 Tonnen beträgt, eine Gebühr (Maut) zu entrichten ist. Nach § 3 Abs. 1 ABMG bestimmt sich die geschuldete Maut dabei nach der auf mautpflichtigen Bundesautobahnen zurückgelegten Strecke des Fahrzeugs oder der Fahrzeugkombination, nach der Anzahl der Achsen des Fahrzeugs oder der Fahrzeugkombination

333 Ausführlich zum rechtlichen Rahmen der Lkw-Maut in Deutschland S. *Walter*, Maut.
334 Vgl. dazu auch die Ausführungen bei *C. Leisinger*, Vertraulichkeit, S. 180.
335 Gesetz über die Erhebung von streckenbezogenen Gebühren für die Benutzung von Bundesautobahnen mit schweren Nutzfahrzeugen vom 05.04.2002, BGBl. I, S. 1234, außer Kraft seit dem 19.07.2011.

und nach der Emissionsklasse des Fahrzeugs. Für die Erhebung der Maut ist ausweislich § 4 Abs. 1 S. 1 ABMG das Bundesamt für Güterverkehr (BAG) zuständig; allerdings räumt Absatz 2 Satz 1 dieser Vorschrift der Behörde die Befugnis ein, die Errichtung und den Betrieb eines Systems zur Erhebung der Maut einem Privaten zu übertragen beziehungsweise diesen mit der Mitwirkung an ihrer Erhebung zu beauftragen.

Auf dieser Grundlage leitete das Bundesministerium für Verkehr, Bau- und Wohnungswesen (BMVBW) Ende 1999 ein Vergabeverfahren ein, das die Ausschreibung eines Dienstleistungsauftrags zur Beschaffung, Finanzierung, Errichtung und zum Betrieb eines Gebührenerhebungs- und Kontrollsystems für eine streckenbezogene Lkw-Maut auf Bundesautobahnen zum Gegenstand hatte.[336] Ausweislich dieser Ausschreibung sollten dem Auftragnehmer sämtliche mit der Planung, der Errichtung und dem Betrieb eines solchen Systems verbundenen Leistungen mit Ausnahme der genuin hoheitlichen Aufgaben übertragen werden, die sich im Zusammenhang mit der Durchführung von Kontrollen ergeben. Zudem sollte der Auftragnehmer die Planung und die Errichtung des Gesamtsystems selbst finanzieren und erst während der Betriebsphase eine leistungsabhängige Vergütung vom Auftraggeber erhalten.[337]

Das Vergabeverfahren war als Verhandlungsverfahren mit vorgeschaltetem Teilnahmewettbewerb ausgestaltet; den Zuschlag erhielt die Toll Collect GbR als ein aus drei Partnern (Telekom AG, Daimler Chrysler Services AG und Confiroute S.A.) bestehendes Konsortium.[338] Am 20.09.2002 kam es zum Abschluss des Betreibervertrags zwischen der Bundesrepublik Deutschland und diesem Konsortium.[339] Ursprünglich beabsichtigtes Laufzeitende des Vertrags war der 31.08.2015; im November 2014 kam es allerdings zwischenzeitlich zu einer Vertragsverlängerung

---

336 S. die Bekanntmachungen im Supplement zum ABlEG vom 05.01.2000 sowie im BABl. vom 22.12.1999, berichtigt am 05.01.2000, zitiert nach dem Beschluss der 2. Vergabekammer des Bundeskartellamts vom 04.09.2002, VK 2-58/02, S. 2; in diesem Verfahren vor dem Bundeskartellamt begehrte ein unterlegener Bieter die Nachprüfung der Vergabeentscheidung.

337 Die Ausschreibungsbedingungen finden sich geschildert im Beschluss der 2. Vergabekammer des Bundeskartellamts vom 04.09.2002, VK 2-58/02, S. 3.

338 Vgl. zum Ablauf des Vergabeverfahrens die Sachverhaltsdarstellungen im Beschluss der 2. Vergabekammer des Bundeskartellamts vom 04.09.2002, VK 2-58/02, S. 3 ff.; dazu auch *F. Schorkopf*, NVwZ 2003, 1471 f.

339 Ausschnitte dieses Vertrags sind im Internet unter der nachfolgenden Internetadresse einsehbar: S. die Internetquelle „Toll Collect".

um weitere drei Jahre.[340] Das Vertragswerk umfasst inklusive Anhängen mehrere tausend Seiten; nach Buchstabe T dieses Vertrags verpflichten sich die Parteien zu Vertraulichkeit.

Mit Verweis auf diese Vertraulichkeitsvereinbarung wurde zunächst sogar den Abgeordneten des Deutschen Bundestages der Zugang zum Betreibervertrag verwehrt, was für vielfältige Kritik sorgte.[341] Vor diesem Hintergrund sah sich der Abgeordnete *J. Tauss* veranlasst, seinen Zugang zum Betreibervertrag im Klagewege zu erstreiten; er stützte sich dabei auf einen Informationszugangsanspruch nach § 1 Abs. 1 S. 1 IFG. Allerdings wurde seine Klage mit Urteil des Verwaltungsgerichts Berlin vom 11.06.2008 abgewiesen.[342]

Von besonderem Interesse für die vorliegende Arbeit erweisen sich die Regelungen in Buchstabe V des Betreibervertrags, die sich mit der Streitbeilegung zwischen den Parteien befassen: Gemäß Buchstabe V1.1 S. 1 vereinbaren die Parteien die Bildung eines Schlichtungsausschusses, dessen Aufgabe nach Buchstabe V1.3 S. 2 des Vertrags darin besteht, im Falle seiner Anrufung den Parteien Vorschläge für die einvernehmliche Lösung ihrer Streitigkeiten zu unterbreiten.

Zudem treffen die Parteien in Buchstabe V2 S. 1 des Vertrags eine Schiedsvereinbarung, wonach sämtliche Streitigkeiten, die sich aus oder in Zusammenhang mit dem vorliegenden Vertrag ergeben, von einem Schiedsgericht nach § 173 VwGO und dem Zehnten Buch der Zivilprozessordnung unter Ausschluss des Rechtswegs endgültig zu entscheiden sind. Als Ort des schiedsrichterlichen Verfahrens legen die Parteien Berlin fest; anwendbar soll deutsches Recht sein.

Nach Buchstabe V1.5 des Vertrags ist eine Anrufung des Schiedsgerichts allerdings nur dann zulässig, wenn von Seiten der Parteien zuvor ein Schlichtungsverfahren gemäß Buchstabe V.1 durchgeführt worden ist (dies gilt nicht für Streitigkeiten, die sich aus oder in Zusammenhang mit der Kapitalintakthalteerklärung nach Anlage G.2 des Vertrags ergeben).

Bemerkenswert ist in diesem Zusammenhang der Verweis auf § 173 VwGO in Verbindung mit dem Zehnten Buch der Zivilprozessordnung in Buchstabe V2 des Vertrags, aus dem sich die öffentlich-rechtliche Ausgestaltung eines auf dieser Grundlage eingeleiteten Schiedsverfahrens ergibt.[343] Offensichtlich gehen

340 S. die Antwort der Bundesregierung auf die Kleine Anfrage der Bundestagsfraktion Bündnis90/Die Grünen u.a. vom 05.12.2014, BT-Drs. 18/3478, S. 2.

341 Vgl. *F. Schorkopf*, NVwZ 2003, 1471 ff.

342 VG Berlin, Urteil vom 11.06.2008 – VG 2 A 69.07.

343 Da § 173 S. 1 VwGO wiederum auf das 10. Buch der ZPO verweist, orientiert sich auch das verwaltungsrechtliche Schiedsverfahren freilich in erster Linie an den

die Vertragsparteien davon aus, dass es sich bei dem Betreibervertrag um einen öffentlich-rechtlichen Vertrag im Sinne des § 54 S. 1 VwVfG handelt.

Dabei begegnet eine solche Einordnung des Vertrags allerdings Bedenken: Alleine aus dem Umstand, dass es im Rahmen des Betreibervertrags um die Erledigung öffentlich-rechtlicher Aufgaben geht, folgt nach (wohl) herrschender Ansicht nicht dessen öffentlich-rechtlicher Charakter;[344] maßgeblich ist vielmehr, ob seine Regelungen schwerpunktmäßig ein öffentlich-rechtliches „Gepräge" aufweisen.[345]

Auch wenn die Parteien in Buchstabe D1 S. 2 HS 2 des Betreibervertrags eine Beleihung der Projektgesellschaft vereinbaren, dürfte sich die Ausgestaltung ihres Verhältnisses primär als die Kombination verschiedener privatrechtlich einzuordnender Elemente darstellen: So ist mit der Errichtung des Mautsystems ein konkretes Werk und damit eine vertragstypische Pflicht des Werkrechts geschuldet;[346] der Betrieb des Mautsystems ist hingegen als Dienstleistung oder Geschäftsbesorgung im Sinne des § 611 bzw. § 675 Abs. 1 BGB einzuordnen. Da der Schwerpunkt des Betreibervertrags hiernach (wohl) zivilrechtlich ist, wäre es folgerichtig gewesen, in der Schiedsvereinbarung lediglich auf das Schiedsverfahrensrecht der Zivilprozessordnung zu verweisen.[347]

Unabhängig von der Frage, ob es sich bei dem Betreibervertrag tatsächlich um einen öffentlich-rechtlichen oder einen privatrechtlichen Vertrag handelt, wird die Entscheidung der Parteien, ihr Schiedsverfahren an § 173 VwGO in Verbindung mit dem Zehnten Buch der Zivilprozessordnung auszurichten, jedoch von der Gestaltungsfreiheit gedeckt, über die sie bezüglich des schiedsrichterlichen Verfahrens verfügen.

Zwecks Vorhabenrealisierung gründete das Konsortium die Toll Collect GmbH als Projektgesellschaft. Ursprünglicher Termin für die Inbetriebnahme des Mautsystems sollte der 01.09.2003 sein, vergleiche Art. 1 Nr. 9 der Ergänzungsvereinbarung zum Betreibervertrag vom 14.11.2002.[348] Allerdings konnte die Maut aufgrund technischer Schwierigkeiten erst ab dem 01.01.2005 in technisch reduzierter Form vereinnahmt werden; bis das Mauterhebungssystem seine

Vorschriften der ZPO; dabei ist allerdings den Besonderheiten verwaltungsprozessualer Verfahren Rechnung zu tragen, s. dazu oben C.IV.1.a.bb., S. 34 ff.

344 Vgl. *J. Kühling/T. Schreiner*, ZJS 2011, 112 (113).

345 S. dazu oben C.IV.2., S. 40, sowie insbes. die Nachweise in Fn. 206.

346 Vgl. dazu *H.-P. Mansel*, in: Jauernig, BGB, § 631 BGB Rdnr. 1.

347 I.d.S. *C. Leisinger*, Vertraulichkeit, S. 180.

348 Die Ergänzungsvereinbarung kann auf der folgenden Internetseite eingesehen werden: S. die Internetquelle „Ergänzungsvereinbarung".

Arbeit mit voller Funktionalität aufnehmen konnte, dauerte es sogar noch ein weiteres Jahr. Infolge dieser Verzögerungen kam es zu Mindereinnahmen des Bundes in Milliardenhöhe;[349] diese verlangt er vom Betreiberkonsortium im Wege des Schadensersatzes ersetzt. Zudem macht der Bund Vertragsstrafen geltend.

Da sich die Parteien hinsichtlich der erhobenen Zahlungsansprüche[350] nicht einigen konnten, leitete der Bund im September 2004 ein Schiedsverfahren gegen die Toll Collect GbR und deren Konsorten Deutsche Telekom AG und Daimler Financial Services AG ein; die Toll Collect GmbH als Betreibergesellschaft des Mautsystems ist an diesem Schiedsverfahren selbst nicht beteiligt.[351] Das Verfahren findet vor einem mit drei Schiedsrichtern besetzten Spruchkörper statt; die erste mündliche Verhandlung wurde nach Auskunft der Bundesregierung in der Zeit vom 19. bis 24. Mai 2014 abgehalten.[352] Eine weitere mündliche Verhandlung wurde zwischen dem 29. September und 2. Oktober 2014 durchgeführt; bei dieser Gelegenheit ist laut Bundesregierung ein Zeuge vernommen und über die Voraussetzungen und Folgen einer Haftung aus Verschulden bei Vertragsschluss, die Schadensberechnung sowie die Bemessung von Vertragsstrafen gesprochen worden.[353]

Da der Bund zur Durchsetzung seiner Ansprüche einen Teil der Betreibervergütung zurückbehält, leitete die Toll Collect GmbH wiederum ihrerseits Ende 2006 ein weiteres Schiedsverfahren ein. Die erste mündliche Verhandlung dieses Verfahrens fand gleichsam in der Zeit vom 29. September bis 2. Oktober 2014 statt. Bei dieser Gelegenheit ist nach Auskunft der Bundesregierung über die Darlegungslast zur Höhe der Betreibervergütung der Toll Collect GmbH, die Einholung eines Gutachtens zur Sachverhaltsaufklärung, die Vergütungsrelevanz

---

349 S. die Antwort der Bundesregierung auf die schriftliche Frage des Abg. *D. Fischer* vom 26.06.2015, BT-Drs. 18/5455, S. 43; vgl. auch die Antwort der Bundesregierung auf die Kleine Anfrage der Bundestagsfraktion der FDP u.a. vom 16.02.2004, BT-Drs. 15/2531, S. 2.

350 Nach Auskunft der Bundesregierung vom 26.06.2015 beläuft sich der Forderungsbetrag des Bundes gegenüber den Schiedsbeklagten inkl. Zinsen mittlerweile auf 7,43 Mrd. Euro, s. die Antwort der Bundesregierung auf die schriftliche Frage des Abg. *D. Fischer* vom 26.06.2015, BT-Drs. 18/5455, S. 43.

351 S. die Antwort der Bundesregierung auf die schriftliche Frage des Abg. *D. Fischer* vom 26.06.2015, BT-Drs. 18/5455, S. 43.

352 Details zum Stand der beiden Schiedsverfahren können der Antwort der Bundesregierung auf die Kleine Anfrage der Bundestagsfraktion Bündnis 90/Die Grünen u.a. vom 05.12.2014, BT-Drs. 18/3478, S. 6 f., entnommen worden.

353 S. die Antwort der Bundesregierung auf die Kleine Anfrage der Bundestagsfraktion Bündnis 90/Die Grünen u.a. vom 05.12.2014, BT-Drs. 18/3478, S. 6.

einzelner Aufwendungen der Toll Collect GmbH, die Auslegung von Vergütungsvorschriften des Mautbetreibervertrags sowie die Verrechnung von Vertragsstrafenansprüchen des Bundes mit Ansprüchen der Toll Collect GmbH auf Betreibervergütung verhandelt worden.

Zum Stand März 2015 beliefen sich die von Seiten des Bundes für die Führung der beiden Schiedsverfahren aufgewendeten Kosten auf 144 Millionen Euro.[354] Betrachtet man zudem die beträchtliche Dauer der Schiedsverfahren, die zum Zeitpunkt der Erstellung dieser Arbeit noch im Gange waren,[355] dann zeigt sich, dass die Schiedsgerichtsbarkeit nicht in jedem Fall eine schnellere und kostengünstigere Alternative zur staatlichen Gerichtsbarkeit darstellt.[356] Allerdings kann im vorliegenden Zusammenhang gemutmaßt werden, dass zumindest die Schiedsbeklagten des ersten Verfahrens an einer schnellen Entscheidung des Konflikts auch gar nicht interessiert sind und sie dementsprechend eine Verzögerungstaktik verfolgen. Darauf deutet nicht zuletzt ein von der Beklagtenseite eingereichter Befangenheitsantrag gegen einen der Schiedsrichter hin. Nachdem das Schiedsgericht diesen Antrag abgelehnt hatte, versuchte die Beklagtenseite eine Beendigung des Schiedsrichteramtes wiederum im Wege des Antrags nach § 1037 Abs. 3 S. 1 HS 1 ZPO zu erreichen.[357] Auch dieser Antrag wurde – diesmal von Seiten des Verwaltungsgerichts Berlin – mit Beschluss vom 11.02.2010 abgelehnt.[358]

Die vorangehend getätigten Ausführungen lassen sich dahingehend zusammenfassen, dass es sich bei dem Vorhaben zur Einführung und zum Betrieb einer Lkw-Maut auf deutschen Autobahnen keineswegs um ein Musterbeispiel für eine gelungene ÖPP handelt. Aufgrund ihrer Dauer und der entstandenen Kosten erweisen sich auch die beiden in diesem Zusammenhang eingeleiteten Schiedsverfahren nicht als geeignet, um die Schiedsgerichtsbarkeit als Streitlösungsinstrument im Verhältnis zur öffentlichen Hand empfehlen zu können.

---

354 S. die Antwort der Bundesregierung auf die schriftliche Frage des Abg. *D. Fischer* vom 26.06.2015, BT-Drs. 18/5455, S. 44.

355 Einem aktuellen Medienbericht zufolge ist mit einem Ende der Schiedsverfahren nicht vor dem Jahr 2017 zu rechnen, s. den Artikel „Mit Tricks gegen den Bund" der Frankfurter Rundschau vom 30.09.2015, verfügbar im Internet unter der nachfolgenden Adresse: S. die Internetquelle „Frankfurter Rundschau"; vgl. auch die Antwort der Bundesregierung auf die schriftliche Frage des Abg. *D. Fischer* vom 26.06.2015, BT-Drs. 18/5455, S. 44.

356 Zum (vermeintlichen) Vorteil der Zeit- und Kostenersparnis der Schiedsgerichtsbarkeit vgl. unten E., S. 84.

357 S. zur Beendigung des Schiedsrichteramts im Wege des gerichtlichen Verfahrens *W. Voit*, in: Musielak/Voit, ZPO, § 1037 ZPO Rdnr. 5.

358 VG Berlin, Beschluss vom 11.02.2010 – 4 K 403.09(=SchiedsVZ 2010, 107 ff.).

3. *Der Fall der Berliner Wasserbetriebe (BWB)*

Auch von der Teilprivatisierung der BWB ist bekannt, dass es anlässlich dieser ÖPP zur Durchführung eines Schiedsverfahrens gekommen ist. Die Hintergründe dieses Verfahrens gestalten sich wie folgt:

Auf der Grundlage des am 29.04.1999 vom Berliner Abgeordnetenhaus beschlossenen Gesetzes zur Änderung des Berliner Betriebegesetzes, zur Teilprivatisierung der Berliner Wasserbetriebe und zur Änderung des Berliner Wassergesetzes[359] kam es zum Zwecke der Teilprivatisierung der BWB am 18.06.1999 zum Abschluss eines Konsortialvertrags zwischen dem Land Berlin und verschiedenen privaten Investoren (RWE Aqua GmbH, Compagnie Générale des Eaux Deutschland GmbH u.a.)[360].

Ausweislich der Nrn. 2 und 3 seiner Präambel sieht dieser Vertrag eine unmittelbare oder mittelbare Beteiligung dieser Unternehmen über 49,9 % der Anteile an der BWB Beteiligungs AG an den BWB und an den von diesen gehaltenen Beteiligungen vor. In § 43.1 des Konsortialvertrags verpflichten sich die Parteien weiterhin zu Vertraulichkeit; auch in diesem Zusammenhang kam es zu Kritik, die in einen Volksentscheid über das Gesetz betreffend die Offenlegung der im Zusammenhang mit der Privatisierung der Berliner Wasserbetriebe geschlossenen Verträge mündete.[361]

§ 44 des Konsortialvertrags regelt die Streitlösung zwischen den Parteien: Nach § 44.2 S. 1 sollen alle Streitigkeiten, die sich im Zusammenhang mit oder aus diesem Vertrag und den anderen in diesem Vertrag genannten Verträgen ergeben, inklusive Streitigkeiten über die Gültigkeit der Schiedsklausel durch ernsthaftes und nachhaltiges Bemühen einer gütlichen Einigung zugeführt werden.

Für den Fall, dass eine gütliche Einigung der Parteien nicht möglich ist, sieht § 44.2 S. 2 des Konsortialvertrags außerdem die Entscheidung der Streitigkeiten

---

359 GVBl. Berlin, S. 183; der Verfassungsgerichtshof des Landes Berlin erklärte mit Urteil vom 21.10.1999, VerfGH 42/99(=NVwZ 2000, 794 ff.), Teile dieses Gesetzes für nichtig.

360 Der Konsortialvertrag ist auf der Internetseite der Berliner Senatsverwaltung für Finanzen veröffentlicht: S. die Internetquelle „Konsortialvertrag".

361 Nach vorheriger Weigerung verpflichtete der Verfassungsgerichtshof des Landes Berlin den Berliner Senat mit Urteil vom 06.10.2009 - VerfGH 63/08(=BeckRS 2009, 39588), zur Durchführung des auf den Erlass dieses Gesetzes gerichteten Volksbegehrens; im späteren Volksentscheid wurde das Gesetz von den Berliner Bürgern angenommen; es erging daher später als Gesetz für die vollständige Offenlegung von Geheimverträgen zur Teilprivatisierung der Berliner Wasserbetriebe vom 04.03.2011, GVBl. Berlin, S. 82.

für alle Beteiligten gemäß der in Anlage 44.2 des Konsortialvertrags enthaltenen Schiedsvereinbarung unter Ausschluss des ordentlichen Rechtswegs vor. Zutreffend trägt der Hinweis auf den Ausschluss des ordentlichen Rechtswegs dem Umstand Rechnung, dass die Verträge zur Teilprivatisierung der BWB dem Privatrecht zuzuordnen sind.

Die in Anlage 44.2 enthaltene Schiedsvereinbarung enthält wiederum umfangreiche Regelungen zur Durchführung des schiedsrichterlichen Verfahrens: So werden die Zuständigkeit (§ 1) sowie die Zusammensetzung und Anrufung (§ 2) des Schiedsgerichts hier geregelt. Zudem finden sich Vorgaben für das Verfahren (§ 3) und die Kosten des Verfahrens (§ 4).

Auf der Grundlage dieser Schiedsvereinbarung leitete die Beteiligungsgesellschaft der Investoren ein Schiedsverfahren gegen das Land Berlin ein. Nach Auskunft der Landesregierung verfolgte die Beteiligungsgesellschaft mit ihrer auf § 23.7 des Konsortialvertrags gestützten Klage das Ziel, die Zustimmung des Landes Berlin zu einer Berechnung des durch das Land Berlin zu zahlenden Ausgleichsbetrags für angebliche wirtschaftliche Nachteile der privaten Investoren aufgrund der vom Verfassungsgerichtshof des Landes Berlin festgestellten Teilnichtigkeit[362] des ursprünglichen Teilprivatisierungsgesetzes zu erwirken;[363] die Klägerin habe behauptet, ihr stünde insoweit ein Ausgleichsanspruch in Höhe von bis zu 340 Millionen Euro zu.

Der Streitwert dieses Verfahrens betrug nach Auskunft des Berliner Senats 60 Millionen Euro. Auch hier wurde gemäß § 2 Abs. 1 S. 1 des Anhangs 44.2 des Konsortialvertrags wieder vor einem mit drei Schiedsrichtern besetzten Spruchkörper verhandelt. Aufgrund öffentlichen Drucks kam es zwischenzeitig zu einer Rekommunalisierung der BWB. In diesem Zusammenhang vereinbarten das Land Berlin und die Investoren eine einvernehmliche Beendigung des Schiedsverfahrens.[364]

---

362 S. oben Fn. 359.

363 Diese und weitere Informationen zu dem betreffenden Schiedsverfahren können der Antwort des Berliner Senats auf die Kleine Anfrage des Abg. *D. Buchholz* vom 28.12.2011, BerlAbgH-Drs. 17/10046, entnommen werden.

364 Vgl. die Mitteilung der Berliner Senatsverwaltung für Finanzen auf der folgenden Internetseite: S. die Internetquelle „Mitteilung“; s. auch Nr. 13.4.2 des Unternehmenskaufvertrags betreffend einen fünfzigprozentigen Anteil an der RWE-Veolia Berlinwasser Beteiligungs GmbH zwischen dem Land Berlin und der Veolia Wasser GmbH sowie der Veolia Environnement S.A. vom 02.12.2013; der Vertrag kann auf der folgenden Internetseite eingesehen werden: S. die Internetquelle „Konsortialvertrag“.

4. Zusammenfassung

Die beiden vorangehend untersuchten Beispiele haben gezeigt, dass es auf Bundes- und Landesebene bei der Realisierung von Großprojekten im Wege der ÖPP ebenfalls zu einem Rückgriff auf die Schiedsgerichtsbarkeit gekommen ist. Eine Analyse der Projektverträge von insgesamt 21 zum Teil kleiner ÖPP auf Kommunal- und Landesebene hat zudem ergeben, dass in rund der Hälfte aller Vorhaben eine Schiedsvereinbarung getroffen wurde. Abgesehen von einer Ausnahme haben die Vertragsparteien jedoch auch in den übrigen Fällen nicht auf die Einbeziehung alternativer Streitlösungsmechanismen in die Projektverträge verzichtet. Auffallend ist zudem, dass die Parteien für den Streitfall nur selten einen Ansatz der Konfliktbewältigung isoliert wählen, sondern regelmäßig eine Kombination verschiedener ADR-Methoden vorsehen, die innerhalb eines Stufen- oder Alternativitätsverhältnisses zueinander stehen.

Es stellt sich die Frage, welche Schlussfolgerungen aus diesem Ergebnis für die Verbreitung der Schiedsgerichtsbarkeit im Verhältnis zur öffentlichen Hand gezogen werden können: Insoweit ist zunächst darauf hinzuweisen, dass die Anzahl der untersuchten Fälle selbstverständlich nicht ausreichen kann, um eine empirisch abgesicherte Aussage treffen zu können; weil nur die wenigsten ÖPP-Verträge frei verfügbar sind, kann dieses Ziel auch schwerlich erreicht werden. Vor diesem Hintergrund überrascht die These *J. Wolffs*, Schiedsvereinbarungen gehörten zum „Standard“[365] in ÖPP; auf welche Belege sie sich dabei stützt, lässt sie leider offen.

Jenseits solch unbelegter und wohl unbelegbarer Aussagen kann auf der Grundlage der vorangehend getroffenen Feststellungen jedoch gesagt werden, dass durchaus bestimmte Anhaltspunkte dafür existieren, dass die Schiedsgerichtsbarkeit auch im Verhältnis zur öffentlichen Hand unlängst einen Bedeutungszuwachs verzeichnen konnte. Diese Feststellung lässt sich allerdings nicht auf das Schiedsverfahren beschränken, sondern ist gleichsam auch auf andere Methoden der alternativen Konfliktbewältigung wie die Mediation, Schlichtung etc. zu erweitern.

Legt man nur die vorliegend betrachteten ÖPP zugrunde, dann muss das Fazit dieser Untersuchung dementsprechend und in Anspielung auf *J. Wolff* lauten, dass alternative Streitlösungsmechanismen insgesamt zum „Standard“ in ÖPP gehören.

---

365 *J. Wolff*, NVwZ 2012, 205.

E. Gründe für die Wahl der Schiedsgerichtsbarkeit

Es stellt sich die Frage, welche Gründe als ausschlaggebend für den konstatierten Bedeutungszuwachs schiedsrichterlicher Streitlösungsmechanismen im Rahmen von Rechtsverhältnissen zu betrachten sind, an denen der Staat als Partei beteiligt ist.

Vielfach wird den Schiedsgerichten dabei der Vorteil beigemessen, schneller und kostengünstiger als staatliche Gerichte zu arbeiten.[366] In dem Bestreben, ihre Konflikte zügig und preiswert entscheiden zu lassen, dürfte für die meisten Parteien dementsprechend auch das Motiv zu erblicken sein, sich für den Abschluss einer Schiedsvereinbarung zu entscheiden.[367] Die öffentliche Hand mag insoweit keine Ausnahme darstellen. Positiv wird im Schrifttum außerdem die Flexibilität hervorgehoben, die sich den Parteien bei der Gestaltung des schiedsrichterlichen Verfahrens eröffne.[368]

Nachfolgend könnte noch eine ganze Reihe weiterer Vorzüge aufgezählt werden, die dieser Form der Konfliktbewältigung – zum Teil vielfach bestritten – allgemein zugeschrieben wird.[369] Weil sich damit allerdings bereits eine Vielzahl von Beiträgen im Schrifttum befasst, soll diesen „allgemeinen“ Motiven für die Wahl der Schiedsgerichtsbarkeit an dieser Stelle nicht weiter nachgegangen werden. Stattdessen sollen im Folgenden solche Erklärungsansätze diskutiert werden, die sich im Speziellen mit den Gründen für die Wahl der Schiedsgerichtsbarkeit im Staat-Gewaltunterworfenen-Verhältnis auseinandersetzen.

---

366 S. BGH, Urteil vom 12.11.1990 – II ZR 249/89[=NJW-RR 1991, 423 (424)]; *H. Bietz*, NZBau 2003, 177 f.; *H. Horn/A. Peters*, BB 2005, 2421 (2426); *K. Schwab/G. Walter*, Schiedsgerichtsbarkeit, Kap. 1 Rdnr. 8.

367 Ob sich das Schiedsverfahren gegenüber der staatlichen Gerichtsbarkeit tatsächlich als zügiger darstellt, ist indes umstr., vgl. dazu *J.-P. Lachmann*, Hdb. Schiedsgerichtspraxis, Rdnrn. 155 ff.; das Gleiche gilt für das Thema der Kostenvorteile dieses Streitlösungsmechanismus, vgl. zur Relativität des Kostenvorteils in der Schiedsgerichtsbarkeit *R. Kreindler/J. Schäfer/R. Wolff*, Schiedsgerichtsbarkeit, Rdnr. 12.

368 S. *J.-P. Lachmann*, Hdb. Schiedsgerichtspraxis, Rdnr. 140; *J. Münch*, in: Rauscher/Krüger, MüKo ZPO, Bd. 3, Vor §§ 1025 ff. ZPO Rdnr. 97; *H. Prütting*, AnwBl 2015, 546 (548); *K. Schwab/G. Walter*, Schiedsgerichtsbarkeit, Kap. 1 Rdnr. 8.

369 Vgl. dazu *F. Brosius-Gersdorf*, VVDStRL 74, 169 (173 ff.).

I. Schiedsgerichtsbarkeit als Instrument zur Bewältigung politischer Risiken

Aus Sicht der Gewaltunterworfenen betrachtet *S. Schill* die Schiedsgerichtsbarkeit als Instrument zur Bewältigung von Risiken, die sich daraus ergäben, dass die mit Hoheitsrechten ausgestattete Verwaltung Vertragspartnerin sei und kein Privater.[370] Als mögliche Beispiele für die Realisierung eines solchen Risikos benennt *S. Schill* den Gesetzgeber, der das vertragliche Gleichgewicht dadurch störe, dass er das zugrunde liegende Recht ändere[371] beziehungsweise die Verwaltung, die im Zusammenhang mit der Vorhabenrealisierung hoheitliche Entscheidungen zulasten des Privaten treffe.

Insbesondere ausländische Investoren hegten laut *S. Schill* zudem Zweifel an der Neutralität staatlicher Gerichte, wenn es darum gehe, Entscheidungen zulasten des öffentlichen Interesses zu fällen.[372] Gänzliche Neutralität des Spruchkörpers sei gegenüber ausländischen Investoren nur dann zu erreichen, wenn sich die öffentliche Hand der Streitbeilegung durch externe Institutionen unterwerfe. Bestehe für Investoren kein Zugang zur Schiedsgerichtsbarkeit, dann würden Risiken, die die staatliche Gerichtsbarkeit in sich berge,[373] eingepreist. Vor diesem Hintergrund gelangt *S. Schill* zu dem Fazit, dass der deutsche Staat die öffentlich-rechtliche Schiedsgerichtsbarkeit zulassen müsse, wenn er bestimmte Kooperationsgewinne durch ÖPP erzielen wolle.

S. Schills Überlegungen überzeugen nicht, denn sie stellen zu einseitig auf die vermeintlichen Nachteile der öffentlichen Hand als Kooperationspartnerin ab; insbesondere übergeht die vorgetragene Argumentation, dass es sich beim deutschen Staat in Wirklichkeit um einen höchst attraktiven Auftraggeber handelt, für den praktisch kein Ausfallrisiko besteht.

Aufgrund der vielfältigen, rechtsstaatlich gebotenen Sicherungsinstrumente erscheint es zudem abseitig, dass in Deutschland (unter der Herrschaft des Grundgesetzes) eine virulente Gefahr dafür besteht, dass es zu der von *S. Schill* geschilderten Benachteiligung privater (insbesondere ausländischer) Investoren kommt; dies dürfte auch Letzteren durchaus bewusst sein. Als Ausnahme mag

370 *S. Schill*, DÖV 2010, 1013 (1015 f.); vgl. auch *O. Mader*, VergabeR 2004, 436 (441).

371 Ähnlich *K.-H. Böckstiegel*, SchiedsVZ 2016, 121 (124).

372 S. auch *H. Bubrowski*, Investitionsschiedsverfahren, S. 1.

373 Hierzu zählt *S. Schill*, DÖV 2010, 1013 (1015), auch die Starrheit und Dauer der Verwaltungsgerichtsbarkeit.

insoweit der jählings im Jahr 2011 eingeleitete endgültige Ausstieg aus der zivilen Nutzung der Kernenergie gelten.[374]

II. Schiedsgerichtsbarkeit als kooperative Art der Konfliktbewältigung

C. Brechtel betrachtet die Schiedsgerichtsbarkeit als eine Art kooperativen Ansatz, der sich im Vergleich zur staatlichen Gerichtsbarkeit als weniger konfrontativ darstelle.[375] Da auch die Zusammenarbeit im Rahmen von Projekten der ÖPP auf kooperatives Zusammenwirken ausgerichtet sei, biete sich der Abschluss einer Schiedsvereinbarung gerade in diesem Zusammenhang an.[376]

Dabei gilt es jedoch zu berücksichtigen, dass es sich auch bei einem Schiedsverfahren um einen „Rechtsstreit, also ein streitiges Verfahren"[377] handelt. Die Einleitung eines Schiedsverfahrens lässt sich damit aus Sicht der gegnerischen Partei genauso als „Kriegserklärung"[378] werten wie die Erhebung der Klage bei einem staatlichen Gericht.

Geht es den Parteien also in erster Linie darum, ihren Konflikt einer einvernehmlichen Lösung zuzuführen, dann erweisen sich andere Streitlösungsmechanismen wie die Mediation oder die Schlichtung hierfür sicherlich als geeigneter.[379]

III. Schiedsgerichtsbarkeit als konsequente Weiterführung der Vertraulichkeit von ÖPP-Verträgen

Nach *J. Wolff* unterfallen sämtliche Vertragsinhalte von ÖPP üblicherweise einer Vertraulichkeitsvereinbarung.[380] Diese Geheimhaltung sei gefährdet, wenn

---

374 Kritisch dazu *M. Schröder*, NVwZ 2013, 105 ff.

375 *C. Brechtel*, Gesellschaftsmodell, S. 190; auch *J.-P. Lachmann*, Hdb. Schiedsgerichtspraxis, Rdnrn. 167 ff., weist darauf hin, dass die Schiedsgerichtsbarkeit günstigere Bedingungen für eine gütliche Einigung der Parteien biete als die staatliche Gerichtsbarkeit: So verfüge das Schiedsgericht etwa über mehr Zeit, die es den Parteien für Vergleichsverhandlungen einräumen könne; vgl. auch *D. Bechte*, ZJS 2011, 307 (308); *H. Kahlert*, Vertraulichkeit, S. 59 f.; *O. Mader*, VergabeR 2004, 436 (442); *H. Prütting*, AnwBl 2015, 546 (548).

376 I.d.S. *C. Brechtel*, Gesellschaftsmodell, S. 190.

377 *J.-P. Lachmann*, Hdb. Schiedsgerichtspraxis, Rdnr. 1697.

378 *J.-P. Lachmann*, Hdb. Schiedsgerichtspraxis, Rdnr. 68.

379 Auch ein Rückgriff hierauf steht der öffentlichen Hand prinzipiell offen, vgl. dazu das 5. und 6. Kap. bei *C. Stumpf*, Streitbeilegung.

380 *J. Wolff*, NVwZ 2012, 205 (206); zustimmend *J. Kühling/T. Schreiner*, ZJS 2011, 112 (120); *C.-F. Waßmuth*, IR 2012, 317 f.; kritisch zur Vertraulichkeit des zwischen

es zu Streitigkeiten zwischen den Beteiligten komme, die im Rahmen einer öffentlichen Gerichtsverhandlung ausgetragen würden.[381] Weil Schiedsverfahren demgegenüber „grundsätzlich hinter verschlossenen Türen“[382] stattfänden, betrachtet *J. Wolff* den Abschluss einer Schiedsvereinbarung als konsequente Weiterführung dieser Vertraulichkeit.[383]

Diese Argumentation lässt unberücksichtigt, dass es auch in der staatlichen Gerichtsbarkeit bestimmte Vorkehrungen gibt, die zum Schutze vertraulicher Daten ergriffen werden können. Welche Maßnahmen dies sind, und wie vertraulich die Schiedsgerichtsbarkeit im Vergleich zur staatlichen Gerichtsbarkeit tatsächlich ist, soll ausführlich im zweiten Teil dieser Arbeit behandelt werden.[384]

IV. Zwischenergebnis

Ob die Schiedsgerichtsbarkeit den im Verhältnis zur staatlichen Gerichtsbarkeit schnelleren, kostengünstigeren, vertraulicheren und damit vorzugswürdigen Streitlösungsmechanismus darstellt, ist und bleibt umstritten. Weil sich für beide Instrumente Vor- und Nachteile finden lassen, gibt es wohl keinen Grund, der zwangsläufig für die Wahl der einen oder anderen Konfliktlösungsmethode spricht. Die zunehmende Bedeutung der Schiedsgerichtsbarkeit auch für Rechtsverhältnisse, an denen die öffentliche Hand als Partei beteiligt ist, dürfte damit am ehesten dem „Zeitgeist“, privatwirtschaftlichen Vorbildern sowie den Ratschlägen ihrer juristischen Berater geschuldet sein.

F. Verfassungsrechtlicher Rahmen

Im Rahmen der vorliegenden Arbeit konnte ein Bedeutungszuwachs der Schiedsgerichtsbarkeit im Verhältnis zur öffentlichen Hand – insbesondere anlässlich von ÖPP – aufgezeigt werden.[385] Bislang ungeklärt geblieben ist jedoch die Frage, ob sich diese Entwicklung in Einklang mit den verfassungsrechtlichen

---

der Bundesrepublik Deutschland und dem Betreiberkonsortium der Toll-Collect-GmbH geschlossenen Maut-Konzessionsvertrags *F. Schorkopf*, NVwZ 2003, 1471 ff.; zu den Informationsansprüchen der Öffentlichkeit hinsichtlich ÖPP nach dem IFG *A. Bäuml*, IR 2012, 314 ff.

381 So *J. Wolff*, NVwZ 2012, 205 (206).

382 *J. Wolff*, NVwZ 2012, 205 (206).

383 *J. Wolff*, NVwZ 2012, 205 (206).

384 S. dazu unten ab S. 109.

385 S. oben D.II., S. 52 ff.

Maßstäben vollzogen hat, in denen sich das Verhalten der öffentlichen Hand zu bewegen hat.

Nach hier vertretener Auffassung ist in diesem Zusammenhang zwischen drei Gesichtspunkten zu differenzieren: Der erste Gesichtspunkt ist allgemeiner Natur und betrifft die Frage, ob die Existenz schiedsrichterlicher Streitlösungsmechanismen neben der staatlichen Gerichtsbarkeit *per se*, also unabhängig von der Teilnahme des Staates an einem solchen Verfahren, sich als verfassungsrechtlich zulässig erweist. Weil sie mittlerweile als weitgehend geklärt gelten kann, soll ihre Behandlung in der gebotenen Kürze erfolgen.

Zweitens ist zu prüfen, ob sich auch die öffentliche Hand in verfassungsrechtlich zulässiger Weise als Partei an Schiedsverfahren beteiligen darf. Kann dies ebenfalls positiv beantwortet werden, ist drittens zu untersuchen, welchen Anforderungen mit Blick auf die Verfahrensgestaltung die Schiedsgerichtsbarkeit konkret genügen muss, damit die Teilnahme des Staates hieran in Einklang mit der Verfassung steht. Dem Grundgesetz werden in dieser Hinsicht von Seiten des rechtswissenschaftlichen Schrifttums insbesondere Transparenzanforderungen entnommen, denen die entsprechenden Schiedsverfahren zu genügen hätten.

Der vorliegende Abschnitt befasst sich dabei mit den beiden zuerst genannten Gesichtspunkten; hingehen wird der Frage der Transparenz eigens der zweite Teil dieser Arbeit gewidmet.

I. Verfassungsrechtliche Zulässigkeit der Schiedsgerichtsbarkeit *per se*

1. *Verstoß gegen das staatliche Rechtsprechungsmonopol nach Art. 92 GG?*

Art. 92 GG normiert das staatliche Rechtsprechungsmonopol: Nach dieser Vorschrift ist die rechtsprechende Gewalt den Richtern anvertraut und wird durch das Bundesverfassungsgericht, die im Grundgesetz vorgesehenen Bundesgerichte sowie die Gerichte der Länder ausgeübt.[386]

Es stellt sich die Frage, ob die Schiedsgerichtsbarkeit hiergegen verstößt. Dies setzt erstens voraus, dass sich die Schiedsgerichtsbarkeit selbst nicht unter Art. 92 HS 1 GG subsumieren lässt; ob dies möglich ist, hängt maßgeblich von der Auslegung der beiden in dieser Vorschrift verwendeten Begriffe „rechtsprechende

386 Vgl. dazu *H.-J. Papier*, IWRZ 2016, 14.

Gewalt“ und „Richter“ ab.[387] Sollte eine entsprechende Subsumtion nicht in Betracht kommen, so ist zweitens erforderlich, dass sich das staatliche Rechtsprechungsmonopol auch gegen die Schiedsgerichtsbarkeit als Form der privaten Konfliktbewältigung wendet.

a. Rechtsprechende Gewalt im Sinne von Art. 92 HS 1 GG

Der Begriff der rechtsprechenden Gewalt wird innerhalb des Grundgesetzes einmalig in Art. 92 HS 1 GG erwähnt; bezogen auf die richterliche Tätigkeit findet ansonsten – nach herrschender Meinung als Synonym[388] – die Bezeichnung der „Rechtsprechung“ Verwendung, ohne dass jedoch eine ausdrückliche Definition für einen dieser beiden Begriffe von der Verfassung selbst bereitgestellt wird.[389] Klar ist jedenfalls, dass eine Tätigkeit nicht schon deshalb als Rechtsprechung anzusehen ist, weil ein Gericht sie ausübt;[390] vielmehr existiert eine Reihe exekutiver Aufgaben, die ebenfalls von Seiten der Gerichte wahrgenommen wird.[391]

Auch in der Verfassungsrechtsprechung ist – wie das Bundesverfassungsgericht selbst einräumt – bislang nicht abschließend geklärt worden, was unter Rechtsprechung im Sinne des Art. 92 HS 1 GG zu verstehen ist.[392] Das Gericht nimmt insoweit vielmehr eine einzelfallbezogene Betrachtung anhand formeller, materieller sowie funktionaler Kriterien vor; diesbezüglich führt es aus:

> „Ob die Wahrnehmung einer Aufgabe als Rechtsprechung im Sinne von Art. 92 GG anzusehen ist, hängt wesentlich von verfassungsrechtlichen Vorgaben sowie von traditionellen oder durch den Gesetzgeber vorgenommenen Qualifizierungen ab (…) Um Rechtsprechung in einem materiellen Sinn handelt es sich, wenn bestimmte hoheitsrechtliche Befugnisse bereits durch die Verfassung Richtern zugewiesen sind oder es sich von der Sache her um einen traditionellen Kernbereich der Rechtsprechung handelt (…) Daneben ist rechtsprechende Gewalt im Sinne des Art. 92 GG auch dann gegeben, wenn der Gesetzgeber für einen Sachbereich, der nicht schon materiell dem Rechtsprechungsbegriff unterfällt, eine Ausgestaltung wählt, die bei funktioneller Betrachtung nur der rechtsprechenden Gewalt zukommen kann. In funktioneller Hinsicht handelt es sich – ungeachtet des jeweiligen sachlichen Gegenstandes – um Rechtsprechung, wenn der Gesetzgeber ein gerichtsförmiges Verfahren hoheitlicher Streitbeilegung vorsieht und den dort zu treffenden Entscheidungen eine Rechtswirkung verleiht, die nur

387 So *K. Möller*, Schiedsgerichtsbarkeit, S. 67.

388 S. *S. Detterbeck*, in: Sachs, GG, Art. 92 GG Rdnr. 4; *C. Hillgruber*, in: Maunz/Dürig, GG, Bd. 6, Art. 92 GG Rdnr. 18; a.A. *K. Möller*, Schiedsgerichtsbarkeit, S. 69.

389 Vgl. *C. Hillgruber*, in: Maunz/Dürig, GG, Bd. 6, Art. 92 GG Rdnr. 18.

390 S. *F. Hesselbarth*, Schiedsgerichtsbarkeit, S. 58.

391 Vgl. *S. Detterbeck*, in: Sachs, GG, Art. 92 GG Rdnrn. 13 f.

392 BVerfGE 103, 111 (136).

unabhängige Gerichte herbeiführen können. Zu den wesentlichen Begriffsmerkmalen der Rechtsprechung in diesem Sinne gehört das Element der Entscheidung, der letztverbindlichen, der Rechtskraft fähigen Feststellung und des Ausspruchs dessen, was im konkreten Fall rechtens ist (...) Nach Art. 92 GG ist es Aufgabe der Gerichte, Rechtssachen mit verbindlicher Wirkung zu entscheiden, und zwar in Verfahren, in denen durch Gesetz die erforderlichen prozessualen Sicherungen gewährleistet sind und der verfassungsrechtlich geschützte Anspruch auf rechtliches Gehör besteht (...) Kennzeichen rechtsprechender Tätigkeit ist daher typischerweise die letztverbindliche Klärung der Rechtslage in einem Streitfall im Rahmen besonders geregelter Verfahren."[393]

In der Lehre wird überwiegend ein materielles Verständnis von Rechtsprechung vertreten: Sie stelle „die verbindliche Streitentscheidung durch einen neutralen Dritten anhand der Maßstäbe des Rechts"[394] dar. Regelmäßig wird diese Begriffsdefinition zudem um formelle und funktionale Elemente ergänzt.[395]

Legt man das bundesverfassungsgerichtlich vertretene sowie in der Lehre vorherrschende Begriffsverständnis zugrunde, so stellt die Schiedsgerichtsbarkeit nach beiden Ansichten Rechtsprechung im Sinne von Art. 92 GG dar: Zwar findet die private Schiedsgerichtsbarkeit – anders als die zwischenstaatliche Schiedsgerichtsbarkeit in Art. 24 Abs. 3 GG – im Grundgesetz keine ausdrückliche Erwähnung.

Allerdings besteht die Aufgabe der Schiedsgerichte, deren Entscheidungen ausweislich § 1055 ZPO über die Wirkungen eines rechtskräftigen Urteils verfügen,[396] darin, Rechtsschutz zu gewähren, indem sie die ihnen von den Parteien unterbreiteten Rechtsstreitigkeiten verbindlich und unparteiisch entscheiden.[397] Dies ist als klassische Funktion der Gerichtsbarkeit zu betrachten.[398]

---

393 BVerfGE 103, 111 (137); ähnlich *P. Badura*, StaatsR, H Rdnr. 2; ausführlich zum Begriff der rechtsprechenden Gewalt in der Rspr. des BVerfG *C. Hillgruber*, in: Maunz/Dürig, GG, Bd. 6, Art. 92 GG Rdnrn. 31 ff.

394 *K. Möller*, Schiedsgerichtsbarkeit, S. 73; i.d.S. *M. Bäumerich*, SchiedsVZ 2015, 237 (240); *C. Classen*, in: Mangoldt/Klein/Starck, GG, Bd. 3, Art. 92 GG Rdnrn. 10 ff.; *W. Meyer*, in: Münch/Kunig, GG, Bd. 2, Art. 92 GG Rdnr. 19; s. auch *G. Morgenthaler*, in: Epping/Hillgruber, BeckOK GG, Art. 92 GG Rdnrn. 4 f.; vgl. *D. Hömig*, in: Hömig/Wolff, GG, Art. 92 GG Rdnr. 2; differenzierend zwischen der ordentlichen Gerichtsbarkeit (materieller Rechtsprechungsbegriff) und der Verwaltungsgerichtsbarkeit (funktionaler Rechtsprechungsbegriff) *C. Hillgruber*, in: Maunz/Dürig, GG, Bd. 6, Art. 92 GG Rdnrn. 45 ff.

395 So bspw. *P. Badura*, StaatsR, H Rdnr. 2; *S. Detterbeck*, in: Sachs, GG, Art. 92 GG Rdnrn. 9 ff.

396 S. oben A.I.4., S. 13.

397 S. oben A.I.3./5., S. 12/13 f.

398 S. BVerfGE 22, 49 (78); *R. Stober*, NJW 1979, 2001 (2003).

Die Entscheidungsfindung erfolgt dabei innerhalb eines gerichtsfömig ausgestalteten Verfahrens, das sich in Deutschland maßgeblich nach den Vorgaben des Zehnten Buchs der Zivilprozessordnung richtet.[399] Diese Vorschriften stellen ebenfalls sicher, dass von Seiten der Schiedsgerichte gewisse rechtsstaatliche Mindeststandards (zum Beispiel: Grundsatz des rechtlichen Gehörs) eingehalten werden, die in jedem gerichtlichen Verfahren zwingend zu berücksichtigen sind.[400] Damit bildet die Schiedsgerichtsbarkeit ein funktionales Äquivalent zur staatlichen Gerichtsbarkeit und erweist sich als potentiell geeignet, um in Konkurrenz zur staatlichen Gerichtsbarkeit zu treten.[401]

b. Richter im Sinne des Art. 92 HS 1 GG

Ein Verstoß gegen Art. 92 HS 1 GG kommt allerdings nur dann in Betracht, wenn Schiedsrichter nicht als Richter im Sinne des Art. 92 HS 1 GG anzusehen wären.[402] Obwohl der Begriff des Richters nicht im Grundgesetz definiert wird, lässt sich anhand der Vorschriften des IX. Abschnitts ein zur weiteren Verwendung brauchbares Bild des grundgesetzlichen Begriffsverständnisses konstruieren;[403] aufschlussreich sind in diesem Zusammenhang vor allem die Artt. 95 Abs. 2, 96 Abs. 2 S. 5, 97 und 98 GG: So regelt Art. 95 Abs. 2 GG die Berufung der Richter durch den für das jeweilige Sachgebiet zuständigen Bundesminister zusammen mit einem Richterwahlausschuss. Aus Art. 96 Abs. 2 S. 5 GG ergibt sich weiterhin, dass es sowohl haupt- als auch nebenamtliche Richter geben kann; die hauptamtlichen Richter müssen dabei die Befähigung zum Richteramt besitzen.[404]

Art. 97 GG normiert wiederum die richterliche Unabhängigkeit, und zwar in sachlicher (Absatz 1) sowie persönlicher (Absatz 2) Hinsicht.[405] Sie bildet die Prämisse unparteilicher und sachlicher Rechtsprechung.[406] Insbesondere die grundgesetzlichen Vorgaben zur Entlassung, Enthebung und Versetzung nach Artt. 97 Abs. 2 und 98 Abs. 2 GG deuten in diesem Zusammenhang an, dass sich eine solche Unabhängigkeit auf Dauer nur dann erreichen lässt, wenn es zu einer Einbindung der Richterschaft als verfassungsunmittelbares Organ der

399 Vgl. insoweit oben C.IV.1.a.bb., S. 34 ff.
400 S. dazu oben A.I.5., S. 13 f.
401 S. *K. Möller*, Schiedsgerichtsbarkeit, S. 75.
402 Vgl. *K. Möller*, Schiedsgerichtsbarkeit, S. 75 f.
403 Dieses Vorgehen wählt ebenfalls *S. Detterbeck*, in: Sachs, GG, Art. 92 GG Rdnr. 25.
404 Vgl. BVerfGE 26, 186 (201 f.).
405 S. *D. Hömig*, in: Hömig/Wolff, GG, Art. 97 GG Rdnr. 1.
406 So *C. Hillgruber*, in: Maunz/Dürig, GG, Bd. 6, Art. 97 GG Rdnr. 2.

Rechtspflege in den staatlichen Organisationszusammenhang kommt.[407] Dementsprechend gelangt das Bundesverfassungsgericht zu dem Schluss, dass die rechtsprechende Gewalt nach Art. 92 GG einzig von staatlichen Gerichten ausgeübt werden kann.[408] Ein Gericht sei als staatlich anzusehen, wenn seine Bindung in personeller Hinsicht an den Staat gewährleistet sei; dies erfordere die Mitwirkung des Staates bei der Berufung der Richter.[409]

Aus dem zuvor Gesagten folgt, dass Schiedsrichter nicht als Richter im Sinne des Art. 92 GG zu betrachten sind.[410] Daran ändert auch eine gegebenenfalls erfolgende Mitwirkung staatlicher Gerichte bei ihrer Bestellung nichts (vergleiche § 1035 Abs. 3 S. 1 ZPO), weil der insoweit ausgewählte Schiedsrichter hierdurch nicht zum staatlichen Richter mutiert.[411] Nicht anders ist die Bestellung eines staatlichen Richters zum Schiedsrichter in einem nicht-staatlichen Schiedsverfahren zu beurteilen, da seine Entscheidungsmacht in diesem Rahmen nicht hoheitlich begründet ist, sondern auf Parteivereinbarung beruht.[412]

c. *Existenz eines staatlichen Rechtsprechungsmonopols?*

Da im Rahmen eines Schiedsverfahrens folglich nicht-staatliche Richter Rechtsprechungsaufgaben im Sinne des Art. 92 HS 1 GG wahrnehmen, wird die Frage, welche Konsequenzen sich aus dem in dieser Vorschrift niegergelegten staatlichen Rechtsprechungsmonopol ergeben, virulent.

Vor allem im älteren Schrifttum ist eine Mindermeinung zu finden, die sich für ein absolutes Rechtsprechungsmonopol ausspricht, dass sich gegen jeden wendet, der Rechtsprechungsbefugnisse für sich in Anspruch nimmt.[413] Zur Unzulässigkeit der Schiedsgerichtsbarkeit gelangen die Vertreter dieser Ansicht trotzdem nicht:

---

407 Vgl. *F. Hesselbarth*, Schiedsgerichtsbarkeit, S. 60.

408 BVerfGE 26, 186 (194 f.).

409 BVerfGE 26, 186 (195).

410 Zustimmend *F. Brosius-Gersdorf*, VVDStRL 74, 169 (180); *S. Detterbeck*, in: Sachs, GG, Art. 92 GG Rdnr. 28; *R. Geimer*, in: Schlosser, Integritätsprobleme, S. 113 (130); *F. Hesselbarth*, Schiedsgerichtsbarkeit, S. 47; *K. Möller*, Schiedsgerichtsbarkeit, S. 76; *J.-C. Schulze*, Schiedsfähigkeit, S. 10; *R. Stober*, NJW 1979, 2001 (2004); i.d.S. *C. Ohler*, in: Bungenberg/Herrmann, Handelspolitik, S. 119 (125); a.A. wohl *R. Schütze*, Schiedsgericht, Rdnr. 10.

411 S. *K. Möller*, Schiedsgerichtsbarkeit, S. 76.

412 Vgl. *K. Möller*, Schiedsgerichtsbarkeit, S. 76 Fn. 153.

413 So *F. Baur*, JZ 1965, 163 (164); *K. Möller*, Schiedsgerichtsbarkeit, S. 66 f., weist darauf hin, dass sich für diese Argumentation auch der Wortlaut von Art. 92 GG in systematischem Zusammenhang mit Art. 20 Abs. 2 GG aktivieren ließe; i.E. gelangt er jedoch zu einer a.A., S. 86.

So weist *H. Weidemann* zwar auf einen Prozess fortschreitender Konzentration der öffentlichen und insbesondere der rechtsprechenden Gewalt auf den Staat als Inhaber sämtlicher Hoheitsrechte hin; die private Rechtsverwirklichung sei demgegenüber auf ein Minimum beschränkt und der Anspruch gesellschaftlicher Kräfte auf Teilhabe an der Gerichtsbarkeit ausgeschlossen worden.[414] Nichtsdestotrotz hält er Schiedsgerichte dann mit Art. 92 GG für vereinbar, wenn diese nicht die Gefahr einer ständisch gegliederten Rechtsprechung in sich tragen.[415]

Ausweislich *F. Baur* müsse Art. 92 GG so verstanden und angewendet werden, wie er zu lesen sei, nämlich als umfassendes Rechtsprechungsmonopol des Staates.[416] Gleichwohl dürfe nicht verkannt werden, dass der Verfassungsgeber gewisse Formen privater Gerichtsbarkeit mit traditionellem Bestand und Aufgabenbereich in gesetzlichen Regelungen vorgefunden habe, die er auch unter der Herrschaft des Grundgesetzes nicht unterbunden wissen wollte; die privaten Schiedsgerichte gehörten hierzu.[417]

Für *R. Woltereck* besteht die staatliche Monopolstellung nicht darin, nichtstaatliche Streitentscheidung auszuschließen; maßgeblich sei vielmehr, dass einzig der öffentlichen Gewalt die Entschließung vorbehalten sei, ob Rechtssprechungsaufgaben nur von ihr oder ebenfalls durch Dritte erledigt werden könnten. Er spricht insoweit von der „Monopolstellung hinsichtlich der Mittel des Rechtszwangs“[418].

F. Hesselbarth sieht die Verwendung des Begriffs des Rechtsprechungsmonopols demgegenüber kritisch[419] und gelangt anhand einer Auslegung des Art. 92 GG nach den vier klassischen Auslegungskanones[420] zu einem „Prinzip der staatlichen Gerichtsbarkeit“.[421] Der Schiedsgerichtsbarkeit komme demgegenüber nur eine „Komplementärfunktion“[422] zu.

Nach der herrschenden Meinung liegt die Bedeutung des Art. 92 GG zuvorderst in seiner gewaltenteilerischen Dimension: Diese Vorschrift normiere

---

414 S. *H. Weidemann*, Schiedsgerichtsbarkeit, S. 47 f.; ähnlich *P. Badura*, StaatsR, H Rdnrn. 5 und 20, der ebenfalls eine Zuweisung bestimmter Streitfälle an Schiedsgerichte nicht ausschließt (Rdnr. 7).

415 S. *H. Weidemann*, Schiedsgerichtsbarkeit, S. 52.

416 *F. Baur*, JZ 1965, 163 (164).

417 *F. Baur*, JZ 1965, 163 (164).

418 *R. Woltereck*, Erledigung, S. 21.

419 *F. Hesselbarth*, Schiedsgerichtsbarkeit, S. 61 f.

420 Vgl. hierzu *H. Kudlich/R. Christensen*, JA 2004, 74 ff.

421 Vgl. *F. Hesselbarth*, Schiedsgerichtsbarkeit, S. 79 ff.

422 *F. Hesselbarth*, Schiedsgerichtsbarkeit, S. 94.

zwar ein Rechtsprechungsmonopol, allerdings nur im Verhältnis der drei Gewalten untereinander (sogenanntes relatives Rechtsprechungsmonopol).[423] Ausgeschlossen sei demnach die Wahrnehmung von Rechtsprechungsaufgaben durch die Legislative und Exekutive,[424] nicht jedoch die Existenz einer privaten Gerichtsbarkeit.[425]

Da sowohl der absolute als auch der relative Ansatz zum gleichen Resultat führen, kann ein Streitentscheid dahinstehen; die private Schiedsgerichtsbarkeit stellt also keinen Verstoß gegen das staatliche Rechtsprechungsmonopol nach Art. 92 GG dar.

2. Verstoß gegen justizielle Gewährleistungen des Grundgesetzes?

Die verfassungsrechtliche Zulässigkeit der Schiedsgerichtsbarkeit lässt sich außerdem im Hinblick auf ihre Vereinbarkeit mit den verschiedenen, im Grundgesetz enthaltenen justiziellen Gewährleistungen in Frage stellen.

a. Verstoß gegen Justizgewährungsansprüche?

Wird trotz des wirksamen Abschlusses einer Schiedsvereinbarung Klage bei einem staatlichen Gericht erhoben, dann steht dem Beklagten eine prozesshindernde Einrede zu, die zur Abweisung der Klage wegen Unzulässigkeit führt (vergleiche § 1032 Abs. 1 ZPO). Dies könnte zum Anlass genommen werden, um hierin einen Verstoß gegen den (ebenfalls) als subjektives Recht ausgestalteten allgemeinen beziehungsweise im Anwendungsbereich des Art. 19 Abs. 4

---

423 S. *B. Pieroth*, in: Jarass/Pieroth, GG, Art. 92 GG Rdnr. 11; *K. Möller*, Schiedsgerichtsbarkeit, S. 86; *E. Schmidt-Aßmann/W. Schenk*, in: Schoch/Schneider/Bier, VwGO, Bd. 1, Einleitung Rdnr. 35; *R. Stober*, NJW 1979, 2001 (2003); *C. Stumpf*, Streitbeilegung, S. 33; i.d.S. BVerfGE 103, 111 (137 ff.); vgl. auch BVerfGE 22, 49 (76 ff.); *S. Detterbeck*, in: Sachs, GG, Art. 92 GG Rdnr. 1; *C. Hillgruber*, in: Maunz/Dürig, GG, Bd. 6, Art. 92 Rdnr. 68; *W. Meyer*, in: Münch/Kunig, GG, Bd. 2, Art. 92 GG Rdnr. 5; *G. Morgenthaler*, in: Epping/Hillgruber, BeckOK GG, Art. 92 GG Rdnr. 1; *I. Schmidt*, RdA 2015, 260 (261).

424 S. *S. Detterbeck*, in: Sachs, GG, Art. 92 GG Rdnr. 1; *K. Möller*, Schiedsgerichtsbarkeit, S. 86; *K. Stern*, StaatsR, Bd. 2, S. 898; *C. Stumpf*, Streitbeilegung, S. 33.

425 *F. Brosius-Gersdorf*, VVDStRL 74, 169 (176); *K. Möller*, Schiedsgerichtsbarkeit, S. 86; *C. Stumpf*, Streitbeilegung, S. 33 ff.; *F. Wittreck*, VVDStRL 74, 115 (135); kritisch *F. Hesselbarth*, Schiedsgerichtsbarkeit, S. 75 ff., die Art. 92 GG einen über das Rechtsprechungsmonopol hinausgehenden Aussagegehalt auch für die private Gerichtsbarkeit zu entnehmen meint.

GG besonderen Justizgewährungsanspruch gegen Maßnahmen der öffentlichen Gewalt zu diskutieren.[426]

Insoweit gilt es jedoch zu berücksichtigen, dass die staatliche Gerichtsbarkeit zuvorderst ein Angebot darstellt, dass von Seiten des Bürgers in Anspruch genommen werden kann (und aufgrund des staatlichen Gewaltmonopols zur zwangsweisen Durchsetzung seiner Rechte auch in Anspruch genommen werden muss)[427], um sich der drohenden beziehungsweise bereits eingetretenen Verletzung eigener Rechte zu erwehren.[428]

Die öffentliche Hand ist dabei zur Aufrechterhaltung dieses Angebots aufgrund verschiedener verfassungsrechtlicher Bestimmungen grundsätzlich verpflichtet,[429] aufzwingen darf sie die Wahrnehmung gerichtlichen Schutzes den insoweit Berechtigten jedoch nicht.[430] Diese können hiervon Gebrauch machen, müssen es (außer zum Zwecke der zwangsförmigen Rechtsdurchsetzung) allerdings nicht.[431]

Wenn aber schon kein Zwang zur Durchsetzung der eigenen rechtlichen Interessen vermittels eines gerichtsförmigen staatlichen Verfahrens besteht, dann kann es den Berechtigten auch nicht verwehrt sein, ihre Rechtsstreitigkeiten im

426 Vgl. *J.-P. Lachmann*, Hdb. Schiedsgerichtspraxis, Rdnrn. 240 ff.; *H. Prütting*, AnwBl 2015, 546 (549); *H. Weidemann*, Schiedsgerichtsbarkeit, S. 102 ff.

427 Vgl. *R. Gaier*, NJW 2016, 1367 (1368); *C. Hillgruber*, in: Maunz/Dürig, GG, Bd. 6, Art. 92 GG Rdnr. 11; *S. Longrée/D. Wedel*, SchiedsVZ 2016, 237 f.

428 Vgl. *R. Geimer*, in: Schlosser, Integritätsprobleme, S. 113 (152), der insoweit von der „Servicefunktion" des liberalen Rechtsstaats spricht; *H. Prütting*, AnwBl 2015, 546 (549); *P. Schlosser*, in: Böckstiegel/Glossner, FS Bülow, S. 189 (195); *C. Stumpf*, Schiedsgerichtsbarkeit, S. 33 ff.

429 Dies ergibt sich insbes. aus dem u.a. in Art. 20 GG verankerten Rechtsstaatsprinzip, so *C. Stumpf*, Streitbeilegung, S. 35; vgl. insoweit auch *F. Brosius-Gersdorf*, VVDStRL 74, 169 (176 f.); *C. Hillgruber*, in: Maunz/Dürig, GG, Bd. 6, Art. 92 GG Rdnr. 11; des Weiteren ist der Justizgewähranspruch nach Art. 19 Abs. 4 GG in diesem Zusammenhang zu nennen, s. hierzu *K. Möller*, Schiedsgerichtsbarkeit, S. 59 ff.; nach *K. Möller*, Schiedsgerichtsbarkeit, S. 86, ist Art. 92 GG außerdem die Pflicht des Staates zu entnehmen, Rspr. auszuüben.

430 S. *R. Geimer*, in: Schlosser, Integritätsprobleme, S. 113 (152); *H. Kahlert*, Vertraulichkeit, S. 51; *R. Schütze*, Schiedsgericht, Rdnr. 10; *C. Stumpf*, Streitbeilegung, S. 50.

431 Zutreffend *J.-P. Lachmann*, Hdb. Schiedsgerichtspraxis, Rdnr. 240; *J.-C. Schulze*, Schiedsfähigkeit, S. 12; *C. Stumpf*, Streitbeilegung, S. 34 f., 50 f.; vgl. auch *P. Schlosser*, in: Böckstiegel/Glossner, FS Bülow, S. 189 (192); *G. Wagner*, NJW 2001, 1398 (1399); *F. Wittreck*, VVDStRL 74, 115 (135).

Wege der nicht-staatlichen Konfliktbewältigung durch einen privaten Spruchkörper entscheiden zu lassen.[432]

Nur vereinzelt und in Bereichen mit hoher Grundrechtssensibilität (Strafverfolgung, Freiheitsentziehung u.a.) stellt die staatliche Gerichtsbarkeit kraft verfassungsrechtlicher Anordnung die obligatorische Streitentscheidungsinstanz dar, die von Seiten der Beteiligten auch keinesfalls autonom abbedungen werden darf.[433]

Im Übrigen steht es den Grundrechtsberechtigten demgegenüber frei, von der staatlichen Justizgewährung durch den Abschluss einer Schiedsvereinbarung abzulassen. Weil die damit verbundene (beschränkte) Preisgabe staatlichen Rechtsschutzes jedoch zugleich als Grundrechtsverzicht zu werten ist, hat auch die Ersetzung der staatlichen Gerichtsbarkeit durch die Schiedsgerichtsbarkeit grundsätzlich den Anforderungen zu genügen, die an die Disposition von Grundrechten zu stellen sind.[434]

b. Verstoß gegen Justizgrundrechte?

Weiterhin kommt ein Verstoß der Schiedsgerichtsbarkeit gegen die im Grundgesetz normierten Justizgrundrechte in Betracht: Oben wurde gezeigt, dass Schiedsrichter nicht als Richter im Sinne des Art. 92 HS 1 GG anzusehen sind;[435] die Durchführung eines Schiedsverfahrens könnte daher unter Umständen eine Verletzung des Rechts auf den gesetzlichen Richter nach Art. 101 Abs. 1 S. 2 GG bedeuten.[436]

Allerdings sind keine negativen Auswirkungen von der Existenz privater Gerichte auf dieses Justizgrundrecht zu befürchten,[437] das den Grundrechtsberechtigten in erster Linie vor unfreiwilligen Zuständigkeitsverschiebungen innerhalb der staatlichen Justiz schützen soll.[438] Durch den Abschluss einer Schiedsvereinbarung kommt es den Parteien jedoch gerade darauf an, ihre Streitigkeit nicht in

432 So auch *C. Stumpf*, Streitbeilegung, S. 34 f.; *R. Woltereck*, Erledigung, S. 20 f.

433 Vgl. *K. Möller*, Schiedsgerichtsbarkeit, S. 120 f.; *C. Stumpf*, Streitbeilegung, S. 35 ff.

434 S. dazu oben A.I.2., S. 11.

435 S. oben F.I.1.b., S. 91 f.

436 Vgl. *J.-P. Lachmann*, Hdb. Schiedsgerichtspraxis, Rdnrn. 234 ff.; *K. Möller*, Schiedsgerichtsbarkeit, S. 119 f.

437 So *R. Geimer*, in: Schlosser, Integritätsprobleme, S. 113 (117); *J.-P. Lachmann*, Hdb. Schiedsgerichtspraxis, Rdnr. 237; *K. Möller*, Schiedsgerichtsbarkeit, S. 120.

438 S. *G. Morgenthaler*, in: Epping/Hillgruber, BeckOK GG, Art. 101 GG Rdnr. 4; *H. Weidemann*, Schiedsgerichtsbarkeit, S. 56.

den Zuständigkeitsbereich der staatlichen Gerichtsbarkeit gelangen zu lassen.[439] Dementsprechend besteht von vornherein gar nicht das Risiko eines gezielten Eingriffs durch die nicht-richterliche Staatsgewalt oder die Gerichtsbarkeit selbst in die gesetzlich begründete Zuständigkeitsordnung.[440]

Auch der in Art. 103 Abs. 1 GG verankerte Anspruch auf rechtliches Gehör wird nicht durch die Existenz privater Gerichte tangiert, da er ausschließlich die staatlichen Gerichte bindet.[441] Dies bedeutet indes nicht, dass Schiedsgerichte nicht zur Gewährung rechtlichen Gehörs verpflichtet wären, vergleiche § 1042 Abs. 1 S. 2 ZPO.[442] Das Recht auf rechtliches Gehör bildet die Grundlage jedes rechtsstaatlichen Verfahrens;[443] kommt es im Rahmen eines Schiedsverfahrens zu einem Verstoß hiergegen, so bildet dies einen tauglichen Aufhebungsgrund nach § 1059 Abs. 2 Nr. 2 lit. b ZPO.[444]

c. Zwischenergebnis

Im Ergebnis kann damit festgehalten werden, dass sich die Schiedsgerichtsbarkeit grundsätzlich in Einklang mit den justiziellen Gewährleistungen des Grundgesetzes bringen lässt.

3. Ergebnis

Es ist folglich davon auszugehen, dass die Schiedsgerichtsbarkeit verfassungsrechtlich nicht *per se* zu beanstanden ist. Vielmehr handelt es sich hierbei um einen seit Jahrhunderten[445] bekannten und bewährten, nicht-staatlichen Streitlösungsmechanismus, der auch vom Verfassungsgeber vorgefunden wurde.[446]

---

439 Zutreffend *R. Geimer*, in: Schlosser, Integritätsprobleme, S. 113 (186); *J.-P. Lachmann*, Hdb. Schiedsgerichtspraxis, Rdnr. 237; *R. Woltereck*, Erledigung, S. 24.

440 Vgl. *G. Morgenthaler*, in: Epping/Hillgruber, BeckOK GG, Art. 101 GG Rdnr. 15.

441 S. *P. Badura*, StaatsR, H Rdnr. 27; *R. Geimer*, in: Schlosser, Integritätsprobleme, S. 113 (127); *K. Möller*, Schiedsgerichtsbarkeit, S. 118 f.

442 S. BGH, Urteil vom 25.06.1952 – II ZR 104/51, Rdziff. 15 (juris).

443 Vgl. *P. Badura*, StaatsR, H Rdnr. 27; *R. Geimer*, in: Schlosser, Integritätsprobleme, S. 113 (127); *C. Hillgruber*, in: Maunz/Dürig, GG, Bd. 6, Art. 92 GG Rdnr. 88; *K. Möller*, Schiedsgerichtsbarkeit, S. 119.

444 S. *I. Saenger*, in: Saenger, Hk. ZPO, § 1059 ZPO Rdnr. 10.

445 Zur Geschichte der Schiedsgerichtsbarkeit *R. Schütze*, Schiedsgericht, Rdnrn. 1 ff.; s. auch *R. Lukits*, SchiedsVZ 2013, 269 ff.

446 S. *F. Baur*, JZ 1965, 163 (164); *J.-P. Lachmann*, Hdb. Schiedsgerichtspraxis, Rdnr. 232; vgl. auch *C. Hillgruber*, in: Maunz/Dürig, GG, Bd. 6, Art. 92 GG Rdnr. 87.

Dieser hätte anlässlich der Verabschiedung des Grundgesetzes über die Möglichkeit verfügt, die private (Schieds-)Gerichtsbarkeit ausdrücklich auszuschließen; allerdings sind keine Anhaltspunkte für entsprechende Bestrebungen ersichtlich.[447] Dass sogar das Gegenteil der Fall ist und der Verfassungsgeber diesen Streitlösungsmechanismus bewusst anerkannt wissen wollte, darauf deuten demgegenüber die nachfolgend wiedergegebenen Ausführungen des Abgeordneten im Parlamentarischen Rat *P. de Chapeaurouge* hin:

> „Wir können unseren Staatsangehörigen die freie Wahl des Schiedsgerichtsverfahrens, wenn sie zu den staatlichen Gerichten nicht gehen wollen, unsererseits nicht verbauen."[448]

II. Zulässigkeit der Teilnahme der öffentlichen Hand als Partei an Schiedsverfahren

Nachdem also die Existenz der Schiedsgerichtsbarkeit neben der staatlichen Gerichtsbarkeit nicht *per se* als verfassungswidrig zu beanstanden ist, stellt sich die Frage, ob dies für die Teilnahme des Staates an Schiedsverfahren anders zu beurteilen ist. Dabei geht es im Kern um die Frage, inwieweit es verfassungsrechtlich zulässig ist, dass sich der Staat vertraglich privater Entscheidungsgewalt unterwirft.

1. Schiedsgerichtsbarkeit als Ausübung grundrechtlicher Freiheit

In diesem Zusammenhang ist zunächst auf einen maßgeblichen Unterschied hinzuweisen, der zwischen der öffentlichen Hand und Privaten im Hinblick auf die schiedsgerichtliche Betätigung besteht: Für die Letzteren bedeutet die Teilnahme an Schiedsverfahren stets die Ausübung grundrechtlich geschützter Freiheiten. Was die zivilrechtliche Schiedsvereinbarung anbelangt, so stellt sich deren Abschluss für den Bürger nach ganz herrschender Meinung als Realisierung seiner durch Art. 2 Abs. 1 GG geschützten Privatautonomie dar.[449]

---

447 Vgl. *F. Baur*, JZ 1965, 163 (164); *C. Hillgruber*, in: Maunz/Dürig, GG, Bd. 6, Art. 92 GG Rdnrn. 87 f.

448 Stenographisches Protokoll der 3. Sitzung vom 22.10.1948, S. 31–33, abgedruckt in: Schneider, Dokumentation, Bd. 23.1, Dok. 28, S. 252.

449 S. *F. Brosius-Gersdorf*, VVDStRL 74, 169 (176); *R. Geimer*, in: Schlosser, Integritätsprobleme, S. 113 (117 f.); *F. Hesselbarth*, Schiedsgerichtsbarkeit, S. 43; *H. Kahlert*, Vertraulichkeit, S. 50; *J.-P. Lachmann*, Hdb. Schiedsgerichtspraxis, Rdnr. 3; *S. Longrée/D. Wedel*, SchiedsVZ 2016, 237 (238); *K. Möller*, Schiedsgerichtsbarkeit, S. 52; *R. Schütze*, Schiedsgericht, Rdnr. 7; *J.-C. Schulze*, Schiedsfähigkeit, S. 9; *C. Stumpf*, Streitbeilegung, S. 49; *F. Wittreck*, VVDStRL 74, 115 (135).

„[D]ie Privatautonomie als Selbstbestimmung des Einzelnen im Rechtsleben“[450] enthält hiernach neben einer materiellen Ausprägung auch eine formal-prozessuale Komponente; während die materielle Ausprägung der Privatautonomie dabei vor allem das Recht einräumt, Verträge innerhalb der gesetzlichen Vorgaben abzuschließen, zu gestalten und zu beenden,[451] verbürgt die formelle Gewährleistung das Recht, über die prozessförmige Geltendmachung streitiger Ansprüche eigenverantwortlich entscheiden zu können.[452]

Insofern ist es als vom Schutz der Privatautonomie mitumfasste legitime Option des Grundrechtsberechtigten anzusehen, sich auch gegen die Realisierung eines Anspruchs im Wege des streitigen Gerichtsverfahrens zu entscheiden;[453] denn Freiheitsrechte beinhalten neben einer aktiven Komponente stets auch eine passive Gewährleistung in Gestalt des Rechts, sich gerade bewusst gegen ein Tätigwerden zu entscheiden.[454] Wenn es aber dem Grundrechtsträger prinzipiell frei steht, sich wider die Geltendmachung eines streitigen Anspruchs überhaupt zu entschließen, dann muss es ihm gleichermaßen offen stehen, für dessen Realisierung auf Methoden der alternativen Streitlösung zurückzugreifen.[455] Die zivilrechtliche Schiedsgerichtsbarkeit bedeutet aus Sicht des Bürgers mithin eine „Verlängerung der Privatautonomie ins Prozessrecht“[456].

Auch der Abschluss einer verwaltungsrechtlichen Schiedsvereinbarung stellt für den Grundrechtsberechtigten – wie prinzipiell jedwedes menschliche Verhalten[457] – eine grundrechtlichen Schutz genießende Betätigung dar.[458] Ob sich diese dem Schutzbereich der Privatautonomie zuordnen lässt,[459] kann im Ergebnis dahinstehen; in jedem Falle wird sie von der allgemeinen Handlungsfreiheit nach Art. 2 Abs. 1 GG in einer ihrer Ausprägungen mitumfasst.

---

450 BVerfGE 114, 1 (34).

451 Vgl. *U. Di Fabio*, in: Maunz/Dürig, GG, Bd. 1, Art. 2 Abs. 1 GG Rdnr. 101; *H. Jarass*, in: Jarass/Pieroth, GG, Art. 2 GG Rdnr. 22a; *K. Möller*, Schiedsgerichtsbarkeit, S. 52.

452 *F. Hesselbarth*, Schiedsgerichtsbarkeit, S. 43; *K. Möller*, Schiedsgerichtsbarkeit, S. 52; *C. Stumpf*, Streitbeilegung, S. 50.

453 Zutreffend *K. Möller*, Schiedsgerichtsbarkeit, S. 52; *C. Stumpf*, Streitbeilegung, S. 50.

454 S. *H. Jarass*, in: Jarass/Pieroth, GG, Vorb. vor Art. 1 GG Rdnr. 19; *K. Möller*, Schiedsgerichtsbarkeit, S. 52.

455 S. *J.-P. Lachmann*, Hdb. Schiedsgerichtspraxis, Rdnr. 240; *K. Möller*, Schiedsgerichtsbarkeit, S. 52; *C. Stumpf*, Streitbeilegung, S. 50 f.

456 *J. Münch*, in: Rauscher/Krüger, MüKo ZPO, Bd. 3, Vor § 1025 ff. ZPO Rdnr. 5.

457 S. *U. Di Fabio*, in: Maunz/Dürig, GG, Bd. 1, Art. 2 Abs. 1 GG Rdnr. 12, 16.

458 So auch *M. Fehling*, in: Fehling/Kastner/Störmer, VerwaltungsR, § 54 VwVfG Rdnr. 3.

459 So *C. Stumpf*, Streitbeilegung, S. 12; *F. Brosius-Gersdorf*, VVDStRL 74, 169 (178); a.A. *K. Möller*, Schiedsgerichtsbarkeit, S. 58.

Für den Staat stellt der Abschluss einer Schiedsvereinbarung hingegen kein grundrechtlich geschütztes Verhalten dar;[460] die Grundrechte verpflichten ihn nur, ohne ihn auch zu berechtigten, vergleiche Art. 1 Abs. 3 GG. Weil die Verwaltung nach Art. 20 Abs. 3 GG einer strengen Gesetzesbindung unterliegt, könnte ihr der Gesetzgeber die Teilnahme an Schiedsverfahren daher sogar gänzlich untersagen.[461] Daran anknüpfend soll im Folgenden der Frage nachgegangen werden, ob sich ein entsprechendes Verbot womöglich bereits aus Bestimmungen des Grundgesetzes selbst herleiten lässt.

2. *Verstoß gegen die staatliche Souveränität Deutschlands?*

Nach *R. Herzog* gehört es zum Begriff der öffentlichen Gewalt, dass sie weder von Privatpersonen noch sonstigen privaten Instanzen – gleichgültig wie diese organisiert sein mögen – verbindliche Direktiven entgegenzunehmen braucht beziehungsweise kann.[462] Vor diesem Hintergrund gelangt er zu einem Ausschluss der Verwaltungsschiedsgerichtsbarkeit.

Angesichts der grundrechtlichen Basis der Schiedsgerichtsbarkeit hält auch *C. Hillgruber* eine private Gerichtsbarkeit ausschließlich im zivilrechtlichen Bereich zwischen Privatpersonen für zulässig;[463] einem nicht-staatlichen Spruchkörper könne hingegen keine Rechts- und Entscheidungsmacht gegenüber der öffentlichen Verwaltung zustehen.[464]

Beide Ansichten verfolgen im Kern – obgleich diese Begrifflichkeit nicht *expressis verbis* von ihnen gebraucht wird – eine Argumentation auf der Grundlage des in Art. 20 Abs. 1 GG verankerten Prinzips staatlicher Souveränität.[465]

---

460 Vgl. *H. Kahlert*, Vertraulichkeit, S. 87; *K. Möller*, Schiedsgerichtsbarkeit, S. 56; *C. Stumpf*, Streitbeilegung, S. 51; abw. und zugleich unklar die Auffassung von *H. Prütting*, AnwBl 2015, 546 (550), der von der Privatautonomie von Staaten spricht.

461 So auch *K. Möller*, Schiedsgerichtsbarkeit, S. 55 f.; abw. *C. Stumpf*, Streitbeilegung, S. 51 ff.

462 *R. Herzog*, in: Maunz/Dürig, GG, Bd. 6, 1993, Art. 92 GG Rdnr. 158, zitiert nach *K. Möller*, Schiedsgerichtsbarkeit, S. 62.

463 *C. Hillgruber*, in: Maunz/Dürig, GG, Bd. 6, Art. 92 GG Rdnr. 89.

464 *C. Hillgruber*, in: Maunz/Dürig, GG, Bd. 6, Art. 92 GG Rdnr. 89; a.A. *F. Brosius-Gersdorf*, VVDStRL 74, 169 (178 Fn. 36).

465 So *M. Sachs*, in: Sachs, GG, Art. 20 GG Rdnr. 7; vgl. auch *S. Huster/J. Rux*, in: Epping/Hillgruber, BeckOK GG, Art. 20 GG Rdnr. 220.

Souveränität wird üblicherweise definiert als die „höchste Gewalt nach innen und Unabhängigkeit nach außen“[466]. Diese Definition verdeutlicht, dass der Souveränitätsbegriff zwei Komponenten umfasst: Die erste wirkt innerstaatlich-staatsorganisationsrechtlich und erhebt den Staat zur höchsten Gewalt innerhalb des nationalstaatlichen Gemeinwesens; es ist also der Staat, der über „die finale, höchste, universale Entscheidungsgewalt innerhalb eines näher umschriebenen territorialen Bereiches“[467] verfügt. Um diese Entscheidungsmacht gegenüber anderen gesellschaftlichen Kräften effektiv durchsetzen zu können, wird sie von einem staatlichen Gewaltmonopol flankiert.[468] Nach innen bedeutet staatliche Souveränität also insbesondere die Ausschaltung privater Gewalten zugunsten einer obersten staatlichen Gewalt.[469]

Die zweite Komponente des Souveränitätsbegriffs beschreibt das Verhältnis des Staates zu anderen Staaten auf außerstaatlich-völkerrechtlicher Ebene und meint die Unabhängigkeit in der Beziehung zu anderen Staaten.[470] Die verschiedenen Besonderheiten der Völkerrechtsordnung beruhen vor allem auch auf dem Prinzip staatlicher Souveränität;[471] hierzu gehört etwa, dass grundsätzlich kein Staat gegen seinen Willen rechtlich verpflichtet werden kann.[472] Im Ausgangspunkt kann dementsprechend ebenfalls kein Land der Welt ohne seine ausdrückliche Zustimmung der Bindung neuer völkerrechtlicher Regelungen unterworfen werden.[473] Aus der souveränen Gleichheit der Staaten folgt des Weiteren, dass im Prinzip kein Staat Gerichtsbarkeit über einen anderen Staat ausüben kann („*par in*

466 *A. Randelzhofer*, in: Isensee/Kirchhof, Hdb. StaatsR, Bd. 2, § 17 Rdnr. 5; s. auch *J. Isensee*, in: Isensee/Kirchhof, Hdb. StaatsR, Bd. 2, § 15 Rdnr. 98; *L. Wildhaber*, in: Müller u.a., FS Eichenberger, S. 131 (132).

467 *G. Leibholz*, Strukturprobleme, S. 256.

468 Dazu *J. Isensee*, in: Isensee/Kirchhof, Hdb. StaatsR, Bd. 2, § 15 Rdnrn. 83 ff.; *L. Wildhaber*, in: Müller u.a., FS Eichenberger, S. 131 (138).

469 S. *A. Randelzhofer*, in: Isensee/Kirchhof, Hdb. StaatsR, Bd. 2, § 17 Rdnr. 8.

470 S. *M. Kau*, in: Vitzthum/Proelß, VölkerR, Abschn. 3 Rdnr. 83; *A. Randelzhofer*, in: Isensee/Kirchhof, Hdb. StaatsR, Bd. 2, § 17 Rdnr. 25; *L. Wildhaber*, in: Müller u.a., FS Eichenberger, S. 131 (143).

471 Dieses Prinzip findet in Art. 2 Nr. 1 der Charta der Vereinten Nationen ausdrückliche Erwähnung.

472 Vgl. zu den Besonderheiten des VölkerR *W. Vitzthum*, in: Vitzthum/Proelß, VölkerR, Abschn. 1 Rdnrn. 45 ff.

473 So *W. Vitzthum*, in: Vitzthum/Proelß, VölkerR, Abschn. 1 Rdnr. 45; *A. Randelzhofer*, in: Isensee/Kirchhof, Hdb. StaatsR, Bd. 2, § 17 Rdnr. 27.

parem non habet iudicium“).[474] Insbesondere im neueren Schrifttum werden die oben beschriebenen Bestandteile der staatlichen Souveränität allerdings bestimmten Grenzen unterworfen: Nach innen bilde das nationale (Verfassungs-)Recht vor allem eine solche, nach außen das Völkerrecht.[475]

Prima facie erscheint es nicht unplausibel, unter Rückgriff auf das Souveränitäts-Argument von einer Unzulässigkeit der Beteiligung des Staates in Schiedsverfahren auszugehen: Mit Abschluss einer Schiedsvereinbarung unterwirft sich die öffentliche Hand der Jurisdiktion eines nicht-staatlichen Spruchkörpers, dessen Entscheidung die Wirkungen eines rechtskräftigen gerichtlichen Urteils zukommen (vergleiche § 1055 ZPO). Auf ihrer Grundlage kann gegenüber der öffentlichen Hand die Zwangsvollstreckung betrieben werden, vergleiche § 168 Abs. 1 Nr. 5 in Verbindung mit § 170 VwGO beziehungsweise § 794 Abs. 1 Nr. 4a ZPO in Verbindung mit § 882a ZPO. Damit – so könnte man argumentieren – komme nicht mehr dem Staat die finale Entscheidungsmacht zu, sondern einem privaten Spruchkörper, dessen Aussprüche sich für den Hoheitsträger als verbindlich darstellen.

Es könnte in der Folge der Eindruck entstehen, dass nicht mehr dem Staat die höchste Gewalt innerhalb des konstituierten Gemeinwesens zukommt. Eine solche Denkweise übersieht jedoch, dass sich Souveränität nicht nur in der verbindlichen Entscheidungsmacht zulasten anderer erschöpft, sondern es vielmehr auch Ausdruck höchster Gewalt sein kann, sich selbst Bindungen zu unterwerfen. Es lässt sich sogar sagen, dass vollständige Souveränität diese Möglichkeit gerade voraussetzt; denn wenn der Staat sich nicht auch selbst verpflichten könnte, so verfügte er im Ergebnis über keine Machtvollkommenheit. Im Gegensatz zum innerstaatlichen Bereich ist dies für das völkerrechtliche Souveränitätsverständnis allgemein anerkannt: Souverän ist im Völkerrecht, wer sich aus freien Stücken selbst binden kann.[476]

Überträgt man diese Erwägung auf den Abschluss von Schiedsvereinbarungen durch die öffentliche Hand, so stellt sich dieser keineswegs als Ausdruck der Einschränkung, sondern vielmehr der Betätigung staatlicher Souveränität

---

474 Dies gilt zumindest für *acta iure imperii*, s. BVerfGE 117, 141 (152 f.); *M. Kau*, in: Vitzthum/Proelß, VölkerR, Abschn. 3 Rdnrn. 89 f.; *A. Radelzhofer*, in: Isensee/Kirchhof, Hdb. StaatsR, Bd. 2, § 17 Rdnr. 29.

475 So *A. Radelzhofer*, in: Isensee/Kirchhof, Hdb. StaatsR, Bd. 2, § 17 Rdnr. 23; *L. Wildhaber*, in: Müller u.a., FS Eichenberger, S. 131 (140, 143 f.); a.A. insbes. das ältere Schrifttum, vgl. *G. Leibholz*, Strukturprobleme, S. 257 f.

476 S. hierzu die Entscheidung des Ständigen Internationalen Gerichtshofs vom 07.09.1927 (Lotus), PCIJ, Series A, No. 10, p. 18; *C. Möllers*, Staat, S. 387.

dar. Durch den Abschluss von Verträgen mit privaten Rechtssubjekten entscheidet sich der Staat bewusst dafür, seine Verhältnisse mit diesen auf der Ebene der Gleichordnung[477] zu regeln und sich für den Fall der Schiedsvereinbarung noch darüber hinausgehend sogar der Rechtsprechungsgewalt privater Gerichte zu unterwerfen. Damit agieren diese gerade nicht aus einer eigenen Machtfülle heraus, sondern ihre Entscheidungsmacht leitet sich alleine von der freiwilligen und bewussten Unterwerfung des Hoheitsträgers ab.

Die Beschränktheit der schiedsrichterlichen Gewalt gegenüber der staatlichen Hoheit zeigt sich weiterhin daran, dass Schiedssprüche grundsätzlich der gesetzlichen Anerkennung bedürfen, um rechtliche Wirkungen zu zeitigen; prinzipiell hätte der Staat die Schiedsgerichtsbarkeit zudem auch (nach Maßgabe der ihn treffenden verfassungsrechtlichen Bindungen) verbieten können.[478] Für ihn stellt sich das Geschehenlassen eines bestimmten Verhaltens seiner Gewaltunterworfenen jedoch genauso als Ausdruck seiner Souveränität dar wie dessen Verbot. Dabei hat der deutsche Verfassungs- und Gesetzgeber die Anerkennung der zivilrechtlichen Schiedsgerichtsbarkeit durch die Inkraftbelassung und spätere Neuregelung des Zehnten Buchs der Zivilprozessordnung zum Ausdruck gebracht.[479] Auch in verwaltungsrechtlichen Angelegenheiten hat der Gesetzgeber seine Bereitschaft zur Anerkennung der Schiedsgerichtsbarkeit mit Erlass der §§ 168 Abs. 1 Nr. 5 und 173 S. 3 VwGO verdeutlicht.

Das Argument staatlicher Souveränität vermag folglich nicht gegen die Beteiligung der öffentlichen Hand in Schiedsverfahren zu sprechen. Ganz im Gegenteil sind gerade die abstrakte gesetzliche Anerkennung der Schiedsgerichtsbarkeit in zivilrechtlichen wie verwaltungsrechtlichen Angelegenheiten und der konkrete Abschluss einer Schiedsvereinbarung durch einen Hoheitsträger als Betätigung staatlicher Souveränität zu betrachten.

---

477 Vgl. *J. Kämmerer*, in: Bader/Ronellenfitsch, BeckOK VwVfG, § 54 VwVfG Rdnr. 5.

478 Str.: dafür *R. Geimer*, in: Schlosser, Integritätsprobleme, S. 113 (118), m.w.N.; *J. Münch*, SchiedsVZ 2017, 114 (116); dagegen *K. Möller*, Schiedsgerichtsbarkeit, S. 53 f.

479 Vgl. *F. Baur*, JZ 1965, 163 (164); *W. Heyde*, in: Benda/Maihofer/Vogel, Hdb. VerfassungsR, T. 2, § 33 Rdnr. 37; *H. Prütting*, AnwBl 2015, 546 (549); *S. Wuschka*, in: Buszewski/Martini/Rathke, Freihandel, S. 15 (23 f.).

3. *Verstoß gegen den Gewaltenteilungsgrundsatz und die Gesetzesbindung der Verwaltung?*

Gegen ein schiedsgerichtliches Engagement der öffentlichen Hand könnte des Weiteren der aus dem Rechtsstaatsprinzip[480] folgende Grundsatz der Gewaltenteilung sprechen.[481] Dabei fordert die klassisch-staatstheoretische Figur der Gewaltenteilung nach *C. Montesquieu*[482] eine strikte Trennung der exekutiven, legislativen und judikativen Staatsfunktionen.[483] Das grundgesetzliche Modell der Gewaltenteilung kennt demgegenüber keine exakte Dreiteilung in diesem Sinne und lässt vielfältige Vermischungen zu.[484]

Bezweckt wird insoweit in erster Linie eine Mäßigung der Staatsherrschaft[485] durch die wechselseitige Kontrolle und Begrenzung der drei die Staatsfunktionen ausfüllenden Organe untereinander.[486] Dem entspricht es, dass keine Gewalt über ein verfassungsseitig nicht vorgesehenes Übergewicht zulasten einer anderen Gewalt verfügen darf, und jeder Gewalt die Zuständigkeit zur Ausübung der ihr durch das Grundgesetz übertragenen Aufgaben verbleiben muss.[487] Bestrebungen, die darauf hinauslaufen, die grundgesetzlich vorgesehene Verteilung der Gewichte zwischen den Gewalten grundsätzlich zu verschieben, bleiben den Organen demgegenüber nach dem Grundsatz der Organtreue untersagt.[488]

Genau eine solche grundlegende Verschiebung der Gewichte zwischen Exekutive und Judikative könnte jedoch in Frage stehen, wenn es zukünftig in weitreichendem Ausmaß zum Abschluss von Schiedsvereinbarungen durch die Verwaltung und einer damit verbundenen vielfachen Entziehung der Streitentscheidungskompetenz zulasten der staatlichen Gerichtsbarkeit

---

480 S. *P. Badura*, StaatsR, D Rdnr. 46; *S. Huster/J. Rux*, in: Epping/Hillgruber, BeckOK GG, Art. 20 GG Rdnr. 156.

481 Vgl. hierzu *S. Schill*, DÖV 2010, 1013 (1016).

482 *C. Montesquieu*, De l'esprit des lois, Genf (1748); s. zur Lehre von *C. Montesquieu H.-U. Jerschke*, Öffentlichkeitspflicht, S. 23 ff.

483 Zu den staatstheoretischen Grundlagen der Gewaltenteilung s. *B. Grzeszick*, in: Maunz/Dürig, GG, Bd. 3, Art. 20 GG V Rdnrn. 13 ff.

484 S. *S. Huster/J. Rux*, in: Epping/Hillgruber, BeckOK GG, Art. 20 GG Rdnr. 160; *M. Sachs*, in: Sachs, GG, Art. 20 GG Rdnr. 85.

485 So *S. Huster/J. Rux*, in: Epping/Hillgruber, BeckOK GG, Art. 20 GG Rdnr. 156; *M. Sachs*, in: Sachs, GG, Art. 20 GG Rdnr. 81.

486 BVerfGE 9, 268 (279); *K. Möller*, Schiedsgerichtsbarkeit, S. 82.

487 BVerfGE 9, 268 (279 f.).

488 *S. Huster/J. Rux*, in: Epping/Hillgruber, BeckOK GG, Art. 20 GG Rdnr. 163.

käme.[489] In diesem Zusammenhang ließe sich das Szenario einer „Flucht des Staates vor dem Staate“[490] konstruieren, in dem die Exekutive bewusst von der Schiedsgerichtsbarkeit Gebrauch macht, um sich der strengen Kontrolle durch die staatlichen Richter zu entziehen.

Letztere sind – genauso wie die vollziehende Gewalt – nach Art. 20 Abs. 3 GG an Recht und Gesetz gebunden; weil es sich bei Schiedsgerichten nicht um Organe der öffentlichen Gewalt handelt, greift diese Verpflichtung ihnen gegenüber jedoch nicht ein.[491] Grundsätzlich steht es den Parteien daher sogar offen, ihre Streitigkeit nach Billigkeitserwägungen (*ex aequo et bono*) von einem Schiedsgericht entscheiden zu lassen, vergleiche § 1051 Abs. 3 S. 1 ZPO.[492] Vor diesem Hintergrund ließe sich der Abschluss einer Schiedsvereinbarung durch die Exekutive nicht nur als Gefährdung des Prinzips der Gewaltenteilung, sondern ebenfalls als Risiko für die Gesetzmäßigkeit des Verwaltungshandelns betrachten.[493]

Was die zuletzt aufgeworfene These anbelangt, so gründet sie im Ergebnis auf dem Verdacht, dass Schiedsgerichte anders, lockerer oder schlechter Recht sprächen als staatliche Gerichte, und beide Streitentscheidungsmechanismen daher als nicht gleichwertig zu betrachten seien. Den Parteien wird gleichsam ein kollusives Verhalten vorgeworfen, um auf diesem Wege zu einer „vertiefte(n) Lockerung der Gesetzesbindung“[494] zu gelangen.

Im Regelfall bildet jedoch auch für Schiedsgerichte das geltende Recht den Maßstab ihrer Schiedssprüche; eine Ermächtigung zur Entscheidung nach Billigkeit stellt demgegenüber die Ausnahme dar.[495] Von Seiten des Gesetzgebers wird die Schiedsgerichtsbarkeit ebenfalls als ein der staatlichen Gerichtsbarkeit ebenbürtiger Rechtsschutzmechanismus angesehen;[496] dies findet unter anderem seinen Ausdruck in der gesetzlichen Gleichstellung von Schiedsspruch und

---

489 Ähnliche Bedenken bestehen ebenfalls mit Blick auf die parlamentarische Kontrolle der Verwaltung, die womöglich durch die Parteiöffentlichkeit des Schiedsverfahrens in verfassungsrechtlich unzulässiger Weise erschwert wird; auf dieses Problemfeld soll im zweiten Teil dieser Arbeit ausführlich eingegangen werden.

490 *K. Möller*, Schiedsgerichtsbarkeit, S. 94.

491 Vgl. *K. Möller*, Schiedsgerichtsbarkeit, S. 100; *C. Stumpf*, Streitbeilegung, S. 46 f.

492 Zur Entscheidung *ex aequo et bono* s. *J.-P. Lachmann*, Hdb. Schiedsgerichtspraxis, Rdnrn. 404 f.; *K. Lionnet/A. Lionnet*, Hdb. Schiedsgerichtsbarkeit, S. 371 ff.

493 S. *K. Möller*, Schiedsgerichtsbarkeit, S. 100; *S. Schill*, DÖV 2010, 1013 (1016).

494 *K. Möller*, Schiedsgerichtsbarkeit, S. 100.

495 So auch *J.-P. Lachmann*, Hdb. Schiedsgerichtspraxis, Rdnr. 404; vgl. auch *H. Prütting*, AnwBl 2015, 546 (550).

496 S. die Begründung des Entwurfs eines Gesetzes zur Neuregelung des Schiedsverfahrensrechts (SchiedsVfG) vom 12.07.1996, BT-Drs. 13/5274, S. 34.

staatlichem Gerichtsurteil nach § 1055 ZPO.[497] Für die öffentliche Hand wird man aufgrund ihrer Bindung an Recht und Gesetz nach Art. 20 Abs. 3 GG allerdings fordern müssen, dass sie sich nur dann zulässigerweise als Partei in einem Schiedsverfahrens engagieren darf, wenn die Verwirklichung ihrer grundgesetzlich geforderten Gesetzesbindung sichergestellt und die Entscheidung *ex aequo et bono* ausgeschlossen ist.[498] Damit kann festgehalten werden, dass der Grundsatz der Gesetzmäßigkeit der Verwaltung dem Abschluss einer Schiedsvereinbarung durch die öffentliche Hand prinzipiell nicht entgegensteht.[499]

Was das Prinzip der Gewaltenteilung anbelangt, so spielt dieses für das Staatsorganisationsrecht des Grundgesetzes eine weniger wichtige Rolle als in der allgemeinen Staatstheorie, und unmittelbare Rechtsfolgen sind dem grundgesetzlichen Modell der Gewaltenteilung regelmäßig nicht zu entnehmen.[500] Für *S. Huster/J. Rux* kann der Grundsatz der Gewaltenteilung dementsprechend am ehesten „noch als Hilfe bei der Interpretation anderer Normen herangezogen werden."[501] Auch das Bundesverfassungsgericht hat einen Verstoß hiergegen selten[502] und nur dann angenommen, wenn ein „Einbruch in den Kernbereich"[503] einer Gewalt zulasten einer anderen Gewalt stattgefunden hat.

Gemessen hieran befindet sich die Teilnahme der öffentlichen Hand als Partei an Schiedsverfahren nicht in Widerstreit mit dem Grundsatz der Gewaltenteilung: Zunächst wurde der Anwendungsbereich der Schiedsgerichtsbarkeit von Seiten des Gesetzgebers in § 1030 ZPO umfassend normiert und klaren Beschränkungen unterworfen.[504] Außerdem führt der Abschluss einer Schiedsvereinbarung nicht zur vollständigen Beseitigung der staatlichen Gerichtsbarkeit, sondern es verbleibt ein unantastbarer Bestand an Rechtsprechungskompetenzen bei den staatlichen

---

497 S. zur sog. Urteilswirkung *J. Münch*, in: Rauscher/Krüger, MüKo ZPO, Bd. 3, § 1055 ZPO Rdnrn. 1 ff.

498 S. *K. Möller*, Schiedsgerichtsbarkeit, S. 104 f.; vgl. auch *F. Brosius-Gersdorf*, VVDStRL 74, 169 (178); a.A. *C. Stumpf*, Streitbeilegung, S. 47.

499 S. *C. Stumpf*, Streitbeilegung, S. 47; so i.E. auch *K. Möller*, Schiedsgerichtsbarkeit, S. 100 ff.

500 Vgl. *B. Grzeszick*, in: Maunz/Dürig, GG, Bd. 3, Art. 20 GG V Rdnr. 93; *M. Sachs*, in: Sachs, GG, Art. 20 GG Rdnr. 93.

501 *S. Huster/J. Rux*, in: Epping/Hillgruber, BeckOK GG, Art. 20 GG Rdnr. 159; so auch *H. Jarass*, in Jarass/Pieroth, GG, Art. 20 GG Rdnr. 32.

502 Bspe. bei *M. Sachs*, in: Sachs, GG, Art. 20 GG Fn. 385.

503 BVerfGE 9, 268 (280).

504 S. dazu oben C.VI.1.b., S. 45 ff.

Gerichten, der ihnen auch durch den Abschluss einer Schiedsvereinbarung grundsätzlich nicht entzogen werden kann.[505]

Die dritte Gewalt wird ihrer Kontrollaufgabe gegenüber der Exekutive demnach trotz des Bedeutungszuwachses der Schiedsgerichtsbarkeit auch zukünftig im erforderlichen Maße nachkommen können, und ein Einfall in den Kernbereich ihrer Kompetenzen kann nicht konstatiert werden.[506]

III. Ergebnis

Im vorliegenden Abschnitt wurde untersucht, in welchem verfassungsrechtlichen Rahmen sich die Teilnahme des Staates als Partei an Schiedsverfahren vollzieht. Insoweit konnte gezeigt werden, dass weder die Existenz schiedsrichterlicher Streitlösungsmechanismen neben der staatlichen Gerichtsbarkeit *per se*, noch die Teilnahme des Staates an dieser Form der Konfliktbewältigung im Grundsatz verfassungsrechtlich zu beanstanden sind.[507] Offen gelassen wurde demgegenüber bislang die Frage, ob dem Grundgesetz in diesem Zusammenhang bestimmte Anforderungen zu entnehmen sind, denen die Schiedsverfahren im Hinblick auf ihre Transparenz zu genügen haben. Hierauf soll im zweiten Teil dieser Arbeit ausführlich eingegangen werden.

G. Zusammenfassung

Obwohl sich keine unwiderlegbaren Gründe für die Wahl der Schiedsgerichtsbarkeit finden lassen, existieren durchaus gewisse Anhaltspunkte, die darauf hindeuten, dass die Schiedsgerichtsbarkeit auch im Verhältnis zur öffentlichen Hand (vor allem im Zusammenhang mit ÖPP) unlängst einen Bedeutungszuwachs verzeichnen konnte. Dies nimmt das vorliegende Promotionsvorhaben zum Anlass, um die Teilnahme des Staates als Partei an Schiedsverfahren näher zu beleuchten.

Untersuchungsgegenstand ist dabei alleine der Streitlösungsmechanismus, der allgemein als *echte* Schiedsgerichtsbarkeit bezeichnet wird. Diese Form der Konfliktbewältigung zeichnet sich dadurch aus, dass es in ihrem Zusammenhang zu einer Vereinbarung der Übertragung der Streitentscheidungsbefugnis auf einen

505 Zum schiedsverfahrensrechtlichen Kontrollsystem durch die staatlichen Gerichte s. *K. Möller*, Schiedsgerichtsbarkeit, S. 187 ff.

506 Vgl. außerdem *K. Möller*, Schiedsgerichtsbarkeit, S. 104, der darauf hinweist, dass die Kontrollmöglichkeit von Schiedssprüchen nach den §§ 1059 f. ZPO zur Sicherung der Gesetzmäßigkeit der Verwaltung zwingend sei.

507 Zumindest für privatrechtliche Auseinandersetzungen zustimmend *H. Prütting*, AnwBl 2015, 546 (550).

nicht-staatlichen Spruchkörper kommt, dessen Entscheidungen umfassend sowie verbindlich im Rahmen eines rechtsstaatlichen Grundsätzen genügenden Verfahrens ergehen und infolge staatlicher Anerkennung den Wirkungen staatlicher Richtersprüche im Wesentlichen gleichgestellt sind.

Insofern konnte gezeigt werden, dass das Grundgesetz der Teilnahme des Staates als Partei an Schiedsverfahren grundsätzlich nicht entgegensteht. Da das verwaltungs- und das zivilrechtliche Schiedsverfahren verschiedene Arten der staatlichen Gerichtsbarkeit ersetzen, gelten für sie auf einfach-gesetzlicher Ebene mit dem Zehnten Buch der Zivilprozessordnung beziehungsweise der Verwaltungsgerichtsordnung dabei im Ausgangspunkt jedoch unterschiedliche rechtliche Maßstäbe. Weil sich in der Verwaltungsgerichtsordnung allerdings keine eigenständigen Regelungen zum Schiedsverfahren normiert finden, ist kraft der Verweisungsvorschrift des § 173 S. 1 VwGO auch in diesem Zusammenhang auf die zivilprozessrechtlichen Vorgaben zurückzugreifen. Soweit verwaltungsprozessrechtliche Besonderheiten dies erfordern, sind die übernommenen Vorschriften aber entsprechend anzupassen.

Teil 2: Staatliche Beteiligung an Schiedsverfahren und Transparenz

H. Problemaufriss

Als Vorteil der Schiedsgerichtsbarkeit wird im Schrifttum häufig die Vertraulichkeit des Verfahrens bezeichnet: Gelobt wird unter anderem die offene und sachgerechte Art der Diskussionsführung, die infolge des Ausschlusses der Öffentlichkeit im Unterschied zu öffentlich durchgeführten staatlichen Gerichtsverhandlungen entstehen könne.[508] Außerdem könnten sämtliche Informationen (wie beispielsweise Betriebs- und Geschäftsgeheimnisse)[509] vor der Öffentlichkeit geheim gehalten werden, deren Bekanntwerden für die Parteien womöglich mit Nachteilen verbunden wäre.[510]

In dieser Hinsicht kann die Wahl der Schiedsgerichtsbarkeit für die öffentliche Hand genauso vorteilhaft erscheinen wie für private Akteure; dies gilt insbesondere dann, wenn sie sich ebenfalls innerhalb eines marktwirtschaftlichen Umfelds bewegt: Denn ihr öffentlich-rechtlicher Charakter führt nicht zwangsläufig dazu, dass ihre Betriebs- und Geschäftsgeheimnisse weniger schützenwert sind als die ihrer privatwirtschaftlichen Konkurrenten und Kontrahenten.[511] Zugleich mag die Vertraulichkeit des Schiedsverfahrens manch politischem Entscheidungsträger als Möglichkeit erscheinen, eigene Fehler vor der Öffentlichkeit zu

508 So *W. v. Bernuth/M. Reischl*, SchiedsVZ 2017, 20 (22); *J.-P. Lachmann*, Hdb. Schiedsgerichtspraxis, Rdnrn. 143 f.; ähnlich *K. Lionnet/A. Lionnet*, Hdb. Schiedsgerichtsbarkeit, S. 455; *H. Prütting*, AnwBl. 2015, 546 (548).

509 Vgl. *K. Schwab/G. Walter*, Schiedsgerichtsbarkeit, Kap. 1 Rdnr. 8.

510 Selbst die Tatsache, dass überhaupt vertragliche Beziehungen zwischen den Parteien bestehen und hierüber ein Streit inkl. Schiedsverfahren ausgebrochen ist, kann sich aus Sicht einiger Parteien als geheimhaltungswürdig darstellen, vgl. *K. Möller*, Schiedsgerichtsbarkeit, S. 87.

511 So VG Berlin, Urteil vom 25.04.2006 – 2 A 88.05(=BeckRS 2010, 56189); vgl. zudem die Begründung zum Entwurf eines Gesetzes zur Regelung des Zugangs zu Informationen des Bundes vom 14.12.2004, BT-Drs. 15/4493, S. 11.

kaschieren.[512] Dementsprechend kommt *J. Münch* zu dem Schluss, dass auch die öffentliche Hand nicht selten die Publizität scheut.[513]

Diese Form der staatlichen „Geheimniskrämerei“ wird jedoch sowohl in den allgemeinen[514] als auch den Fachmedien zusehends kritischer beurteilt: So identifiziert *S. Schill* in der Übertragung von Streitbeilegungsfunktionen auf vertraulich verhandelnde Schiedsgerichte ein Risiko für die Kontrolle von Behördenhandeln und die Sicherstellung der Gesetzmäßigkeit der Verwaltung: Rechtsstaats- und Demokratieprinzip verlangten demgegenüber die Transparenz behördlichen Handelns.[515] Vor allem der Gesetzgeber müsse in der Lage sein, die Bedeutung konkreter Verfahren für das Gemeinwohl abzuschätzen; dies gelte vor allem dann, wenn die betreffenden Verfahren öffentliche Gelder in hohem Ausmaß beträfen.[516]

Auch *J. Wolff* betrachtet die Teilnahme des Staates als Partei an Schiedsverfahren vor allem als Gefahr für die demokratisch gebotene Kontrolle der Exekutive durch das Parlament: Der wirksame Einsatz parlamentarischer Kontrollinstrumente setze ein Mindestmaß an ganz allgemeiner Kenntnis der Volksvertretung über das Verwaltungs- und Regierungshandeln voraus.[517] Im Falle von Schiedsverfahren fehlten den Abgeordneten indes all diejenigen Informationen, die ihnen im Falle eines öffentlich stattfindenden staatlichen Gerichtsverfahrens ohne Weiteres zur Verfügung stünden.[518]

Obwohl der Grundsatz der Gerichtsöffentlichkeit tatsächlich zu den Leitgedanken des staatlichen Gerichtsprozesses gehört,[519] gilt er jedoch nicht unbeschränkt; stattdessen kommt auch insoweit eine Reihe – im Folgenden näher zu betrachtender – gesetzlicher wie faktischer Durchbrechungen in Betracht.[520]

---

512 Vgl. *K. Möller*, Schiedsgerichtsbarkeit, S. 88; *J. Wolff*, NVwZ 2012, 205 (206); s. auch *J. Angelov*, Grundlagen, S. 24.

513 Einen verfassungsrechtlich gebotenen Öffentlichkeitszwang hält *J. Münch*, in: Rauscher/Krüger, MüKo ZPO, Bd. 3, Vor § 1025 ZPO Rdnr. 95 i.V.m. Fn. 301, allerdings für fragwürdig.

514 Vgl. die Nachweise bei *D. Buntenbroich/M. Kaul*, SchiedsVZ 2014, 1 (2 Fnn. 1 f.); *J. Risse*, SchiedsVZ 2014, 265 (266 Fnn. 2 ff.).

515 *S. Schill*, DÖV 2010, 1013 (1016).

516 *S. Schill*, DÖV 2010, 1013 (1016); ähnlich *H. Kahlert*, Vertraulichkeit, S. 76.

517 *J. Wolff*, NVwZ 2012, 205 (207).

518 *J. Wolff*, NVwZ 2012, 205 (207 f.).

519 Vgl. *A. Baumbach*, ZPO, Übers § 169 GVG Rdnr. 2; *C. Kimmel*, in: Posser/Wolff, BeckOK VwGO, § 55 VwGO Rdnr. 3; *C. Lückemann*, in: Zöller, ZPO, § 169 GVG Rdnr. 1.

520 Vgl. auch *H. Prütting*, AnwBl 2015, 546 (549).

Vor diesem Hintergrund erscheinen Zweifel angebracht, ob sich die staatliche Gerichtsbarkeit im Verhältnis zur Schiedsgerichtsbarkeit tatsächlich als so transparent darstellt, wie im Schrifttum mitunter propagiert wird. Was die Teilnahme des Staates als Partei an Schiedsverfahren anbelangt, so ist außerdem in Rechnung zu stellen, dass sich ein zusätzlicher Transparenzgewinn womöglich aus einfach-gesetzlichen Informationszugangsansprüchen des Bürgers ergibt, die diesem gegenüber öffentlich-rechtlichen Körperschaften zustehen.

Auf all diese Fragen wird zunächst einzugehen sein, bevor in einem nächsten Schritt die oben wiedergegebene Kritik aufgegriffen und überprüft werden soll, inwiefern dem Grundgesetz tatsächlich Maßstäbe für die Transparenz bei der Teilnahme des Staates als Partei an Schiedsverfahren zu entnehmen sind.

I. Begrifflichkeiten

Zunächst sollen bestimmte Schlüsselbegriffe geklärt und voneinander abgegrenzt werden, die für den weiteren Verlauf der Arbeit von Bedeutung sind.

I. Öffentlichkeit und Transparenz

Öffentlichkeit und Transparenz werden umgangssprachlich weitgehend synonym verwendet; gleichwohl sind beide Ausdrücke in juristischer Hinsicht streng auseinanderzuhalten:[521] Der Begriff der Öffentlichkeit verfügt nicht über einen feststehenden Sinngehalt, sondern kann in verschiedenen Zusammenhängen mit jeweils unterschiedlicher Bedeutung eingesetzt werden;[522] in Abgrenzung zu Transparenz bezeichnet er dabei einen Zustand von Vorgängen, der davon geprägt ist, dass die betreffenden Angelegenheiten für Außenstehende (unmittelbar) optisch und zeitlich gegenwärtig wahrnehmbar sind.[523]

Die Vokabel der Transparenz stellt demgegenüber einen (überwiegend) positiv konnotierten[524] Schlüsselbegriff der politischen Diskussion der vergangenen Jahre dar und beschreibt einen Vorgang, der sich auch für Unbeteiligte als

---

521 So auch *F. Schoch*, in: Isensee/Kirchhof, Hdb. StaatsR, Bd. 3, § 37 Rdnr. 140.

522 Klassisch dazu *P. Häberle*, Verfassung, S. 225 ff.; ausführlich zu den unterschiedlichen Sinngehalten von „öffentlich" und „Öffentlichkeit" *M. Jestaedt*, AöR 126, 204 (207 ff.); *W. Martens*, Rechtsbegriff, S. 17 ff.

523 Ähnlich *F. Schoch*, in: Isensee/Kirchhof, Hdb. StaatsR, Bd. 3, § 37 Rdnr. 140, m.w.N., der insoweit von „simultanem Informationszugang in ‚Echtzeit'" spricht.

524 Vgl. *J. Risse/M. Oehm*, ZVglRWiss 114, 407 (422 Fn. 58).

durchschau- und nachvollziehbar erweist.[525] Ihre Antagonismen bilden die Intransparenz (Opazität) sowie die Geheimhaltung.[526] Für Außenstehende führt Transparenz also dazu, dass ihnen ein Mehr an Informationen zur Verfügung steht, auf das sie im Falle eines weniger transparenten Vorgangs nicht zurückgreifen könnten.[527] Dadurch soll ihre Akzeptanz für und ihr Vertrauen in die Entscheidungen der Transparenz Gewährenden gestärkt werden.[528]

Ausweislich *J. Bröhmer* ist dabei zwischen unterschiedlichen Ebenen der Transparenz zu differenzieren:[529] So kann Transparenz zunächst als reine Ergebnistransparenz ausgestaltet sein; in diesem Fall ist nur das Ergebnis eines Entscheidungsprozesses fassbar, nicht jedoch die Entscheidungsfindung selbst. Diese findet also unter Ausschluss der Öffentlichkeit statt. Bei der Verfahrenstransparenz ist demgegenüber nicht nur das Ergebnis transparent, sondern gleichsam der Prozess der Entscheidungsfindung; dieser erfolgt also öffentlich. Inhaltliche Transparenz zielt weiterhin auf die inhaltliche Nachvollziehbarkeit und Verständlichkeit von Entscheidungen ab; Verantwortungstransparenz[530] erlaubt schließlich die Zuordnung von Verantwortlichkeiten für bestimmte Handlungen und Zustände.

Öffentlichkeit und Transparenz stehen in einem engen Zusammenhang und können zudem in ein Ausgleichs- und Ergänzungsverhältnis zueinander gebracht werden: So kann die Herstellung von Transparenz (auf andere Weise als durch Öffentlichkeit) dazu genutzt werden, um ein Informationsdefizit auszugleichen, das sich aus der Nichtöffentlichkeit eines Vorgangs ergibt.[531]

II. Gerichtsöffentlichkeit

Die Gerichtsöffentlichkeit bildet einen Anwendungsfall des vorangehend in allgemeiner Hinsicht erläuterten Begriffs der Öffentlichkeit und bedeutet, dass es jedermann – also auch und gerade[532] am Prozess Unbeteiligten[533] inklusive

525 S. *F. Schoch*, in: Isensee/Kirchhof, Hdb. StaatsR, Bd. 3, § 37 Rdnr. 140; *M. Sitsen*, IFG, S. 41; *J. Ziekow/C. Sicko/A. Piesker*, Arkanprinzip, S. 2.

526 So *J. Bröhmer*, Transparenz, S. 23 ff.

527 Vgl. BVerfGE 70, 324 (355); *J. Bröhmer*, Transparenz, S. 18.

528 S. *D. Kugelmann*, Rechtsstellung, S. 15; *M. Sitsen*, IFG, S. 41.

529 *J. Bröhmer*, Transparenz, S. 19 ff.

530 Vgl. hierzu auch *D. Kugelmann*, Rechtsstellung, S. 16.

531 So auch *F. Schoch*, in: Isensee/Kirchhof, Hdb. StaatsR, Bd. 3, § 37 Rdnr. 140.

532 Vgl. *C. Lückemann*, in: Zöller, ZPO, § 169 ZPO Rdnr. 13.

533 S. *O. Kissel/H. Mayer*, GVG, § 169 GVG Rdnr. 1; *W. Zimmermann*, in: Rauscher/Krüger, MüKo ZPO, Bd. 3, § 169 GVG Rdnr. 1.

Pressevertretern – grundsätzlich erlaubt ist, an der mündlichen Verhandlung eines Gerichtsprozesses als Zuschauer ohne konkreten Anlass teilzunehmen;[534] insbesondere die Verkündung von Entscheidungen des erkennenden Gerichts hat außerdem öffentlich zu erfolgen. Normativ ist dies in § 169 S. 1 GVG verankert:

> „Die Verhandlung vor dem erkennenden Gericht einschließlich der Verkündung der Urteile und Beschlüsse ist öffentlich."

In Satz 2 der Vorschrift wird weiterhin festgelegt, dass die Anfertigung von Ton- und Fernseh-Rundfunkaufnahmen sowie Ton- und Filmaufnahmen der mündlichen Verhandlung zum Zwecke der öffentlichen Vorführung oder Veröffentlichung ihres Inhalts unzulässig ist.[535]

Unmittelbar finden die Vorgaben des Gerichtsverfassungsgesetzes zur Gerichtsöffentlichkeit dabei nur Anwendung auf die ordentliche Gerichtsbarkeit, vergleiche § 2 EGGVG. Da die Gerichtsöffentlichkeit als Ausfluss des Demokratie- sowie Rechtsstaatsprinzips gesehen[536] und zu den bedeutsamen Prinzipien demokratischer Rechtspflege gezählt wird,[537] verweisen allerdings auch andere Prozessordnungen auf die §§ 169 ff. GVG, um die Gerichtsöffentlichkeit auf diesem Weg – zum Teil modifiziert –[538] ebenfalls für ihre Verfahren zu übernehmen.[539]

Auch konventionsrechtlich findet sich die Gerichtsöffentlichkeit in Art. 6 Abs. 1 EMRK abgesichert. Nach dieser Vorschrift, die in Deutschland formal über den Rang eines einfachen Gesetzes verfügt,[540] hat jede Person das Recht, „daß über Streitigkeiten in bezug auf ihre zivilrechtlichen Ansprüche und Verpflichtungen

534 S. *J. Risse/M. Oehm*, ZVglRWiss 114, 407 (409).

535 Ausführlich zur Gerichtsberichterstattung *R. Lorz*, in: Haratsch/Kugelmann/Repkewitz, Herausforderungen, S. 59 ff.

536 S. BVerfG (1. Kammer des 2. Senats), Beschluss vom 14.03.2012 – 2 BvR 2405/11[=NJW 2012, 1863 (1864)]; BVerfGE 103, 44 (63); vgl. auch *W. Zimmermann*, in: Rauscher/Krüger, MüKo ZPO, Bd. 3, § 169 GVG Rdnr. 3.

537 So *C. Lückemann*, in: Zöller, ZPO, § 169 GVG Rdnr. 1; s. auch *A. Baumbach*, ZPO, Übers § 169 GVG Rdnr. 2.

538 Vgl. *W. Zimmermann*, in: Rauscher/Krüger, MüKo ZPO, Bd. 3, § 169 GVG Rdnr. 20.

539 Entsprechende Verweisungen kommen insbes. vor in: § 385 Abs. 1 AO, § 17 BVerfGG, § 52 Abs. 1 FGO, § 73 Nr. 1 GWB, § 46 Abs. 1 OWiG, § 61 Abs. 1 SGG sowie § 55 VwGO; weitere Bspe. sind zu finden bei *W. Zimmermann*, in: Rauscher/Krüger, MüKo ZPO, Bd. 3, § 169 GVG Rdnr. 20.

540 S. *J. Meyer-Ladewig/M. Nettesheim*, in: Meyer-Ladewig/Nettesheim/Raumer, Hk. EMRK, Einleitung Rdnr. 18; *S. Longrée/D. Wedel*, SchiedsVZ 2016, 237 (238); *W. Zimmermann*, in: Rauscher/Krüger, MüKo ZPO, Bd. 3, § 169 GVG Rdnr. 5.

oder über eine gegen sie erhobene strafrechtliche Anklage von einem unabhängigen und unparteiischen, auf Gesetz beruhenden Gericht in einem fairen Verfahren, öffentlich und innerhalb angemessener Frist verhandelt wird. Das Urteil muß öffentlich verkündet werden (...)". Nach Auffassung des Bundesverwaltungsgerichts sind außerdem solche Gerichtsentscheidungen zu publizieren, „an deren Veröffentlichung die Öffentlichkeit ein Interesse hat oder haben kann."[541]

Wie diesem Zitat bereits zu entnehmen ist, besteht ein Zweck der Gerichtsöffentlichkeit in der Befriedigung des öffentlichen Informationsbedürfnisses.[542] Daneben dient die Gerichtsöffentlichkeit primär der Stärkung des Vertrauens der Allgemeinheit in die Rechtmäßigkeit des Verfahrens, dessen Kontrolle und der Verhinderung von Willkür.[543] Hinzuweisen ist in diesem Zusammenhang außerdem auf die herausragende Bedeutung der Medien für die Verwirklichung der mit dem Grundsatz der Gerichtsöffentlichkeit verfolgten Ziele, die es übernehmen, für die Allgemeinheit über bedeutsame Vorgänge in den Gerichtssälen zu berichten.[544]

Ergeht dort eine gerichtliche Entscheidung aufgrund mündlicher Verhandlung, in der gegen die Vorschriften über die Öffentlichkeit des Verfahrens verstoßen worden ist, so stellt dies einen absoluten Revisionsgrund nach § 547 Nr. 5 ZPO dar; das Gleiche gilt laut § 138 Nr. 5 VwGO für den Verwaltungsprozess.

Da der Grundsatz der Gerichtsöffentlichkeit nur in der staatlichen Gerichtsbarkeit gilt, muss er im Rahmen von Schiedsverfahren keine Berücksichtigung finden.[545] Stattdessen ist den Parteien hier die Möglichkeit einer vertraulichen Verfahrensgestaltung prinzipiell eröffnet. Es stellt sich die Frage, was unter Vertraulichkeit in diesem Sinne zu verstehen ist.

---

541 BVerwGE 104, 105 (108); kritisch zu einem allg. gerichtlichen Publizitätsgebot *W. Zimmermann*, in: Rauscher/Krüger, MüKo ZPO, Bd. 3, § 169 GVG Rdnr. 13.

542 S. *H. Diemer*, in: Hannich, KK StPO, § 169 GVG Rdnr. 2; *J. Risse/M. Oehm*, ZVglRWiss 114, 407 (409 f.).

543 Vgl. *W. Zimmermann*, in: Rauscher/Krüger, MüKo ZPO, Bd. 3, § 169 GVG Rdnr. 1; *J. Sawang*, Geheimhaltung, S. 86.

544 S. BVerfGE 103, 44 (66); *M. Kloepfer*, in: Isensee/Kirchhof, Hdb. StaatsR, Bd. 3, § 42 Rdnr. 61; *C. Meissner/W. Schenk*, in: Schoch/Schneider/Bier, VwGO, Bd. 1, § 55 VwGO Rdnr. 18; *A. Baumbach*, ZPO, Übers § 169 GVG Rdnr. 3; *W. Zimmermann*, in: Rauscher/Krüger, MüKo ZPO, Bd. 3, § 169 GVG Rdnr. 1, scheint die Rolle der Presse demgegenüber kritisch zu sehen, wenn er davon spricht, es entstehe gelegentlich der Eindruck, der Zweck des § 169 GVG bestehe i.W. darin, „Material" für Presse und Fernsehen „zu liefern"; vgl. auch *M. Jestaedt*, AöR 126, 204 (218 f.); *J. Masing*, VVDStRL 63, 377 (385 f.).

545 Vgl. *R. Kreindler/J. Schäfer/R. Wolff*, Schiedsgerichtsbarkeit, Rdnr. 10.

III. Vertraulichkeit des Schiedsverfahrens

Nach herrschender Meinung setzt Vertraulichkeit voraus, dass das Schiedsverfahren einerseits unter Ausschluss der Öffentlichkeit (Parteiöffentlichkeit) durchgeführt und andererseits über sämtliche aus dem Schiedsverfahren stammende sowie in Zusammenhang mit diesem stehende Erkenntnisse Stillschweigen (Geheimhaltung) gewahrt wird.[546] Nicht immer wird im rechtswissenschaftlichen Schrifttum jedoch zwischen diesen beiden Elementen und ihrem Oberbegriff in terminologischer Hinsicht genau genug differenziert; aus diesem Grund sollen beide Begriffe im Folgenden einer näheren Untersuchung und rechtlichen Herleitung unterzogen werden.

1. Parteiöffentlichkeit

Parteiöffentlichkeit meint den Ausschluss Dritter und insbesondere der allgemeinen Öffentlichkeit sowie der Medien von der Teilnahme am Schiedsverfahren.[547] Sie kann als Ausgangspunkt der Vertraulichkeit betrachtet werden, denn ohne einen Ausschluss der Öffentlichkeit ließe sich ein vertrauliches Schiedsverfahren nicht durchführen.[548] Eine gesetzliche Regelung zur Parteiöffentlichkeit ist im deutschen Schiedsverfahrensrecht dabei nicht zu finden.[549] Dass Schiedsverfahren normalerweise trotzdem unter Ausschluss der Öffentlichkeit stattfinden, folgt alleine aus dem Umstand, dass sie an Orten (Konferenzzentrum, Hotel etc.) durchgeführt werden, zu denen unbeteiligte Dritte keinen Zutritt haben.[550] Schon

---

546 S. *H. Kahlert*, Vertraulichkeit, S. 10 f.; *W. Kühn/U. Gantenberg*, in: Bachmann u.a., FS Schlosser, S. 461 (462 f.); *J.-P. Lachmann*, Hdb. Schiedsgerichtspraxis, Rdnr. 146; *K. Lionnet/A. Lionnet*, Hdb. Schiedsgerichtsbarkeit, S. 453 ff.; *R. Oldenstam/J. v. Pachelbel*, SchiedsVZ 2006, 31 (32); anstelle von Geheimhaltung wird mitunter auch von Vertraulichkeit gesprochen, so etwa *H. Prütting*, in: Briner u.a., FS Böckstiegel, S. 629 ff.; *J. Geiben*, Privatsphäre, S. 20 ff., verwendet anstelle von Parteiöffentlichkeit den Begriff der Privatsphäre; Parteiöffentlichkeit wird im englischsprachigen Schrifttum als *privacy* bezeichnet, Geheimhaltung lässt sich demgegenüber mit *confidentiality* übersetzen.

547 Vgl. *J.-P. Lachmann*, Hdb. Schiedsgerichtspraxis, Rdnr. 146; *R. Oldenstam/J. v. Pachelbel*, SchiedsVZ 2006, 31 (32); *H. Prütting*, AnwBl 2015, 546 (548); *S. Schill*, DÖV 2010, 1013 (1014 Fn. 12).

548 S. *K. Lionnet/A. Lionnet*, Hdb. Schiedsgerichtsbarkeit, S. 454 f.; *H. Prütting*, in: Briner u.a., FS Böckstiegel, S. 629 (631).

549 Darauf weist auch *H. Prütting*, in: Briner u.a., FS Böckstiegel, S. 629 (632), hin.

550 *D. Holder*, Vertraulichkeit, S. 19 ff., hält aus diesem Grund sowohl eine ausdrückliche als auch konkludente Vereinbarung der Parteien in Bezug auf die Nicht-Öffentlichkeit des Verfahrens für entbehrlich; s. auch *J. Risse/M. Oehm*, ZVglRWiss 114, 407 (413).

deswegen dürften sich Probleme hinsichtlich der Parteiöffentlichkeit regelmäßig nicht ergeben.[551] Gleichwohl kann es sicherlich nicht schaden, wenn sich die Parteien auf eine entsprechende Regelung vorab verständigen; dies kann auch dadurch geschehen, dass sie in ihrer Schiedsvereinbarung auf die Schiedsgerichtsordnung einer Schiedsinstitution Bezug nehmen, die von der Nicht-Öffentlichkeit des Verfahrens ausgeht.[552]

Es stellt sich die Frage, ob sich für die Nicht-Öffentlichkeit auch dann eine normative Verankerung finden lässt, wenn es an einer ausdrücklichen Vereinbarung der Verfahrensbeteiligten oder einer Bezugnahme auf die Schiedsgerichtsordnung einer Schiedsinstitution fehlt. Nach einer im Schrifttum vielfach zu findenden Auffassung sind Schiedsvereinbarungen, in denen diesbezüglich keine ausdrückliche Regelung enthalten ist, dahingehend auszulegen und zu ergänzen, dass die Nicht-Öffentlichkeit als konkludent vereinbart gilt.[553] Gegenteiliges hätten die Parteien ausdrücklich in ihrer Schiedsvereinbarung niederzulegen.[554]

Dem ist mit der folgenden Erwägung zuzustimmen: Die Nicht-Öffentlichkeit ist als Grundprinzip der Schiedsgerichtsbarkeit zu betrachten.[555] Parteien, die sich für den Abschluss einer Schiedsvereinbarung entscheiden, gehen daher von der Nicht-Öffentlichkeit als Regelzustand des Verfahrens konkludent auch dann aus, wenn sie keine entsprechenden Vorkehrungen treffen.[556] Das Schiedsgericht darf Unbeteiligten aus diesem Grund nur dann Zugang zur Verhandlung gewähren, wenn die Parteien dem entweder zustimmen oder die Entscheidung in das Ermessen der Schiedsrichter gestellt haben.[557]

551 Vgl. *J.-P. Lachmann*, Hdb. Schiedsgerichtspraxis, Rdnr. 1602.

552 S. bspw. Art. R44.2 Abs. 2 S. 2 der Schiedsgerichtsordnung des Internationalen Sportgerichtshofs (Court of Arbitration for Sport, kurz: CAS) i.d.F. vom 01.01.2017.

553 So *D. Kühner*, IHR 2003, 202 (203); *H. Prütting*, in: Briner u.a., FS Böckstiegel, S. 629 (632); *W. Kühn/U. Gantenberg*, in: Bachmann u.a., FS Schlosser, S. 461 (462 f.), halten dies ebenfalls für möglich; ähnlich *M. Löhr*, Rechtsschutz, S. 29 f.

554 *H. Prütting*, in: Briner u.a., FS Böckstiegel, S. 629 (632).

555 So auch *D. Kühner*, IHR 2003, 202 (203); *K. Lionnet/A. Lionnet*, Hdb. Schiedsgerichtsbarkeit, S. 455; *H. Prütting*, in: Briner u.a., FS Böckstiegel, S. 629 (632).

556 I.d.S. *H. Kahlert*, Vertraulichkeit, S. 147 f.

557 S. *H. Prütting*, in: Briner u.a., FS Böckstiegel, S. 629 (632); *W. Kühn/U. Gantenberg*, in: Bachmann u.a., FS Schlosser, S. 461 (462); abw. *J. Geiben*, Privatsphäre, S. 21; *J. Risse/M. Oehm*, ZVglRWiss 114, 407 (414 f.).

2. *Geheimhaltung*

Durch die mit der Parteiöffentlichkeit verbundene Beschränkung der Teilnehmerzahl lässt sich dabei bereits ein hohes Maß an Vertraulichkeit erreichen.[558] Dies ergibt sich auch daraus, dass im Regelfall keiner der Beteiligten über ein allzu großes Interesse daran verfügen dürfte, die Streitigkeit publik werden zu lassen.[559] Für sich genommen hindert die Nicht-Öffentlichkeit des Verfahrens jedoch keinen Beteiligten (Parteien, Schiedsrichter, Zeugen usw.) daran, in der Öffentlichkeit Einzelheiten des Konflikts zu enthüllen.[560] Um vollständige Vertraulichkeit zu erreichen, bedarf es folglich der über die Parteiöffentlichkeit hinausgehenden Verpflichtung aller am Verfahren Teilnehmenden, Geheimhaltung zu praktizieren.

Geheimhaltung meint im vorliegend verstandenen Sinne die umfassende Wahrung von Verschwiegenheit bezüglich aller im Zusammenhang mit dem Schiedsverfahren stehenden und sämtlicher aus ihm entstammenden Erkenntnisse; als geheimhaltungsbedürftige Tatsachen kommen in diesem Zusammenhang insbesondere die folgenden Gesichtspunkte in Betracht:

- Die Existenz des Schiedsverfahrens selbst;
- die Namen der Konfliktparteien und anderer Beteiligter;
- die im Rahmen des Schiedsverfahrens offenbarten Tatsachen;
- die Begründung und der Inhalt des Schiedsspruchs.[561]

Dabei genügt es nicht, wenn sich lediglich die Parteien verschwiegen verhalten; vonnöten ist vielmehr, dass auch alle sonstigen Verfahrensbeteiligten der Pflicht zur Geheimhaltung unterworfen werden.[562] In diesem Zusammenhang ist insbesondere zu denken an:

- die Schiedsrichter;
- Sachverständige;

---

558 Ähnlich *K. Lionnet/A. Lionnet*, Hdb. Schiedsgerichtsbarkeit, S. 455; *R. Oldenstam/J. v. Pachelbel*, SchiedsVZ 2006, 31 (33).

559 Vgl. *R. Oldenstam/J. v. Pachelbel*, SchiedsVZ 2006, 31 (33 f.); *J. Risse*, SchiedsVZ 2014, 265 (271).

560 Vgl. *K. Günther*, in: Berger u.a., FS Sandrock, S. 341 (342 f.); *K. Lionnet/A. Lionnet*, Hdb. Schiedsgerichtsbarkeit, S. 456.

561 Vgl. *D. Kühner*, IHR 2003, 202 (203); *K. Lionnet/A. Lionnet*, Hdb. Schiedsgerichtsbarkeit, S. 456.

562 Vgl. *W. v. Bernuth/M. Reischl*, SchiedsVZ 2017, 20 (22).

- Zeugen;[563]
- eine gegebenenfalls eingeschaltete Schiedsinstitution einschließlich deren Mitarbeiter.

Gesetzliche Vorgaben zur Geheimhaltung sind dabei im deutschen Schiedsverfahrensrecht nicht zu finden.[564] Ihre rechtliche Herleitung hat daher anderweitig und für jeden der oben erwähnten Personenkreise gesondert zu erfolgen:

a. Geheimhaltung durch die Parteien

Der einfachste Weg, einander zu Verschwiegenheit zu verpflichten, besteht für die Parteien darin, eine Geheimhaltungsvereinbarung zu treffen. Dies kann entweder ausdrücklich oder konkludent dadurch geschehen, dass sie in ihrer Schiedsvereinbarung Bezug auf die Schiedsgerichtsordnung einer Schiedsinstitution nehmen, die wiederum Vertraulichkeit vorschreibt.[565] Dies ist beispielsweise nach § 43 der Schiedsgerichtsordnung (1998) der DIS der Fall. Dort findet sich folgende Regelung:

> **„§ 43 Vertraulichkeit**
>
> 43.1: Die Parteien, die Schiedsrichter und die in der DIS-Geschäftsstelle mit einem schiedsrichterlichen Verfahren befassten Personen haben über die Durchführung eines schiedsrichterlichen Verfahrens, und insbesondere über die beteiligten Parteien, Zeugen, Sachverständigen und sonstige Beweismittel Verschwiegenheit gegenüber jedermann zu bewahren. Von den Beteiligten im Verfahren hinzugezogene Personen sind zur Verschwiegenheit zu verpflichten.
>
> 43.2: Der DIS ist gestattet, Informationen über schiedsrichterliche Verfahren in einer Zusammenstellung statistischer Daten zu veröffentlichen, soweit die Informationen eine Identifizierung der Beteiligten ausschliessen.“[566]

§ 42 der DIS-Schiedsgerichtsordnung (1998) regelt wiederum die Veröffentlichung des Schiedsspruchs und macht diese von der schriftlichen Zustimmung der Parteien sowie der DIS abhängig. Ausweislich dieser Vorschrift darf die Veröffentlichung jedoch in keinem Fall die Namen der Parteien, Prozessbevollmächtigten und Schiedsrichter sowie sonstige individualisierende Angaben enthalten.

---

563 Ausführlich zur Anwesenheit von Zeugen während der Schiedsverhandlung *W. v. Bernuth/M. Reischl*, SchiedsVZ 2017, 20 ff.

564 Darauf weisen ebenfalls hin: *D. Holder*, Vertraulichkeit, S. 23; *H. Prütting*, in: Briner u.a., FS Böckstiegel, S. 629 (632).

565 S. *H. Prütting*, in: Briner u.a., FS Böckstiegel, S. 629 (635).

566 S. dazu *R. Oldenstam/J. v. Pachelbel*, SchiedsVZ 2006, 31 (35).

Auch eine Geheimhaltungsvereinbarung im Hauptvertrag, auf den sich die Schiedsvereinbarung bezieht, kann als objektiver Begleitumstand für die Annahme einer konkludenten Einigung der Parteien bezüglich der Durchführung eines der Verschwiegenheit unterliegenden Schiedsverfahrens gewertet werden.[567]

Für den Fall, dass sich die Parteien weder ausdrücklich noch konkludent unter Bezugnahme auf eine Schiedsgerichtsordnung oder in Verbindung mit einer Geheimhaltungsklausel im Hauptvertrag zur Geheimhaltung verpflichtet haben, stellt sich allerdings die Frage, ob sie dennoch einer solchen Pflicht unterliegen. Insoweit werden im Schrifttum verschiedene Ansätze diskutiert, um zu einer entsprechenden Verpflichtung der Parteien zu gelangen:[568] So wird zum Teil erwogen, ob es sich bei der Geheimhaltung um eine Selbstverständlichkeit im Schiedsverfahren handelt, so dass der Abschluss einer Schiedsvereinbarung gleichsam als konkludente Einigung der Parteien dahingehend verstanden werden kann, das Verfahren geheim durchzuführen.[569]

In die gleiche Richtung tendieren die Überlegungen *J. Geibens*, die Geheimhaltung könne möglicherweise als eine dem Schiedsverfahren immanente Verpflichtung der Parteien mit der Konsequenz anzusehen sein, dass es diesbezüglich von vornherein keiner zusätzlichen Vereinbarung bedürfe.[570]

Beide Ansätze tragen allerdings nicht dem Umstand Rechnung, dass nicht in jedem Falle ein Interesse der Parteien an (umfassender) Geheimhaltung besteht.[571] Deren rechtliche Bindungen können sich vielmehr sogar dergestalt darstellen, dass sie zur Auskunftserteilung bezüglich des Schiedsverfahrens verpflichtet sind. Entsprechende Pflichten lassen sich zum Beispiel dem Gesellschaftsrecht entnehmen: So kann eine Aktiengesellschaft nach § 131 Abs. 1 S. 1 AktG dazu verpflichtet sein, auf der Hauptversammlung über das Schiedsverfahren zu berichten.[572] Weiterhin sind vertragliche Informationspflichten – zum Beispiel gegenüber einer Versicherung – denkbar.[573]

---

567 So *D. Holder*, Vertraulichkeit, S. 26.

568 Ausführlich zu dieser Thematik *J. Geiben*, Privatsphäre; *D. Holder*, Vertraulichkeit; *J. Sawang*, Geheimhaltung.

569 S. *D. Holder*, Vertraulichkeit, S. 24.

570 *J. Geiben*, Privatsphäre, S. 34.

571 Auch *D. Holder*, Vertraulichkeit, S. 24 f., und *J. Geiben*, Privatsphäre, S. 35 ff., lehnen sie i.E. ab.

572 S. *J. Geiben*, Privatsphäre, S. 35 ff.; *H. Prütting*, in: Briner u.a., FS Böckstiegel, S. 629 (635).

573 Zutreffend *J. Geiben*, Privatsphäre, S. 38; *H. Prütting*, in: Briner u.a., FS Böckstiegel, S. 629 (635).

Eine unbedingte Pflicht der Parteien zur Geheimhaltung könnte sich also in Widerstreit zu ihren anderweitig bestehenden rechtlichen Verpflichtungen befinden. Aus diesem Grund kann weder von der Existenz einer dem Schiedsverfahren immanenten Pflicht zur Geheimhaltung ausgegangen werden, noch verpflichten sich die Parteien alleine durch den Abschluss einer Schiedsvereinbarung konkludent zu Vertraulichkeit.[574]

Möglicherweise ließe sich die Geheimhaltungspflicht der Parteien jedoch aus Gewohnheitsrecht herleiten.[575] Die Entstehung von Gewohnheitsrecht setzt einerseits eine dauerhafte, tatsächliche und allgemeine Übung voraus, die andererseits von der Rechtsüberzeugung der Rechtsgemeinschaft getragen wird.[576] Dabei ist eine gefestigte Rechtsprechung zur Geheimhaltung im Schiedsverfahren in Deutschland nicht zu finden.[577] Auch in demjenigen Schrifttum, das die Vertraulichkeit nicht als „unantastbares Axiom der Schiedsgerichtsbarkeit"[578] präsentiert,[579] wird diese Frage durchaus differenziert und nicht einheitlich betrachtet. Vor diesem Hintergrund kann keine Rede davon sein, dass eine gemeinsame Rechtsüberzeugung der Rechtsgemeinschaft dahingehend existiert, dass Schiedsverfahren grundsätzlich geheim durchzuführen sind.[580] Damit muss ebenfalls Gewohnheitsrecht als Rechtsgrundlage für eine Geheimhaltungspflicht der Parteien im Schiedsverfahren ausscheiden.[581]

Des Weiteren wird die Erwägung angestellt, ob sich Vertraulichkeit im Schiedsverfahren nicht im Wege einer verfahrensleitenden Anordnung des Schiedsgerichts realisieren lasse.[582] Dies ist indes abzulehnen, denn in der Schiedsgerichtsbarkeit

---

574 So auch *J.-P. Lachmann*, Hdb. Schiedsgerichtspraxis, Rdnr. 146; *K. Lionnet/A. Lionnet*, Hdb. Schiedsgerichtsbarkeit, S. 458; *H. Prütting*, in: Briner u.a., FS Böckstiegel, S. 620 (635).

575 Dies erwägt ebenfalls *J. Geiben*, Privatsphäre, S. 33 f.

576 S. *B. Rüthers/C. Fischer/A. Birk*, Rechtstheorie, Rdnr. 232.

577 Darauf weisen ebenso hin: *J. Geiben*, Privatsphäre, S. 34; *H. Prütting*, in: Briner u.a., FS Böckstiegel, S. 629 (634).

578 Zur Formulierung vgl. *J. Risse/M. Oehm*, ZVglRWiss 114, 407.

579 So allerdings *M. Aden*, DZWiR 2012, 360 (361); *H. Stumpf*, in: Böckstiegel/Glossner, FS Bülow, S. 217 (220); *G. Hirsch*, SchiedsVZ 2003, 49 (52); *K. Sachs*, SchiedsVZ 2004, 123 (124); *J. Wolff*, NVwZ 2012, 205 (206).

580 Vgl. *H. Prütting*, in: Briner u.a., FS Böckstiegel, S. 629 (634).

581 Zustimmend *J. Geiben*, Privatsphäre, S. 34; *H. Prütting*, in: Briner u.a., FS Böckstiegel, S. 629 (634).

582 Vgl. *J. Geiben*, Privatsphäre, S. 41 ff.; *J.-P. Lachmann*, Hdb. Schiedsgerichtspraxis, Rdnr. 151; *H. Prütting*, in: Briner u.a., FS Böckstiegel, S. 629 (635 f.); *J. Risse/M. Oehm*, ZVglRWiss 114, 407 (414 f.).

sind die Parteien als Herren des Verfahrens zu betrachten.[583] Bei seinen Entscheidungen hat sich das Schiedsgericht dementsprechend innerhalb des rechtlichen Rahmens zu bewegen, der ihm von den Parteien vorgegeben wurde.[584] Haben diese keine Vorkehrungen zum Geheimnisschutz getroffen, dann ist es nicht am Schiedsgericht gelegen, aus eigenem Antrieb eine vertrauliche Durchführung des Verfahrens anzuordnen.[585]

Von einer Pflicht der Parteien zu Verschwiegenheit ist im Ergebnis nur dann auszugehen, wenn diese eine hinreichend eindeutige Willensbekundung in diesem Sinne abgegeben haben.[586] Wie oben dargelegt, kann dies durch eine ausdrückliche Vertraulichkeitsvereinbarung geschehen oder sich aus der Bezugnahme auf eine Schiedsgerichtsordnung beziehungsweise in Verbindung mit dem Hauptvertrag ergeben.

Eine solche rechtliche Herleitung ermöglicht den Parteien, ihren gegebenenfalls anderweitig bestehenden Informationspflichten Rechnung zu tragen.[587] Allerdings gilt es zu beachten, dass eine Geheimhaltungsvereinbarung zwischen den Parteien im Anschluss an die *Pacta-tertiis*-Regel keinen der sonst am Verfahren Beteiligten unmittelbar zu binden vermag.[588]

b. Geheimhaltung durch Schiedsrichter und Sachverständige

Die Verschwiegenheitspflicht der Schiedsrichter ist stattdessen als (zumindest konkludent mitvereinbarte) Nebenpflicht aus den mit ihnen geschlossenen

583 Vgl. *C. Stumpf*, Streitbeilegung, S. 45 f.

584 So auch *J.-P. Lachmann*, Hdb. Schiedsgerichtspraxis, Rdnr. 151.

585 Zustimmend *J.-P. Lachmann*, Hdb. Schiedsgerichtspraxis, Rdnr. 151; differenzierend, aber ebenfalls zurückhaltend *H. Prütting*, in: Briner u.a., FS Böckstiegel, S. 629 (635 f.); a.A. *J. Geiben*, Privatsphäre, S. 41 ff.; *J. Risse/M. Oehm*, ZVglRWiss 114, 407 (414 f.).

586 So auch *K. Lionnet/A. Lionnet*, Hdb. Schiedsgerichtsbarkeit, S. 458; *H. Prütting*, in: Briner u.a., FS Böckstiegel, S. 629 (635); *J. Risse*, SchiedsVZ 2014, 265 (270 f.); ähnlich *J. Risse/M. Oehm*, ZVglRWiss 114, 407 (416).

587 Zu den Schwierigkeiten bei der Abfassung einer Geheimhaltungsklausel, die allen berechtigten Interessen Rechnung trägt, *J.-P. Lachmann*, Hdb. Schiedsgerichtspraxis, Rdnr. 149; *R. Oldenstam/J. v. Pachelbel*, SchiedsVZ 2006, 31 (33 f.).

588 Vgl. *W. v. Bernuth/M. Reischl*, SchiedsVZ 2017, 20 (22); *J. Geiben*, Privatsphäre, S. 39; *W. Kühn/U. Gantenberg*, in: Bachmann u.a., FS Schlosser, S. 461 (474); *R. Oldenstam/J. v. Pachelbel*, SchiedsVZ 2006, 31 (34); *H. Prütting*, in: Briner u.a., FS Böckstiegel, S. 629 (636).

Schiedsrichterverträgen herzuleiten.[589] Dies gilt selbst dann, wenn das Verfahren im Übrigen nicht vertraulich geführt wird.[590]

Dabei existiert die Verschwiegenheitspflicht der Schiedsrichter nicht nur im Interesse der Parteien, sondern gleichsam zugunsten der Mitschiedsrichter und im eigenen Interesse:[591] Um eine unabhängige Entscheidung zu gewährleisten, unterliegen die Beratungen des Schiedsgerichts daher einem Beratungsgeheimnis.[592] Dieses kann nicht ohne die Zustimmung des gesamten Schiedsgerichts aufgehoben werden.[593] Die Verschwiegenheitspflicht der Schiedsrichter geht folglich einher mit einem korrespondierenden Verschwiegenheitsrecht.

Nach anderer Ansicht sind die Verschwiegenheit und das Beratungsgeheimnis der Schiedsrichter auf eine Analogie zu Vorschriften aus dem deutschen Richtergesetz sowie der Zivilprozessordnung zu stützen.[594] Da sich eine Vertraulichkeitspflicht der Schiedsrichter jedoch bereits überzeugend als vertragliche Nebenpflicht begründen lässt, bedarf es dieser Analogien nicht.[595]

Auch für Sachverständige ist die Geheimhaltung als eine (zumindest konkludent) mitvereinbarte Nebenpflicht aus dem Gutachtenvertrag zu betrachten.[596]

c. Geheimhaltung durch Zeugen

Schwieriger stellt sich die Rechtslage demgegenüber in Bezug auf die im Laufe des Verfahrens vernommenen Zeugen dar: Soweit sich diese nicht in einer (arbeits-)

---

589 S. BGHZ 98, 32 (35); *K. Lionnet/A. Lionnet*, Hdb. Schiedsgerichtsbarkeit, S. 456 f.; *R. Oldenstam/J. v. Pachelbel*, SchiedsVZ 2006, 31 (33); ausführlich zur Verschwiegenheitspflicht der Schiedsrichter *M. Hilgard*, BB 2015, 1091 ff.; zur rechtlichen Einordnung des Schiedsrichtervertrags s. *D. Holder*, Vertraulichkeit, S. 43 f.

590 S. *H. Haller*, SchiedsVZ 2011, 179 (180).

591 Zutreffend *H. Haller*, SchiedsVZ 2011, 179 (181); vgl. auch OLG Düsseldorf, Zwischenurteil vom 14.01.1988 – 8 U 205/86(=EWiR 1988, 623); zustimmend *U. Körber*, EWiR 1988, 623 f.

592 *H. Haller*, SchiedsVZ 2011, 179 (181); *D.* Holder, Vertraulichkeit, S. 42; *K. Lionnet/A. Lionnet*, Hdb. Schiedsgerichtsbarkeit, S. 457.

593 So *H. Haller*, SchiedsVZ 2011, 179 (181); *K. Lionnet/A. Lionnet*, Hdb. Schiedsgerichtsbarkeit, S. 457.

594 OLG Düsseldorf, Zwischenurteil vom 14.01.1988 – 8 U 205/86(=EWiR 1988, 623); zustimmend *U. Körber*, EWiR 1988, 623 f.; so auch *H. Prütting*, in: Briner u.a., FS Böckstiegel, S. 629 (633).

595 Ebenfalls ablehnend *K. Lionnet/A. Lionnet*, Hdb. Schiedsgerichtsbarkeit, S. 456 f.

596 S. *D. Holder*, Vertraulichkeit, S. 57; *J.-P. Lachmann*, Hdb. Schiedsgerichtspraxis, Rdnr. 145; *K. Lionnet/A. Lionnet*, Hdb. Schiedsgerichtsbarkeit, S. 457; *H. Prütting*, in: Briner u.a., FS Böckstiegel, S. 629 (636); vgl. auch *H.-D. Lippert*, NJW 1989, 2935.

vertraglichen Beziehung zu den Parteien befinden, aus der sich eine Pflicht zu ihrer Verschwiegenheit herleiten lässt,[597] kann es diesen prinzipiell nicht einseitig untersagt werden, über ihre im Rahmen der Schiedsverhandlungen gewonnenen Eindrücke Dritten gegenüber zu berichten;[598] aus ihrer Funktion als Beweismittel ergibt sich eine Pflicht zur Verschwiegenheit jedenfalls nicht.[599] Ist eine solche auch bezüglich der Zeugen gewünscht, so kommt allenfalls eine entsprechende schuldrechtliche Vereinbarung in Betracht.[600]

d. Geheimhaltung durch Schiedsinstitutionen einschließlich Mitarbeitern

Falls sich die Parteien dafür entscheiden sollten, ihr Schiedsverfahren durch eine Schiedsinstitution betreuen zu lassen, stellt sich auch insoweit die Geheimhaltungs-Frage. Dabei sehen einige Schiedsgerichtsordnungen ausdrücklich eine Pflicht der jeweiligen Institution zur Verschwiegenheit vor, vergleiche zum Beispiel § 42 (Veröffentlichung des Schiedsspruchs), § 43.1 S. 1 (Verschwiegenheit) und § 43.2 (Erhebung statistischer Daten) der DIS-Schiedsgerichtsordnung (1998) oder Art. 6 S. 1 des Anhangs I (Satzung des Internationalen Schiedsgerichtshofs) der Schiedsgerichtsordnung der International Chamber of Commerce (ICC).[601] Durch den Abschluss des Betreuungsvertrags werden diese Vorgaben (zumindest konkludent) in das zwischen den Parteien und der Schiedsinstitution bestehende Rechtsverhältnis miteinbezogen.[602]

Im Übrigen ist davon auszugehen, dass sich ebenfalls ohne entsprechende Vorkehrungen in der Schiedsgerichtsordnung eine Verpflichtung der

---

597 Eine solche vertragliche Beziehung zwischen den Parteien und dem Zeugen unterstellt *D. Holder*, Vertraulichkeit, S. 57 ff., für den von Seiten des Schiedsgerichts ernannten Zeugen; Abweichendes gelte für den parteiernannten oder durch ein staatliches Gericht nach § 1050 ZPO verhörten Zeugen.

598 Zutreffend *J.-P. Lachmann*, Hdb. Schiedsgerichtspraxis, Rdnr. 146; vgl. in diesem Zusammenhang auch *W. v. Bernuth/M. Reischl*, SchiedsVZ 2017, 20 (22).

599 S. *J.-P. Lachmann*, Hdb. Schiedsgerichtspraxis, Rdnr. 146; *W. Kühn/U. Gantenberg*, in: Bachmann u.a., FS Schlosser, S. 461 (472 f.); vgl. auch *W. v. Bernuth/M. Reischl*, SchiedsVZ 2017, 20 (22).

600 So auch *J.-P. Lachmann*, Hdb. Schiedsgerichtspraxis, Rdnr. 146; *H. Prütting*, in: Briner u.a., FS Böckstiegel, S. 629 (636); nach *W. v. Bernuth/M. Reischl*, SchiedsVZ 2017, 20 (22), ist dies allerdings in der Praxis nicht weit verbreitet.

601 Vgl. die Übersicht bei *R. Oldenstam/J. v. Pachelbel*, SchiedsVZ 2006, 31 (36).

602 Abw. *W. Kühn/U. Gantenberg*, in: Bachmann u.a., FS Schlosser, S. 461 (473 f.), sowie *J.-P. Lachmann*, Hdb. Schiedsgerichtspraxis, Rdnr. 145, die insoweit nur auf die in den Schiedsgerichtsordnungen statuierte Verschwiegenheitspflicht abstellen.

Schiedsinstitution als (zumindest konkludent) mitvereinbarte Nebenpflicht aus dem mit dieser geschlossenen Betreuungsvertrag ergibt.[603]

Auch für die Mitarbeiter der Schiedsinstitutionen folgt die Pflicht zur Verschwiegenheit als (zumindest konkludent mitvereinbarte) Nebenpflicht aus deren Arbeitsvertrag (gegebenenfalls in Verbindung mit der Schiedsgerichtsordnung der jeweiligen Institution).[604]

3. *Durchbrechung der Vertraulichkeit vor staatlichen Gerichten*

Die Parteien eines Schiedsverfahrens kommen nicht in jedem Fall umhin, auf die Unterstützung staatlicher Gerichte zu verzichten; insbesondere in den nachfolgend bezeichneten Fällen sind sie vielmehr auf deren Mitwirkung angewiesen:

- Feststellung der (Un-)Zulässigkeit des schiedsrichterlichen Verfahrens gemäß § 1032 Abs. 2 ZPO;
- Bestellung des/der Schiedsrichter/s nach § 1035 Abs. 3 S. 1/3 ZPO;
- Entscheidung über die Ablehnung eines Schiedsrichters nach § 1037 Abs. 3 S. 1 ZPO;
- gerichtliche Unterstützung bei der Beweisaufnahme und Vornahme sonstiger richterlicher Handlungen nach § 1050 S. 1 ZPO;
- Aufhebung des Schiedsspruchs nach § 1059 ZPO;
- Vollstreckbarerklärung in- und ausländischer Schiedssprüche nach den §§ 1060 f. ZPO.[605]

Wie sich im Umkehrschluss aus § 1063 Abs. 2 ZPO ergibt, ist zwar nicht in allen diesen Verfahren zwangsläufig eine mündliche Verhandlung durchzuführen.[606]

---

603 Zustimmend *D. Holder*, Vertraulichkeit, S. 47.

604 Anders *J.-P. Lachmann*, Hdb. Schiedsgerichtspraxis, Rdnr. 145, der auch insoweit auf die in den Schiedsgerichtsordnungen statuierte Verschwiegenheitspflicht abstellt; allg. zur Verschwiegenheitspflicht des Arbeitnehmers *J. Joussen*, in: Rolfs u.a., BeckOK ArbeitsR, § 611 BGB Rdnrn. 404 ff.; vgl. ebenfalls § 17 Abs. 1 UWG, wonach eine bei einem Unternehmen beschäftigte Person, die ein Geschäfts- oder Betriebsgeheimnis, das ihr i.R.d. Dienstverhältnisses anvertraut worden oder zugänglich geworden ist, während der Geltungsdauer des Dienstverhältnisses unbefugt an jemanden zu Zwecken des Wettbewerbs, aus Eigennutz, zugunsten eines Dritten oder in der Absicht, dem Inhaber des Unternehmens Schaden zuzufügen, mitteilt, mit Freiheitsstrafe bis zu drei Jahren oder mit Geldstrafe bestraft wird.

605 Gegebenenfalls jeweils i.V.m. § 173 S. 1 VwGO.

606 Es ist vielmehr zwischen fakultativen und „erzwungenen“ mündlichen Verhandlungen zu unterscheiden, vgl. *J. Münch*, in: Rauscher/Krüger, MüKo ZPO, Bd. 3, § 1063 ZPO Rdnrn. 5 ff.

Allerdings kann das Gericht zumindest dann eine mündliche Verhandlung anordnen, wenn es sie für zweckmäßig erachtet.[607]

Selbst wenn sich Parteien also noch so bemüht zeigen, die Vertraulichkeit im Schiedsverfahren allseitig vertraglich abzusichern, kommt es insoweit jedenfalls dann zu einer Durchbrechung, wenn sich eine der Parteien mit einem Antrag an die staatlichen Gerichte wendet und es in der Folge zur Durchführung einer – grundsätzlich öffentlichen – mündlichen Verhandlung kommt.[608] Das Gleiche gilt im Übrigen dann, wenn sich das Gericht dazu entschließt, die von ihm getroffene Entscheidung zu veröffentlichen.[609]

4. *Ergebnis*

Im Ergebnis bleibt festzuhalten, dass die vertrauliche Durchführung eines Schiedsverfahrens zweierlei voraussetzt: Es muss einerseits zu einem Ausschluss der Öffentlichkeit kommen, und andererseits müssen alle am Verfahren Beteiligten einer umfassenden Geheimhaltungspflicht unterliegen. Nur wenn diese beiden Voraussetzungen kumulativ erfüllt sind, kann von der Durchführung eines vertraulichen Schiedsverfahrens gesprochen werden. Trotz allumfassender vertraglicher Absicherung der Vertraulichkeit kommt es insoweit jedenfalls dann zu einer Durchbrechung, wenn sich die Parteien mit einem der in § 1062 ZPO genannten Anträge an ein staatliches Gericht wenden und es in der Folge zur Durchführung einer öffentlichen mündlichen Verhandlung beziehungsweise Veröffentlichung der richterlichen Entscheidung kommt.

J. Transparente Gerichtsbarkeit, intransparente Schiedsgerichtsbarkeit?

Bereits oben wurden Bedenken gegen die These erhoben, die pauschal zwischen transparenter staatlicher Gerichtsbarkeit und intransparenter Schiedsgerichtsbarkeit differenziert.[610] Im Folgenden soll daher der Versuch unternommen werden, ob sich diese Zweifel weiter erhärten lassen.

Zu diesem Zwecke sollen unterschiedliche Gesichtspunkte in Rechnung gestellt werden: Auf der einen Seite soll ermittelt werden, inwieweit der Grundsatz

---

607 Vgl. *J. Münch*, in: Rauscher/Krüger, MüKo ZPO, Bd. 3, § 1063 ZPO Rdnr. 5.

608 Vgl. *J. Risse/M. Oehm*, ZVglRWiss 114, 407 (410); *P. Stürmer*, Vereinbarung, S. 14.

609 S. dazu unten K.II.4.a., S. 215 f.

610 Vgl. insoweit auch *H. Prütting*, AnwBl 2015, 546 (549); *R. Wolff*, SchiedsVZ 2016, 293 (300).

der Gerichtsöffentlichkeit Durchbrechungen erfährt. In diesem Zusammenhang ist zunächst an gesetzliche Einschränkungstatbestände zu denken; außerdem wird nachzuvollziehen sein, auf welche Weise der Wert der Gerichtsöffentlichkeit womöglich bereits rein faktisch reduziert wird. Auf der anderen Seite kommt bezogen auf Schiedsverfahren, an denen die öffentliche Hand als Partei beteiligt ist, ein zusätzlicher Transparenzgewinn in Frage: Denn es könnten insoweit Informationszugangsansprüche nach den Informationsfreiheitsgesetzen des Bundes und der Länder bestehen.

Damit lässt sich die Frage nach der Transparenz beziehungsweise Intransparenz des Schiedsverfahrens im Verhältnis zur staatlichen Gerichtsbarkeit also weitaus differenzierter betrachten als dies im Schrifttum überwiegend geschieht.

I. Gesetzliche Ausnahmen vom Grundsatz der Gerichtsöffentlichkeit

1. GVG

In den §§ 169 S. 2 ff. GVG sind verschiedene Ausnahmetatbestände normiert, die obligatorisch oder fakultativ zu einem Ausschluss oder einer Einschränkung der Öffentlichkeit des Verfahrens führen können.[611] So werden Familiensachen sowie Angelegenheiten der freiwilligen Gerichtsbarkeit nach § 170 Abs. 1 S. 1 GVG grundsätzlich parteiöffentlich verhandelt.[612] Daneben kann das Gericht die Öffentlichkeit in folgenden Fällen ausschließen:

- In Unterbringungssachen (§ 171a GVG);
- zum Schutz der Privatsphäre (§ 171b GVG);
- zur Vermeidung einer Gefährdung der Staatsicherheit, der öffentlichen Ordnung oder der Sittlichkeit (§ 172 Nr. 1 GVG);
- zur Vermeidung einer Gefährdung des Lebens, des Leibes oder der Freiheit eines Zeugen oder einer anderen Person (§ 172 Nr. 1a GVG);
- zum Schutze eines wichtigen Geschäfts-, Betriebs-, Erfindungs- oder Steuergeheimnisses (§ 172 Nr. 2 GVG);
- falls ein privates Geheimnis erörtert wird, dessen unbefugte Offenbarung durch den Zeugen oder Sachverständigen mit Strafe bedroht ist (§ 172 Nr. 3 GVG);
- falls eine Person unter 18 Jahren vernommen wird (§ 172 Nr. 4 GVG).

---

611 Vgl. dazu auch *R. Lorz*, in: Haratsch/Kugelmann/Repkewitz, Herausforderungen, S. 59 (65 f.).

612 S. dazu *V. Lipp*, FPR 2011, 37 ff.

Auch in der staatlichen Gerichtsbarkeit besteht also nach § 172 Nr. 2 GVG insbesondere die Möglichkeit, zur Bewahrung von Geschäfts-, Betriebs-, Erfindungs- oder Steuergeheimnissen einen Ausschluss der Öffentlichkeit zu bewirken.

Der Ausschluss der Öffentlichkeit kann dabei zwar von den Parteien angeregt werden;[613] weil die Gerichtsöffentlichkeit nicht in ihrem ausschließlichen Interesse besteht, können sie hierüber jedoch nicht wirksam disponieren.[614] Die Entscheidung, ob die Verhandlung parteiöffentlich durchgeführt wird, liegt vielmehr im pflichtgemäßen Ermessen des für den Streitentscheid zuständigen Gerichts.[615]

Darüber hinausgehend besteht für ein Gericht sogar die Möglichkeit, die Anwesenden gemäß § 174 Abs. 3 S. 1 GVG zur Geheimhaltung der ihnen im Rahmen der Verhandlung zur Kenntnis gelangten Tatsachen zu verpflichten. Ein Verstoß gegen diese Verschwiegenheitspflicht ist nach § 353d Nr. 2 StGB strafbewehrt.

Allerdings gilt der Schutz von Geschäfts-, Betriebs-, Erfindungs- oder Steuergeheimnissen im staatlichen Gerichtsverfahren nur eingeschränkt. Dies ergibt sich einerseits daraus, dass der Ausschluss der Öffentlichkeit nach § 172 Nr. 2 GVG voraussetzt, dass es sich bei dem zu schützenden Geheimnis um ein *wichtiges* handelt. Andererseits muss seine öffentliche Erörterung eine Verletzung überwiegender schutzwürdiger Interessen des Geheimnisträgers bedingen.

Wichtig ist ein Geheimnis in diesem Sinne dann, wenn es nicht lediglich Nebensächlichkeiten betrifft, sondern eine erhebliche wirtschaftliche Bedeutung für den Betroffenen aufweist.[616] Die Schutzwürdigkeit des Geheimnisses spielt eine wichtige Rolle für die Frage, ob das Geheimhaltungsinteresse die Bedeutung der Gerichtsöffentlichkeit zu überwiegen vermag.[617] Während einem jeden Geheimnis dabei ein gewisses Maß an Schutzwürdigkeit und damit „Wichtigkeit" bereits begriffsnotwendig immanent ist – Geheimnis wird definiert als eine Tatsache, die nur einer begrenzten Anzahl von Personen bekannt sowie zugänglich ist und an deren Vertraulichkeit auf Seiten des Geheimnisträgers ein schützenswertes

613 Das Gleiche gilt für die Durchführung eines schriftlichen Verfahrens nach § 128 Abs. 2 ZPO, s. dazu unten J.I.2., S. 129.

614 Dazu *W. Zimmermann*, in: Rauscher/Krüger, MüKo ZPO, Bd. 3, § 169 GVG Rdnrn. 24 ff.

615 S. *C. Lückemann*, in: Zöller, ZPO, § 172 GVG Rdnr. 1; vgl. auch *C. Kimmel*, in: Posser/Wolff, BeckOK VwGO, § 55 VwGO Rdnr. 12.

616 S. *O. Kissel/H. Mayer*, GVG, § 172 GVG Rdnr. 38; vgl. auch OVG Lüneburg, Beschluss vom 24.01.2003 - 14 PS 1/02[=NVwZ 2003, 629 (630)].

617 Vgl. *O. Kissel/H. Mayer*, GVG, § 172 GVG Rdnr. 39.

Interesse besteht –[618], erscheint es wesentlich schwieriger festzustellen, wann das Geheimhaltungsinteresse des Berechtigten geeignet ist, das Interesse an der Durchführung einer öffentlichen Gerichtsverhandlung zu überwiegen.

Aufgrund der hohen Bedeutung der Gerichtsöffentlichkeit für die Rechtspflege in einem demokratischen und rechtsstaatlichen Gemeinwesen kann eine Einschränkung der Gerichtsöffentlichkeit dabei nur dann als zulässig betrachtet werden, wenn dem Berechtigten für den Fall, dass die geheimhaltungsbedürftige Tatsache publik werden würde, schwerwiegende Nachteile drohten. Anders sehen dies *O. Kissel/H. Mayer*, die dafür plädieren, angesichts der Entwicklung hin zu mehr Schutz der Persönlichkeitssphäre keine allzu strengen Maßstäbe an das Geheimhaltungsinteresse anzulegen.[619]

In jedem Fall lässt sich für die Parteien prospektiv schwer abschätzen, wie das Gericht am Ende über einen ihrerseits beantragten Ausschluss der Öffentlichkeit entscheiden wird; lehnt es den betreffenden Antrag ab, so ist diese Entscheidung von Seiten der Parteien auch nicht isoliert anfechtbar.[620] Die Möglichkeit zum Schutz von Unternehmensgeheimnissen stellt damit zwar kein Alleinstellungsmerkmal der Schiedsgerichtsbarkeit dar, ist in der staatlichen Gerichtsbarkeit für die Beteiligten allerdings mit einem hohen Maß an Unsicherheit verbunden. Möchten die Parteien sicherstellen, dass der Kreis der Zugangsberechtigten ihrer Kontrolle unterliegt, dann bietet sich für sie in dieser Hinsicht folglich der Abschluss einer Schiedsvereinbarung an.

Neben den genannten Ausschlussgründen kann das staatliche Gericht weiterhin einzelnen Personen den Zutritt zu der öffentlichen Verhandlung untersagen. So kann ein Ausschluss nach § 175 Abs. 1 GVG etwa gegenüber unerwachsenen und solchen Personen erfolgen, die in einer der Würde des Gerichts nicht entsprechenden Weise erscheinen. Außerdem kann der Ausschluss einzelner Personen im Wege sitzungspolizeilicher Anordnungen erreicht werden.[621]

Auch die Anfertigung von Ton- und Fernseh-Rundfunkaufnahmen sowie Ton- und Filmaufnahmen zum Zwecke der öffentlichen Vorführung oder der

618 Beachte auch die Definition bei *O. Kissel/H. Mayer*, GVG, § 172 GVG Rdnr. 38; *M. Kloepfer*, InformationsR, § 9 Rdnr. 1.

619 *O. Kissel/H. Mayer*, GVG, § 172 GVG Rdnr. 39; ähnlich *W. Zimmermann*, in: Rauscher/Krüger, MüKo ZPO, Bd. 3, § 172 GVG Rdnr. 7.

620 S. dazu *W. Zimmermann*, in: Rauscher/Krüger, MüKo ZPO, Bd. 3, § 172 GVG Rdnrn. 15 f.

621 Vgl. *A. Walther*, in: Graf, BeckOK StPO, § 169 GVG Rdnr. 12; *W. Zimmermann*, in: Rauscher/Krüger, MüKo ZPO, Bd. 3, § 169 GVG Rdnrn. 36 f.

Veröffentlichung ihres Inhalts ist nach § 169 S. 2 GVG untersagt.[622] Zudem kann durch besonderen Gerichtsbeschluss für die Verkündung der Urteilsgründe oder eines Teils davon laut § 173 Abs. 2 GVG die Öffentlichkeit unter den Voraussetzungen der §§ 171b und 172 GVG ausgeschlossen werden.

2. ZPO

In der ZPO findet sich ebenfalls eine Reihe von Tatbeständen normiert, wonach unter bestimmten Voraussetzungen auf die Durchführung einer mündlichen Verhandlung verzichtet werden kann: So kann das Gericht auf die Durchführung einer mündlichen Verhandlung gemäß § 128 Abs. 4 ZPO zunächst immer dann verzichten, wenn seine Entscheidung nicht in einem Urteil besteht und im Gesetz nichts anderes bestimmt ist. Weiterhin ist eine mündliche Verhandlung insbesondere in folgenden Fällen entbehrlich:

- Die Parteien stimmen der Durchführung eines schriftlichen Verfahrens nach § 128 Abs. 2 ZPO zu;
- es ist nur noch über die Kosten des Verfahrens zu entscheiden, § 128 Abs. 3 ZPO;
- Entscheidung nach Lage der Akten gemäß § 251a Abs. 1 ZPO bei Säumnis beider Parteien;
- Anerkenntnis einer Partei, § 307 S. 2 ZPO;
- verspätete Anzeige der Verteidigungsbereitschaft, § 331 Abs. 3 S. 1 ZPO;
- Entscheidung nach Aktenlage gemäß § 331a S. 1 ZPO bei Ausbleiben einer Partei im Termin zur mündlichen Verhandlung;
- Mahnverfahren nach § 688 Abs. 1 ZPO.

3. VwGO

Auch im Verwaltungsprozess kommt es in einer Reihe von Fällen zu einer Durchbrechung des Öffentlichkeitsgrundsatzes. Zwar entscheidet das Gericht hier ebenfalls nach § 101 Abs. 1 VwGO aufgrund mündlicher Verhandlung, soweit nichts anderes bestimmt ist. Allerdings nimmt bereits Absatz 3 dieser Vorschrift alle gerichtlichen Entscheidungen, die keine Urteile sind, davon aus. Zudem kann das Gericht mit Einverständnis der Parteien ohne mündliche Verhandlung entscheiden, § 101 Abs. 2 VwGO. Im Übrigen ist die Durchführung

---

622 Den gesetzlichen Ausschluss von Ton- und Fernseh-Rundfunkaufnahmen in Gerichtsverhandlungen durch § 169 S. 2 GVG hält das BVerfG für verfassungsgemäß, E 103, 44 ff. (n-tv).

einer mündlichen Verhandlung insbesondere dann entbehrlich, wenn die Sache keinerlei besondere Schwierigkeiten tatsächlicher oder rechtlicher Art aufweist, und der Sachverhalt als hinreichend geklärt zu gelten hat, § 84 Abs. 1 S. 1 VwGO.

Eine extreme Einschränkung sowohl der Gerichtsöffentlichkeit als auch der Parteiöffentlichkeit erfahren verwaltungsgerichtliche Verfahren weiterhin im Rahmen des Zwischenverfahrens nach § 99 Abs. 2 VwGO, sogenanntes *in camera*-Verfahren. Der Hintergrund dieses Zwischenstreitverfahrens ist der Folgende: Nach § 99 Abs. 1 S. 1 VwGO ist eine Behörde anlässlich eines verwaltungsgerichtlichen Verfahrens prinzipiell zur Vorlage von Urkunden oder Akten, zur Übermittlung elektronischer Dokumente und zu Auskünften verpflichtet. Die zuständige oberste Aufsichtsbehörde kann dies allerdings nach § 99 Abs. 1 S. 2 VwGO verweigern, wenn

- das Bekanntwerden der betreffenden Informationen dem Wohl des Bundes oder eines Landes Nachteile bereiten würde oder
- die Vorgänge nach einem Gesetz oder
- ihrem Wesen nach geheim gehalten werden müssen.[623]

Nach alter Rechtslage reichte es aus, wenn das Vorliegen einer dieser Tatbestandsvarianten von der Behörde glaubhaft gemacht wurde; eine weitergehende gerichtliche Nachprüfung, insbesondere anhand der betreffenden Unterlagen und Informationen, fand indes nicht statt.[624] Das Bundesverfassungsgericht erblickte hierin einen Verstoß gegen Art. 19 Abs. 4 GG, jedenfalls soweit durch § 99 Abs. 1 S. 2 in Verbindung mit Abs. 2 S. 1 VwGO die Aktenvorlage auch in solchen Fällen ausgeschlossen wird, in denen die Gewährung effektiven Rechtsschutzes von der Kenntnis der einschlägigen Verwaltungsvorgänge abhängt.[625] Aus Sicht des Bundesverfassungsgerichts kommt als milderes Mittel insbesondere ein Verfahren in Betracht, bei dem eine Überprüfung der Geheimhaltungsbedürftigkeit nach § 99 Abs. 1 S. 2 VwGO durch das Gericht erfolgt, ohne dass es zu einer Kenntnisnahme der Beteiligten oder Dritter kommt.[626] Das Bundesverfassungsgericht erteilte dem Gesetzgeber in seinem Beschluss zugleich einen Auftrag zur verfassungskonformen Umgestaltung des § 99 VwGO mit Frist bis zum 31.12.2001.[627]

---

623 S. zu den Tatbestandsvarianten des § 99 Abs. 1 S. 2 VwGO *H. Posser*, in: Posser/Wolff, BeckOK VwGO, § 99 VwGO Rdnrn. 20 ff.

624 Zur alten Rechtlage *R. Rudisile*, in: Schoch/Schneider/Bier, VwGO, Bd. 2, § 99 VwGO Rdnr. 2.

625 BVerfGE 101, 106 ff.

626 BVerfGE 101, 106 (128).

627 BVerfGE 101, 106 (131 f.).

Diesem Regelungsauftrag kam der Gesetzgeber mit dem Erlass des Gesetzes zur Bereinigung des Rechtmittelrechts im Verwaltungsprozess[628] nach.

De lege lata stellt das Oberverwaltungsgericht gemäß § 99 Abs. 2 S. 1 VwGO nunmehr ohne mündliche Verhandlung durch Beschluss fest, ob die Weigerung zur Vorlage der Urkunden oder Akten, der Übermittlung der elektronischen Dokumente oder der Erteilung von Auskünften rechtmäßig war. Erfolgt die Weigerung durch eine oberste Bundesbehörde mit der Begründung, das Bekanntwerden des Inhalts der betreffenden Urkunden, Akten, elektronischen Dokumente oder Auskünfte würde dem Wohl des Bundes Nachteile bereiten, so ist demgegenüber das Bundesverwaltungsgericht für die Entscheidung zuständig. Sowohl bei den Oberverwaltungsgerichten als auch beim Bundesverwaltungsgericht werden für die Entscheidung nach § 99 Abs. 2 VwGO ausweislich § 189 VwGO Fachsenate gebildet.

Die oberste Aufsichtsbehörde hat die unter Verschluss gehaltenen Urkunden oder Akten auf Aufforderung dem zuständigen Fachsenat vorzulegen, die elektronischen Dokumente zu übermitteln oder die verweigerten Auskünfte zu erteilen, § 99 Abs. 2 S. 5 VwGO; das Gericht hat dann die Möglichkeit, die Rechtmäßigkeit der Weigerung nach § 99 Abs. 1 S. 2 VwGO vollumfänglich zu prüfen.[629] Das Zwischenverfahren unterliegt dabei laut § 99 Abs. 2 S. 7 VwGO den Vorschriften zum materiellen Geheimschutz; auch die Mitglieder des Gerichts sind nach § 99 Abs. 2 S. 10 HS 1 VwGO ausdrücklich zur Geheimhaltung verpflichtet. Für das nicht-richterliche Personal gelten demgegenüber gemäß § 99 Abs. 2 S. 11 VwGO die Regelungen des personellen Geheimnisschutzes. Konsequenterweise gilt § 100 VwGO für die nach § 99 Abs. 2 S. 5 VwGO vorgelegten Akten und elektronischen Dokumente gemäß § 99 Abs. 2 S. 9 VwGO nicht.

Die verweigerten Inhalte dürfen im Hauptsacheverfahren nur dann verwertet werden, wenn das Gericht sie im Zwischenstreitverfahren freigegeben hat; dies gilt in gleicher Weise für die Berücksichtigung der Vorlageverweigerung an sich.[630] Die Entscheidungsgründe dürfen Art und Inhalt der geheim gehaltenen Urkunden, Akten, elektronischen Dokumente und Auskünfte nicht erkennen lassen, § 99 Abs. 2 S. 10 HS 2 VwGO. Soweit ein Oberverwaltungsgericht über das Vorliegen der Weigerungsgründe nach § 99 Abs. 1 S. 2 VwGO entschieden hat, kann der Beschluss gemäß § 99 Abs. 2 S. 12 VwGO selbstständig mit der Beschwerde angefochten werden; hierüber hat wiederum das Bundesverwaltungsgericht in

628 RmBereinVpG vom 20.12.2001, BGBl. I, S. 3987 ff.

629 Zutreffend *W. Porz*, in: Fehling/Kastner/Störmer, Hk. VerwaltungsR, § 99 VwGO Rdnr. 2.

630 *W. Porz*, in: Fehling/Kastner/Störmer, Hk. VerwaltungsR, § 99 VwGO Rdnr. 2.

einem Verfahren zu entscheiden, für das die Vorgaben des § 99 Abs. 2 S. 4–11 VwGO sinngemäß gelten, § 99 Abs. 2 S. 14 VwGO.

Mit Beschluss vom 14.03.2006 stellte das Bundesverfassungsgericht fest, dass die Neuregelung des § 99 Abs. 2 VwGO einer verfassungskonformen Anwendung zugänglich sei.[631] Den mit der Einführung des Verfahrens nach § 99 Abs. 2 VwGO verbundenen Ausschluss der Gerichtsöffentlichkeit nimmt das Bundesverfassungsgericht zum Schutz der Vertraulichkeit bestimmter geheimhaltungsbedürftiger Tatsachen in Kauf, ohne diesen Aspekt in seinen beiden *in camera*-Entscheidungen überhaupt zu thematisieren. Die mit der Beschränkung der Parteiöffentlichkeit einhergehende Verkürzung des Anspruchs auf rechtliches Gehör akzeptiert das Bundesverfassungsgericht jedenfalls insoweit, wie daraus eine Verbesserung der Rechtsschutzposition des Betroffenen resultiert.[632]

4. EMRK

Auch Art. 6 Abs. 1 S. 2 HS 2 EMRK sieht Ausnahmen vom Grundsatz der Gerichtsöffentlichkeit vor:

> „Presse und Öffentlichkeit können jedoch während des ganzen oder eines Teiles des Verfahrens ausgeschlossen werden, wenn dies im Interesse der Moral, der öffentlichen Ordnung oder der nationalen Sicherheit in einer demokratischen Gesellschaft liegt, wenn die Interessen von Jugendlichen oder der Schutz des Privatlebens der Prozessparteien es verlangen oder – soweit das Gericht es für unbedingt erforderlich hält – wenn unter besonderen Umständen eine öffentliche Verhandlung die Interessen der Rechtspflege beeinträchtigen würde.“

Der konventionsrechtliche Katalog an Ausschließungsgründen ist allgemeiner gehalten als die §§ 170 ff. GVG, die damit als *leges speciales* zu betrachten sind.[633] Vor diesem Hintergrund kommt den Ausschlussgründen nach Art. 6 Abs. 1 S. 2 EMRK keine praktische Bedeutung zu.[634]

---

631 BVerfGE 115, 205 (240).

632 BVerfGE 101, 106 (130); zustimmend *H.-J. Papier*, in: Franzius u.a., FS Kloepfer, S. 705 (707 f.).

633 S. *O. Kissel/H. Mayer*, GVG, § 169 GVG Rdnr. 84; *W. Zimmermann*, in: Rauscher/Krüger, MüKo ZPO, Bd. 3, § 169 GVG Rdnr. 30.

634 So *O. Kissel/H. Mayer*, GVG, § 169 GVG Rdnr. 84; vgl. auch BGHSt 23, 82 (84); *H. Diemer*, in: Hannich, KK StPO, § 169 GVG Rdnr. 4.

II. Faktische Durchbrechungen der Gerichtsöffentlichkeit

Im vorangegangenen Abschnitt wurde aufgezeigt, dass der Grundsatz der Gerichtsöffentlichkeit bereits *qua* Gesetz verschiedenen Einschränkungen unterliegt. Allerdings bedeutet die Durchführung einer öffentlichen Gerichtsverhandlung nicht zwangsläufig, dass die im Zuschauerraum Anwesenden auch umfassend über das streitgegenständliche Geschehen informiert sind:[635] Dies hängt zunächst damit zusammen, dass sich der Grundsatz der Gerichtsöffentlichkeit in der (Möglichkeit zur) bloßen Anwesenheit von Zuschauern im Gerichtssaal sowie der akustischen und optischen Wahrnehmung der Verhandlung aus der Ferne erschöpft.[636]

Gerichtsöffentlichkeit bedingt demgegenüber nicht, dass die am Verfahren Unbeteiligten im gleichen Umfang Zugang zu den Gerichtsmaterialien (Gerichtsakten, Beweismittel etc.) haben wie die am Verfahren unmittelbar Beteiligten (Gericht, Parteien, Rechtsanwälte).[637] Ausweislich § 299 Abs. 2 ZPO kann Dritten ohne Einwilligung der Parteien Einsicht in die Akten auch nur gestattet werden, wenn insoweit ein rechtliches Interesse glaubhaft gemacht wird.[638] Weil § 100 Abs. 1 VwGO nur die Akteneinsicht der Beteiligten regelt und damit als abschließende Regelung zu betrachten sein soll, schließt die herrschende Meinung für den Verwaltungsprozess einen entsprechenden Anspruch sogar gänzlich aus.[639]

Gerade im Zivilprozess, wo die wesentlichen Sach- und Rechtsfragen regelmäßig vorab schriftsätzlich erörtert werden,[640] ist die Gerichtsöffentlichkeit damit nur noch in beschränktem Umfang geeignet, um für eine angemessene Unterrichtung der interessierten Öffentlichkeit zu sorgen.[641] Weil in der Praxis in vielen Fällen eine stillschweigende Bezugnahme auf die Akteninhalte

---

635 So auch *H. Prütting*, AnwBl 2015, 546 (549).

636 S. *O. Kissel/H. Mayer*, GVG, § 169 GVG Rdnr. 52.

637 S. *O. Kissel/H. Mayer*, GVG, § 169 GVG Rdnr. 52; *H. Prütting*, AnwBl 2015, 546 (549).

638 Vgl. *H. Prütting*, AnwBl 2015, 546 (549).

639 So OVG Lüneburg, Beschluss vom 04.07.1963 – II OVG B 13/63(=NJW 1963, 1798); *K. Gärditz*, in: Gärditz, VwGO, § 100 VwGO Rdnr. 5; *H. Posser*, in: Posser/Wolff, BeckOK VwGO, § 100 VwGO Rdnr. 16, m.w.N.

640 S. *R. Tubis*, NJW 2010, 415 (416 f.).

641 So auch *H. Prütting*, AnwBl 2015, 546 (549); vgl. zudem *C. Brüning*, in: Posser/Wolff, BeckOK VwGO, § 101 VwGO vor Rdnr. 1; *J. Risse*, SchiedsVZ 2014, 265 (271 f.); *J. Risse/M. Oehm*, ZVglRWiss 114, 407 (410); *R. Wolff*, SchiedsVZ 2016, 293 (300); *S. Wuschka*, in: Buszewski/Martini/Rathke, Freihandel, S. 15 (33); *W. Zimmermann*, in: Rauscher/Krüger, MüKo ZPO, Bd. 3, § 169 GVG Rdnr. 1.

erfolgt,[642] bleiben die Zuschauer damit von den streitwesentlichen Informationen abgeschnitten.[643]

Zudem haben die Parteien im Rahmen des Zivilprozesses die Möglichkeit, auf die verhandelten Inhalte Einfluss zu nehmen: Im Anschluss an den sogenannten Verhandlungs- oder Beibringungsgrundsatz obliegt es ihnen, diejenigen Tatsachen und Beweismittel in das Verfahren einzuführen, über die das Gericht befinden und auf die es sein Urteil stützen soll.[644]

Dies beruht auf der Erwägung, dass immer dann, wenn im Rahmen eines Gerichtsverfahrens einzig privatrechtliche Beziehungen in Frage stehen, über die von den Betroffenen frei verfügt werden kann, prinzipiell kein öffentliches Interesse an einer wahrheitsgetreuen Sachverhaltsaufklärung besteht.[645] Selbst die bloße Unwahrheit des Geständnisses berechtigt ausweislich § 290 ZPO daher nicht zu seinem Widerruf. Es ist vielmehr erforderlich, dass die widerrufende Partei darüber hinaus den Beweis erbringt, dass das unrichtige Geständnis auf einem Irrtum beruht; erst in diesem Fall geht es seiner Wirksamkeit verlustig.

Vor diesem Hintergrund ist es grundsätzlich denkbar, dass sich die Parteien im Vorlauf zu einer gerichtlichen Auseinandersetzung über die Gegenstände einigen, die in dem Verfahren zur Sprache kommen sollen – oder eben nicht.[646] Das zuständige Gericht darf dann andere als die vorgetragenen Inhalte nicht verwerten;[647] Grenzen werden den Parteien insoweit lediglich von der prozessualen Wahrheitspflicht nach § 138 Abs. 1 ZPO gezogen, die sie dazu verpflichtet, den dem Rechtsstreit zugrunde liegenden Lebenssachverhalt in allen voraussichtlich für die Entscheidung wesentlichen Punkten zutreffend darzustellen.[648] Selbst wenn der Sachverhalt nicht im erforderlichen Maße von den Parteien aufgeklärt wird, kann

---

642 S. *W. Zimmermann*, in: Rauscher/Krüger, MüKo ZPO, Bd. 3, § 169 GVG Rdnr. 1.

643 Vgl. *J. Risse*, SchiedsVZ 2014, 265 (272); *J. Risse/M. Oehm*, ZVglRWiss 114, 407 (410); *R. Wolff*, SchiedsVZ 2016, 293 (300).

644 S. *T. Rauscher*, in: Rauscher/Krüger, MüKo ZPO, Bd. 1, Einleitung Rdnr. 328; *A. Stadler*, in: Musielak/Voit, ZPO, § 139 ZPO Rdnr. 1.

645 S. *T. Rauscher*, in: Rauscher/Krüger, MüKo ZPO, Bd. 1, Einleitung Rdnr. 329; *K. Reichold*, in: Thomas/Putzo, ZPO, Einl I Rdnr. 3; vgl. auch *A. Baumbach*, ZPO, Grdz § 128 ZPO Rdnrn. 20 f.

646 So auch *G. Wagner*, NJW 2001, 1398 (1399).

647 S. *H.-J. Musielak*, in: Musielak/Voit, ZPO, Einleitung Rdnr. 37; ob auch offenkundige Tatsachen von den Parteien behauptet werden müssen oder das zuständige Gericht diese unabhängig von den Parteibekundungen zu beachten hat, ist umstr., s. dazu *H. Prütting*, in: Rauscher/Krüger, MüKo ZPO, Bd. 1, § 291 ZPO Rdnr. 13.

648 S. *A. Stadler*, in: Musielak/Voit, ZPO, § 138 ZPO Rdnr. 5; *J. Fritsche*, in: Rauscher/Krüger MüKo ZPO, Bd. 1, § 138 ZPO Rdnr. 5.

das zuständige Gericht sie hierzu jedoch nicht zwingen; anlässlich seiner materiellen Prozessleitung nach § 139 Abs. 1 ZPO hat es sie aber dazu zu bewegen, ihren Vortrag zu ergänzen.[649] Ob die Parteien dem richterlichen Hinweis letztendlich Folge leisten, bleibt im Übrigen ihnen überlassen.[650]

III. Vertraulichkeit im Schiedsverfahren und Informationsfreiheitsrechte

Die Durchführung eines staatlichen Gerichtsverfahrens bedeutet also nicht in jedem Fall, dass Außenstehende auch über ein Mehr an Informationen im Vergleich zur Schiedsgerichtsbarkeit verfügen. Wenn jedoch gerade darin das Wesen der Transparenz zu erblicken ist,[651] dann bedeutet dies im Umkehrschluss, dass sich das staatliche Gerichtsverfahren nicht zwangsläufig als transparenter als die Schiedsgerichtsbarkeit erweist. Ein pauschal proklamierter Antagonismus zwischen transparenter Gerichtsbarkeit und intransparenter Schiedsgerichtsbarkeit kann damit keinen Bestand haben.[652]

Für den Fall, dass eine Partei die öffentliche Hand ist, kommt in der Schiedsgerichtsbarkeit zudem ein zusätzlicher Transparenzgewinn infolge der im Bund und verschiedenen Bundesländern erfolgten Informationsfreiheitsgesetzgebung in Betracht.[653] Der Begriff der Informationsfreiheitsgesetzgebung beschreibt dabei ein Phänomen, das sich als Folge eines gewandelten Staatsverständnisses weg vom autoritativ handelnden hin zum die konsensorientierte Kooperation mit dem Bürger suchenden Staat verstehen lässt.[654]

Nachdem bereits der ehedem im Verwaltungsrecht geltende Grundsatz des Aktengeheimnisses aus vor allem rechtsstaatlichen Gründen vom Prinzip der beschränkten Aktenöffentlichkeit abgelöst worden war,[655] führten europarechtliche

649 Vgl. *T. Rauscher*, in: Rauscher/Krüger, MüKo ZPO, Bd. 1, Einleitung Rdnr. 343; *A. Stadler*, in: Musielak/Voit, ZPO, § 139 ZPO Rdnr. 1.

650 So *A. Stadler*, in: Musielak/Voit, ZPO, § 139 ZPO Rdnr. 1.

651 S. oben I.I., S. 111.

652 Vgl. *J. Risse/M. Oehm*, ZVglRWiss 114, 407 (418).

653 S. dazu *K. Möller*, Schiedsgerichtsbarkeit, S. 197 ff.

654 So die Begründung des Entwurfs eines Gesetzes zur Regelung des Zugangs zu Informationen des Bundes der Bundestagsfraktionen SPD und BÜNDNIS 90/DIE GRÜNEN vom 14.12.2004, BT-Drs. 15/4493, S. 6; s. auch *H. Schmitz/S.-D. Jastrow*, NVwZ 2005, 984 (985).

655 S. *D. Kallerhoff*, in: Stelkens/Bonk/Sachs, VwVfG, § 29 VwVfG Rdnrn. 1 ff.; *B. Raue*, JZ 2013, 280 (281).

Anstöße – namentlich die Umweltinformationsrichtlinie – zu Anfang des Milleniums dazu, dass es zu einer weiteren Öffnung der Verwaltung gekommen ist.[656]

In Zuge dieser Entwicklung – entsprechende Gesetzgebungsinitiativen hatte es zuvor schon auf Länderebene gegeben – [657] leitete die rot-grüne Bundestagsmehrheit am 14.12.2004 ein Gesetzgebungsverfahren ein, das zum Erlass des Informationsfreiheitsgesetzes[658] führte. Ausweislich der Begründung zum Gesetzentwurf geschah dies auch, um die demokratischen Beteiligungsrechte der Bürger und die Akzeptanz staatlicher Entscheidungen zu stärken.[659]

Die Informationsfreiheitsgesetze des Bundes und der Länder sind dadurch geprägt, dass sie dem Einzelnen einen weitgehend freien Zugang zu amtlichen Informationen einräumen; zuvor bestanden allenfalls bereichsspezifische Informationszugangsrechte beziehungsweise ein Anspruch auf ermessensfehlerfreie Entscheidung desjenigen, der bezüglich seines Antrags auf Akteneinsicht ein berechtigtes Interesse geltend machen konnte.[660] Zudem wurden den von staatlichem Handeln Betroffenen aus Gründen der Rechtsstaatlichkeit Einsichtsrechte zum Zwecke der Rechtswahrung gewährt (vergleiche zum Beispiel § 29 Abs. 1 VwVfG).[661] Dass nach den Informationsfreiheitsgesetzen jedoch im Ausgangspunkt jedermann einen Anspruch auf amtliche Information auch ohne

---

656 S. *O. Reidt/G. Schiller*, in: Landmann/Rohmer, UmweltR, Bd. 1, Vorbemerkungen zum UIG Rdnrn. 4 ff.

657 Mit Ausnahme von Bayern, Baden-Württemberg, Niedersachsen, Sachsen und Hessen verfügen mittlerweile alle Bundesländer über ein Transparenzgesetz.

658 Gesetz zur Regelung des Zugangs zu Informationen des Bundes vom 05.09.2005, BGBl. I, 2722 ff.; zur Entstehungsgeschichte des IFG s. *M. Kloepfer/K. v. Lewinski*, DVBl. 2005, 1277 f.; *M. Rossi*, Hk. IFG, Einleitung Rdnrn. 1 ff.; *F. Schoch*, IFG, Einl Rdnrn. 255 ff.; zur Entwicklung der Informationsfreiheitsgesetzgebung in Deutschland vgl. *D. Lukaßen*, Fallpraxis, S. 33 ff.

659 S. die Begründung des Entwurfs eines Gesetzes zur Regelung des Zugangs zu Informationen des Bundes der Bundestagsfraktionen SPD und BÜNDNIS 90/DIE GRÜNEN vom 14.12.2004, BT-Drs. 15/4493, S. 6; vgl. insoweit auch *A. Dörr*, Informationsansprüche, S. 77 f.; *S. Leutheusser-Schnarrenberger*, in: Arnim, Transparenz, S. 13 (24); *P. Schaar*, in: Arnim, Transparenz, S. 27 (30); *M. Rossi*, in: Arnim, Transparenz, S. 43 (48 f.), sieht diese „ideologische Überhöhung" der Informationsfreiheit kritisch.

660 S. BVerwGE 69, 278 (279 f.); *H. Schmitz/S.-D. Jastrow*, NVwZ 2005, 984 (985); vgl. zur einfach-gesetzlichen Rechtslage a.F. auch *J. Angelov*, Grundlagen, S. 33 ff.

661 Vgl. *M. Albers*, ZJS 2006, 614; *H.-J. Papier*, in: Franzius u.a., FS Kloepfer, S. 705; *A. Rapp*, AnwBl 2010, 460; *J. Scherer*, Öffentlichkeit, S. 23; *H. Schmitz/S.-D. Jastrow*, NVwZ 2005, 984 (985); *M. Sitsen*, IFG, S. 37; *S. Wirtz/S. Brink*, NVwZ 2015, 1166 (1168).

individuelle Betroffenheit geltend machen kann, stellt für das allgemeine Verwaltungsrecht ein absolutes Novum dar.[662]

Im Folgenden soll untersucht werden, ob und unter welchen Voraussetzungen sich Dritte vermittels eines ihnen zustehenden einfach-gesetzlichen Informationszugangsanspruches ebenfalls Auskünfte über ein Schiedsverfahren verschaffen können, an dem die öffentliche Hand als Partei beteiligt ist. Weil die Informationsfreiheitsgesetze in Bund und Ländern hinsichtlich ihrer Voraussetzungen und Grenzen weitgehend parallelisiert sind,[663] soll dies exemplarisch anhand des Bundesinformationsfreiheitsgesetzes geprüft werden.[664]

1. Anspruchsberechtigte und -verpflichtete

Den Kreis der Anspruchsberechtigten legt § 1 Abs. 1 S. 1 IFG erdenklich weit fest: Nach dieser Vorschrift steht der Anspruch auf Zugang zu amtlichen Informationen jedermann zu. Hiervon erfasst sind zunächst alle natürlichen Personen ohne Rücksicht auf ihre Staatsangehörigkeit, ihren Aufenthaltsort oder anderweitige personenbezogene Merkmale.[665] Weiterhin besteht der Anspruch ebenfalls zugunsten von in- und ausländischen juristischen Personen des Privatrechts;[666] der Frage, ob der Anspruch nach § 1 Abs. 1 S. 1 IFG darüber hinaus auch nichtrechtsfähigen Personenmehrheiten zustehen kann,[667] kommt dagegen nur eine geringe praktische Bedeutung zu, weil dieser Anspruch jedenfalls von den dahinter stehenden natürlichen Personen geltend gemacht werden kann.[668]

Als Anspruchsverpflichtete bestimmt § 1 Abs. 1 S. 1, 2 IFG die Behörden des Bundes sowie alle sonstigen Bundesorgane und -einrichtungen, soweit sie öffentlich-rechtliche Verwaltungsaufgaben wahrnehmen. Die Formulierung des § 1 Abs. 1 S. 1 IFG ist rechtlich unpräzise, indem sie von einem Anspruch gegenüber den Behörden des Bundes spricht. Anspruchsgegner ist genau genommen der Rechtsträger, der von der jeweiligen Behörde in dem betreffenden

---

662 Vgl. *R. Breuer*, in: Isensee/Kirchhof, Hdb. StaatsR, Bd. 8, § 171 Rdnr. 40; *M. Kloepfer/K. v. Lewinski*, DVBl. 2005, 1277 f.; *M. Rossi*, in: Dreier u.a., Zugang, S. 145 (149); *F. Schoch*, Jura 2012, 203.

663 Vgl. *M. Rossi*, Informationszugangsfreiheit, S. 118.

664 Dieses Vorgehen wählt auch *K. Möller*, Schiedsgerichtsbarkeit, S. 198.

665 S. *M. Rossi*, Hk. IFG, § 1 IFG Rdnr. 8.

666 S. *M. Rossi*, Hk. IFG, § 1 IFG Rdnrn. 11 f.

667 Dafür *M. Albers*, ZJS 2009, 614 (620); *A. Debus*, in: Gersdorf/Paal, BeckOK Informations- und MedienR, § 1 IFG Rdnrn. 101 ff.; dagegen *M. Sitsen*, IFG, S. 76.

668 Zutreffend *M. Kloepfer/K. v. Lewinski*, DVBl. 2005, 1277 (1279); *K. Möller*, Schiedsgerichtsbarkeit, S. 200.

(Verwaltungs-)Verfahren vertreten wird. Die nachfolgenden Ausführungen orientieren sich gleichwohl am Wortlaut der gesetzlichen Vorschrift.

Einer Behörde im Sinne dieser Vorschrift stehen ausweislich § 1 Abs. 1 S. 3 IFG außerdem all diejenigen natürlichen oder juristischen Personen des Privatrechts gleich, derer sich eine Behörde zur Erfüllung ihrer öffentlich-rechtlichen Aufgaben bedient. Nach herrschender Meinung ist in Ermangelung einer eigenständigen Regelung im Informationsfreiheitsgesetz zur Bestimmung des Behördenbegriffs dabei auf die Legaldefinition des § 1 Abs. 4 VwVfG zurückzugreifen:[669] Hiernach ist Behörde jede Stelle, die Aufgaben der öffentlichen Verwaltung wahrnimmt; dem Informationsfreiheitsgesetz liegt damit ein funktionaler Behördenbegriff zugrunde.[670]

Der Begriff der öffentlichen Verwaltung umfasst dabei alle Tätigkeiten, die nicht Gesetzgebung oder Rechtsprechung sind;[671] umstritten ist demgegenüber, ob auch Regierungshandeln als öffentliche Verwaltung in diesem Sinne zu betrachten ist.[672] Da die Vertretung der öffentlichen Hand in Schiedsverfahren jedoch schwerlich als Aufgabe der Staatsleitung zu charakterisieren ist,[673] kann diese Frage vorliegend unentschieden bleiben.

Auch das Schiedsgericht nimmt als ausschließlich private Instanz keine Aufgaben der öffentlichen Verwaltung wahr und kommt damit nicht als Anspruchsgegner im Sinne des § 1 Abs. 1 IFG in Betracht.[674] Stattdessen ist der Antrag

---

669 S. *A. Debus*, in: Gersdorf/Paal, BeckOK Informations- und MedienR, § 1 IFG Rdnr. 130; *S.-D. Jastrow/A. Schlatmann*, IFG, § 1 IFG Rdnr. 21; *M. Rossi*, Hk. IFG, § 1 IFG Rdnr. 35, 40; *C. Scheel*, in: Berger u.a., IFG, § 1 IFG Rdnr. 23; *F. Schoch*, IFG, § 1 IFG Rdnrn. 113 ff.; so auch die Begründung des Entwurfs eines Gesetzes zur Regelung des Zugangs zu Informationen des Bundes der Bundestagsfraktionen SPD und BÜNDNIS 90/DIE GRÜNEN vom 14.12.2004, BT-Drs. 15/4493, S. 7.

670 So auch *A. Debus*, in: Gersdorf/Paal, BeckOK Informations- und MedienR, § 1 IFG Rdnr. 131; *D. Kugelmann*, NJW 2005, 3609 (3611); *S.-D. Jastrow/A. Schlatmann*, IFG, § 1 IFG Rdnr. 21; *M. Rossi*, Hk. IFG, § 1 IFG Rdnr. 40; *F. Schoch*, IFG, § 1 IFG Rdnr. 113; *F. Schoch*, Jura 2012, 203 (205).

671 S. *A. Debus*, in: Gersdorf/Paal, BeckOK Informations- und MedienR, § 1 IFG Rdnr. 132; *C. Scheel*, in: Berger u.a., IFG, § 1 IFG Rdnr. 26; *M. Sitsen*, IFG, S. 108 ff.; *F. Schoch*, IFG, § 1 IFG Rdnr. 119; *F. Schoch*, Jura 2012, 203 (205).

672 Ausführlich dazu *H.-P. Roth*, DÖV 2012, 717 ff.; *M. Sitsen*, IFG, S. 111 ff., der diese Frage i.E. bejaht; *C. Scheel*, in: Berger u.a., IFG, § 1 IFG Rdnr. 29; *F. Schoch*, IFG, § 1 IFG Rdnrn. 120 f.; *F. Schoch*, Jura 2012, 203 (205).

673 Zutreffend *J. Wolff*, NVwZ 2012, 205 (208).

674 Zustimmend *H. Kahlert*, Vertraulichkeit, S. 180 f.; *K. Möller*, Schiedsgerichtsbarkeit, S. 200.

unmittelbar gegen die betreffende Behörde oder Stelle zu richten, die den Staat im jeweiligen Schiedsverfahren vertritt.[675]

2. *Anspruchsvoraussetzungen und -inhalt*

In materiell-rechtlicher Hinsicht knüpft der anspruchsbegründende Tatbestand des § 1 Abs. 1 S. 1 IFG an keinerlei positive Anspruchsvoraussetzungen an; insbesondere muss der Antragsteller keine eigene Beschwer oder ein anderweitiges Interesse am Informationszugang geltend machen.[676] Dies ist gemeint, wenn der Informationszugangsanspruch nach § 1 Abs. 1 S. 1 IFG als „voraussetzungslos“[677] beschrieben wird.[678] In formeller Hinsicht ist demgegenüber ein Antrag erforderlich, der nach § 7 Abs. 1 S. 1 IFG an die Behörde zu richten ist, die zur Verfügung über die begehrten Informationen berechtigt ist. Soweit der Antrag Daten Dritter im Sinne des § 5 Abs. 1 und 2 beziehungsweise § 6 IFG betrifft, ist er zudem zu begründen, § 7 Abs. 1 S. 3 IFG.

Inhaltlich bezieht sich der Anspruch nach § 1 Abs. 1 S. 1 IFG dabei ausschließlich auf einen Zugang zu *amtlichen Informationen*; darunter sind ausweislich § 2 Nr. 1 IFG alle amtlichen Zwecken dienenden Aufzeichnungen zu verstehen, unabhängig von der Art ihrer Speicherung. Hiervon nicht umfasst sind jedoch Entwürfe und Notizen der anspruchsverpflichteten Stelle, die nicht Bestandteil eines Vorgangs werden sollten. Außerdem bezieht sich der Anspruch auf Informationszugang nur auf solche Informationen, die bereits bei der anspruchsverpflichteten Stelle vorhanden sind;[679] diese ist daher weder verpflichtet, bestimmte Informationen zu beschaffen, noch muss sie die inhaltliche Richtigkeit der ihr zur Verfügung stehenden Erkenntnisse überprüfen (§ 7 Abs. 3 S. 2 IFG).[680]

Nimmt die öffentliche Hand als Partei an einem Schiedsverfahren teil, dann entstehen hierdurch im Regelfall verfahrensbezogene Unterlagen; außerdem wird ihr am Ende des Verfahrens ein Schiedsspruch übermittelt (vergleiche § 1054 Abs. 4 ZPO). All dies bildet zumindest potentiell einen tauglichen Gegenstand

---

675 So auch *K. Möller*, Schiedsgerichtsbarkeit, S. 200.

676 S. *M. Albers*, ZJS 2009, 614 (620); *F. Schoch*, IFG, § 1 IFG Rdnrn. 17 ff.

677 So z.B. *M. Kloepfer/K. v. Lewinski*, DVBl. 2005, 1277 (1279); *M. Rossi*, Hk. IFG, § 1 IFG Rdnr. 27; *B. Schirmer*, in: Gersdorf/Paal, BeckOK Informations- und MedienR, § 3 IFG vor Rdnr. 1; *U. Tolkmitt/T. Schomerus*, NVwZ 2009, 568.

678 S. *M. Albers*, ZJS 2009, 614 (620); *F. Schoch*, IFG, § 1 IFG Rdnr. 17.

679 Zutreffend *F. Schoch*, Jura 2012, 203 (206).

680 S. *K. Möller*, Schiedsgerichtsbarkeit, S. 200.

für einen Anspruch nach § 1 Abs. 1 S. 1 IFG – jedenfalls soweit kein Ausschlusstatbestand nach den §§ 3 ff. IFG eingreift.[681]

3. *Anspruchsgrenzen*

Das Recht auf Zugang zu amtlichen Informationen besteht nicht grenzenlos; dies wird bereits daran deutlich, dass § 1 Abs. 1 S. 1 IFG den Informationszugangsanspruch nur „nach Maßgabe dieses Gesetzes" gewährt.[682] Stattdessen findet sich in den §§ 3 ff. IFG eine Reihe von Ausnahmetatbeständen normiert, in denen der Anspruch auf Informationszugang ganz oder zum Teil zum Schutz öffentlicher oder privater Belange restringiert wird.[683] Mehrere dieser Ausschlussgründe können dabei parallel zur Anwendung gelangen;[684] manche unter ihnen wirken auch nur zeitlich befristet, vergleiche zum Beispiel § 4 Abs. 1 S. 1 IFG. Ausweislich § 9 Abs. 2 IFG hat die Behörde in diesem Fall dem Antragsteller mitzuteilen, zu welchem späteren Zeitpunkt der Informationszugang voraussichtlich ganz oder zum Teil möglich sein wird.

Im Folgenden soll untersucht werden, welche dieser Tatbestände in Betracht kommen, um einen auf Zugang zu Informationen aus einem Schiedsverfahren der öffentlichen Hand gerichteten Anspruch nach § 1 Abs. 1 S. 1 IFG auszuschließen.

a. *§ 3 Nr. 1 lit. g IFG*

Den ersten Ausschlusstatbestand, der in dieser Hinsicht relevant werden könnte, stellt § 3 Nr. 1 lit. g IFG dar: Gemäß dieser Vorschrift besteht der Anspruch auf Informationszugang nicht, wenn das Bekanntwerden der begehrten Information nachteilige Auswirkungen auf die Durchführung eines laufenden Gerichtsverfahrens haben kann. Der Zweck dieses Ausschlusstatbestands besteht im Schutz der Rechtspflege und des Gesetzesvollzugs;[685] insbesondere soll vermieden werden, dass ein Verfahrensbeteiligter vermittels des Anspruchs nach § 1 Abs. 1 S. 1 IFG an Auskünfte gelangt, die ihm nach dem einschlägigen Prozessrecht nicht

---

681 Vgl. *F. Brosius-Gersdorf*, VVDStRL 74, 169 (179); *K. Möller*, Schiedsgerichtsbarkeit, S. 200 f.

682 S. *F. Schoch*, IFG, § 1 IFG Rdnr. 29.

683 Allg. zum Verhältnis von demokratischer Öffentlichkeit, Informationsfreiheit und staatlicher Geheimhaltung *W. Schmale/M.-T. Tinnefeld*, MMR 2011, 786 ff.

684 S. *H. Schmitz/S.-D. Jastrow*, NVwZ 2005, 984 (992).

685 S. *B. Schirmer*, in: Gersdorf/Paal, BeckOK Informations- und MedienR, § 3 IFG Rdnr. 105; *F. Schoch*, IFG, § 3 IFG Rdnr. 119.

zustehen,[686] und diese zur Verzögerung, Be- oder gar Verhinderung des Verfahrens einsetzt.[687]

Bereits oben wurde ausgeführt, dass auch die Tätigkeit von Schiedsgerichten als Rechtsprechung im materiellen Sinne und damit Rechtspflege zu betrachten ist.[688] Damit können die angestellten Erwägungen prinzipiell auch auf die Schiedsgerichtsbarkeit Anwendung finden.[689] Schwierigkeiten dürfte der Behörde allerdings oftmals die von ihr zu liefernde Begründung dafür bereiten, wieso durch das Bekanntwerden der begehrten Information nachteilige Auswirkungen auf die Durchführung des laufenden Verfahrens zu befürchten sein sollen.[690]

Nach Auffassung des Verwaltungsgerichts Berlin soll die Behörde während eines Schiedsverfahrens deshalb keine Informationen Preis geben dürfen, weil dadurch das Rechtsprechungsorgan vor nachteiligen Einflüssen von außen geschützt wird.[691] Eine ähnliche Argumentation vertrat ebenfalls die Bundesregierung, um zu einem Ausschluss des Zugangs zu dem Maut-Betreibervertrag während der Dauer des laufenden Schiedsverfahrens zwischen der Bundesrepublik Deutschland und der Toll Collect GbR sowie deren Konsorten Deutsche Telekom AG und Daimler Financial Services AG zu gelangen. So heißt es in der Antwort der Bundesregierung auf eine Kleine Anfrage der FDP-Bundestagsfraktion unter anderem zu Problemen bei der Anwendung des Bundesinformationsfreiheitsgesetzes:

> „Nach § 3 Nr. 1 Buchstabe g IFG ist der Zugang zum Maut-Betreibervertrag (...) ausgeschlossen, weil der Zugang nachteilige Auswirkungen auf dieses Verfahren haben kann. Es genügt die bloße Möglichkeit nachteiliger Auswirkungen. Die Norm schützt neben dem ordnungsgemäßen Verfahrensablauf auch die Unabhängigkeit und Entscheidungsfreiheit der Spruchkörper (...) Deren Unabhängigkeit und Entscheidungsfreiheit sind schon dann gefährdet, wenn die Öffentlichkeit oder einzelne, am Verfahrensausgang interessierte Personen mit Hilfe verfahrenserheblicher Informationen versuchen, Druck auf die Entscheidungsträger auszuüben (...)“[692]

---

686 S. *F. Schoch*, IFG, § 3 IFG Rdnr. 119; vgl. auch BVerwGE 110, 17 (23); VG Berlin, Urteil vom 11.06.2008 - VG 2 A 69.07, S. 8; *T. Lüttgau*, AnwBl 2010, 462.

687 Vgl. *K. Möller*, Schiedsgerichtsbarkeit, S. 201; *F. Schoch*, IFG, § 3 IFG Rdnr. 120.

688 S. oben F.I.1.a., S. 90 f.

689 So auch VG Berlin, Urteil vom 11.06.2008 - VG 2 A 69.07, S. 7 ff.; *K. Möller*, Schiedsgerichtsbarkeit, S. 201; *H.-P. Roth*, in: Berger u.a., IFG, § 3 IFG Rdnr. 74; *F. Schoch*, IFG, § 3 IFG Rdnr. 126.

690 Vgl. *F. Schoch*, IFG, § 3 IFG Rdnr. 140 f.

691 VG Berlin, Urteil vom 11.06.2008 - VG 2 A 69.07, S. 8; so auch *K. Möller*, Schiedsgerichtsbarkeit, S. 201 f.; *H.-P. Roth*, in: Berger u.a., § 3 IFG Rdnr. 74.

692 Antwort der Bundesregierung auf die Kleine Anfrage der Abg. der FDP-Bundestagsfraktion u.a. vom 07.07.2006, BT-Drs. 16/2168, S. 4; vgl. auch BVerwGE 110, 17 (24).

Allerdings wird nicht recht deutlich, wie der Zugang zu bestimmten Informationen Außenstehende in die Lage versetzen soll, Druck auf einen Spruchkörper auszuüben. Selbst wenn dies der Fall sein sollte, müsste ein fachlich geeignetes Rechtsprechungsorgan allgemein in der Lage sein, diesem Druck zu trotzen und seine Entscheidung alleine an rechtlichen Maßstäben auszurichten.[693] Die theoretische Möglichkeit einer äußeren Beeinflussung von Schiedsrichtern kann damit nicht zur Begründung nachteiliger Auswirkungen auf die Durchführung eines laufenden Schiedsverfahrens herangezogen werden.

b. § 3 Nr. 4 Alt. 2 Var. 1 IFG

Nach § 3 Nr. 4 Alt. 2 Var. 1 IFG besteht der Anspruch gemäß § 1 Abs. 1 S. 1 IFG weiterhin dann nicht, wenn die betreffende Information einem Berufsgeheimnis unterliegt. Berufsgeheimnisse betreffen geheimhaltungsbedürftige Tatsachen, die dem Angehörigen einer bestimmten Berufsgruppe in Ausübung seiner Tätigkeit bekannt geworden sind (vergleiche § 203 Abs. 1 StGB).[694] Ihre Ausprägung finden sie einerseits in Verschwiegenheitspflichten und/oder Zeugnisverweigerungsrechten andererseits.[695] Für viele Berufe findet sich das Berufsgeheimnis gesetzlich normiert (siehe zum Beispiel § 43a Abs. 2 BRAO); allerdings ist eine gesetzliche Normierung nicht zwingend erforderlich.[696] Vielmehr kann ein Berufsgeheimnis auch auf untergesetzlichen Rechtsquellen beruhen.[697]

Im vorliegenden Zusammenhang könnte daran gedacht werden, dass der Zugang zu Informationen nach § 3 Nr. 4 Alt. 2 Var. 1 IFG deshalb ausgeschlossen ist, weil die betreffenden Angelegenheiten einem Berufsgeheimnis der Schiedsrichter zuzuordnen sind. In der Tat lässt sich für Schiedsrichter aus dem mit ihnen abgeschlossenen Schiedsrichtervertrag sowohl eine Verschwiegenheitspflicht als auch ein zu ihren Gunsten bestehendes Beratungsgeheimnis herleiten.[698] Nach herrschender Meinung wird das schiedsrichterliche Beratungsgeheimnis außerdem durch ein Zeugnisverweigerungsrecht nach § 383 Abs. 1 Nr. 6 ZPO

---

693 Kritisch ebenfalls *F. Schoch*, IFG, § 3 IFG Rdnr. 121, 126.

694 Vgl. *B. Schirmer*, in: Gersdorf/Paal, BeckOK Informations- und MedienR, § 3 IFG Rdnr. 160; *F. Schoch*, IFG, § 3 IFG Rdnr. 232.

695 So *F. Schoch*, IFG, § 3 IFG Rdnr. 233; vgl. auch *M. Kloepfer*, InformationsR, § 9 Rdnr. 80.

696 So *J.-D. Jastrow/A. Schlatmann*, IFG, § 3 IFG Rdnr. 88.

697 S. *M. Kloepfer*, InformationsR, § 9 Rdnr. 8; vgl. *S.-D. Jastrow/A. Schlatmann*, IFG, § 3 IFG Rdnr. 88.

698 S. oben I.III.2.b., S. 121 f.

geschützt.[699] Dementsprechend ist von der Existenz eines schiedsrichterlichen Berufsgeheimnisses auszugehen.

Trotzdem erscheint die Anwendbarkeit von § 3 Nr. 4 Alt. 2 Var. 1 IFG auf solche Informationen, die aus einem Schiedsverfahren resultieren, an dem die öffentliche Hand als Partei beteiligt ist, zweifelhaft. § 3 Nr. 4 IFG zielt auf die Gewährleistung ab, dass der außerhalb des Informationsfreiheitsgesetzes begründete Geheimnisschutz unangetastet bleibt.[700] Indem diese Vorschrift diejenigen Informationen, die einem Berufsgeheimnis unterliegen, vom Informationszugangsanspruch nach § 1 Abs. 1 S. 1 IFG ausnimmt, soll verhindert werden, dass Außenstehende Auskunft über eine Angelegenheit erhalten, die dem Vertrauensverhältnis zwischen einem Berufsgeheimnisträger und einem Dritten zuzuordnen sind, und über die der antragsgegnerischen Behörde gleichwohl (aus welchen Gründen auch immer) Erkenntnisse vorliegen.

Die Verschwiegenheitspflicht der Schiedsrichter bezieht sich jedoch auf Informationen, die aus einem Vorgang resultieren, der die Behörde nicht als Außenstehende betrifft, sondern die ihr als Vertreter der öffentlichen Hand im Schiedsverfahren zwangsläufig zur Kenntnis gelangen. Dieser Konstellation entspricht der Regelungszweck des § 3 Nr. 4 Alt. 2 Var. 1 IFG gerade nicht; stattdessen erscheinen insoweit vielmehr andere Ausschlusstatbestände wie zum Beispiel § 3 Nr. 1 lit. g IFG passender.

Was Informationen anbelangt, die dem schiedsrichterlichen Beratungsgeheimnis unterliegen, dürfte im Regelfall ohnehin ausgeschlossen sein, dass die Behörde an die betreffenden Erkenntnisse gelangt, weil eine Teilnahme der Parteien an den schiedsrichterlichen Beratungen grundsätzlich nicht vorgesehen ist.[701] Man wird also zu dem Ergebnis kommen müssen, dass § 3 Nr. 4 Alt. 2 Var. 1 IFG unter den vorliegend gegebenen Sachverhaltsvoraussetzungen regelmäßig nicht einschlägig sein wird.

c. § 3 Nr. 6 Alt. 1 IFG

Oben wurde ausgeführt, dass auf Schiedsvereinbarungen insbesondere anlässlich von ÖPP und damit im Zusammenhang mit Beschaffungsvorgängen der

699 S. *J. Damrau*, in: Rauscher/Krüger, MüKo ZPO, Bd. 2, § 383 ZPO Rdnr. 39; *R. Greger*, in: Zöller, ZPO, § 383 ZPO Rdnr. 20; *S. Scheuch*, in: Vorwerk/Wolf, BeckOK ZPO, § 383 ZPO Rdnr. 23.1.

700 Zutreffend *S.-D. Jastrow/A. Schlatmann*, IFG, § 3 IFG Rdnr. 84; *M. Rossi*, Hk. IFG, § 3 IFG Rdnr. 47; *F. Schoch*, IFG, § 3 IFG Rdnr. 198.

701 S. *J.-P. Lachmann*, Hdb. Schiedsgerichtspraxis, Rdnr. 1681.

öffentlichen Hand zurückgegriffen wird.[702] Das öffentliche Beschaffungswesen zeichnet sich dadurch aus, dass die öffentliche Hand zur Deckung ihres Bedarfs an Dienstleistungen, Waren und baulicher Infrastruktur als Nachfragerin[703] am Markt auftritt und mit den Anbietern der nachgefragten Leistungen eine rechtsgeschäftliche Bindung eingeht.[704]

Nach außen unterscheidet sich die öffentliche Hand bei diesem Handeln grundsätzlich nicht von anderen, nicht-staatlichen Marktteilnehmern;[705] die betreffenden Verträge werden von der herrschenden Meinung daher als fiskalische Hilfsgeschäfte[706] und ihre Natur damit privatrechtlich eingeordnet.[707]

Gerade diese Konstellation deckt § 3 Nr. 6 Alt. 1 IFG ab,[708] der den Informationszugangsanspruch nach § 1 Abs. 1 S. 1 IFG dann ausschließt, wenn das Bekanntwerden der betreffenden Information geeignet wäre, fiskalische Interessen des Bundes im Wirtschaftsverkehr zu beeinträchtigen.[709] Der Begriff der fiskalischen Interessen in diesem Sinne umfasst dabei alle den Staatshaushalt betreffenden Belange und insbesondere die Einnahmen des Bundes;[710] fiskalische Interessen im Wirtschaftsverkehr liegen außerdem dann vor, wenn „der Staat wie ein Dritter als Marktteilnehmer am Privatrechtsverkehr und am Wirtschaftsleben teilnimmt und seine wirtschaftlichen Informationen ebenso schutzwürdig

---

702 S. oben D.II., S. 55 ff.

703 Vgl. *W. Schünemann*, WRP 2000, 1001 (1003).

704 Vgl. *D. Ehlers/J.-P. Schneider*, in: Schoch/Schneider/Bier, VwGO, Bd. 1, § 40 VwGO Rdnr. 307; *J. Pietzcker*, Staatsauftrag, S. 235, 249; *P. Schäfer*, BB 1996, Beil. 12, 1 (2).

705 S. *U. Hösch*, BayVBl. 1997, 193.

706 S. zum fiskalischen Verwaltungshandeln *F. Kirchhof*, in: Maunz/Dürig, GG, Bd. 5, Art. 83 GG Rdnr. 105.

707 So z.B. *U. Hösch*, BayVBl. 1997, 193; *J. Pietzcker*, Staatsauftrag, S. 235; *P. Schäfer*, BB 1996, Beil. 12, 1 (2); differenzierend *V. Schlette*, Vertragspartner, S. 149 ff.

708 S. die Beschlussempfehlung und den Bericht des Innenausschusses (4. Ausschuss) zu dem Entwurf eines Gesetzes zur Regelung des Zugangs zu Informationen des Bundes vom 01.06.2005, BT-Drs. 15/5606, S. 5; *B. Schirmer*, in: Gersdorf/Paal, BeckOK Informations- und MedienR, § 3 IFG Rdnr. 175; *F. Schoch*, IFG, § 3 IFG Rdnr. 283; *M. Sitsen*, IFG, S. 186.

709 Dieser Ausnahmetatbestand wird z.T. kritisch gesehen, s. z.B. *M. Rossi*, Hk. IFG, § 3 IFG Rdnr. 57.

710 Vgl. BVerwG, Urteil vom 27.01.2015 – 7 C 12.13(=BeckRS 2015, 41921, Rdnr. 24); s. auch die Begründung zum Entwurf eines Gesetzes zur Regelung des Zugangs zu Informationen des Bundes vom 14.12.2004, BT-Drs. 15/4493, S. 11; *S.-D. Jastrow/A. Schlatmann*, IFG, § 3 IFG Rdnr. 95; *H.-P. Roth*, in: Berger u.a., IFG, § 3 IFG Rdnr. 135; *B. Schirmer*, in: Gersdorf/Paal, BeckOK Informations- und MedienR, § 3 IFG Rdnr. 174.

wie die Privater sind."[711] Die Rolle des Bundes müsste also gleichsam von einem Privaten ausgeübt werden können, sei es zum Beispiel als Käufer beziehungsweise Verkäufer, Vermieter oder Mieter etc.[712]

Handelt der Bund faktisch wie ein privater Marktteilnehmer, dann soll ihn dieser Ausnahmetatbestand vor finanziellen Nachteilen bewahren, die daraus resultieren, dass er nach § 1 Abs. 1 S. 1 IFG Informationen preiszugeben hätte, die andere Marktteilnehmer nicht offenbaren müssten.[713] Nach der Begründung zum Gesetzentwurf bildet diese Vorschrift dabei eine Art staatsbezogenes Pendant zum Schutz privater Geheimhaltungsinteressen nach § 6 S. 2 IFG.[714]

Kommt es auf der Grundlage einer wirtschaftlichen Rechtsbeziehung zwischen der öffentlichen Hand und einem Privaten zu einer Auseinandersetzung, die in der Durchführung eines Schiedsverfahrens mündet, dann ist grundsätzlich denkbar, dass der Informationszugangsanspruch von privater Seite dazu genutzt wird, um an Erkenntnisse zu gelangen, die die eigene Verfahrensposition zum Nachteil der öffentlichen Hand stärken. Zeichnet sich dies ab, dann verfügt der Bund mit § 3 Nr. 6 Alt. 1 IFG über eine Möglichkeit, die belastenden Informationen anlässlich des laufenden Schiedsverfahrens zurückzuhalten.[715]

Um sich wirksam auf den Ausschlusstatbestand nach § 3 Nr. 6 Alt. 1 IFG berufen zu können, genügt allerdings nicht die bloß abstrakte Gefahr, dass das Bekanntwerden der fraglichen Information zu irgendwelchen Nachteilen im Hinblick auf das fiskalische Interesse der öffentlichen Hand im Wirtschaftsverkehr führen könnte; erforderlich ist vielmehr, dass der Bund im Einzelfall den Nachweis

---

711 So die Begründung zum Entwurf eines Gesetzes zur Regelung des Zugangs zu Informationen des Bundes vom 14.12.2004, BT-Drs. 15/4493, S. 11; s. auch *S.-D. Jastrow/A. Schlatmann*, IFG, § 3 IFG Rdnr. 97; *F. Schoch*, IFG, § 3 IFG Rdnr. 283; anders *B. Schirmer*, in: Gersdorf/Paal, BeckOK Informations- und MedienR, § 3 IFG Rdnr. 175 („Absicht der Gewinnerzielung").

712 S. *F. Schoch*, IFG, § 3 IFG Rdnr. 285.

713 Zutreffend *F. Schoch*, IFG, § 3 IFG Rdnr. 285; s. auch *S.-D. Jastrow/A. Schlatmann*, IFG, § 3 IFG Rdnr. 95; *M. Rossi*, Hk. IFG, § 3 IFG Rdnr. 57.

714 S. die Begründung zum Entwurf eines Gesetzes zur Regelung des Zugangs zu Informationen des Bundes vom 14.12.2004, BT-Drs. 15/4493, S. 11; zustimmend *S.-D. Jastrow/A. Schlatmann*, IFG, § 3 IFG Rdnr. 95; *M. Rossi*, Hk. IFG, § 3 IFG Rdnr. 56; vor dem Hintergrund, dass § 6 S. 2 IFG nach h.M. auch Betriebs- und Geschäftsgeheimnisse der öffentlichen Hand schützt, erscheint die Notwendigkeit einer solchen Entsprechung allerdings fraglich, vgl. *M. Sitsen*, IFG, S. 186.

715 S. *K. Möller*, Schiedsgerichtsbarkeit, S. 202.

erbringt, dass mit der Mitteilung der betreffenden Information konkret die Möglichkeit einer Beeinträchtigung dieses Schutzguts verbunden wäre.[716]

d. § 6 IFG

Wird anlässlich der Durchführung eines Schiedsverfahrens Zugang zu amtlichen Informationen begehrt, dann könnte der Anspruch nach § 1 Abs. 1 S. 1 IFG weiterhin zum Schutz geistigen Eigentums oder zur Bewahrung von Betriebs- und Geschäftsgeheimnissen nach § 6 IFG ausgeschlossen sein.[717]

Vermittels dieser Ausnahmetatbestände soll gleichsam verhindert werden, dass ein Anspruchsteller über einen gegen die Behörde gerichteten Informationszugangsanspruch an Erkenntnisse gelangt, an die er im allgemeinen Wirtschaftsverkehr nicht kommen könnte.[718] Zuvorderst verfolgt § 6 IFG damit eine ökonomische Zielrichtung und bezweckt den Schutz vor wirtschaftlichen Nachteilen, die sich aus einer Veröffentlichung der betreffenden Informationen ergeben könnten.[719]

aa. Schutz geistigen Eigentums nach Satz 1[720]

Die Tatbestandsvariante des § 6 S. 1 IFG übernimmt dabei die privatrechtlichen Modelle zum Schutz geistigen Eigentums.[721] Ausweislich der Gesetzesbegründung umfasst der Begriff des geistigen Eigentums sowohl Urheberrechte einerseits als auch gewerbliche Schutzrechte wie Marken-, Patent-, Gebrauchs- sowie Geschmacksmusterrechte andererseits.[722]

---

716 So *F. Schoch*, IFG, § 3 IFG Rdnr. 295; strenger *M. Sitsen*, IFG, S. 187, der fordert, dass durch die Veröffentlichung ein „messbarer Schaden“ ensteht bzw. ein „möglicher Finanzzufluss“ nicht (in der erwarteten Höhe) eintritt.

717 Auf diese Vorschrift berief sich etwa die Bundesregierung, um eine Offenlegung des Maut-Betreibervertrags mit der Toll Collect GbR abzulehnen, s. die Antwort der Bundesregierung auf die Kleine Anfrage der FDP-Bundestagsfraktion u.a. vom 07.07.2006, BT-Drs. 16/2168, S. 4.

718 Vgl. *M. Kloepfer/H. Greve*, NVwZ 2011, 577 (579); *M. Rossi*, Hk. IFG, § 6 IFG Rdnr. 6; *M. Rossi*, DVBl. 2010, 554 (561).

719 S. *C. Partsch*, in: Berger u.a., IFG, § 6 IFG Rdnr. 1; *F. Schoch*, IFG, § 6 IFG Rdnr. 4; *M. Sitsen*, IFG, S. 236.

720 Ausführlich zum Schutz des geistigen Eigentums in den Informationsfreiheitsgesetzen von Bund und Ländern *S.-C. Lenski*, NordÖR 2006, 89 ff.

721 Zutreffend *M. Rossi*, Hk. IFG, § 3 IFG Rdnr. 6; *F. Schoch*, IFG, § 6 IFG Rdnr. 4.

722 S. die Begründung zum Entwurf eines Gesetzes zur Regelung des Zugangs zu Informationen des Bundes vom 14.12.2004, BT-Drs. 15/4493, S. 14; so auch *M. Rossi*, Hk. IFG, § 6 IFG Rdnr. 8; nach *M. Sitsen*, IFG, S. 238, gehören weiterhin Lizenz-,

Als private Vermögensrechte fallen die verschiedenen Formen geistigen Eigentums in den Schutzbereich der Eigentumsgarantie nach Art. 14 Abs. 1 S. 1 GG und erfahren damit eine verfassungsrechtliche Verankerung.[723] Auch wenn sich die öffentliche Hand als Adressatin der Grundrechte selbst grundsätzlich nicht auf die Eigentumsfreiheit berufen kann,[724] kommen als Inhaber dieser Rechte nicht nur natürliche oder juristische Personen des Privatrechts, sondern gleichsam öffentlich-rechtliche Rechtsträger in Betracht.[725] Denn nach herrschender Meinung bleibt es dem Gesetzgeber unbenommen, diesen jedenfalls auf einfach-gesetzlicher Ebene Positionen geistigen Eigentums zuzuordnen (vergleiche beispielsweise § 7 Nr. 2 MarkenG).[726]

Dies wird vor allem dann relevant, wenn der öffentlichen Hand anlässlich der externen Auftragserteilung von Seiten des Auftragnehmers auf vertraglicher Grundlage urheberrechtliche Befugnisse am bestellten Werk übertragen werden.[727] Denkbar sind außerdem Nutzungsrechte in Bezug auf Werke von Beamten und Angestellten des öffentlichen Dienstes, die gemäß § 43 UrhG auf den Staat als Arbeitgeber übergegangen sind.[728] Nach dieser Vorschrift sind die urheberrechtlichen Vorschriften über Nutzungsrechte auch dann anzuwenden, wenn der Urheber das Werk in Erfüllung seiner Verpflichtungen aus einem Arbeits- oder Dienstverhältnis geschaffen hat, es sei denn, dass sich aus dem Inhalt oder

---

Warenzeichen- sowie Verlagsrechte dazu; zustimmend *A. Guckelberger*, in: Gersdorf/Paal, BeckOK Informations- und MedienR, § 6 IFG Rdnr. 4.

723 S. *T. Dreier/I. Spiecker gen. Döhmann*, in: Dreier u.a., Zugang, S. 165 (178); *H.-J. Papier*, in: Maunz/Dürig, GG, Bd. 2, Art. 14 GG Rdnr. 197.

724 Vgl. dazu *H.-J. Papier*, in: Maunz/Dürig, GG, Bd. 2, Art. 14 GG Rdnr. 208.

725 Darauf weist ebenfalls die Begründung zum Entwurf eines Gesetzes zur Regelung des Zugangs zu Informationen des Bundes vom 14.12.2004, BT-Drs. 15/4493, S. 14, hin; so auch *A. Guckelberger*, in: Gersdorf/Paal, BeckOK Informations- und MedienR, § 6 IFG Rdnr. 6; *C. Partsch*, in: Berger u.a., IFG, § 6 IFG Rdnr. 4; *M. Rossi*, Hk. IFG, § 6 IFG Rdnr. 60; *F. Schoch*, IFG, § 6 IFG Rdnrn. 25 f.; *M. Sitsen*, IFG, S. 248.

726 S. *A. Guckelberger*, in: Gersdorf/Paal, BeckOK Informations- und MedienR, § 6 IFG Rdnr. 6; *C. Partsch*, in: Berger u.a., IFG, § 6 IFG Rdnr. 4; *M. Rossi*, Hk. IFG, § 6 IFG Rdnr. 60; *F. Schoch*, IFG, § 6 IFG Rdnr. 26; *M. Sitsen*, IFG, S. 248; vgl. auch die Begründung zum Entwurf eines Gesetzes zur Regelung des Zugangs zu Informationen des Bundes vom 14.12.2004, BT-Drs. 15/4493, S. 14.

727 S. hierzu *T. Dreier/I. Spiecker gen. Döhmann*, in: Dreier u.a., Zugang, S. 165 (187); *B. Raue*, JZ 2013, 280 (287); *M. Sitsen*, IFG, S. 248; vgl. auch VG Köln, Urteil vom 22.11.2012 - 13 K 5281/11(=BeckRS 2013, 45397).

728 So *T. Dreier/I. Spiecker gen. Döhmann*, in: Dreier u.a., Zugang, S. 165 (187); vgl. auch *B. Raue*, JZ 2013, 280 (287).

dem Wesen des Arbeits- oder Dienstverhältnisses etwas anderes ergibt; aus dieser Vorschrift wird – sofern diesbezüglich im Arbeitsvertrag keine ausdrückliche Regelung getroffen ist – eine konkludente Einräumung des Nutzungsrechts am urheberrechtlich geschützten Werk entnommen.[729] Zudem können Hochschulen und Forschungseinrichtungen am Schutz des geistigen Eigentums teilhaben.[730] Keinen beziehungsweise nur sehr eingeschränkten Urheberrechtsschutz genießen demgegenüber amtliche Werke wie Gesetze, Verordnungen, Erlasse und Bekanntmachungen, vergleiche § 5 Abs. 1, 2 UrhG.[731]

Da wiederum der Wortlaut von § 6 S. 1 IFG nur allgemein auf den Schutz des geistigen Eigentums abstellt, ohne Vorgaben zur Person des Berechtigten zu machen, können sich grundsätzlich auch juristische Personen des öffentlichen Rechts auf diesen Ausschlussgrund berufen.[732] Allerdings ist der Anspruch nach § 1 Abs. 1 S. 1 IFG ausweislich des Wortlauts von § 6 S. 1 IFG nur dann ausgeschlossen, wenn der Schutz geistigen Eigentums dem Informationszugang *entgegensteht.*

Dafür genügt nicht bereits das schlichte Bestehen der oben genannten Schutzrechte;[733] erforderlich ist vielmehr eine Kollisionslage zwischen geistigem Eigentum einerseits und Informationszugangsanspruch andererseits.[734] Dies ist nur dann der Fall, wenn mit der Inhaberschaft des betreffenden Immaterialgüterrechts zugleich ein „Informationsrestriktionsrecht“[735] verbunden ist.[736]

Gerade die Entstehung gewerblicher Schutzrechte setzt jedoch regelmäßig eine Eintragung des betreffenden Schutzgegenstands in ein für jedermann einsehbares

---

729 S. *H. Lindhorst*, in: Ahlberg/Götting, BeckOK UrhR, § 43 UrhG Rdnr. 16; vgl. auch *B. Raue*, JZ 2013, 280 (287).

730 So *M. Sitsen*, IFG, S. 248.

731 S. *T. Dreier/I. Spiecker gen. Döhmann*, in: Dreier u.a., Zugang, S. 165 (183); *A. Guckelberger*, in: Gersdorf/Paal, BeckOK Informations- und MedienR, § 6 IFG Rdnr. 6; *B. Raue*, JZ 2013, 280 (283).

732 So *A. Guckelberger*, in: Gersdorf/Paal, BeckOK Informations- und MedienR, § 6 IFG Rdnr. 6; *M. Sitsen*, IFG, S. 248; vgl. auch *T. Dreier/I. Spiecker gen. Döhmann*, in: Dreier u.a., Zugang, S. 165 (186).

733 S. *A. Guckelberger*, in: Gersdorf/Paal, BeckOK Informations- und MedienR, § 6 IFG Rdnr. 7; *C. Partsch*, in: Berger u.a., IFG, § 6 IFG Rdnr. 6.

734 S. *M. Rossi*, Hk. IFG, § 6 IFG Rdnr. 10; *F. Schoch*, IFG, § 6 IFG Rdnr. 27; *F. Schoch*, Jura 2012, 203 (209); vgl. *S.-C. Lenski*, NordÖR 2006, 89 (90 f.).

735 *M. Rossi*, Hk. IFG, § 6 IFG Rdnr. 10; *F. Schoch*, IFG, § 6 IFG Rdnr. 28; zum Recht der Informationsrestriktion s. *M. Kloepfer*, InformationsR, § 1 Rdnr. 70; vgl. auch *S.-C. Lenski*, NordÖR 2006, 89 (90 f.).

736 Ausführlich dazu *F. Schoch*, IFG, § 6 IFG Rdnrn. 27 ff.

Register voraus.[737] Von einer Kollisionslage zwischen den gewerblichen Schutzrechten und dem Anspruch auf Zugang zu amtlichen Informationen kann vor diesem Hintergrund im Grundsatz nicht ausgegangen werden.[738]

Weil die Entstehung eines Urheberrechts demgegenüber nicht von einer Eintragung in ein öffentliches Register abhängt, und dem Urheber nach § 12 Abs. 1 UrhG weiterhin das Recht zur Entscheidung darüber zusteht, ob und wie sein Werk veröffentlicht werden soll,[739] kommen Konfliktlagen zwischen dem Schutz des Urheberrechts auf der einen und dem freien Zugang zu amtlichen Informationen auf der anderen Seite eher in Betracht.[740]

Liegen anlässlich der Durchführung eines Schiedsverfahrens die Tatbestandsvoraussetzungen des § 6 S. 1 IFG vor (weil im Rahmen des Verfahrens zum Beispiel entsprechende Inhalte thematisiert werden), dann ist die Behörde also verpflichtet, den Antrag auf Informationszugang abschlägig zu bescheiden; § 6 S. 1 IFG gewährt dem Inhaber geistigen Eigentums – gleichgültig ob es sich dabei um einen Dritten oder den Staat selbst handelt –[741] insoweit einen absoluten Schutz, der nicht im Wege der Abwägung überwunden werden kann.[742]

Obgleich der Tatbestand des § 6 S. 1 IFG dabei eine Einwilligung des Rechteinhabers nicht ausdrücklich vorsieht, besteht dennoch die Möglichkeit, dass dieser im Rahmen seiner Anhörung nach § 8 Abs. 1 IFG einem Informationszugang mit der Folge zustimmt, dass es zu einer Durchbrechung des absoluten Vorrangs des geistigen Eigentums gegenüber dem Informationszugangsrecht kommt.[743]

---

737 Vgl. z.B. § 27 Abs. 1 i.V.m. § 22 Abs. 1 S. 1 DesignG; § 11 Abs. 1 S. 1 i.V.m. § 8 Abs. 5 S. 1 GebrMG; § 4 i.V.m. § 62 Abs. 5 MarkG; s. auch *S.-C. Lenski*, NordÖR 2006, 89 (91); *F. Schoch*, IFG, § 6 IFG Rdnrn. 30 ff.

738 Zu diesem Ergebnis gelangt *S.-C. Lenski*, NordÖR 2006, 89 (91); *F. Schoch*, IFG, § 6 IFG Rdnr. 36.

739 Zum VeröffentlichungsR des Urhebers s. *G. Schulze*, in: Dreier/Schulze, UrhG, § 12 UrhG Rdnrn. 1 ff.

740 Vgl. *S.-C. Lenski*, NordÖR 2006, 89 (96); *F. Schoch*, IFG, § 6 IFG Rdnr. 39.

741 S. *A. Guckelberger*, in: Gersdorf/Paal, BeckOK Informations- und MedienR, § 6 IFG Rdnr. 6; vgl. auch *T. Dreier/I. Spiecker gen. Döhmann*, in: Dreier u.a., Zugang, S. 165 (186 f.); *M. Sitsen*, IFG, S. 248.

742 S. *M. Rossi*, Hk. IFG, § 6 IFG Rdnr. 6; *F. Schoch*, IFG, § 6 IFG Rdnr. 51.

743 So BVerwG, Urteil vom 25.06.2015 – 7 C 1. 14[=LKV 2015, 508 (512)]; *A. Guckelberger*, in: Gersdorf/Paal, BeckOK Informations- und MedienR, § 6 IFG Rdnr. 9; *F. Schoch*, IFG, § 6 IFG Rdnr. 54.

bb. Schutz von Betriebs- und Geschäftsgeheimnissen nach Satz 2

aaa. Unternehmensgeheimnisse in Schiedsverfahren

Durchaus wahrscheinlich ist außerdem, dass anlässlich der Durchführung eines Schiedsverfahrens Betriebs- und/oder Geschäftsgeheimnisse der Beteiligten zur Erörterung gelangen.[744] Um den Schutz dieser Geheimnisse zu gewährleisten, schließt § 6 S. 2 IFG den Informationszugangsanspruch insoweit aus, wie der Betroffene einer Veröffentlichung seine Zustimmung verweigert hat.

Nach der Gesetzesbegründung, die an höchstrichterliche Rechtsprechung des Bundesgerichtshofs aus der Mitte der 90er Jahre anknüpft, liegt ein Betriebs- und Geschäftsgeheimnis dann vor, „wenn Tatsachen, die im Zusammenhang mit einem wirtschaftlichen Geschäftsbetrieb stehen, nur einem begrenzten Personenkreis bekannt sind und nach dem erkennbaren Willen des Inhabers sowie dessen berechtigten wirtschaftlichen Interesse geheim gehalten werden sollen“[745].

Im Anschluss an bundesverfassungsgerichtliche Rechtsprechung hat das Bundesverwaltungsgericht den informationsfreiheitsgesetzlichen Betriebs- und Geschäftsgeheimnisbegriff zwischenzeitlich weiter präzisiert und zählt hierzu „alle auf ein Unternehmen bezogenen Tatsachen, Umstände und Vorgänge (...), die nicht offenkundig, sondern nur einem begrenzten Personenkreis zugänglich sind und an deren Nichtverbreitung der Rechtsträger ein berechtigtes Interesse hat.“[746]

Diese Voraussetzungen müssen kumulativ vorliegen.[747] Zu den Betriebsgeheimnissen werden dabei eher technische Informationen gezählt, während Geschäftsgeheimnisse vornehmlich als den kaufmännischen Bereich eines Unternehmens betreffende Informationen betrachtet werden.[748] Letzteres betrifft all

744 Vgl. *P. Hobeck/C. Stubbe*, SchiedsVZ 2003, 15 (17 f.); ausführlich zum Verhältnis des IFG zum Schutz von Betriebs- und Geschäftsgeheimnissen *M. Kloepfer/H. Greve*, NVwZ 2011, 577 ff.

745 So die Begründung zum Entwurf eines Gesetzes zur Regelung des Zugangs zu Informationen des Bundes vom 14.12.2004, BT-Drs. 15/4493, S. 14; s. auch *S.-C. Lenski*, NordÖR 2006, 89 (92); *M. Rossi*, Hk. IFG, § 6 IFG Rdnr. 63.

746 So BVerwG, Urteil vom 28.05.2009 – 7 C 18/08[=NVwZ 2009, 1113 (1114)], mit Verweis auf BVerfGE 115, 205 (230); zustimmend *M. Kloepfer/H. Greve*, NVwZ 2011, 577 (580); *F. Schoch*, IFG, § 6 IFG Rdnr. 78.

747 Vgl. *A. Guckelberger*, in: Gersdorf/Paal, BeckOK Informations- und MedienR, § 6 IFG Rdnr. 18; *S.-D. Jastrow/A. Schlatmann*, IFG, § 6 IFG Rdnr. 39.

748 So BVerfGE 115, 205 (230 f.); BVerwG, Urteil vom 28.05.2009 – 7 C 18/08[=NVwZ 2009, 1113 (1114)]; *K. Kiethe/P. Groeschke*, WRP 2006, 303 (304); *M. Kloepfer/H. Greve*, NVwZ 2011, 577 (579); *F. Schoch*, IFG, § 6 IFG Rdnr. 103.

diejenigen Erkenntnisse, die Aufschluss über die wirtschaftliche Situation eines Unternehmens geben können.[749]

Ob ein bestimmtes Datum als Betriebs- oder Geschäftsgeheimnis anzusehen ist, hat die zuständige Behörde dabei im Einzelfall von Amts wegen und unter Beachtung der Stellungnahme desjenigen zu ermitteln, der über ein schutzwürdiges Interesse an der Geheimhaltung der betreffenden Erkenntnisse verfügen könnte und daher nach § 8 Abs. 1 IFG anzuhören ist.[750] Ist nach entsprechender Prüfung davon auszugehen, dass ein Betriebs- oder Geschäftsgeheimnis vorliegt, dann darf Informationszugang laut § 6 S. 2 IFG nur dann gewährt werden, soweit der Betroffene hierin eingewilligt hat. Nach herrschender Meinung kommen dabei als Betroffene sowohl Private als auch die öffentliche Hand *in persona* grundsätzlich in Betracht.[751] Ist Letzteres der Fall, dann ist eine Anhörung im Verfahren nach § 8 Abs. 1 IFG freilich entbehrlich.[752]

bbb. Schiedsverfahren als Geschäftsgeheimnis?

Im vorliegenden Zusammenhang stellt sich die Frage, ob die Durchführung eines Schiedsverfahrens selbst einen Vorgang darstellt, über den die Behörde nach § 6 S. 2 IFG die Auskunft verweigern darf. Das Schiedsverfahren müsste dann – weil es weniger als technische als vielmehr kaufmännische Angelegenheit zu betrachten ist – als Geschäftsgeheimnis charakterisiert werden können.

(1) Schiedsgerichtsbarkeit als unternehmensbezogener Vorgang?

Im Anschluss an die oben dargestellte bundesverwaltungsgerichtliche Begriffsdefinition setzt dies zunächst voraus, dass es sich bei der Durchführung eines Schiedsverfahrens um einen auf ein Unternehmen bezogenen Vorgang handelt. Von Unternehmensbezogenheit ist dabei dann auszugehen, wenn sich der

---

749 S. *M. Kloepfer/H. Greve*, NVwZ 2011, 577 (579).

750 S. *M. Rossi*, Hk. IFG, § 6 IFG Rdnr. 66; vgl. auch die Begründung zum Entwurf eines Gesetzes zur Regelung des Zugangs zu Informationen des Bundes vom 14.12.2004, BT-Drs. 15/4493, S. 14.

751 S. OVG Münster, Urteil vom 19.03.2013 – 8 A 1172/11, Rdnrn. 119 ff. (juris); *A. Guckelberger*, in: Gersdorf/Paal, BeckOK Informations- und MedienR, § 6 IFG Rdnr. 35; *S.-D. Jastrow/A. Schlatmann*, IFG, § 6 IFG Rdnr. 51; für das IFG des Landes Berlin ebenso OVG Berlin-Brandenburg, Urteil vom 02.10.2007 – OVG 12 B 11.07, Rdnr. 24 (juris); vgl. auch OVG Münster, Urteil vom 18.12.2013 – 5 A 413/11, Rdnr. 162 (juris); a.A. *S.-C. Lenski*, NordÖR 2006, 89 (92); *M. Rossi*, Hk. IFG, § 3 IFG Rdnr. 68.

752 Zutreffend *S.-D. Jastrow/A. Schlatmann*, IFG, § 6 IFG Rdnr. 57; für das Berliner IFG ebenso VG Berlin, Urteil vom 25.04.2006 – 2 A 88.05 u.a., Rdnr. 20 (juris).

betreffende Vorgang einem bestimmten wirtschaftlichen Geschäftsbereich zuweisen lässt.[753] Daran fehlt es beispielsweise dann, wenn das fragliche Geschehen ausschließlich zur Privatsphäre des Betriebsinhabers gehört oder dem wissenschaftlichen Bereich zuzuordnen ist.[754]

Oben wurde dargelegt, dass es insbesondere im Zuge von öffentlichen Beschaffungsvorgängen zum Abschluss von Schiedsvereinbarungen kommt.[755] Auch wenn die öffentliche Hand bei diesen Gelegenheiten aus Anlass der Wahrnehmung ihrer öffentlichen Aufgaben handelt, stellt sich die Erfüllung der in diesem Zusammenhang vergebenen Aufträge aus Sicht des privaten Partners dennoch als gewöhnliche Geschäftstätigkeit dar. Hierzu lässt sich ohne Weiteres auch die Durchführung streitiger Verfahren zählen, falls es anlässlich der Vertragsdurchführung zu Konflikten unter den Beteiligten kommen sollte. Von Unternehmensbezogenheit kann also in der vorerwähnten Konstellation ausgegangen werden.

Auch wenn sich die öffentliche Hand wirtschaftlich betätigt, und es in diesem Zusammenhang zu der Durchführung eines Schiedsverfahrens kommt, ist vom Vorliegen eines unternehmensbezogenen Vorgangs auszugehen.[756] In diesem Fall wäre zwar wiederum zu prüfen, ob die begehrte Information tatsächlich noch als amtliche Information zu charakterisieren ist; allerdings ist das Beiwort „amtliche" im Sinne von § 2 Nr. 1 IFG weit zu verstehen und schließt nur solche Informationen aus, die einzig privaten und nicht-amtlichen Zwecken zu dienen bestimmt sind.[757] Selbst eine rein erwerbswirtschaftliche und auf Gewinnerzielung ausgerichtete Tätigkeit der öffentlichen Hand kommt jedoch im Ergebnis einem öffentlichen Zweck zugute, indem die erzielten Einnahmen in den öffentlichen Haushalt fließen und damit die Erfüllung anderer öffentlicher Aufgaben sichergestellt wird.[758]

---

753 S. *K. Kiethe/P. Groeschke*, WRP 2006, 303 (304); *F. Schoch*, IFG, § 6 IFG Rdnr. 79.

754 So *A. Guckelberger*, in: Gersdorf/Paal, BeckOK Informations- und MedienR, § 6 IFG Rdnr. 20; *M. Kloepfer/H. Greve*, NVwZ 2011, 577 (580 f.); vgl. auch *K. Kiethe/P. Groeschke*, WRP 2006, 303 (304).

755 S. oben D.II., S. 55 ff.

756 Zu einem anderen Ergebnis gelangte wohl *M. Rossi*, Hk. IFG, § 6 IFG Rdnr. 68, der nur die Geheimnisse privater Unternehmen von § 6 S. 2 IFG erfasst sieht.

757 S. die Begründung zum Entwurf eines Gesetzes zur Regelung des Zugangs zu Informationen des Bundes vom 14.12.2004, BT-Drs. 15/4493, S. 9; *M. Rossi*, Hk. IFG, § 2 IFG Rdnr. 10; *F. Schoch*, IFG, § 2 IFG Rdnr. 55.

758 S. *G. Püttner*, Unternehmen, S. 131; vgl. auch *D. Ehlers*, Privatrechtsform, S. 92; davon zu unterscheiden ist freilich die Frage, welche verfassungsrechtlichen Schranken der erwerbswirtschaftlichen Betätigung der öffentlichen Hand durch das GG ansonsten

(2) Fehlende Offenkundigkeit?

Die Durchführung eines Schiedsverfahrens kann außerdem nur dann als Geschäftsgeheimnis gewertet werden, wenn der betreffende Vorgang nicht offenkundig ist. Einer Information mangelt es dann an Offenkundigkeit, wenn sie nur einem begrenzten Personenkreis bekannt oder zugänglich ist.[759] Insoweit ist maßgeblich, ob der Kreis der Geheimnisträger noch der Kontrolle des Geheimnisinhabers unterliegt.[760]

Davon ist im Falle der Schiedsgerichtsbarkeit grundsätzlich auszugehen: Aufgrund der Parteiöffentlichkeit des Verfahrens ist die Zahl der Teilnehmer von vornherein stark beschränkt; die Anwesenheit Außenstehender ist prinzipiell nicht vorgesehen.[761] Auch wenn dies üblicherweise ausreichen dürfte, um bereits ein hohes Maß an Vertraulichkeit zu gewährleisten, besteht für die Parteien zusätzlich die Möglichkeit, die Geheimhaltung durch alle Beteiligten noch vertraglich abzusichern;[762] dass dies geschieht, wird im einschlägigen Schrifttum regelmäßig empfohlen.[763]

Die Schiedsgerichtsbarkeit stellt demnach ein Verfahren dar, das sich in besonderem Maße eignet, um Informationen vor einer Veröffentlichung zu schützen. Damit kann festgehalten werden, dass den anlässlich der Durchführung eines Schiedsverfahrens entstandenen amtlichen Informationen im Regelfall auch das Merkmal fehlender Offenkundigkeit zuzusprechen ist.

Allerdings darf diese Voraussetzung nicht gleichsam „zufällig“ erfüllt worden sein; um keine „lediglich“[764] unbekannte Tatsache darzustellen, ist vielmehr erforderlich, dass sich auf die mangelnde Offenkundigkeit des Schiedsverfahrens ein entsprechender Geheimhaltungswille der Parteien bezieht.[765] Soweit von ihnen da-

gesetzt sind, s. dazu *D. Ehlers*, Privatrechtsform, S. 92 ff.; *K. Grupp*, ZHR 140, 367 ff.; *J. Plagemann*, Eigengesellschaften, S. 169 ff. (zu den verfassungsrechtlichen Schranken einer erwerbswirtschaftlichen Betätigung der Deutschen Bundespost).

759 S. *K. Kiethe*, WRP 2006, 303 (304); *M. Kloepfer/H. Greve*, NVwZ 2011, 577 (581); *F. Schoch*, IFG, § 6 IFG Rdnr. 82.

760 S. *M. Kloepfer/H. Greve*, NVwZ 2011, 577 (581); *C. Partsch*, in: Berger u.a., IFG, § 6 IFG Rdnr. 13c; *F. Schoch*, IFG, § 6 IFG Rdnr. 82; vgl. auch *S.-D. Jastrow/A. Schlatmann*, IFG, § 6 IFG Rdnr. 43; *M. Rossi*, Hk. IFG, § 6 IFG Rdnr. 70.

761 S. oben I.III.1., S. 115 f.

762 S. dazu oben I.III.2.a., S. 118 ff.

763 So z.B. *P. Hobeck/C. Stubbe*, SchiedsVZ 2003, 15 (17 Fn. 11); *D. Kühner*, IHR 2003, 202 (207); anders *R. Oldenstam/J. v. Pachelbel*, SchiedsVZ 2006, 31 (36).

764 *M. Kloepfer/H. Greve*, NVwZ 2011, 577 (582).

765 S. *S.-D. Jastrow/A. Schlatmann*, IFG, § 6 IFG Rdnr. 44; *F. Schoch*, IFG, § 6 IFG Rdnr. 89.

bei ausdrückliche vertragliche Vorkehrungen zum Schutze der Verfahrensvertraulichkeit getroffen wurden, kann hiervon ohne Weiteres ausgegangen werden.[766]

Indes sind auch im Übrigen keine allzu hohen Anforderungen an das Vorliegen und die Erkennbarkeit des Geheimhaltungswillens zu stellen;[767] insbesondere erachtet es die herrschende Meinung insoweit für ausreichend, wenn sich aus der Natur der fraglichen Information ein diesbezüglicher Wille des Geheimnisinhabers herleiten lässt.[768] Geht man von der Natur der Schiedsgerichtsbarkeit als parteiöffentlicher Veranstaltung aus, dann spricht zumindest eine (widerlegliche) Vermutung dafür, dass die Parteien Stillschweigen über die Vorgänge zu bewahren beabsichtigen. Dies gilt auch deshalb, weil die Durchführung eines Schiedsverfahrens als Information zwangsläufig auf das Bestehen von Streitigkeiten hinweist und insofern allgemein geeignet ist, dem Ansehen der Parteien in der Öffentlichkeit und im Wettbewerb zu schaden.[769] Soweit keine entgegenstehenden Anhaltspunkte ersichtlich sind, darf die mangelnde Offenkundigkeit des Schiedsverfahrens damit als intendiert gelten.

(3) Berechtigtes Geheimhaltungsinteresse?

Schließlich kann das Schiedsverfahren nur dann als Geschäftsgeheimnis betrachtet werden, wenn insoweit ein berechtigtes Interesse des Geheimnisinhabers an seiner Geheimhaltung angenommen werden kann.

(a) Voraussetzungen

Das Vorliegen eines berechtigten Interesses setzt im Falle von Betriebs- und Geschäftsgeheimnissen dabei einerseits voraus, dass die betreffende Information wirtschaftliche Relevanz aufweist; andererseits muss sie schutzwürdig sein.[770] Ob

766 Vgl. *A. Guckelberger*, in: Gersdorf/Paal, BeckOK Informations- und MedienR, § 6 IFG Rdnr. 24.

767 So *A. Guckelberger*, in: Gersdorf/Paal, BeckOK Informations- und MedienR, § 6 IFG Rdnr. 24; *S.-D. Jastrow/A. Schlatmann*, IFG, § 6 IFG Rdnr. 44, die grds. davon ausgehen, dass der Betriebsinhaber Betriebsinterna geheim halten will; s. auch *M. Kloepfer/H. Greve*, NVwZ 2011, 577 (582); *F. Schoch*, IFG, § 6 IFG Rdnr. 89; *M. Sitsen*, IFG, S. 284.

768 So *M. Kloepfer/H. Greve*, NVwZ 2011, 577 (582); *F. Schoch*, IFG, § 6 IFG Rdnr. 89.

769 Vgl. *K. Möller*, Schiedsgerichtsbarkeit, S. 87; *H. Prütting*, in: Briner u.a., FS Böckstiegel, S. 629.

770 S. *A. Guckelberger*, in: Gersdorf/Paal, BeckOK Informations- und MedienR, § 6 IFG Rdnrn. 25 f.; *M. Sitsen*, IFG, S. 285.

dies der Fall ist, hat die antragsgegnerische Behörde zu prüfen;[771] könnte sich der Geheimnisinhaber demgegenüber auf das Vorliegen eines Betriebs- oder Geschäftsgeheimnisses berufen, ohne insoweit ein schutzwürdiges wirtschaftliches Interesse geltend machen zu müssen, bedeutete dies im Ergebnis, dass er sämtliche unternehmensbezogenen Informationen, die sich bei der Behörde befänden, und die nach § 1 Abs. 1 S. 1 IFG angefragt würden, als Betriebs- und Geschäftsgeheimnisse ausgeben und damit dem Schutz von § 6 S. 2 IFG unterstellen könnte.[772]

Wirtschaftliche Relevanz weist eine Information vor allem dann auf, wenn sie Auswirkungen auf die Wettbewerbsfähigkeit eines Unternehmens haben kann.[773] Dies ist insbesondere dann der Fall, wenn sie geeignet ist, Rückschlüsse auf die Betriebsführung, die Wirtschafts- und Marktstrategie, die Kostenkalkulation und/oder die Entgeltgestaltung des betroffenen Unternehmens zu erlauben.[774]

Ob die betreffenden Informationen außerdem schutzwürdig sind, bemisst sich nach objektiven Kriterien[775] und hängt davon ab, ob ihr Bekanntwerden geeignet wäre, die Kompetivität des Geheimnisinhabers zu verschlechtern oder ihm einen anderweitigen Schaden zuzufügen.[776] Ein Nachweis, dass ein Nachteil im konkreten Einzelfall eingetreten ist, muss dabei nicht erbracht werden;[777] allerdings muss es zumindest möglich erscheinen, dass es infolge einer Veröffentlichung der

771 So die Begründung zum Entwurf eines Gesetzes zur Regelung des Zugangs zu Informationen des Bundes vom 14.12.2004, BT-Drs. 15/4493, S. 14; *M. Rossi*, Hk. IFG, § 6 IFG Rdnr. 74.

772 S. *M. Sitsen*, IFG, S. 285 f.; vgl. auch *A. Guckelberger*, in: Gersdorf/Paal, BeckOK Informations- und MedienR, § 6 IFG Rdnr. 25; *M. Kloepfer/H. Greve*, NVwZ 2011, 577 (582); *M. Rossi*, Hk. IFG, § 6 IFG Rdnr. 74.

773 S. BVerwG, Urteil vom 28.05.2009 – 7 C 18/08[=NVwZ 2009, 1113 (114)]; *A. Guckelberger*, in: Gersdorf/Paal, BeckOK Informations- und MedienR, § 6 IFG Rdnr. 25; *S.-D. Jastrow/A. Schlatmann*, IFG, § 6 IFG Rdnr. 45; *M. Kloepfer/H. Greve*, NVwZ 2011, 577 (582 f.); *C. Partsch*, in: Berger u.a., IFG, § 6 IFG Rdnr. 13e.

774 S. *M. Kloepfer/H. Greve*, NVwZ 2011, 577 (583); *C. Partsch*, in: Berger u.a., IFG, § 6 IFG Rdnr. 13e; *M. Rossi*, Hk. IFG, § 6 IFG Rdnr. 75; *F. Schoch*, IFG, § 6 IFG Rdnr. 93.

775 Ganz h.H.: *M. Albers*, ZJS 2009, 614 (623); *A. Guckelberger*, in: Gersdorf/Paal, BeckOK Informations- und MedienR, § 6 IFG Rdnr. 26; *C. Partsch*, in: Berger u.a., IFG, § 6 IFG Rdnr. 14; *K. Kiethe/P. Groeschke*, WRP 2006, 303 (305); *M. Kloepfer/H. Greve*, NVwZ 2011, 577 (582); *M. Rossi*, Hk. IFG, § 6 IFG Rdnr. 74; *F. Schoch*, IFG, § 6 IFG Rdnr. 92.

776 S. *A. Guckelberger*, in: Gersdorf/Paal, BeckOK Informations- und MedienR, § 6 IFG Rdnrn. 26 f.; *M. Kloepfer/H. Greve*, NVwZ 2011, 577 (582 f.); *M. Rossi*, Hk. IFG, § 6 IFG Rdnrn. 75 f.

777 Vgl. *M. Kloepfer/H. Greve*, NVwZ 2011, 577 (583).

angefragten Information zu entsprechenden Nachteilen beim Geheimnisinhaber kommen kann.[778]

(b) Genügt die Gefahr nur mittelbarer wirtschaftlicher Schäden?

Umstritten ist, ob insoweit auch die Gefahr lediglich mittelbarer wirtschaftlicher Schäden genügen soll. Dies wird insbesondere anhand der Frage diskutiert, ob alleine das Vorliegen potentiell rufschädigender Informationen bereits ausreicht, um ein Betriebs- und Geschäftsgeheimnis zu begründen.[779] Auch das Wissen um ein Schiedsverfahren stellt für sich betrachtet noch keinen unmittelbaren wirtschaftlichen Nachteil für ein beteiligtes Unternehmen dar. Erst die mit einer negativen Medienberichterstattung verbundenen Auftragsrückgänge würden gegebenenfalls zu einem mittelbaren Schaden führen.

(aa) Stimmen im Schrifttum

M. Rossi betrachtet jedoch auch das unternehmerische Interesse, solche Schäden zu verhindern, für objektiv schützenswert;[780] in diesem Zusammenhang weist er darauf hin, dass eine enge Auslegung des Begriffs der schutzwürdigen Interessen insbesondere nicht dazu genutzt werden dürfe, um die von Seiten des Gesetzgebers nicht in § 6 S. 2 IFG vorgesehene Abwägungsmöglichkeit zu korrigieren.

M. Sitsen wendet sich gegen die Annahme eines solchermaßen weit verstandenen Unternehmensgeheimnisbegriffs; zur Begründung weist er auf den spezifisch eigenen wirtschaftlichen Wert als strukturelle Besonderheit hin, die dem Wissen, das typischerweise die Grundlage für Betriebs- und Geschäftsgeheimnisse bilde, im Gegensatz zu lediglich mittelbar wirtschaftlich relevanten Daten zu eigen sei.[781] Außerdem wirft er der gegenteiligen Auffassung Widersprüchlichkeit vor: Diese subsumiere Betriebs- und Geschäftsgeheimnisse unter Art. 14 Abs. 1 GG, was in Ermangelung einer greifbaren Sachsubstanz allerdings nur dann rechtlich vertretbar sei, wenn den betreffenden Geheimnissen zumindest ein eigener Vermögenswert innewohne. Gerade hieran fehle es bei nur mittelbar wirtschaftlich relevantem Wissen jedoch.[782] Selbst wenn man den Schutz von Betriebs- und Geschäftsgeheimnissen auf Art. 12 Abs. 1 GG stütze, ergebe sich

---

778 Zutreffend *M. Sitsen*, IFG, S. 287.

779 Dafür: *M. Rossi*, Hk. IFG, § 6 IFG Rdnr. 76; dagegen die h.M.: *M. Kloepfer/H. Greve*, NVwZ 2011, 577 (582); *C. Partsch*, in: Berger u.a., IFG, § 6 IFG Rdnr. 13e; *M. Sitsen*, IFG, S. 288 f., 306 ff.

780 S. *M. Rossi*, Hk. IFG, § 6 IFG Rdnr. 76.

781 *M. Sitsen*, IFG, S. 288, 307.

782 *M. Sitsen*, IFG, S. 308.

nichts anderes: Die betreffenden Informationen verfügten über keine Bedeutung für die berufliche Betätigung; gehe es um Schäden für den Ruf eines Betriebs, so reiche bereits der Schutzbereich der Berufsfreiheit nicht so weit.[783]

(bb) Stellungnahme

Im Ergebnis kann dieser Argumentation gefolgt werden: Ausweislich der Begründung zum Gesetzentwurf trägt der Schutz von Betriebs- und Geschäftsgeheimnissen in erster Linie der Wahrung der Berufs- und Eigentumsfreiheit Rechnung;[784] weil die Ausnahmetatbestände der §§ 3–6 IFG andererseits eng auszulegen sind,[785] kann der aus diesem Grund von § 6 S. 2 IFG gewährte Schutz im Einzelfall jedoch nicht weiter reichen als die von den Artt. 12 Abs. 1 und 14 Abs. 1 GG eröffneten Schutzgewährleistungen.

Zwar mögen Informationen, deren Bekanntwerden lediglich die Gefahr mittelbarer wirtschaftlicher Unternehmensschäden in sich birgt, für den Geheimnisinhaber in tatsächlicher Hinsicht über eine nicht zu unterschätzende wirtschaftliche Bedeutung verfügen.[786] Weil es zu einer Beeinträchtigung dieses Interesses nur in Verbindung mit verschiedenen anderen Markteinflüssen und -mechanismen kommen kann, die sich im Voraus nicht mit Sicherheit vorhersagen lassen, verkörpert dieses Wissen jedoch keinen eigenen Vermögenswert. Seine Geheimhaltung bezweckt damit in erster Linie eine nur präventive Abwehr von zukünftigen Störungen des Wirtschaftsablaufs und Umsatzeinbußen; bloße Erwerbs- und Gewinnchancen werden jedoch vom Schutzbereich des Art. 14 Abs. 1 GG nicht erfasst.[787] Es ist damit zutreffend, wenn *M. Sitsen* feststellt, dass

783 *M. Sitsen*, IFG, S. 308; auch *M. Kloepfer/H. Greve*, NVwZ 2011, 577 (582), halten den Schutz vor bloßem Imageverlust i.d.R. nicht für erfasst von Betriebs- und Geschäftsgeheimnissen.

784 So die Begründung zum Entwurf eines Gesetzes zur Regelung des Zugangs zu Informationen des Bundes vom 14.12.2004, BT-Drs. 15/4493, S. 14; s. auch *A. Guckelberger*, in: Gersdorf/Paal, BeckOK Informations- und MedienR, § 6 IFG Rdnrn. 12 f.; *F. Schoch*, IFG, § 6 IFG Rdnr. 6; *M. Sitsen*, IFG, S. 249.

785 S. die Begründung zum Entwurf eines Gesetzes zur Regelung des Zugangs zu Informationen des Bundes vom 14.12.2004, BT-Drs. 15/4493, S. 9; *F. Schoch*, IFG, Vorb §§ 3 bis 6 IFG Rdnr. 55.

786 Vgl. *M. Sitsen*, IFG, S. 289.

787 So BVerfGE 105, 252 (277); *C. Gröpl*, in: Gröpl/Windthorst/Coelln, GG, Art. 14 GG Rdnr. 30; *H. Jarass*, in: Jarass/Pieroth, GG, Art. 14 GG Rdnr. 21; *J. Schlecht*, Warnungen, S. 107; *R. Wendt*, in: Sachs, GG, Art. 14 GG Rdnr. 44; *J. Wieland*, in: Dreier, GG, Bd. 1, Art. 14 GG Rdnr. 63.

sich nur mittelbar wirtschaftlich relevante Kenntnisse nicht unter die Eigentumsfreiheit subsumieren lassen.[788]

Ihr Schutz könnte indes aus Art. 12 Abs. 1 GG herzuleiten sein, sichert dieses Grundrecht doch die Freiheit der beruflichen Betätigung auch zukunftsgerichtet ab.[789] Dies setzt zunächst voraus, dass mittelbar wirtschaftlich relevante Unternehmensinformationen in den Schutzbereich der Berufsfreiheit fallen.

Art. 12 Abs. 1 GG schützt die Freiheit der unternehmerischen Betätigung in einem umfassenden Sinne;[790] auch sämtliche Informationen, die im Zusammenhang mit der betrieblichen oder geschäftlichen Betätigung eines Unternehmens stehen, unterfallen grundsätzlich dem Schutzbereich des Art. 12 Abs. 1 GG.[791] Dementsprechend stellt die zwangsweise Erhebung dieser Daten durch die Behörde regelmäßig einen legitimationsbedürftigen Eingriff in die Berufsfreiheit des Informationsinhabers dar.[792] Das Gleiche gilt für die Veröffentlichung unternehmensbezogener Daten von Seiten des Staates,[793] jedenfalls soweit diese die unternehmerische Tätigkeit tatsächlich beeinträchtigt.[794]

Vollkommen unerheblich für die Frage der Schutzbereichseröffnung ist demgegenüber, ob die betroffenen Informationen für das informationspflichtige Unternehmen über einen bestimmten Wert verfügen und zum Beispiel als Betriebs- oder Geschäftsgeheimnisse zu werten sind; dieser Gesichtspunkt spielt vielmehr eine Rolle für die Intensität des zu rechtfertigenden Eingriffs.[795] *M. Sitsen* kann folglich nicht gefolgt werden, wenn er in Bezug auf die Veröffentlichung von für den Ruf eines Unternehmens schädlichen Informationen davon spricht, dass diese schon nicht dem Schutzbereich der Berufsfreiheit unterfallen.[796]

Zur Begründung verweist er in diesem Zusammenhang auf die „Glykolwein-Entscheidung"[797] des Bundesverfassungsgerichts, in der zu Recht erkannt worden sei, dass eine gute Information der Kunden die Grundlage des Wettbewerbs

---

788 *M. Sitsen*, IFG, S. 308.

789 S. BVerfGE 30, 292 (334); *P. Axer*, in: Epping/Hillgruber, BeckOK GG, Art. 14 GG Rdnr. 27; *C. Gröpl*, in: Gröpl/Windthorst/Coelln, GG, Art. 12 GG Rdnr. 33.

790 I.d.S. *R. Scholz*, in: Maunz/Dürig, GG, Bd. 2, Art. 12 GG Rdnr. 87.

791 S. *R. Breuer*, in: Isensee/Kirchhof, Hdb. StaatsR, Bd. 8, § 171 Rdnr. 38; *M. Ruffert*, in: Epping/Hillgruber, BeckOK GG, Art. 12 GG Rdnr. 50.

792 Zutreffend *R. Breuer*, in: Isensee/Kirchhof, Hdb. StaatsR, Bd. 8, § 171 Rdnr. 38; *H. Jarass*, in: Jarass/Pieroth, GG, Art. 12 GG Rdnr. 14; *D. Murswiek*, NVwZ 2003, 1 (4).

793 So *M. Ruffert*, in: Epping/Hillgruber, BeckOK GG, Art. 12 GG Rdnr. 50.

794 S. *R. Scholz*, in: Maunz/Dürig, GG, Bd. 2, Art. 12 GG Rdnr. 303.

795 Vgl. *R. Breuer*, in: Isensee/Kirchhof, Hdb. StaatsR, Bd. 8, § 171 Rdnr. 38.

796 *M. Sitsen*, IFG, S. 308; a.A. ist ebenfalls *D. Murswiek*, NVwZ 2003, 1 (2 f.).

797 BVerfGE 105, 252 ff.

bilde, und die Außendarstellung der Wettbewerbsteilnehmer daher nicht vor der Preisgabe zutreffender und sachlich gehaltener Informationen geschützt sei.[798] Dabei übersieht er jedoch, dass die in dieser Entscheidung aufgestellten Maßgaben für staatliches Informationshandeln schon gar nicht auf die vorliegend betrachtete Konstellation anwendbar sind: So stellt das Bundesverfassungsgericht für die Rechtmäßigkeit staatlichen Informationshandelns insbesondere darauf ab, ob dieses im Zusammenhang mit einer staatlichen Aufgabe steht; die staatliche Informationstätigkeit bilde in diesem Fall eine Form der Wahrnehmung der betreffenden Aufgabe.[799]

Die Informationszugangsvorschrift des § 1 Abs. 1 S. 1 IFG zeichnet sich jedoch dadurch aus, dass sie dem Einzelnen einen in materiell-rechtlicher Hinsicht voraussetzungslosen und damit von einer konkreten Behördenaufgabe losgelösten Anspruch gewährt. Insofern bleibt festzuhalten, dass der Schutzbereich von Art. 12 Abs. 1 GG auch für solche Informationen prinzipiell eröffnet ist, deren Bekanntwerden die Gefahr lediglich mittelbarer wirtschaftlicher Unternehmensschäden in sich birgt.

Allerdings müsste eine auf § 1 Abs. 1 S. 1 IFG gestützte Veröffentlichung dieser Informationen des Weiteren als Eingriff in den Schutzbereich von Art. 12 Abs. 1 GG zu werten sein. Dabei ist nicht jedes staatliche Informationshandeln als Grundrechtseingriff zu betrachten; erforderlich ist vielmehr, dass der betreffende Hoheitsträger insoweit unter Inanspruchnahme staatlicher Autorität beabsichtigt und zielgerichtet oder vorhersehbar und in Kauf genommen schwerwiegende Einbußen grundrechtlich geschützter Freiheit herbeiführt.[800]

Wie der Ausnahmetatbestand des § 6 S. 2 IFG sowie die Begründung zum Gesetzentwurf verdeutlichen,[801] war dem Gesetzgeber bei Erlass des Informationsfreiheitsgesetzes durchaus bewusst, dass sich der Informationszugangsanspruch nach § 1 Abs. 1 S. 1 IFG negativ auf die Berufsausübungsfreiheit auswirken kann. Um der Entstehung besonders schwerwiegender Nachteile vorzubeugen,[802] wurde dieser Anspruch daher für solche Fälle ausgeschlossen, in denen die Informationszugangsgewährung zu einer Aufdeckung von Betriebs- und Geschäftsgeheimnissen führen würde.

---

798 *M. Sitsen*, IFG, S. 308 Fn. 1473.

799 BVerfGE 105, 252 (268).

800 So *F. Schoch*, NVwZ 2011, 193 (195), m.w.N.

801 S. die Begründung zum Entwurf eines Gesetzes zur Regelung des Zugangs zu Informationen des Bundes vom 14.12.2004, BT-Drs. 15/4493, S. 14.

802 Vgl. zur erheblichen Bedeutung von Betriebs- und Geschäftsgeheimnissen für Unternehmen *S.-D. Jastrow/A. Schlatmann*, IFG, § 6 IFG Rdnrn. 35 f.

Im Gegensatz zu Informationen, deren Veröffentlichung bereits für sich genommen die Gefahr eines wirtschaftlichen Schadens für das hiervon betroffene Unternehmen in sich trägt, kann ein vergleichbarer Schweregrad bei Daten, deren Bekanntwerden lediglich die Gefahr der Entstehung mittelbarer wirtschaftlicher Schäden hervorrufen kann, jedoch nicht angenommen werden. Kommt es auf der Grundlage von § 1 Abs. 1 S. 1 IFG zu einer Veröffentlichung entsprechender, bei einer anspruchsverpflichteten Behörde vorhandener Informationen, dann hängt die Entstehung eines Schadens insbesondere davon ab, ob bestimmte Marktmechanismen einsetzen, die zu einer Schmälerung der Gewinnchancen des hiervon betroffenen Unternehmens führen können.[803] Beschränkt sich das Verhalten der anspruchsverpflichteten Behörde dabei auf eine wertungslose Gewährung des Informationszugangs, dann lässt sich der Eintritt dieser Marktmechanismen im Vorhinein schwerlich einschätzen und bildet damit ein allgemeines Risiko, dem alle Unternehmen ausgesetzt sind, die am Markt tätig werden.[804]

Vor der Realisierung solcher allgemeiner Marktrisiken schützt Art. 12 Abs. 1 GG die Grundrechtsberechtigten jedoch nicht;[805] im Ergebnis muss damit auch ein Schutz dieses Grundrechts für Informationen ausscheiden, deren Veröffentlichung lediglich die Gefahr einer Entstehung mittelbarer Unternehmensschäden in sich birgt.

(4) Zwischenergebnis

Daraus kann weiter geschlussfolgert werden, dass die betreffenden Daten keine geschützten Informationen im Sinne des § 6 S. 2 IFG darstellen; die Durchführung eines Schiedsverfahrens selbst lässt sich folglich ebenfalls nicht als Geschäftsgeheimnis betrachten, für das der Informationszugangsanspruch nach § 6 S. 2 IFG ausgeschlossen wäre.

ccc. Ergebnis

Zwar stellt die Durchführung eines Schiedsverfahrens selbst kein Geschäftsgeheimnis dar, für das der Informationszugangsanspruch nach § 6 S. 2 IFG ausgeschlossen wäre. Gleichwohl können im Rahmen eines Schiedsverfahrens anderweitige Betriebs- oder Geschäftsgeheimnisse zur Sprache kommen, für die dieser Ausschlusstatbestand eingreift.

803 Vgl. *D. Murswiek*, NVwZ 2003, 1 (4 f.).

804 Vgl. BVerfGE 98, 218 (258 f.); *D. Murswiek*, NVwZ 2003, 1 (4).

805 I.d.S. BVerfGE 98, 218 (258 f.); *C. Gröpl*, in: Gröpl/Windthorst/Coelln, GG, Art. 12 GG Rdnr. 36; *J. Wieland*, in: Dreier, GG, Bd. 1, Art. 12 GG Rdnr. 70.

e. Ergebnis

Im Ergebnis bleibt festzuhalten, dass ein Ausschluss des Informationszugangsanspruchs nach § 1 Abs. 1 S. 1 IFG vor allem dann gemäß § 6 IFG in Betracht kommt, wenn die Preisgabe von Informationen über ein Schiedsverfahren, an dem die öffentliche Hand als Partei beteiligt ist, zu einer Verletzung geistigen Eigentums beziehungsweise zur Aufdeckung von Betriebs- oder Geschäftsgeheimnissen führen würde. Daneben erscheinen nach Maßgabe der oben getätigten Ausführungen insbesondere noch § 3 Nr. 1 lit. g IFG zum Schutze der Durchführung eines laufenden Gerichtsverfahrens sowie § 3 Nr. 6 Alt. 1 IFG zur Wahrung der fiskalischen Interessen des Bundes im Wirtschaftsverkehr geeignet, um zumindest temporär zu einem Ausschluss des Zugangs zu solchen Daten zu gelangen.

4. Faktische Beschränkung des Informationszugangsanspruch und Veröffentlichungspflichten nach § 11 IFG

Selbst wenn keiner der in den §§ 3–6 IFG normierten Ausschlusstatbestände einschlägig ist, gilt es jedoch, das Folgende zu berücksichtigen: Nach ihrem Leitbild ist die Schiedsgerichtsbarkeit darauf ausgelegt, dass keinerlei Erkenntnisse über das und aus dem Verfahren nach außen dringen.[806] Damit fehlt es den nach § 1 Abs. 1 S. 1 IFG potentiell Anspruchsberechtigten bereits von vornherein an Anhaltspunkten, die sie zu einer Geltendmachung dieses Anspruchs veranlassen könnten. Weil die Informationszugangsfreiheit jedoch „nachfrageorientiert"[807] ist, hängt die Informationserteilung maßgeblich von einem entsprechenden Antrag ab.[808] Insoweit lässt sich also von einer faktischen Anspruchsbeschränkung sprechen, und das Informationszugangsrecht erscheint nur in sehr begrenztem Umfang dazu geeignet, für Transparenz im Zusammenhang mit der Teilnahme des Staates an Schiedsverfahren zu sorgen.

Als denkbarer Lösungsansatz dieses Problems kommen jedoch die Veröffentlichungspflichten nach § 11 IFG in Betracht, die neben dem aus Sicht der Behörde passiven Informationszugangsanspruch aus § 1 Abs. 1 S. 1 IFG von Seiten des Gesetzes als zweites Instrument vorgesehen werden, um Verwaltungstransparenz zu generieren.[809] Nach § 11 Abs. 1 IFG sollen die Behörden zunächst Verzeichnisse führen, aus denen sich die vorhandenen Informationssammlungen und -zwecke

806 Vgl. *J. Wolff*, NVwZ 2012, 205 (207).

807 *C. Gusy*, DVBl. 2013, 941 (945); i.d.S. *M. Rossi*, Hk. IFG, § 11 IFG Rdnr. 2.

808 So *C. Gusy*, DVBl. 2013, 941 (944 f.).

809 S. *M. Rossi*, Hk. IFG, § 11 IFG Rdnr. 1.

erkennen lassen. Die Funktion dieser Verzeichnisse ist vorderhand dienender Natur; es handelt sich dabei um sogenannte „Findhilfsmittel“[810], die dem Bürger die Geltendmachung seines Informationszugangsanspruchs erleichtern sollen, indem sie ihn bei der Suche nach interessanten Informationen unterstützen.[811]

Die Zugänglichmachung von Organisations- und Aktenplänen nach § 11 Abs. 2 IFG verfolgt denselben Zweck,[812] betrifft aber bereits bei der Behörde angelegte Verzeichnisse.[813] Absatz 3 ordnet wiederum eine Veröffentlichung dieser „Metainformationen“[814], die selbst Gegenstand des Informationszugangsanspruchs nach § 1 Abs. 1 S. 1 IFG sein können,[815] in elektronischer Form an. Dies zielt vornehmlich, aber nicht ausschließlich, auf eine Publikation im Internet ab.[816]

Freilich erweist sich die Veröffentlichung der betreffenden Verzeichnisse nur bedingt als dazu geeignet, den Bürger in die Lage zu versetzen, zielgerichtet an Informationen zu gelangen, die ihm Aufschluss über Schiedsverfahren der öffentlichen Hand verschaffen. Stattdessen bieten sie ihm nur die Gelegenheit, die von einer Behörde geführten Verzeichnisse „auf gut Glück“ durchzusehen, um so auf diesem Wege auf Hinweise zu stoßen, die auf die Existenz entsprechender Informationen schließen lassen. Für den informationszugangssuchenden Bürger kann dies bedeuten, dass er sich durch eine Vielzahl verschiedener Informationsverzeichnisse arbeiten muss, und am Ende doch nicht zu der begehrten Information gelangt.[817]

Allerdings „sollen“ die Behörden ausweislich § 11 Abs. 3 IFG gleichsam „weitere geeignete Informationen in elektronischer Form allgemein zugänglich machen.“ Es stellt sich die Frage, was darunter zu verstehen ist. In negativer Abgrenzung erweisen sich zumindest all diejenigen Informationen als nicht geeignet

---

810 S. *S. Berger*, in: Berger u.a., IFG, § 11 IFG Rdnr. 3; *F. Schoch*, IFG, § 11 Rdnr. 16; ähnlich *C. Schnabel*, in: Gersdorf/Paal, BeckOK Informations- und MedienR, § 11 IFG vor Rdnr. 1.

811 So *M. Rossi*, Hk. IFG, § 11 IFG Rdnr. 6; *C. Schnabel*, in: Gersdorf/Paal, BeckOK Informations- und MedienR, § 11 IFG Rdnr. 4; *F. Schoch*, IFG, § 11 Rdnr. 6.

812 S. *M. Rossi*, Hk. IFG, § 11 IFG Rdnr. 6; *F. Schoch*, IFG, § 11 Rdnr. 28.

813 S. *S. Berger*, in: Berger u.a., IFG, § 11 IFG Rdnr. 4.

814 *M. Rossi*, Hk. IFG, § 11 IFG Rdnr. 6.

815 So *M. Rossi*, Hk. IFG, § 11 IFG Rdnr. 6.

816 S. die Begründung zum Entwurf eines Gesetzes zur Regelung des Zugangs zu Informationen des Bundes vom 14.12.2004, BT-Drs. 15/4493, S. 16; so auch *S. Berger*, in: Berger u.a., IFG, § 11 IFG Rdnr. 10; *S.-D. Jastrow/A. Schlatmann*, IFG, § 11 IFG Rdnr. 3; *M. Rossi*, Hk. IFG, § 11 IFG Rdnr. 43; *C. Schnabel*, in: Gersdorf/Paal, BeckOK Informations- und MedienR, § 11 IFG Rdnr. 14; *F. Schoch*, IFG, § 11 IFG Rdnr. 64.

817 Vgl. *M. Rossi*, Hk. IFG, § 11 IFG Rdnr. 15.

im Sinne dieser Vorschrift, die einem gesetzlichen Ausschlusstatbestand zum Informationszugangsanspruch nach § 1 Abs. 1 S. 1 IFG unterliegen; ihnen fehlt die rechtliche Eignung.[818] Des Weiteren können datenschutz- und urheberrechtliche Gründe zu einem Ausschluss der Eignung zur elektronischen Veröffentlichung führen.[819] Im Übrigen bleibt die Auswahl der geeigneten Informationen der Behörde überlassen.[820]

Dem *Telos* der Vorschrift entsprechend, den durch die Informationsfreiheitsgesetzgebung entstehenden Behördenaufwand möglichst gering zu halten, hat sich diese Entscheidung vorderhand am vermutlichen Informationsinteresse der Bürger zu orientieren.[821] Denn ausweislich § 9 Abs. 3 IFG können Informationszugangsanträge von der Behörde abgelehnt werden, wenn sich der Antragsteller die begehrte Information in zumutbarer Weise aus allgemein zugänglichen Quellen selbst beschaffen kann. Ist es der Behörde möglich, den Bürger für häufig nachgefragte Themen auf das Internet zu verweisen, dann führt dies zu einer Verringerung der individuell zu bearbeitenden Informationszugangsanträge.[822]

Aufgrund der öffentlichen und medialen Aufmerksamkeit, die dem Thema der Schiedsgerichtsbarkeit in jüngster Zeit – auch und vor allem in Zusammenhang mit den Verhandlungen zur Transatlantischen Handels- und Investitionspartnerschaft („TTIP") – zukommt, kann für die Teilnahme der öffentlichen Hand an Schiedsverfahren zweifelsfrei auf ein entsprechendes Bürgerinteresse geschlossen werden. Auch im Übrigen spricht jenseits der Ausnahmetatbestände der §§ 3–6 IFG nichts dagegen, Informationen über Schiedsverfahren der öffentlichen Hand elektronisch im Internet zur Verfügung zu stellen, so dass sie prinzipiell als geeignet im Sinne des § 11 Abs. 3 IFG zu betrachten sind. Eine Internetveröffentlichung würde den interessierten Bürgern dann die Möglichkeit verschaffen, sich zu jeder Zeit an jedem beliebigen Ort über Schiedsverfahren

818 Vgl. *M. Rossi*, Hk. IFG, § 11 IFG Rdnr. 37; *F. Schoch*, IFG, § 11 IFG Rdnr. 51, 59.

819 S. *C. Schnabel*, in: Gersdorf/Paal, BeckOK Informations- und MedienR, § 11 IFG Rdnr. 15; *F. Schoch*, IFG, § 11 IFG Rdnr. 52; vgl. auch *M. Rossi*, Hk. IFG, § 11 IFG Rdnr. 41.

820 S. *M. Rossi*, Hk. IFG, § 11 IFG Rdnr. 38.

821 Vgl. die Begründung zum Entwurf eines Gesetzes zur Regelung des Zugangs zu Informationen des Bundes vom 14.12.2004, BT-Drs. 15/4493, S. 16; *S. Berger*, in: Berger u.a., IFG, § 11 IFG Rdnr. 10; *M. Rossi*, Hk. IFG, § 11 IFG Rdnrn. 33 f.; *F. Schoch*, IFG, § 11 IFG Rdnr. 51; s. auch *S. Leutheusser-Schnarrenberger*, in: Arnim, Transparenz, S. 13 (24).

822 Vgl. *M. Rossi*, Hk. IFG, § 11 IFG Rdnr. 34.

der öffentlichen Hand zu informieren.[823] Weil diese Form der aktiven Informationspolitik außerdem einen Anspruch nach § 1 Abs. 1 S. 1 IFG antizipiert und dadurch einen Ablehnungsgrund nach § 9 Abs. 3 IFG schafft,[824] machte eine Veröffentlichung der betreffenden Informationen im Internet einen individuellen Antrag sogar regelmäßig in Gänze überflüssig.[825] Freilich ist § 11 Abs. 3 IFG „zu unspezifisch, um eine zögerliche Verwaltung zur Veröffentlichung zu motivieren"[826].

Dies gilt insbesondere vor dem Hintergrund der mangelnden gerichtlichen Durchsetzbarkeit dieser Vorschrift;[827] ihre Bedeutung ist daher beschränkt.[828] Tatsächlich bleibt ernstlich zu bezweifeln, dass eine Behörde anlässlich eines sensiblen Themas wie der Schiedsgerichtsbarkeit freiwillig zu der Entschließung gelangen wird, diesbezügliche Informationen im Internet preiszugeben. Damit erweist sich auch § 11 Abs. 3 IFG nicht als geeignetes Instrument, um die faktische Beschränkung des Informationszugangsanspruchs infolge der schiedsrichterlichen Vertraulichkeit wirksam aufzuheben.

5. *Zwischenergebnis*

Nimmt die öffentliche Hand als Partei an einem Schiedsverfahren teil, dann entstehen hierdurch verfahrensbezogene Unterlagen; wird das Verfahren streitig entschieden, wird den Parteien am Ende außerdem ein Schiedsspruch nach § 1054 Abs. 4 ZPO übermittelt. All diese Informationen bilden im Grundsatz taugliche Gegenstände für einen gegen die beteiligte Behörde gerichteten Informationszugangsanspruch. Im vorangegangenen Abschnitt wurde daher exemplarisch anhand des Bundesinformationsfreiheitsgesetzes die Frage untersucht, ob und unter welchen Voraussetzungen ein entsprechender Anspruch besteht.

In diesem Zusammenhang wurde zunächst herausgearbeitet, dass als Anspruchsverpflichtete insoweit sämtliche Behörden des Bundes sowie alle sonstigen Bundesorgane und -einrichtungen in Betracht kommen, wenn sie

823 Vgl. *M. Rossi*, Hk. IFG, § 11 IFG Rdnr. 33.

824 S. *F. Schoch*, IFG, § 11 Rdnr. 66.

825 Vgl. *M. Rossi*, Hk. IFG, § 11 IFG Rdnr. 7.

826 *C. Schnabel*, in: Gersdorf/Paal, BeckOK Informations- und MedienR, § 11 IFG Rdnr. 15.

827 § 11 Abs. 3 IFG gewährt nach h.M. kein subjektives Recht, so *M. Rossi*, Hk. IFG, § 11 IFG Rdnr. 42; *C. Schnabel*, in: Gersdorf/Paal, BeckOK Informations- und MedienR, § 11 IFG Rdnr. 15; *F. Schoch*, IFG, § 11 Rdnr. 2.

828 S. *M. Rossi*, Hk. IFG, § 11 IFG Rdnr. 41; *C. Schnabel*, in: Gersdorf/Paal, BeckOK Informations- und MedienR, § 11 IFG Rdnr. 15.

öffentlich-rechtliche Verwaltungsaufgaben wahrnehmen. Anspruchsverpflichtet sind ausweislich § 1 Abs. 1 S. 3 IFG außerdem natürliche und juristische Personen des Privatrechts, derer sich die Behörde zur Erfüllung ihrer öffentlich-rechtlichen Aufgaben bedient.

Weil ein privates Schiedsgericht jedoch nie Aufgaben der öffentlichen Verwaltung wahrnimmt, kommt es als tauglicher Adressat des Anspruchs nach § 1 Abs. 1 S. 1 IFG nicht in Betracht. Der Anspruch ist vielmehr unmittelbar gegen die Behörde oder Stelle zu richten, die den Staat als Partei im Schiedsverfahren vertritt. Weiter konnte allerdings auch gezeigt werden, dass es eine Reihe gesetzlicher Ausnahmetatbestände gibt, die einem auf die Erlangung von die Durchführung eines Schiedsverfahrens betreffenden Informationen gerichteten Anspruch im Einzelfall entgegenstehen können.

Selbst wenn keiner der in den §§ 3–6 IFG normierten Ausschlusstatbestände einschlägig ist, gilt es jedoch das Folgende zu berücksichtigen: Was die Vertraulichkeit anbelangt, ist die Schiedsgerichtsbarkeit darauf ausgelegt, dass im „Idealfall" keinerlei Erkenntnisse über das und aus dem Verfahren nach außen dringen.[829] Damit fehlt es den nach § 1 Abs. 1 S. 1 IFG potentiell Anspruchsberechtigten von vornherein an Anhaltspunkten, die sie zu einer Geltendmachung dieses Anspruchs veranlassen könnten. Daran vermögen auch die Informationspflichten nach § 11 IFG effektiv nichts zu ändern.

In der Konsequenz erscheinen die bundes- und landesrechtlichen Informationsfreiheitsgesetze nur in begrenztem Umfang dazu geeignet, für Transparenz bezüglich der Teilnahme des Staates als Partei an Schiedsverfahren zu sorgen. Etwas anderes könnte freilich dann gelten, wenn die öffentliche Hand aufgrund ihrer verfassungsrechtlichen Bindungen verpflichtet wäre, für (eine gewisse) Transparenz in diesem Zusammenhang zu sorgen. Dieser Frage soll im nächsten Abschnitt der vorliegenden Arbeit nachgegangen werden.

IV. Ergebnis

Prinzipiell finden Schiedsverfahren nur parteiöffentlich statt; in staatlichen Gerichtsverfahren gilt in der mündlichen Verhandlung demgegenüber der in § 169 S. 1 GVG sowie Art. 6 Abs. 1 S. 1 EMRK normierte Grundsatz der Öffentlichkeit entweder unmittelbar oder zumindest mittelbar.

Sowohl der Verwaltungs- wie auch der Zivilprozess kennen jedoch eine ganze Reihe von Ausnahmetatbeständen, die zu einer Durchbrechung der Gerichtsöffentlichkeit führen (können). Ausweislich des § 174 Abs. 3 S. 1 GVG kann das

829 Vgl. *J. Wolff*, NVwZ 2012, 205 (207).

staatliche Gericht den Verfahrensbeteiligten außerdem die Geheimhaltung von Tatsachen, die ihnen durch die Verhandlung oder durch ein die Sache betreffendes amtliches Schriftstück zur Kenntnis gelangen, zur Pflicht machen.

Weil in der Gerichtspraxis viele Sach- und Rechtsfragen im Vorhinein zur mündlichen Gerichtsverhandlung eine schriftsätzliche Erörterung erfahren, und Unbeteiligten der Zugang zu den Gerichtsmaterialien nur in begrenztem Umfang offen steht, führt auch eine öffentlich durchgeführte Verhandlung jedoch nicht zwangsläufig zu einer umfassenden Information der anwesenden Zuschauer. Ein pauschal proklamierter Antagonismus zwischen transparenter Gerichtsbarkeit und intransparenter Schiedsgerichtsbarkeit kann vor diesem Hintergrund keinen Bestand haben.[830]

Gleichwohl kann nicht von der Hand gewiesen werden, dass es in der Schiedsgerichtsbarkeit gewisse Vorzeichen gibt, die eine vertrauliche Durchführung des Verfahrens begünstigen. In dieser Hinsicht gilt es ebenfalls zu berücksichtigen, dass in der staatlichen Gerichtsbarkeit der Einsatz von Maßnahmen zum Schutz der Vertraulichkeit vielfach einer Ermessensentscheidung des zuständigen Gerichts unterliegt; in der Schiedsgerichtsbarkeit bestimmen die Parteien hingegen selbst den Grad an Vertraulichkeit, den sie für ihr Verfahren für notwendig erachten. An diesem Ergebnis vermag auch die Informationsfreiheitsgesetzgebung auf Bundes- und Landesebene nichts zu ändern, die in begrenztem Umfang zu Informationszugangsansprüchen in Bezug auf solche Schiedsverfahren führen kann, an denen die öffentliche Hand als Partei beteiligt ist.

Abschließend stellt sich die Frage, ob und welche Schlussfolgerungen aus diesem Befund für die nunmehr folgende verfassungsrechtliche Prüfung gezogen werden können: Insoweit gilt es zunächst zu berücksichtigen, dass es auch im Verwaltungs- sowie Zivilprozess im vorangehend dargestellten Umfang zu Ausnahmen vom Grundsatz der Gerichtsöffentlichkeit kommt; die entsprechenden gesetzlichen Ausnahmetatbestände tragen als geltendes Recht dabei eine Vermutung zugunsten ihrer Verfassungsmäßigkeit in sich.[831] Weil jedoch an die Transparenz privater Schiedsverfahren keine strengeren Maßstäbe als an diejenige in der staatlichen Gerichtsbarkeit gestellt werden können, ergibt sich daraus, dass *prima facie* auch die Durchführung eines vertraulichen Schiedsverfahrens in einem Umfang als verfassungsmäßig zu gelten hat, der diesen Ausnahmetatbeständen entspricht. Es stellt sich als folgerichtig dar, die insoweit bestehende Verfassungs-

830 So auch *R. Wolff*, SchiedsVZ 2016, 293 (300).

831 S. BVerfGE 9, 338 (350); BVerfGE 2, 266 (282); *G. Meder*, Rechtmäßigkeitsvermutung, S. 56 ff.

mäßigkeitsvermutung auch auf die Schiedsgerichtsbarkeit zu übertragen. Was *prima facie* gilt, muss allerdings nicht abschließend richtig sein.[832] Im Folgenden soll daher untersucht werden, ob die soeben aufgestellte Vermutung ebenfalls imstande ist, einer ausführlichen verfassungsrechtlichen Prüfung standzuhalten.

K. Grundgesetzlich gebotene Transparenz?

Schiedsverfahren finden im Grundsatz nur parteiöffentlich, in vielen Fällen auch geheim statt.[833] Soweit ausschließlich Private hieran beteiligt sind, wird dies überwiegend verfassungsrechtlich auch nicht beanstandet: Die Parteien seien als Herren des Verfahrens zu einer entsprechenden Verfahrensgestaltung prinzipiell berechtigt und genössen insoweit den Schutz der in Art. 2 Abs. 1 GG verankerten Privatautonomie.[834]

Über das zuletzt genannte Privileg verfügt die öffentliche Hand demgegenüber nicht; stattdessen findet sie sich in ein enges Korsett grundgesetzlicher Vorgaben geschnürt, das ihr Tätigwerden und seine Art und Weise streng limitiert. Vor diesem Hintergrund erscheint zweifelhaft, ob es dieses Korsett überhaupt zulässt, dass sich der Staat als Partei im Rahmen eines parteiöffentlichen und gegebenenfalls geheimen Schiedsverfahrens engagiert, oder grundgesetzliche Maßgaben ihn nicht vielmehr dazu zwingen, bezüglich seiner Teilnahme an Schiedsverfahren für ein hinreichendes Maß an Transparenz zu sorgen.

Ausdrückliche Vorgaben, wann sich staatlich getragene Vorgänge vor den Augen der Öffentlichkeit zu vollziehen haben, sind dabei im Grundgesetz nur ausnahmsweise zu finden: So normiert Art. 42 Abs. 1 S. 1 GG, dass die Verhandlungen des Bundestages grundsätzlich öffentlich zu erfolgen haben.[835] Das Gleiche gilt ausweislich Art. 44 Abs. 1 S. 1 GG für die Verhandlungen seiner Untersuchungsausschüsse sowie gemäß Art. 52 Abs. 3 S. 3 GG für die Verhandlungen des Bundesrats.[836] Außerdem entfalten Parlamentsgesetze und Verordnungen nach Art. 82 Abs. 1 GG nur dann rechtliche Wirksamkeit, wenn sie zuvor im Bundesgesetzblatt verkündet wurden und den Gewaltunterworfenen

---

832 S. zur Widerlegung der Verfassungsmäßigkeitsvermutung von Gesetzen *G. Meder*, Rechtmäßigkeitsvermutung, S. 62 f.

833 S. dazu oben I.III., S. 115 ff.

834 I.d.S. *J. Risse*, SchiedsVZ 2014, 265 (271).

835 Vgl. *F. Drefs*, in: Dreier u.a., Zugang, S. 89 (92).

836 Vgl. *F. Drefs*, in: Dreier u.a., Zugang, S. 89 (92).

auf diese Weise die Kenntnisnahme von den neu in Kraft tretenden Regelungen ermöglicht worden ist.[837]

Was die Transparenz von Schiedsverfahren anbelangt, an denen die öffentliche Hand als Partei teilnimmt, so erweist sich der ausdrückliche Wortlaut der Verfassung demgegenüber als unergiebig; der Staat müsste gleichwohl dann für Transparenz in Schiedsverfahren sorgen, wenn sich eine entsprechende Verpflichtung anderweitig aus dem Grundgesetz herleiten ließe. Insoweit kommen ein subjektiv- sowie ein objektiv-verfassungsrechtlicher Begründungsansatz[838] in Betracht: In subjektiv-verfassungsrechtlicher Sicht wäre der Staat zunächst dann zu Transparenz bezüglich seiner Teilnahme an Schiedsverfahren verpflichtet, wenn die grundrechtsberechtigten Bürger über ein subjektives (Grund-)Recht auf Zugang zu den betreffenden Informationen verfügten;[839] weil das Grundgesetz keinen ausdrücklichen Anspruch auf Zugang zu amtlichen Informationen kennt,[840] tritt in diesem Zusammenhang vorderhand das allgemeine Informationsfreiheitsrecht aus Art. 5 Abs. 1 S. 1 Alt. 2 GG in den Blick, das dem Einzelnen das Recht vermittelt, sich aus allgemein zugänglichen Quellen ungehindert zu unterrichten.

Andererseits stellt sich die Frage, ob der Verfassung die objektive Verpflichtung entnommen werden kann, dass sich der Staat (anlässlich seiner Teilnahme an Schiedsverfahren) prinzipiell transparent zu verhalten hat. Argumentativ wird von Seiten des rechtswissenschaftlichen Schrifttums in diesem Kontext regelmäßig auf das Demokratie- sowie Rechtsstaatsprinzip zurückgegriffen.[841] Insoweit gilt es jedoch zu berücksichtigen, dass es sich bei diesen Verfassungsprinzipien vorderhand um allgemein gehaltene Aussagen zu Wesen, Organisation und Betätigung

837 Vgl. *F. Drefs*, in: Dreier u.a., Zugang, S. 89 (92); *H.-U. Jerschke*, Öffentlichkeitspflicht, S. 78 f.; *W. Martens*, Rechtsbegriff, S. 75 ff.; *B. Pieroth*, in: Erbguth u.a., FS Hoppe, S. 195 (204); *F. Schoch*, in: Isensee/Kirchhof, Hdb. StaatsR, Bd. 3, § 37 Rdnr. 138.

838 Eine entsprechende Aufteilung (denkbarer) verfassungsrechtlicher Öffentlichkeitsgebote nimmt ebenfalls *B. Pieroth*, in: Erbguth u.a., FS Hoppe, S. 195 (196), vor.

839 Vgl. *A. Scherzberg*, Öffentlichkeit, S. 337.

840 So auch *S. Wirtz/S. Brink*, NVwZ 2015, 1166 f.; vgl. in diesem Zusammenhang auch Art. 21 Abs. 4 der Verfassung des Landes Brandenburg, das als einziges Bundesland ein GrundR auf Zugang zu amtlichen Informationen verfassungskräftig verankert hat; s. dazu *A. Dix*, in: Dreier u.a., Zugang, S. 77 (78 ff.).

841 Vgl. *F. Drefs*, in: Dreier u.a., Zugang, S. 89 (100); *C. Gusy*, DVBl. 2013, 941 (942); *F. Schoch*, IFG, Einl Rdnr. 8.

des Staates handelt,[842] die der Auslegung sowie (gesetzlichen) Ausformung bedürftig sind und nicht ohne Weiteres konkrete Rechtsfolgen zeitigen.[843]

Selbst wenn sich dabei herausstellen sollte, dass der Staat aufgrund objektiv- oder/und subjektiv-verfassungsrechtlicher Vorgaben im Grundsatz tatsächlich gehalten ist, Schiedsverfahren, an denen er als Partei partizipiert, transparent zu gestalten, so folgt daraus nicht zugleich, dass dies auch ausnahmslos der Fall zu sein hat.[844] Vielmehr kommt eine Einschränkung staatlicher Transparenzpflichten durch anderweitige in gleicher Weise verfassungsrechtlich geschützte Interessen und Rechtsgüter in Betracht; nur wenn sich bei der in der Folge vorzunehmenden Abwägung die staatliche Transparenzpflicht gegen solche kollidierenden Belange durchzusetzen vermag, muss der Staat im Ergebnis auch für eine transparente Gestaltung seiner Schiedsverfahren sorgen und verhielte sich andernfalls verfassungswidrig.[845]

I. Subjektiv-verfassungsrechtliche Transparenzpflicht des Staates

1. *Informationsfreiheitsrecht aus Art. 5 Abs. 1 S. 1 Alt. 2 GG*

a. *Inhalt der Informationsfreiheit*

Zunächst soll untersucht werden, ob sich anhand subjektiven Verfassungsrechts eine Pflicht des Staates konstruieren lässt, für Transparenz anlässlich seiner Teilnahme an Schiedsverfahren zu sorgen.[846] Als erster Ansatzpunkt kommt insoweit das Informationsfreiheitsrecht aus Art. 5 Abs. 1 S. 1 Alt. 2 GG in Betracht, wonach jeder Grundrechtsberechtigte über das Recht verfügt, sich aus allgemein zugänglichen Quellen ungehindert zu unterrichten.

Die Informationsfreiheit bildet das „Komplementärgrundrecht“[847] zur Meinungsfreiheit und wird gemeinhin als Voraussetzung dafür angesehen, sich eine

842 I.d.S. *A. Kees*, JA 2008, 795.

843 Vgl. *B. Grzeszick*, in: Maunz/Dürig, GG, Bd. 3, Art. 20 GG II Rdnrn. 21 f.; *W. Martens*, Rechtsbegriff, S. 59 f.; *G. Nolte*, DÖV 1999, 363 (367); *G. Robbers*, in: Kahl/Waldhoff/Walter, BK GG, Bd. 5, Art. 20 GG Rdnrn. 119 f.

844 Vgl. *B. Grzeszick*, in: Maunz/Dürig, GG, Bd. 3, Art. 20 GG II Rdnr. 23; *C. Gusy*, DVBl. 2013, 941 (942).

845 Vgl. *B. Grzeszick*, in: Maunz/Dürig, GG, Bd. 3, Art. 20 GG II Rdnr. 23.

846 Pauschal ablehnend *F. Brosius-Gersdorf*, VVDStRL 74, 169 (179).

847 *H. Sodan*, in: Sodan, GG, Art. 5 GG Rdnr. 12; s. auch BVerfGE 90, 27 (32); *C. Gröpl*, in: Gröpl/Windthorst/Coelln, GG, Art. 5 GG Rdnr. 24; *M. Jahn*, InformationszugangsR, S. 64.

Meinung bilden und an der politischen Willensbildung teilhaben zu können;[848] damit steht dieses Grundrecht ebenfalls in einem engen Zusammenhang zum Demokratieprinzip nach Art. 20 Abs. 1 GG.[849]

Auch das Bundesverfassungsgericht erkennt die besondere Bedeutung des Informationsfreiheitsgrundrechts für den Prozess der demokratischen Willensbildung an, indem es ausführt:

> „Die Informationsfreiheit steht in der grundgesetzlichen Ordnung gleichwertig neben der Meinungs- und Pressefreiheit. Sie ist kein bloßer Bestandteil des Rechts der freien Meinungsäußerung und -verbreitung. Dieses Recht hat zwar den Schutz des Empfangs der Meinung durch andere mit zum Inhalt; der Schutz wird aber allein den Äußernden um ihrer Meinungsfreiheit willen gewährt. Der Empfänger spielt dabei insoweit nur eine passive Rolle. Demgegenüber ist die Informationsfreiheit gerade das Recht, sich selbst zu informieren (…) Für die in Art. 5 Abs. 1 Satz 1 GG gewährleistete Informationsfreiheit sind danach zwei Komponenten wesensbestimmend. Einmal ist es der Bezug zum demokratischen Prinzip des Art. 20 Abs. 1 GG: Ein demokratischer Staat kann nicht ohne freie und möglichst gut informierte öffentliche Meinung bestehen. Daneben weist die Informationsfreiheit eine individualrechtliche, aus Art. 1, Art. 2 Abs. 1 GG hergeleitete Komponente auf (…) Das Grundrecht der Informationsfreiheit ist wie das Grundrecht der freien Meinungsäußerung eine der wichtigsten Voraussetzungen der freiheitlichen Demokratie (…) Erst mit seiner Hilfe wird der Bürger in den Stand gesetzt, sich selbst die notwendigen Voraussetzungen zur Ausübung seiner persönlichen und politischen Aufgaben zu verschaffen, um im demokratischen Sinne verantwortlich handeln zu können. Mit zunehmender Informiertheit erkennt der Bürger Wechselwirkungen in der Politik und ihre Bedeutung für seine Existenz und kann daraus Folgerungen ziehen; seine Freiheit zur Mitverantwortung und zur Kritik wächst."[850]

Vorderhand schützt Art. 5 Abs. 1 S. 1 Alt. 2 GG den Bürger dabei vor staatlichen Eingriffen bei der (aktiven) Beschaffung von Informationen aus allgemein zugänglichen Quellen beziehungsweise deren passiver Entgegennahme.[851] Gewährleistet ist gleichsam die negative Informationsfreiheit, also das Recht,

---

848 S. BVerfGE 27, 71 (81); *C. Degenhart*, in: Kahl/Waldhoff/Walter, BK GG, Bd. 2, Art. 5 Abs. 1 und 2 GG Rdnr. 160; *D. Dörr*, in: Merten/Papier, Hdb. GrundRe, Bd. 4, § 103 Rdnr. 13.

849 So auch BVerfGE 27, 71 (81); BVerwG, Beschluss vom 27.05.2013 – 7 B 43/12[=NJW 2013, 2538 (2539 Rdziff. 13)]; *W. Kahl*, in: Haratsch/Kugelmann/Repkewitz, Herausforderungen, S. 9 (10 f.); *K. Odendahl*, in: Schmidt-Bleibtreu/Hofmann/Henneke, GG, Art. 5 GG Rdnr. 12.

850 BVerfGE 28, 71 (81 f.).

851 S. *C. Gröpl*, in: Gröpl/Windthorst/Coelln, GG, Art. 5 GG Rdnr. 27; *M. Kloepfer*/*F. Schärdel*, JZ 2009, 453 (459); *F. Schemmer*, in: Hillgruber/Epping, BeckOK GG, Art. 5 GG Rdnr. 29, 31.

staatliche Informationen nicht zur Kenntnis nehmen zu müssen.[852] Allgemeinzugänglichkeit liegt vor, „wenn die Informationsquelle technisch geeignet und bestimmt ist, der Allgemeinheit, d.h. einem individuell nicht bestimmbaren Personenkreis, Informationen zu verschaffen.“[853] Als geeignete Informationsquelle kommen dabei sämtliche „Träger von Informationen“ in Betracht, „darunter auch Ereignisse und Vorgänge.“[854]

Geschützt ist damit nicht nur die Unterrichtung aus, sondern gleichsam die Kenntnisnahme an der Informationsquelle.[855] In diesem Sinne stellt also auch das Schiedsverfahren selbst eine prinzipiell taugliche Informationsquelle dar. Das Recht zur Bestimmung der Zugänglichkeit gebührt in diesem Zusammenhang demjenigen, der zur Verfügung über die Informationsquelle befugt ist;[856] dies richtet sich im Falle privater Rechtsträger nach dem Bürgerlichen Recht, für Hoheitsträger nach öffentlich-rechtlichen Vorschriften.[857] Indem nur die ungehinderte Unterrichtung aus Informationsquellen, deren allgemeine Zugänglichkeit bereits im Vorhinein bestimmt ist, vom Schutzbereich des Art. 5 Abs. 1 S. 1 Alt. 2 GG erfasst wird, erweist sich dieses Grundrecht insoweit als partiell normgeprägt;[858] die Allgemeinzugänglichkeit wird von Art. 5 Abs. 1 S. 1 Alt. 2

852 So *H. Bethge*, in: Sachs, GG, Art. 5 GG Rdnr. 57a; *J. Kühling*, in: Gersdorf/Paal, BeckOK Informations- und MedienR, Art. 5 GG Rdnr. 44; *K. Odendahl*, in: Schmidt-Bleibtreu/Hofmann/Henneke, GG, Art. 5 GG Rdnr. 13; *F. Schoch*, Jura 2008, 25 (31); *H. Sodan*, in: Sodan, GG, Art. 5 GG Rdnr. 14; zweifelnd *H. Schulze-Fielitz*, in: Dreier, GG, Bd. 1, Art. 5 I, II GG Rdnr. 84.

853 BVerfGE 103, 44 (60); BVerfGE 90, 27 (32); BVerfG 27, 71 (83); s. auch *H. Bethge*, in: Sachs, GG, Art. 5 GG Rdnr. 55; *H.-U. Jerschke*, Öffentlichkeitspflicht, S. 108; *M. Kloepfer*, InformationsR, § 3 Rdnr. 76; nach *B. Wegener*, Arkantradition, S. 487, sind auch sämtliche staatlichen Informationen als allg. zugänglich zu betrachten, vgl. dazu sogleich unten K.I.1.b., S. 174.

854 BVerfGE 103, 44 (60); so auch *W. Hoffmann-Riem*, in: Denninger u.a., AK GG, Bd. 1, Art. 5 Abs. 1, 2 GG Rdnr. 98; *M. Kloepfer*, InformationsR, § 3 Rdnr. 75; *E. Schmidt-Jortzig*, in: Isensee/Kirchhof, Hdb. StaatsR, Bd. 7, § 162 Rdnr. 36; *H. Schulze-Fielitz*, in: Dreier, GG, Bd. 1, Art. 5 I, II GG Rdnr. 77; *H. Sodan*, in: Sodan, GG, Art. 5 GG Rdnr. 12.

855 S. *W. Hoffmann-Riem*, in: Denninger u.a., AK GG, Bd. 1, Art. 5 Abs. 1, 2 GG Rdnr. 98.

856 So *F. Schoch*, IFG, Einl Rdnr. 69.

857 BVerfGE 103, 44 (60); *M. Rossi*, Informationszugangsfreiheit, S. 210; *F. Schoch*, IFG, Einl Rdnr. 69; *F. Schoch*, Jura 2008, 25 (29); vgl. auch *W. Hoffmann-Riem*, in: Denninger u.a., AK GG, Bd. 1, Art. 5 Abs. 1, 2 GG Rdnr. 104, 106.

858 S. *F. Schoch*, IFG, Einl Rdnr. 69; *F. Schoch*, Jura 2008, 25 (29); *J. Ziekow/A. Debus/E. Musch*, Bewährung, S. 56; vgl. auch BVerwG, Beschluss vom 27.05.2013 – 7 B 43/12[=NJW 2013, 2538 (2539 Rdziff. 13)]; *J. Caspar*, DÖV 2013, 371 (373), der

GG vorausgesetzt, nicht jedoch begründet.[859] Strittig ist, ob sich aus Art. 5 Abs. 1 S. 1 Alt. 2 GG ein verfassungsunmittelbarer Anspruch auf Zugang zu staatlichen Informationen herleiten lässt.

b. Verfassungsunmittelbarer Anspruch auf Zugang zu Verwaltungsinformationen?

Nach traditioneller Auffassung trifft den Staat keine Verpflichtung zur Verschaffung von Informationen oder zur Einrichtung allgemein zugänglicher Informationsquellen.[860] Zur Begründung wird insoweit zunächst auf die historische Zielrichtung der Vorschrift verwiesen, die darin bestehe, den Staat daran zu hindern, den Bürger im Konsum privat zur Verfügung gestellter Informationen zu beschränken.[861] Die Rezipienten- und Informationsfreiheit ist also vorderhand als klassisches Abwehrrecht konstruiert, das die Unterrichtung des Einzelnen aus allgemein zugänglichen Quellen vor staatlichen Beeinträchtigungen schützen

---

insoweit von „Gesetzesakzessorietät" spricht; *W. Hoffmann-Riem*, in: Denninger u.a., AK GG, Bd. 1, Art. 5 Abs. 1, 2 GG Rdnr. 104.

859 So auch BVerfGE 103, 44 (61); BVerwG, Beschluss vom 27.05.2013 – 7 B 43/12[=NJW 2013, 2538 (2539 Rdziff. 13)]; *M. Albers*, ZJS 2009, 614 (617); *J. Caspar*, DÖV 2013, 371 (373); *A. Roßnagel*, MMR 2007, 16 (19); *A. Scherzberg*, Öffentlichkeit, S. 339; *F. Schoch*, IFG, Einl Rdnr. 69; *S. Wirtz/S. Brink*, NVwZ 2015, 1166 (1169); vgl. zudem *C. Degenhart*, in: Kahl/Waldhoff/Walter, BK GG, Bd. 2, Art. 5 Abs. 1 und 2 GG Rdnrn. 163 ff.; *W. Hoffmann-Riem*, in: Denninger u.a., AK GG, Bd. 1, Art. 5 Abs. 1, 2 GG Rdnr. 103.

860 BVerfGE 103, 44 (59 f.); *H. Bethge*, in: Sachs, GG, Art. 5 GG Rdnr. 60; *J. Caspar*, DÖV 2013, 371 (372); *F. Fechner*, in: Stern/Becker, GrundRe, Art. 5 GG, Rdnr. 114; *G. Franßen/S. Seidel*, in: Franßen/Seidel, IFG NRW, § 1 IFG NRW Rdnrn. 15 f.; *F. Brosius-Gersdorf*, VVDStRL 74, 169 (179 Fn. 41); *H.-U. Jerschke*, Öffentlichkeitspflicht, S. 108 f.; *W. Kahl*, in: Haratsch/Kugelmann/Repkewitz, Herausforderungen, S. 9 (11); *M. Kloepfer*, InformationsR, § 3 Rdnr. 78; *M. Kloepfer/F. Schärdel*, JZ 2009, 453 (459); *R. Lorz*, in: Haratsch/Kugelmann/Repkewitz, Herausforderungen, S. 59 (62); *K. Odendahl*, in: Schmidt-Bleibtreu/Hofmann/Henneke, GG, Art. 5 GG Rdnr. 15; *B. Pieroth*, JuS 1981, 625 (628); *M. Rossi*, Informationszugangsfreiheit, S. 88 ff.; *F. Schoch*, IFG, Einl Rdnr. 68.

861 S. *W. Hoffmann-Riem*, in: Denninger u.a., AK GG, Bd. 1, Art. 5 Abs. 1, 2 GG Rdnr. 97; *S. Wirtz/S. Brink*, NVwZ 2015, 1166 (1168); vgl. auch *S. Brink*, in: Brink/Polenz/Blatt, IFG, § 1 IFG Rdnr. 8; *C. Degenhart*, in: Kahl/Waldhoff/Walter, BK GG, Bd. 2, Art. 5 Abs. 1 und 2 GG Rdnr. 176; *D. Dörr*, in: Merten/Papier, Hdb. GrundRe, Bd. 4, § 103 Rdnr. 7; *H.-U. Jerschke*, Öffentlichkeitspflicht, S. 107; *B. Pieroth*, JuS 1981, 625 (628).

soll.[862] Das Bundesverfassungsgericht anerkennt allerdings „ein gegen den Staat gerichtetes Recht auf Zugang in Fällen, in denen eine im staatlichen Verantwortungsbereich liegende Informationsquelle auf Grund rechtlicher Vorgaben zur öffentlichen Zugänglichkeit bestimmt ist, der Staat den Zugang aber verweigert."[863]

Genau genommen spricht das Bundesverfassungsgericht damit den Grundrechtsberechtigten jedoch kein Recht im Sinne eines originären (Leistungs-) Anspruchs auf Zugang zu der betreffenden staatlichen Informationsquelle zu.[864] Indem die im staatlichen Verantwortungsbereich liegende Informationsquelle auf Grund rechtlicher Vorgaben zur öffentlichen Zugänglichkeit bestimmt worden ist, wurde vielmehr der sachliche Schutzbereich der Informationsfreiheit nach Art. 5 Abs. 1 S. 1 Alt. 2 GG eröffnet. Verweigert die staatliche Stelle in diesem Fall den Zugang, so greift sie in den Schutzbereich dieses Grundrechts ein; genau davor schützt dann wiederum Art. 5 Abs. 1 S. 1 Alt. 2 GG.[865]

Voraussetzung ist jedoch – wie gesagt – eine vorherige Widmung der jeweiligen Quelle zur allgemeinen Zugänglichkeit.[866] Nach überkommener Auffassung fehlt es für die bei öffentlichen Stellen verwalteten Informationen jedoch genau daran,[867] und diese seien daher regelmäßig nicht als allgemein zugängliche Informationsquellen im Sinne dieses Grundgesetzartikels zu betrachten.[868]

---

862 S. BVerfGE 103, 44 (59 f.); *W. Kahl*, in: Haratsch/Kugelmann/Repkewitz, Herausforderungen, S. 9 (11); *K. Odendahl*, in: Schmidt-Bleibtreu/Hofmann/Henneke, GG, Art. 5 GG Rdnr. 15; *B. Pieroth*, JuS 1981, 625 (628); *E. Schmidt-Jortzig*, in: Isensee/Kirchhof, Hdb. StaatsR, Bd. 7, § 162 Rdnr. 34; *F. Schoch*, IFG, Einl Rdnr. 68; *J. Ziekow/A. Debus/E. Musch*, Bewährung, S. 55 f.

863 BVerfGE 103, 44 (60); so auch *H. Bethge*, in: Sachs, GG, Art. 5 GG Rdnr. 59b; *T. Troidl*, Akteneinsicht, Rdnr. 37.

864 Vgl. *F. Schoch*, IFG, Einl Rdnr. 286; *G. Nolte*, DÖV 1999, 363 (369); *B. Wegener*, Arkantradition, S. 484 f.

865 So auch *F. Schoch*, IFG, Einl Rdnr. 286; *B. Wegener*, Arkantradition, S. 484 f.; vgl. zudem *C. Degenhart*, in: Kahl/Waldhoff/Walter, BK GG, Bd. 2, Art. 5 Abs. 1 und 2 GG Rdnr. 179; *W. Rüfner*, in: Merten/Papier, Hdb. GrundRe, Bd. 2, § 40 Rdnr. 44.

866 BVerfGE 103, 44 (60 f.).

867 S. *M. Antoni*, in: Hömig/Wolff, GG, Art. 5 GG Rdnr. 10; *D. Dörr*, in: Merten/Papier, Hdb. GrundRe, Bd. 4, § 103 Rdnr. 37; *G. Franßen/S. Seidel*, in: Franßen/Seidel, IFG NRW, § 1 IFG NRW Rdnr. 14; *C. Gröpl*, in: Gröpl/Windthorst/Coelln, GG, Art. 5 GG Rdnr. 27; *M. Kloepfer*, InformationsR, § 3 Rdnr. 78; *H. Sodan*, in: Sodan, GG, Art. 5 GG Rdnr. 13; vgl. dazu auch *M. Albers*, ZJS 2009, 614 (617); *F. Schoch*, IFG, Einl Rdnr. 69.

868 BVerwGE 47, 247 (252); *F. Fechner*, in: Stern/Becker, GrundRe, Art. 5 GG Rdnr. 110; *K. Odendahl*, in: Schmidt-Bleibtreu/Hofmann/Henneke, GG, Art. 5 GG Rdnr. 13; *D. Kugelmann*, Rechtsstellung, S. 60; *T. Palm*, Akteneinsicht, S. 7; *B. Pieroth*, in: Erbguth

Ausgehend von einer demokratietheoretischen Neuinterpretation des Informationsfreiheitsrechts leitet *B. Wegener* demgegenüber einen verfassungsunmittelbaren Anspruch auf Zugang zu staatlichen Informationen aus Art. 5 Abs. 1 S. 1 Alt. 2 GG ab.[869] Zwar sei einzuräumen, dass der Verfassungsgeber mit Art. 5 Abs. 1 S. 1 Alt. 2 GG nicht die Einführung eines verfassungskräftig abgesicherten allgemeinen Informationszugangsanspruchs gegenüber der Verwaltung intendiert habe; allerdings bilde die Entstehungsgeschichte der Vorschrift aufgrund ihres offenen Wortlauts keine unüberbrückbare Schranke für ein gewandeltes Begriffsverständnis der allgemein zugänglichen Quellen.[870] Auch Informationen der öffentlichen Hand seien hiernach als allgemein zugänglich zu betrachten; dies solle – so *B. Wegener* – von Seiten des Verfassungsgebers durch eine Neuformulierung des Art. 5 Abs. 1 GG klargestellt werden.[871]

Auch *J. Kühling* lehnt ein „weiteres Festhalten am tradierten Dogma der fehlenden Allgemeinzugänglichkeit der sich in staatlichem Besitz befindlichen Informationen"[872] ab und pflichtet *B. Wegeners* Auffassung ausdrücklich bei. Insbesondere korreliere dessen Interpretation der Informationsfreiheit mit der Entwicklung der Verfassungsrealität, die sich von einer Arkantradition abgeschirmter Verfassungstätigkeit hin zu einer proaktiven Transparenz entwickele, in der die öffentliche Hand von sich aus Informationen der Öffentlichkeit zur Verfügung stelle.[873]

Für *H. Rossen-Stadtfeld* bildet Verwaltungsöffentlichkeit, gerade in ihrer Ausprägung als Zugangsoffenheit, Voraussetzung, Form und Medium der Realisierung sowohl des Demokratieprinzips als auch eines um Grundrechtsbezüge erweiterten Rechtsstaatsprinzips.[874] In der Folge geht er davon aus, dass sie Gegenstand eines objektiv-rechtlichen Verfassungsauftrags geworden ist, der das Verhältnis

---

u.a., FS Hoppe, S. 195 (200); *H. Schulze-Fielitz*, in: Dreier, GG, Bd. 1, Art. 5 I, II GG Rdnr. 81; *J. Scherer*, Öffentlichkeit, S. 31, wirft der h.M. eine zirkuläre Auslegung von Art. 5 Abs. 1 S. 1 Alt. 2 GG vor.

869 *B. Wegener*, Arkantradition, S. 480 ff.

870 So *B. Wegener*, Arkantradition, S. 481.

871 *B. Wegener*, Arkantradition, S. 487 f.

872 *J. Kühling*, in: Gersdorf/Paal, BeckOK Informations- und MedienR, Art. 5 GG Rdnr. 42.

873 So *J. Kühling*, in: Gersdorf/Paal, Informations- und MedienR, Art. 5 GG Rdnr. 42; vgl. auch *J. Angelov*, Grundlagen, S. 85 ff.

874 *H. Rossen-Stadtfeld*, in: Hoffmann-Riem/Schmidt-Aßmann/Voßkuhle, VerwaltungsR, Bd. 2, § 29 Rdnr. 102.

zwischen Amtsgeheimnis und Öffentlichkeit umgekehrt hat.[875] Insbesondere sei die staatliche Verwaltung in ihrem Handeln und ihren Datenbeständen mittlerweile genuin öffentlich; diese Öffentlichkeit könne erst in der Abwägung mit anderen Schutzgütern und -belangen wieder eingeschränkt werden.[876]

H. Rossen-Stadtfeld schlussfolgert daraus ebenfalls Konsequenzen für die Auslegung von Art. 5 Abs. 1 S. 1 Alt. 2 GG: Wenn die staatlichen Datenbestände aufgrund verfassungsrechtlicher Zuordnung grundsätzlich öffentlich seien, dann bildeten diese auch allgemein zugängliche Quellen im Sinne des Grundgesetzartikels.[877] Das staatsgerichtete Informationsbegehren könne sich heute also auch auf einen grundrechtlichen Anspruch aus Art. 5 Abs. 1 S. 1 Alt. 2 GG stützen, der seine Grenzen in den allgemeinen Gesetzen nach Art. 5 Abs. 2 GG finde.[878]

Ausgehend von dem Gesichtspunkt, dass der Gesetzgeber Art und Umfang der Zugänglichkeit der in staatlicher Hand befindlichen Informationsquellen festlegen könne,[879] verfolgt eine im Vordringen befindliche Auffassung einen weiteren Ansatz, um zu einer verfassungsrechtlichen Absicherung des Zugangs zu den in behördlicher Hand befindlichen Informationen zu gelangen: Sie geht davon aus, dass amtliche Informationsvorräte mit Inkrafttreten der Informationsfreiheitsgesetze in Bund und Ländern zu allgemein zugänglichen Quellen im Sinne des Art. 5 Abs. 1 S. 1 Alt. 2 GG geworden sind.[880]

---

875 *H. Rossen-Stadtfeld*, in: Hoffmann-Riem/Schmidt-Aßmann/Voßkuhle, VerwaltungsR, Bd. 2, § 29 Rdnr. 102; vgl. auch *G. Nolte*, DÖV 1999, 363 (369).

876 *H. Rossen-Stadtfeld*, in: Hoffmann-Riem/Schmidt-Aßmann/Voßkuhle, VerwaltungsR, Bd. 2, § 29 Rdnr. 102.

877 *H. Rossen-Stadtfeld*, in: Hoffmann-Riem/Schmidt-Aßmann/Voßkuhle, VerwaltungsR, Bd. 2, § 29 Rdnr. 103.

878 *H. Rossen-Stadtfeld*, in: Hoffmann-Riem/Schmidt-Aßmann/Voßkuhle, VerwaltungsR, Bd. 2, § 29 Rdnr. 103.

879 S. BVerfGE 103, 44 (61); *M. Albers*, ZJS 2009, 614 (617 f.); *J. Caspar*, DÖV 2013, 371 (373); *M. Kloepfer*, InformationsR, § 3 Rdnrn. 76 f.; *A. Roßnagel*, MMR 2007, 16 (17); *F. Schoch*, IFG, Einl Rdnr. 69, 284; *T. Troidl*, Akteneinsicht, Rdnr. 37.

880 So *J. Caspar*, DÖV 2013, 371 (373); *C. Degenhart*, in: Kahl/Waldhoff/Walter, BK GG, Bd. 2, Art. 5 Abs. 1 und 2 GG Rdnr. 178; *E. Gurlit*, DVBl. 2003, 1119 (1121); *M. Jahn*, InformationszugangsR, S. 68; *M. Kloepfer/K. v. Lewinski*, DVBl. 2005, 1277 (1288); *J. Korn*, DÖV 2012, 232; *D. Lukaßen*, Fallpraxis, S. 45; *F. Schoch*, IFG, Einl Rdnr. 69, 284; *M. Sitsen*, IFG, S. 36; *S. Wirtz/S. Brink*, NVwZ 2015, 1166 (1169); vgl. auch BVerwG, Beschluss vom 27.05.2013 – 7 B 43/12[=NJW 2013, 2538 (2539 Rdziff. 13)]; *W. Kahl*, in: Haratsch/Kugelmann/Repkewitz, Herausforderungen, S. 9 (23); *A. Roßnagel*, MMR 2007, 16 (17); ablehnend wohl *J. Ziekow/A. Debus/E. Musch*, Bewährung, S. 56.

Zur Begründung führt diese Ansicht aus, dass staatliche Informationssammlungen immer dann allgemein zugängliche Quellen im Sinne des Art. 5 Abs. 1 S. 1 Alt. 2 GG darstellten, wenn sie ihre Allgemeinzugänglichkeit von vornherein einer staatlichen Entscheidung verdankten.[881] Infolge der gesetzlichen Festlegung der Informationszugangsansprüche sei wiederum entschieden worden, dass amtliche Informationen dem Grunde nach einem individuell nicht bestimmbaren Personenkreis offenstünden.[882] Insoweit habe also ein gesetzlicher Widmungsakt stattgefunden, der die (physischen) Träger dieser Informationen (wie zum Beispiel Akten) zu allgemein zugänglichen Quellen erklärt habe.[883] In diesem Zuge sei grundsätzlich auch der Schutzbereich von Art. 5 Abs. 1 S. 1 Alt. 2 GG eröffnet worden,[884] und die staatliche Versagung des Zugangs zu vorhandenen, im Besitz der Verwaltung befindlichen Informationen müsse einer Überprüfung am Maßstab dieses Grundrechts standhalten.[885]

Der zuletzt genannte Ansatz überzeugt: Im Gegensatz zu *B. Wegener*, der kraft einer zweifelhaften Neuinterpretation des Informationsfreiheitsrechts im Lichte demokratietheoretischer Gesichtspunkte zu einem verfassungsunmittelbaren Anspruch auf Zugang zu staatlichen Informationen gelangen möchte, bewegt er sich argumentativ insbesondere innerhalb der Grenzen, die der Wortlaut und die Entstehungsgeschichte von Art. 5 Abs. 1 S. 1 Alt. 2 GG errichten. Des Weiteren trägt er dem infolge der (einfach-gesetzlichen) Informationsfreiheitsgesetzgebung auf bundes- und landesstaatlicher Ebene stattgefundenen Paradigmenwechsel Rechnung, wonach nicht mehr der Zugang zu amtlichen Informationsbeständen die begründungsbedürftige Ausnahme bildet, sondern vielmehr dessen verwaltungsseitige Verweigerung.

Insoweit korreliert diese Auffassung ebenfalls mit der von *J. Kühling* hervorgehobenen Verfassungsrealität (*id est* „die realen Verhältnisse unter der Geltung des jeweiligen Verfassungsrechts und das tatsächliche Verhalten der am Verfassungsleben beteiligten Akteure“[886]), in der eine Abkehr der Verwaltung von ihrer Tradition größtmöglicher Abschirmung gegenüber der Gesellschaft stattgefunden

881 So *M. Albers*, ZJS 2009, 614 (617 f.); *F. Schoch*, IFG, Einl Rdnr. 285.

882 S. *F. Schoch*, IFG, Einl Rdnr. 284.

883 S. *F. Schoch*, IFG, Einl Rdnr. 287.

884 Umstr. ist wiederum, in welchem Umfang dies geschehen sei, vgl. dazu sogleich unten K.I.1.b., S. 178 f.

885 Vgl. *F. Schoch*, IFG, Einl Rdnrn. 287 f.; *C. Zott*, Informationen, S. 127.

886 *A. Glaser*, Entwicklung, S. 16.

hat,[887] verfügt jedoch zugleich über den Vorteil der Rückanknüpfung an bestehendes (Verfassungs-)Recht.

Was den von *H. Rossen-Stadtfeld* erkannten objektiv-rechtlichen Verfassungsauftrag anbelangt, der dazu geführt habe, dass staatliche Datenbestände mittlerweile allgemein zugängliche Quellen im Sinne von Art. 5 Abs. 1 S. 1 Alt. 2 GG bildeten,[888] so kann man – wenn man denn von der Existenz eines solchen Auftrags ausgeht – den erfolgten Erlass der Informationsfreiheitsgesetze als dessen Realisierung betrachten. Demgegenüber vermag der Ansatz von *H. Rossen-Stadtfeld*, der von einer normungebundenen Umkehrung des Verhältnisses von Amtsgeheimnis und Öffentlichkeit ausgeht,[889] nicht zu überzeugen: So erscheint es schon rein sprachlich verfehlt, von einem „Verfassungsauftrag" zu sprechen, wenn die Verwaltungsöffentlichkeit bereits von sich aus eintreten soll, ohne dass weitere Maßnahmen zur Umsetzung dieses Auftrags erforderlich sind. Eine pauschale, verfassungsunmittelbar erfolgende Umkehr von Öffentlichkeit und Amtsgeheimnis könnte außerdem zu einer Überforderung der Verwaltung und damit Gefährdung kollidierender, ebenfalls schutzwürdiger Rechtsgüter führen. In der Folge ist es vorzugswürdig, die Realisierung einer (gegebenenfalls) verfassungsrechtlich gebotenen Verwaltungstransparenz dem Gesetzgeber zu überlassen, der anlässlich des Gesetzgebungsverfahrens damit über die Gelegenheit verfügt, die widerstreitenden Interessen zu einem Ausgleich zu führen.[890]

Im Zuge der auf Bundes- sowie Landesebene erfolgten Informationsfreiheitsgesetzgebung ist dies bereits geschehen; im Anwendungsbereich dieser Gesetze ist es auf diese Weise zu einer gesetzlichen Widmung der in amtlicher Hand befindlichen Informationsbestände zu allgemein zugänglichen Quellen und mithin Eröffnung des Schutzbereichs von Art. 5 Abs. 1 S. 1 Alt. 2 GG gekommen. Im Anschluss an die zuletzt referierte Ansicht muss sich die verwaltungsseitige Ablehnung eines Informationszugangsanspruchs daher ebenfalls am Maßstab dieses Grundrechts messen lassen.[891]

---

887 *J. Kühling*, in: Gersdorf/Paal, Informations- und MedienR, Art. 5 GG Rdnr. 42.

888 *H. Rossen-Stadtfeld*, in: Hoffmann-Riem/Schmidt-Aßmann/Voßkuhle, VerwaltungsR, Bd. 2, § 29 Rdnr. 103.

889 *H. Rossen-Stadtfeld*, in: Hoffmann-Riem/Schmidt-Aßmann/Voßkuhle, VerwaltungsR, Bd. 2, § 29 Rdnr. 102.

890 Vgl. *S. Wirtz/S. Brink*, NVwZ 2015, 1166 (1170).

891 Fraglich ist, ob diese Entwicklung umkehrbar ist: Geht man von der Normgeprägtheit des Schutzbereichs von Art. 5 Abs. 1 S. 1 Alt. 2 GG aus, müsste dies grds. der Fall sein; i.d.S. *S. Wirtz/S. Brink*, NVwZ 2015, 1166 (1172 f.). Etwas anderes würde freilich dann gelten, wenn man den Gesetzgeber aus demokratischen oder rechtsstaatlichen

Es stellt sich weiter die Frage, in welchem Umfang die infolge der Informationsfreiheitsgesetzgebung eingetretene Grundrechtsaktivierung der Informationsfreiheit stattgefunden hat. Nach der weiteren Ansicht wurde im Anwendungsbereich der Bundes- und Landesinformationsfreiheitsgesetze durch ihren Erlass dafür gesorgt, dass die amtlichen Informationsbestände insgesamt zu allgemein zugänglichen Quellen nach Art. 5 Abs. 1 S. 1 Alt. 2 GG geworden sind; Ausnahmen vom Informationszugangsanspruch müssten demgegenüber als Schranken im Sinne von Art. 5 Abs. 2 GG qualifiziert werden.[892] Die Begründung dieser Auffassung erfolgt zunächst anhand des Hinweises, dass es sich bei der Bestimmung amtlicher Informationsbestände zu allgemein zugänglichen Quellen um eine kategoriale Widmung handele, die nicht ausschließe, dass die Ausübung der Informationsfreiheit im Einzelfall auf Schranken stoßen könne.[893] Des Weiteren schütze der Grundrechtstatbestand von Art. 5 Abs. 1 S. 1 Alt. 2 GG ausschließlich den Zugang zu Informationsquellen und stelle nicht auf die darin enthaltene Information höchstselbst ab; eine entsprechende Differenzierung werde auch von Seiten des Informationsfreiheitsgesetzes des Bundes vorgenommen.[894]

Damit könnten innerhalb ein und derselben Quelle sowohl frei zugängliche als auch schutzbedürftige Informationen enthalten sein, auf die sich die Ausnahmen und Einschränkungen des Informationszugangsanspruchs bezögen.[895] Aus dieser einfach-gesetzlich wie verfassungsrechtlich vorgenommenen Unterscheidung zwischen den Informationsquellen und den in ihnen enthaltenen Informationen mit der Anknüpfung der Grundrechtsaktivierung an die Quelle folge, dass alleine die Sachgesamtheit der amtlichen Informationsbestände (unter Außerachtlassung von gegebenenfalls einschlägigen Ausnahmetatbeständen) als allgemein zugängliche Quelle im Zusammenhang mit Art. 5 Abs. 1 S. 1 Alt. 2 GG gesehen werden könne.[896]

Nach der engeren Ansicht ist die Grundrechtsaktivierung von Art. 5 Abs. 1 S. 1 Alt. 2 GG durch den Erlass der Informationsfreiheitsgesetze als Ganzes erfolgt, so dass die anspruchsausschließenden und -beschränkenden Tatbestände bei der Ermittlung der grundrechtlich geschützten Informationsquelle grundsätzlich zu

---

Gründen zur Beibehaltung der einfach-gesetzlichen Informationszugangsansprüche für verfassungsrechtlich verpflichtet hielte, vgl. dazu *M. Albers*, ZJS 2009, 614 (618 f.).

892 So *F. Schoch*, IFG, Einl Rdnrn. 289 ff.; *F. Schoch*, Jura 2008, 23 (30).

893 *F. Schoch*, IFG, Einl Rdnr. 292.

894 S. *F. Schoch*, IFG, Einl Rdnr. 290.

895 So *F. Schoch*, IFG, Einl Rdnr. 290.

896 S. *F. Schoch*, IFG, Einl Rdnr. 290.

berücksichtigen seien.[897] Zur Begründung führen die Vertreter dieses Ansatzes an, dass die Reichweite des Anspruchs auf Informationszugang im Ermessen des jeweils Bestimmungsbefugten liege und damit – wie die Schaffung der Informationsfreiheitsgesetze überhaupt – eine politische Entscheidung darstelle.[898]

Auf der Ebene des Grundrechtsschutzes bestimme diese Entscheidung dann, in welchen Bereichen sich die Grundrechtsberechtigten auf ihr Informationszugangsrecht im Rahmen der Informationsfreiheit nach Art. 5 Abs. 1 S. 1 Alt. 2 GG berufen könnten.[899] Nehme der Gesetzgeber einzelne Bereiche vom Anwendungsbereich des Informationsfreiheitsgesetzes aus, könne der Bürger sich auch nicht auf sein Grundrecht auf Informationsfreiheit berufen, da der Gesetzgeber insoweit zum Ausdruck gebracht habe, dass die betreffenden Informationen nicht allgemein zugänglich sein sollten.[900]

Nimmt man die Normgeprägtheit des Schutzbereichs von Art. 5 Abs. 1 S. 1 Alt. 2 GG wirklich ernst, dann muss man bezüglich der Frage des Umfangs der infolge der Informationsfreiheitsgesetzgebung eingetretenen Grundrechtsaktivierung der Informationsfreiheit der zweiten Ansicht folgen. Denn soweit sich gesetzliche Ausnahmetatbestände auf den Informationszugangsanspruch beziehen, hat der Gesetzgeber gerade nicht zum Ausdruck gebracht, dass die betreffende Informationsquelle allgemein zugänglich sein soll. Dies wird insbesondere anhand absoluter Zugangsverweigerungsgründe deutlich, wie sie sich beispielsweise in den §§ 3 und 6 S. 1 IFG normiert finden: Sind sie einschlägig, dann ist der Informationszugangsanspruch immer abschlägig zu bescheiden.[901] In einem solchen Fall trotzdem von einer allgemein zugänglichen Quelle zu sprechen, erscheint demgegenüber verfehlt.

Damit ist die Bestimmung der Grundrechtsaktivierung von Art. 5 Abs. 1 S. 1 Alt. 2 GG anhand der Informationsfreiheitsgesetze insgesamt, das heißt inklusive der Ausnahmetatbestände vom Informationszugangsanspruch, vorzunehmen.

897 S. *D. Lukaßen*, Fallpraxis, S. 47 f.; *M. Jahn*, InformationszugangsR, S. 68; *S. Wirtz/S. Brink*, NVwZ 2015, 1166 (1170, 1172); so wohl auch *M. Kloepfer/K. v. Lewinski*, DVBl. 2005, 1277 (1288); *M. Rossi*, Informationszugangsfreiheit, S. 218 f.

898 *S. Wirtz/S. Brink*, NVwZ 2015, 1166 (1170); i.d.S. *J. Caspar*, DÖV 2013, 371 (373).

899 *S. Wirtz/S. Brink*, NVwZ 2015, 1166 (1170).

900 Vgl. *D. Lukaßen*, Fallpraxis, S. 47; *M. Rossi*, in: Arnim, Transparenz, S. 43 (51); *M. Rossi*, Informationszugangsfreiheit, S. 218; *S. Wirtz/S. Brink*, NVwZ 2015, 1166 (1170).

901 Vgl. auch *S. Wirtz/S. Brink*, NVwZ 2015, 1166 (1170).

c. *Zwischenergebnis*

Aus dem zuvor Gesagten ergibt sich, dass den Staat in subjektiv-verfassungsrechtlicher Hinsicht prinzipiell die Pflicht treffen kann, gegenüber den nach Art. 5 Abs. 1 S. 1 Alt. 2 GG Grundrechtsberechtigten für Transparenz in Bezug auf seine Teilnahme an Schiedsverfahren zu sorgen. Da die Schutzbereichseröffnung von Art. 5 Abs. 1 S. 1 Alt. 2 GG jedoch davon abhängig ist, dass diesen zugleich ein entsprechender einfach-gesetzlicher Anspruch auf Informationszugang zusteht, reicht diese Grundrechtsgewährleistung nicht über das hinaus, was den Bürgern bereits kraft einfachen Rechts an staatlicher Transparenz zu garantieren ist; insoweit wird auf die oben getätigten Ausführungen verwiesen.[902]

Weil Art. 5 Abs. 1 S. 1 Alt. 2 GG die öffentliche Hand in subjektiv-verfassungsrechtlicher Hinsicht allerdings nur zur Zugänglichmachung der in ihrer Hand befindlichen und vom Bürger nachgefragten Informationsbestände verpflichtet, nicht jedoch proaktive Veröffentlichungsmaßnahmen von ihr verlangt, besteht die parallele Problematik, die bereits oben im Zusammenhang mit dem einfach-gesetzlichen Anspruch auf Informationszugang angesprochen wurde: Im Falle der Schiedsgerichtsbarkeit fehlt es den Informationsberechtigten von vornherein an Anhaltspunkten, die sie zu einer Geltendmachung ihres Rechts bewegen könnten.[903]

In der Konsequenz erweist sich auch das subjektive Informationsfreiheitsrecht aus Art. 5 Abs. 1 S. 1 Alt. 2 GG nur in begrenztem Umfang dazu geeignet, für Transparenz im Zusammenhang mit der Teilnahme des Staates an Schiedsverfahren zu sorgen.

2. *Art. 38 GG als subjektives Recht auf Informationszugang*

J. Angelov leitet aus Art. 38 GG des Weiteren ein grundrechtsgleiches Recht des Bürgers auf Kenntnis aller wahlentscheidungsrelevanten Umstände staatlichen Handelns ab.[904] Zur Begründung verweist er insoweit auf zwei Entscheidungen des Bundesverfassungsgerichts: Erstens habe das Gericht in seiner „Maastricht-Entscheidung"[905] die in Art. 38 GG enthaltenen subjektiv-rechtlichen Gehalte zugunsten des Bürgers dahingehend ausgedehnt, dass dieser in bestimmten Fällen über einen Anspruch auf Beachtung des Demokratieprinzips verfüge, den

902 S. oben J.III., S. 135 ff.
903 S. oben J.III.4., S. 161.
904 *J. Angelov*, Grundlagen, S. 88 ff.; ablehnend *B. Wegener*, Arkantradition, S. 480.
905 BVerfGE 89, 155 ff.

der Berechtigte auch unabhängig von einer unmittelbaren und gegenwärtigen Betroffenheit in besonderer Weise geltend machen könne.[906]

Zweitens sei in einer älteren Entscheidung des Bundesverfassungsgerichts festgestellt worden, dass die verantwortliche Teilhabe des Bürgers an der politischen Willensbildung des Volkes voraussetze, dass der Einzelne von den entscheidungsbedürftigen Sachfragen und den von staatlicher Seite getroffenen Entscheidungen, Maßnahmen und Lösungsvorschlägen genügend wisse, um sie beurteilen, billigen oder verwerfen zu können.[907]

Nehme man beide Entscheidungen zusammen, so liege es nahe, dem Staatsbürger vermittels einer ausgedehnten Interpretation des Schutzbereichs von Art. 38 GG einen unmittelbaren Anspruch auf Informationszugang gegen den Staat zu verschaffen, der ihm das notwendige Wissen vermittle, um seine Verantwortung als Teil des Trägers staatlicher Gewalt im Zuge seiner Stimmabgabe wahrzunehmen.[908] Fühle sich der Bürger demgegenüber nicht ausreichend aus den allgemein zugänglichen Informationsquellen wie vor allem den Massenmedien informiert, nehme er zwar formal an der Wahl teil, allerdings treffe er aufgrund seines mangelhaften Kenntnisstands eine Entscheidung, die eher den Charakter der Erteilung einer „Blankovollmacht" aufweise.[909]

In eine ähnliche Richtung tendiert die Argumentation *G. Noltes*, dem es (vor Erlass des IFG) zunehmend schwer erträglich schien, „wenn einem beliebigen Antragsteller ohne jede sachliche Begründung Akteneinsicht verweigert"[910] werde. Ein nicht sachlich begründetes Zurückhalten von Informationen diene keinem legitimen Zweck und lasse es an der angemessenen Behandlung des Einzelnen als zumindest potentiellem Teilnehmer an der öffentlichen Debatte fehlen.[911] Im Lichte des Entwicklungsstands des Demokratieprinzips beantwortete er die Frage nach einem subjektiven Recht auf Informationszugang dementsprechend dahingehend, dass jeder Bürger ein berechtigtes Interesse an einer besser begründeten Willensbildung habe und damit zumindest über einen Anspruch auf ermessensfehlerfreie Bescheidung seines Antrags auf Aktenzugang verfüge.[912]

---

906 *J. Angelov*, Grundlagen, S. 88 f.

907 *J. Angelov*, Grundlagen, S. 90, mit Verweis in Fn. 405 auf BVerfGE 44, 125 (147); i.d.S. *W. Martens*, Rechtsbegriff, S. 60; vgl. zudem *F. Drefs*, in: Dreier u.a., Zugang, S. 89 (96); *R. Loeser*, Berichtswesen, S. 169 f.

908 *J. Angelov*, Grundlagen, S. 90.

909 *J. Angelov*, Grundlagen, S. 90.

910 *G. Nolte*, DÖV 1999, 363 (371).

911 So *G. Nolte*, DÖV 1999, 363 (371).

912 *G. Nolte*, DÖV 1999, 363 (371 f.).

Die Vorstellung, dass sich der Einzelne durch Aktenstudium auf seine Wahlentscheidung vorbereitet, ist nicht nur realitätsfern,[913] sondern würde gleichsam die Verwaltung in höchstem Maße überfordern, wenn die Bürger insbesondere kurz vor der Wahl tatsächlich massenhaft zu ihr strömen würden, um Einsicht in die vorhandenen Aktenbestände zu nehmen. Vor diesem Hintergrund erscheint es fraglich, ob nicht breit angelegte Informationsmaßnahmen von Staat und Politik die Bürger besser dabei unterstützen würden, an das für eine wirkungsvolle demokratische Beteiligung erforderliche Wissen zu gelangen.

Nichtsdestotrotz sollte eine entsprechende Initiative von (bestenfalls einigen wenigen) Wahlberechtigten natürlich Unterstützung finden;[914] selbst wenn man daher eine demokratieprinzipielle Begründung des Rechts auf Informationszugang gegenüber der Verwaltung gelten lassen wollte, stellte sich bezogen auf Schiedsverfahren jedoch das gleiche Problem wie schon im Zusammenhang mit den Ansprüchen nach § 1 Abs. 1 S. 1 IFG sowie Art. 5 Abs. 1 S. 1 Alt. 2 GG: Aufgrund der im Schiedsverfahren regelmäßig praktizierten Parteiöffentlichkeit und Geheimhaltung fehlt es den insoweit Anspruchsberechtigten von vornherein an Anhaltspunkten, die sie zu einer Geltendmachung ihrer Ansprüche bewegen könnten.[915] In der Folge erweist sich auch dieser Ansatz als nicht geeignet, um effektiv für Transparenz im Zusammenhang mit der Teilnahme des Staates an Schiedsverfahren zu sorgen.

3. *Ergebnis*

Im vorangegangenen Abschnitt konnte gezeigt werden, dass man rechtskonstruktiv durchaus zu subjektiv-verfassungsrechtlichen Ansprüchen des Bürgers auf Zugang zu Informationen gelangen kann, die im Zusammenhang mit der Teilnahme des Staates an Schiedsverfahren stehen. Weil es den entsprechend Anspruchsberechtigten aufgrund der in Schiedsverfahren vorherrschenden Vertraulichkeit jedoch von vornherein an Anhaltspunkten fehlt, die sie zu einer Wahrnehmung dieser Ansprüche veranlassen könnten, erweist sich eine subjektiv-verfassungsrechtlich abgesicherte Pflicht des Staates zur Informationsverschaffung allerdings nur als bedingt dazu geeignet, für Transparenz anlässlich der Teilnahme des Staates als Partei an Schiedsverfahren zu sorgen.

---

913 Vgl. auch *H.-U. Jerschke*, Öffentlichkeitspflicht, S. 91; *W. Kahl*, in: Haratsch/Kugelmann/Repkewitz, Herausforderungen, S. 9 (21).

914 Vgl. *W. Kahl*, in: Haratsch/Kugelmann/Repkewitz, Herausforderungen, S. 9 (21).

915 S. oben J.III.4., S. 161.

II. Objektiv-verfassungsrechtliche Transparenzpflicht des Staates

Nachdem im vorangegangenen Abschnitt gezeigt werden konnte, dass sich der subjektiv-verfassungsrechtliche Ansatz zur Herstellung von Transparenz anlässlich von Schiedsverfahren, an denen die öffentliche Hand als Partei beteiligt ist, nicht als durchgreifend erweist, soll nachfolgend untersucht werden, ob sich aus objektiv-rechtlichen Verfassungsinhalten ein Gebot herleiten lässt, dass den Staat dazu verpflichtet, sich in Schiedsverfahren grundsätzlich transparent zu verhalten.[916] Insoweit kommen verschiedene Begründungsansätze in Betracht, die im Folgenden einer näheren Analyse unterzogen werden sollen.

1. Objektiv-verfassungsrechtliche Ebene von Art. 5 Abs. 1 S. 1 Alt. 2 GG

Vorherrschend ist heute ein multifunktionales Grundrechtsverständnis[917]: Hiernach sind die (freiheits-)grundrechtlichen Gewährleistungen nicht nur negativ als Beschränkungen der Ausübung öffentlicher Gewalt zu sehen, sondern gleichsam als Elemente einer objektiven Grund- und Werteordnung, die sich grundsätzlich auf alle Bereiche des Öffentlichen und Privaten Rechts auswirken.[918] Nach herrschender Meinung korrespondieren die insoweit bestehenden objektiv-rechtlichen Verpflichtungen der öffentlichen Hand dabei jedoch nicht zwangsläufig auch mit subjektiven Rechten des Bürgers;[919] vielmehr würden in diesem Zusammenhang Handlungsaufträge formuliert, die vorderhand an die Adresse der gesetzgebenden Organe gerichtet seien.[920]

Für *F. Schoch* steht in diesem Zusammenhang außer Frage, dass angesichts der Informationsabhängigkeit des Einzelnen Art. 5 Abs. 1 S. 1 Alt. 2 GG die objektive Pflicht zu entnehmen ist, von Seiten des Staates für eine informationelle

---

916 Pauschal ablehnend *F. Brosius-Gersdorf*, VVDStRL 74, 169 (179).

917 Vgl. *A. Scherzberg*, Öffentlichkeit, S. 341.

918 So *W. Rüfner*, in: Merten/Papier, Hdb GrundRe, Bd. 2, § 40 Rdnr. 42; Entsprechendes hat auch das BVerfG festgestellt: E 7, 198 (205); vgl. zudem *J. Angelov*, Grundlagen, S. 86; *C. v. Coelln*, in: Gröpl/Windthorst/Coelln, GG, Vorbem. Rdnrn. 33 ff.; *A. Scherzberg*, Öffentlichkeit, S. 337, 341; zurückhaltend zur objektiv-rechtlichen Komponente der Informationsfreiheit äußert sich *E. Schmidt-Jortzig*, in: Isensee/Kirchhof, Hdb. StaatsR, Bd. 7, § 162 Rdnr. 34.

919 So *F. Schoch*, IFG, Einl Rdnrn. 80 f.; vgl. auch *C. v. Coelln*, in: Gröpl/Windthorst/Coelln, GG, Art. 5 GG Rdnr. 27; *W. Hoffmann-Riem*, in: Denninger u.a., AK GG, Bd. 1, Art. 5 Abs. 1, 2 GG Rdnrn. 112 f.

920 S. *F. Schoch*, IFG, Einl Rdnr. 80.

Grundversorgung des Bürgers zu sorgen.[921] Wie die öffentliche Hand und vor allem der Gesetzgeber dem nachkämen, sei verfassungsrechtlich demgegenüber nicht mehr vorgezeichnet.[922] Insbesondere verdeutliche auch die Rechtsprechung, dass der Gesetzgeber bei der Entfaltung der objektiv-rechtlichen Direktiven der Informationsfreiheit über einen beträchtlichen Gestaltungsspielraum verfüge.[923] Naheliegend sei es jedoch, in Bezug auf die vorhandenen Verwaltungsinformationen für einen erleichterten Zugang zu sorgen oder aber die aktive staatliche Informationspolitik zu verbessern.[924]

Vor dem Hintergrund der grundlegenden Bedeutung, die das Bundesverfassungsgericht dem Kommunikationsprozess als Element der Demokratie beimesse, formulierte *R. Bieber* vor Erlass des IFG die These, dass er es für möglich halte, aus dem objektiv-rechtlichen Charakter des Art. 5 Abs. 1 S. 1 Alt. 2 GG den Auftrag an die staatlichen Organe abzuleiten, Informationen über die staatliche Tätigkeit bereitzuhalten und zugänglich zu machen.[925] Ein solches Gebot zur Offenlegung könne sich wegen dessen Bezugs zum Demokratieprinzip allerdings nur auf die für eine demokratische Gesellschaft grundlegenden Informationen beziehen; demgegenüber seien weder ein Leistungsrecht auf Bereitstellung bestimmter Informationen oder auf Eröffnung bestimmter Quellen noch eine umfassende Pflicht zur Offenlegung von Verwaltungsakten Art. 5 Abs. 1 S. 1 Alt. 2 GG zu entnehmen.[926]

A. Scherzberg sieht den Staat in der Pflicht, durch die materielle Förderung gesellschaftlicher Kommunikations- und Informationsangebote eine „wissensbasierte Infrastruktur" zu etablieren, die eine hinreichende informationsgestützte Meinungs- und Willensbildung der Grundrechtsträger gewährleistet.[927] Vor allem der funktionelle Zusammenhang der Kommunikationsfreiheiten des Art. 5 Abs. 1 S. 1 GG mit dem demokratischen Anliegen der politischen Selbstbestimmung des Volkes lege es nahe, insoweit auch Informationen des

---

921 *F. Schoch*, IFG, Einl Rdnr. 80; vgl. auch *M. Kloepfer*, InformationsR, § 3 Rdnr. 9; *A. Scherzberg*, Öffentlichkeit, S. 341 ff.; kritisch zu diesem Ansatz *M. Sitsen*, IFG, S. 36 ff.

922 So *F. Schoch*, IFG, Einl Rdnr. 81; *A. Scherzberg*, Öffentlichkeit, S. 350 f.; vgl. außerdem *M. Sitsen*, IFG, S. 38.

923 *F. Schoch*, IFG, Einl Rdnr. 81; *A. Scherzberg*, Öffentlichkeit, S. 350 f.

924 S. *F. Schoch*, IFG, Einl Rdnr. 81; vgl. auch *M. Sitsen*, IFG, S. 38.

925 *R. Bieber*, DÖV 1991, 857 (866).

926 *R. Bieber*, DÖV 1991, 857 (866).

927 *A. Scherzberg*, Öffentlichkeit, S. 345; ähnlich *W. Hoffmann-Riem*, in: Denninger u.a., AK GG, Bd. 1, Art. 5 Abs. 1, 2 GG Rdnr. 112; *H.-U. Jerschke*, Öffentlichkeitspflicht, S. 110.

politisch-administrativen Systems zu integrieren.[928] In jedem Fall sei eine Monopolisierung und Lenkung staatlichen Wissens nicht mit dem Regelungsziel der Informationsfreiheit zu vereinbaren.[929]

Dass sich die (freiheits-)grundrechtliche Funktion nicht in der Abwehr staatlicher Schutzbereichseingriffe erschöpft, kann vor dem Hintergrund einer entsprechenden, über Jahrzehnte in Rechtsprechung und rechtswissenschaftlichem Schrifttum entwickelten Grundrechtsdogmatik heute nicht mehr ernstlich in Frage gezogen werden. Einzig zweifelhaft verblieben ist, welche konkreten Schlussfolgerungen und staatlichen Handlungspflichten aus der objektiven Dimension der Grundrechte abgeleitet werden können. Bezogen auf die vorliegende Thematik ist im Besonderen fraglich, ob das Informationsfreiheitsgrundrecht aus Art. 5 Abs. 1 S. 1 Alt. 2 GG die öffentliche Hand dazu verpflichtet, für eine wie auch immer geartete Transparenz anlässlich von Schiedsverfahren zu sorgen, an denen sie als Partei teilnimmt.

Gegen die Annahme einer entsprechenden objektiv-rechtlichen Pflicht des Staates sprechen indessen die folgenden Überlegungen: Das maßgebliche Regelungsanliegen der grundrechtlichen Gewährleistungsgehalte besteht im Schutz der Freiheitssphäre des Einzelnen vor einem Eindringen durch die öffentliche Gewalt.[930] Der objektiven Grundrechtsdimension kommt demgegenüber die Aufgabe zu, für eine „prinzipielle Verstärkung der Geltungskraft der Grundrechte“[931] zu sorgen; es geht in diesem Zusammenhang mithin nicht um die Freiheit *vom* Staat, sondern um die Freiheitsgewährleistung *durch* beziehungsweise *mit Hilfe* des Staates.[932] Die objektiv-rechtlichen Wirkungen der Grundrechte verfügen in diesem Sinne also über eine Ergänzungsfunktion[933] und können damit nicht wesentlich über das hinausgehen, was dem Einzelnen bereits in subjektiv-rechtlicher Hinsicht gewährt wird.

---

928 *A. Scherzberg*, Öffentlichkeit, S. 346; i.d.S. *W. Hoffmann-Riem*, in: Denninger u.a., AK GG, Bd. 1, Art. 5 Abs. 1, 2 GG Rdnrn. 112 f.

929 Vgl. insoweit auch *W. Hoffmann-Riem*, in: Denninger u.a., AK GG, Bd. 1, Art. 5 Abs. 1, 2 GG Rdnr. 113.

930 S. BVerfGE 61, 82 (101); BVerfGE 7, 198 (204); *D. Dörr*, in: Merten/Papier, Hdb. GrundRe, Bd. 4, § 103 Rdnr. 75; *E. Schmidt-Jortzig*, in: Isensee/Kirchhof, Hdb. StaatsR, Bd. 7, § 162 Rdnr. 34.

931 BVerfGE 7, 198 (205); so auch *E. Schmidt-Jortzig*, in: Isensee/Kirchhof, Hdb. StaatsR, Bd. 7, § 162 Rdnr. 34.

932 S. *H. Jarass*, in: Merten/Papier, Hdb. GrundRe, Bd. 2, § 38 Rdnr. 6, 22.

933 A.A. *A. Scherzberg*, Öffentlichkeit, S. 336.

Insoweit konnte allerdings bereits oben gezeigt werden, dass die Informationsfreiheit dem Grundrechtsberechtigten einen Anspruch auf Zugang zu Informationsbeständen der öffentlichen Hand prinzipiell erst dann verschafft, wenn die betreffenden Datenträger zuvor im Rahmen eines entsprechenden Widmungsaktes zu allgemein zugänglichen Quellen erklärt worden sind.[934] Art. 5 Abs. 1 S. 1 Alt. 2 GG kann daher kein Auftrag zur informationellen Grundrechtsvorsorge dahingehend entnommen werden, dass die öffentliche Hand prinzipiell dazu verpflichtet wäre, allgemein für die Zugänglichkeit ihrer Datenbestände zu sorgen.

Selbst wenn man den Staat verfassungskräftig für verpflichtet hielte, ausweislich Art. 5 Abs. 1 S. 1 Alt. 2 GG für eine informationelle Grundversorgung des Bürgers im Hinblick auf politisch-administrative Informationen zu sorgen, setzte eine Aktivierung dieser Pflicht jedoch das Bestehen einer informationellen Unterversorgung der Bevölkerung voraus.[935] Dass die deutsche Gesellschaft an einer derartigen Mangellage leidet, kann indes nicht festgestellt werden; insbesondere sind auch keinerlei Anhaltspunkte dafür ersichtlich, dass es die freie Presse nicht schafft, ihrer für die demokratische Grundordnung wesentlichen Aufgabe nachzukommen,[936] die Bürger in hinreichendem Maß über das politisch-administrative System (und vor allem bestehende Defizite) zu unterrichten.[937]

Fürderhin gilt es zu beachten, dass nach der grundgesetzlichen Staatsorganisation die Verhandlungen des Deutschen Bundestages ebenfalls dem Zweck zu dienen bestimmt sind, die Bevölkerung über staatliche Maßnahmen und Betätigungen zu unterrichten: Indem die Regierung gegenüber dem Parlament zur Auskunft[938] verpflichtet ist und die Verhandlungen des Deutschen Bundestages wiederum gemäß Art. 42 Abs. 1 S. 1 GG grundsätzlich öffentlich stattfinden, wird auf diese Weise die Öffentlichkeit der Verwaltung gegenüber dem Volk zumindest mittelbar gewährleistet.[939]

Sollte es zukünftig wider Erwarten dennoch zu einer Situation informationeller Defizite innerhalb der Bevölkerung kommen, so hätte der Staat – bei unterstellter Pflicht zur informationellen Grundversorgung der Gesellschaft – jedoch allenfalls eine informatorische Grundsicherung zu etablieren, die dem Volk eine

934 S. oben K.I.1.b., S. 177 ff.

935 Zutreffend *M. Sitsen*, IFG, S. 37.

936 Zur Bedeutung der Presse(freiheit) für die freiheitlich-demokratische Grundordnung s. *M. Bullinger*, in: Isensee/Kirchhof, Hdb. StaatsR, Bd. 7, § 163 Rdnrn. 9 ff.

937 Vgl. *M. Sitsen*, IFG, S. 37.

938 Vgl. zum Umfang sogleich unten K.II.3.b.bb., S. 205 ff.

939 Vgl. *W. Martens*, Rechtsbegriff, S. 73; *M. Sitsen*, IFG, S. 37.

effektive politische Willensbildung erlaubte. Auf welche Weise die öffentliche Gewalt dieser Aufgabe nachkäme, bliebe indessen ihrem Ermessen überlassen;[940] eine objektiv-rechtliche Pflicht des Staates zur Bereitstellung bestimmter Informationsquellen könnte daraus jedoch in keinem Fall geschlussfolgert werden.

Schließlich ist in Berücksichtigung zu ziehen, dass es sich bei der Rezipienten- und Informationsfreiheit nach herrschender Meinung um das (notwendige) Gegenstück zur Meinungsäußerungsfreiheit handelt;[941] denn ohne Empfänger und damit isoliert würde das Recht, seine Meinung kundzutun, regelmäßig wenig Sinn ergeben.[942] Dies bedeutet aber auch, dass der Schutz des Rezipienten in gewissem Maße von der informationellen Freigiebigkeit des Kommunikators (soweit ein solcher existiert) abhängig ist;[943] das Merkmal der Allgemeinzugänglichkeit der Informationsquelle trägt diesem Umstand im Rahmen des Grundrechtstatbestands von Art. 5 Abs. 1 S. 1 Alt. 2 GG Rechnung. Es erscheint damit nicht dem Wesen des Informationsfreiheitsgrundrechts zu entsprechen, den Staat als Informationsberechtigten über die objektive Dimension dieses Grundrechts allgemein oder konkret auf bestimmte Daten bezogen zur Offenlegung zu zwingen.

Im Ergebnis kann damit festgehalten werden, dass auch die objektiv-verfassungsrechtliche Dimension der Informationsfreiheit nach Art. 5 Abs. 1 S. 1 Alt. 2 GG keinen Ansatzpunkt dafür bietet, um den Staat hinsichtlich Schiedsverfahren, an denen er als Partei beteiligt ist, zu Transparenz zu zwingen.

2. *Verfassungsprinzip der Gerichtsöffentlichkeit?*

In seiner „Studie zu Rechtsrahmen und Kontrolle nicht-staatlicher Streitentscheidung im Verwaltungsrecht" diskutiert *K. Möller* des Weiteren, ob sich ein verfassungsrechtliches Argument gegen die Zulässigkeit von (parteiöffentlichen) Schiedsverfahren aus dem Grundsatz der Gerichtsöffentlichkeit ableiten ließe.[944] Dieser Argumentationsansatz setzt erstens voraus, dass ein Verfassungsprinzip der Gerichtsöffentlichkeit existiert, dessen Wirkrichtung sich zweitens auch auf Schiedsverfahren bezieht.[945]

940 So auch *M. Sitsen*, IFG, S. 38.

941 So ausdrücklich *F. Fechner*, in: Stern/Becker, GrundRe, Art. 5 GG Rdnr. 101; vgl. zudem BVerfGE 90, 27 (32); *H. Bethge*, in: Sachs, GG, Art. 5 GG Rdnr. 52; *H. Sodan*, in: Sodan, GG, Art. 5 GG Rdnr. 12.

942 So *H. Bethge*, in: Sachs, GG, Art. 5 GG Rdnr. 52.

943 S. *W. Hoffmann-Riem*, in: Denninger u.a., AK GG, Bd. 1, Art. 5 Abs. 1, 2 GG Rdnr. 104.

944 *K. Möller*, Schiedsgerichtsbarkeit, S. 87 ff.; ausführlich dazu auch *H. Kahlert*, Vertraulichkeit, S. 100 ff.

945 S. *K. Möller*, Schiedsgerichtsbarkeit, S. 88.

Zum zuerst genannten Gesichtspunkt führt *K. Möller* aus, dass der Publizitätsgrundsatz im Gerichtsverfahren unterschiedliche verfassungsrechtlich indizierte Funktionen erfülle:

> „Durch die Transparenz der Entscheidung soll einerseits die Objektivität der Rechtsprechung sichergestellt und damit die hohe Qualität ihrer Entscheidung gewährleistet werden. Es soll vermieden werden, dass sich das Gericht in Ermangelung jeglicher Form öffentlicher Kontrolle von sachfremden Erwägungen leiten lässt. Gleichzeitig dient der Öffentlichkeitsgrundsatz der Unabhängigkeit des Richters vor staatlicher Einflussnahme. Jeglichem Verdacht einer ‚Geheimjustiz' soll durch die Publizität der wesentlichen Verfahrenshandlungen begegnet werden. Dadurch schützt die Gerichtsöffentlichkeit neben den Streitparteien auch die Allgemeinheit. Sie steht aus diesem Grund nicht zur Disposition der Beteiligten."[946]

Die insoweit dargestellte Funktion und Wirkungsweise des Öffentlichkeitsgrundsatzes legt seine verfassungsrechtliche Verankerung durchaus nahe.[947] Das Bundesverfassungsgericht betrachtet den Grundsatz der Öffentlichkeit mündlicher Verhandlungen ebenfalls als „Bestandteil des Rechtsstaatsprinzips";[948] zudem entspreche er dem allgemeinen Öffentlichkeitsgrundsatz der Demokratie.[949] Gleichwohl ist umstritten, ob es sich bei der Gerichtsöffentlichkeit tatsächlich um ein Verfassungsprinzip handelt.[950]

Da der Grundsatz der Gerichtsöffentlichkeit – unabhängig von der Frage, ob es sich dabei um ein verfassungsrechtliches Prinzip handelt oder nicht – nur für staatliche Gerichte Geltung beansprucht, und Schiedsgerichte gerade keine Gerichte im Sinne des Grundgesetzes darstellen,[951] kann diese Frage jedoch vorliegend unbeantwortet bleiben und eine objektiv-verfassungsrechtliche Pflicht des Staates zu transparentem Verhalten in Schiedsverfahren nicht daraus konstruiert werden.[952]

---

946 *K. Möller*, Schiedsgerichtsbarkeit, S. 88.

947 So *K. Möller*, Schiedsgerichtsbarkeit, S. 89; ablehnend *W. Martens*, Rechtsbegriff, S. 74 f.

948 Vgl. auch *H. Diemer*, in: Hannich, KK StPO, § 169 GVG Rdnr. 1; *C. Enders*, NJW 1996, 2712 (2713).

949 BVerfGE 103, 44 (63); zustimmend *H. Kahlert*, Vertraulichkeit, S. 101.

950 Dafür: *C. v. Coelln*, in: Maunz, BVerfGG, Bd. 2, § 17a BVerfGG Rdnr. 9; dagegen: BVerfGE 15, 303 (307); *H. Diemer*, in: Hannich, KK StPO, § 169 GVG Rdnr. 1; *G. Robbers*, in: Kahl/Waldhoff/Walter, BK GG, Bd. 5, Art. 20 Abs. 1 GG Rdnr. 643, spricht von einer „Konkretisierung des Demokratieprinzips".

951 S. oben F.I.1.b., S. 91 f.

952 Vgl. *K. Möller*, Schiedsgerichtsbarkeit, S. 90; s. auch *F. Brosius-Gersdorf*, VVDStRL 74, 169 (179).

3. *Demokratieprinzip*

Als Nächstes könnte daran gedacht werden, auf das Schiedsverfahren bezogene Transparenzpflichten des Staates aus dem Demokratieprinzip abzuleiten. Dieses Staatsstrukturprinzip findet sich in Art. 20 Abs. 1 GG verankert: Hiernach ist die Bundesrepublik Deutschland ein demokratischer und sozialer Bundesstaat. Obwohl sich diese Vorschrift unmittelbar nur auf die gesamtstaatliche Ebene bezieht,[953] folgt jedoch aus der Homogenitätsklausel des Art. 28 Abs. 1 S. 1 GG, dass ebenfalls die verfassungsmäßige Ordnung in den Ländern den Grundsätzen des demokratischen Rechtsstaates im Sinne des Grundgesetzes entsprechen muss.

Auch wenn sich die nachfolgenden Ausführungen der Einfachheit halber sprachlich unmittelbar nur auf die Bundesebene beziehen, lassen sich die angestellten Erwägungen daher gleichfalls entsprechend auf die Landes- und Kommunalebene übertragen.[954]

a. *Verwaltungstransparenz und demokratische Kontrolle durch den Bürger*

Argumentativ soll in diesem Zusammenhang zunächst ein vor allem in jüngerer Zeit vertretener Standpunkt betrachtet werden, der das Arkanprinzip als tradierten Grundzug deutscher Verwaltung als undemokratisch betrachtet und daher auf der Grundlage dieses Staatsstrukturprinzips zu einem Grundsatz der Verwaltungstransparenz gelangt.[955] Wertet man das einschlägige Schrifttum aus, so lassen sich im Wesentlichen zwei Begründungsansätze herausarbeiten, die zu diesem Ergebnis führen sollen:

Verwaltungstransparenz wird erstens als Voraussetzung einer demokratischen Kontrolle der Verwaltung durch den Bürger gesehen.[956] Diese Form der demokratischen Legitimation sei erforderlich geworden, nachdem die klassischen Konzepte zur demokratischen Rückbindung der Ausübung von Staatsgewalt auf

---

953 S. *M. Antoni*, in: Hömig/Wolff, GG, Art. 20 GG Rdnr. 1.

954 Vgl. *D. Bodenheim*, Kollision, S. 38; *G. Robbers*, in: Kahl/Waldhoff/Walter, BK GG, Bd. 5, Art. 20 Abs. 1 GG Rdnr. 817.

955 So *M. Albers*, ZJS 2009, 614 (618 f.); *J. Angelov*, Grundlagen, S. 68 ff.; *J. Scherer*, Öffentlichkeit, S. 28 ff.; *A. Scherzberg*, Öffentlichkeit, S. 305 ff.; *B. Wegener*, Arkantradition, S. 428 ff.

956 S. *M. Albers*, ZJS 2009, 614 (618 f.); *J. Angelov*, Grundlagen, S. 68 ff.; *J. Scherer*, Öffentlichkeit, S. 29 f.; *A. Scherzberg*, Öffentlichkeit, S. 307 ff.; *B. Wegener*, Arkantradition, S. 435 ff.; vgl. auch BVerwGE 141, 122 (129 Rdziff. 23); VGH München, Urteil vom 17.02.1998 - 23 B 95.1954[=NVwZ 1999, 889 (890)]; *R. Gröschner*, VVDStRL 63, 344 (362 f.); *F. Schoch*, IFG, Einl Rdnr. 12.

das Volk als Souverän immer seltener mit den Strukturen moderner Verwaltung zu vereinbaren seien.[957]

Als Auslöser hierfür werden verschiedene Gründe identifiziert: So weist *A. Scherzberg* darauf hin, dass Gemeinwohlziele immer öfter auf dem Wege der Interaktion mit autonomen gesellschaftlichen Kräften bestimmt und verwirklicht würden; in der Folge sei das Gewicht des personalen Legitimationsansatzes für die demokratische Zurechenbarkeit des Verwaltungsprodukts gemindert.[958] Weiterhin bestehe modernes Verwalten nicht mehr überwiegend in der zweckfreien Ausführung normativer Programme, sondern sei durchweg eigenständige, politisch-wertende Rechts- und Wirklichkeitsgestaltung;[959] damit mindere sich auch die Bedeutung der legislativen Programmsteuerung der Administrative.[960]

B. Wegener bemängelt weiterhin eine Verschiebung der Informations-[961] und Machtverhältnisse im Verhältnis von erster und zweiter Gewalt: Dazu hätten einerseits eine stete Zunahme von Umfang und Komplexität der Verwaltungsaufgaben sowie andererseits die allgegenwärtigen Europäisierungs- und Internationalisierungstendenzen beigetragen.[962] Vor allem ein Großteil der Rechtsetzung finde inzwischen auf internationaler Ebene statt und werde damit in erster Linie von den Entscheidungen (supra-)nationaler Verwaltungs- und Ministerialbeamter geprägt.[963]

Von *J. Scherer* wird ferner die heute bestehende Interessenidentität von Parlamentsmehrheit und Regierung hervorgehoben, die ebenfalls zu einer Beschränkung der parlamentarischen Kontrollmöglichkeiten geführt habe.[964] Schließlich erscheint für *J. Angelov* die parlamentarische Kontrollqualität schon deshalb nicht unproblematisch, weil „das GG ein Informationsrecht des Bundestages,

---

957 So *A. Scherzberg*, Öffentlichkeit, S. 307 ff.; vgl. auch *M. Albers*, ZJS 2009, 614 (618 f.); *G. Robbers*, in: Kahl/Waldhoff/Walter, BK GG, Bd. 5, Art. 20 Abs. 1 GG Rdnr. 804.

958 *A. Scherzberg*, Öffentlichkeit, S. 307; zustimmend *M. Albers*, ZJS 2009, 614 (618); vgl. auch *G. Robbers*, in: Kahl/Waldhoff/Walter, BK GG, Bd. 5, Art. 20 Abs. 1 GG Rdnr. 804.

959 So auch *M. Albers*, ZJS 2009, 614 (618).

960 *A. Scherzberg*, Öffentlichkeit, S. 307 ff.; s. auch *D. Kugelmann*, Rechtsstellung, S. 34.

961 Vgl. zu diesem Aspekt auch *K.-O. Jessen*, Ansätze, S. 77.

962 *B. Wegener*, Arkantradition, S. 437 f.; vgl. dazu auch *G. Robbers*, in: Kahl/Waldhoff/Walter, BK GG, Bd. 5, Art. 20 Abs. 1 GG Rdnr. 804.

963 *B. Wegener*, Arkantradition, S. 438.

964 *J. Scherer*, Öffentlichkeit, S. 29; s. auch *J. Angelov*, Grundlagen, S. 77; *H.-U. Jerschke*, Öffentlichkeitspflicht, S. 133 f.

seiner Ausschüsse und einzelner Abgeordneter gegenüber der Exekutive nirgends ausdrücklich“[965] festlege.

Angesichts dieser „‚Legitimationskrise‘ des Staates und seiner Verwaltung“[966] wird daher ein materielles Demokratieverständnis[967] befürwortet, das die parlamentarische Kontrolle der Verwaltung um eine politische beziehungsweise informatorische Kontrolle des Bürgers ergänzt:[968] Die Voraussetzung bilde jedoch eine „Direktdemokratisierung“ des Zugangs zu Verwaltungsinformationen durch die Herstellung von Verwaltungstransparenz;[969] eine eigenständige kommunikative Rückkopplung der Verwaltung an das Volk könne vor allem dort demokratische Legitimationskraft entfalten, „wo das Entscheidungsprogramm der Verwaltung offen gestaltet [sei] und die Exekutive eigenständige Gemeinwohlentscheidungen [treffe].“[970]

Der zweite Begründungsansatz geht dahin, Verwaltungstransparenz als notwendige Bedingung für die verantwortliche Wahrnehmung demokratischer Bürgerrechte zu sehen: So seien Wahlen nur dann geeignet, demokratische Legitimation zu vermitteln, wenn sie frei stattfänden; dies setze die Freiheit der Wahlberechtigten voraus, sich ein umfassendes Bild über alle für ihre Wahlentscheidung relevanten Umstände zu bilden.[971] Zu diesem Zwecke sei es auch nicht ausreichend, wenn das Informationsbedürfnis des Bürgers nur punktuell auf den Wahlvorgang beziehungsweise einen engen zeitlichen Zusammenhang zum Wahltag beschränkt werde.[972]

Des Weiteren erschöpfe sich demokratische Teilhabe nicht in der Ausübung des Wahlrechts, sondern schließe die politische Arbeit in Verbänden, Parteien und sozialen Bewegungen sowie die Beteiligung an der unorganisierten

---

965 *J. Angelov*, Grundlagen, S. 77.

966 *J. Scherer*, Öffentlichkeit, S. 40; ablehnend *B. Grzeszick*, in: Maunz/Dürig, GG, Bd. 3, Art. 20 GG II Rdnr. 29.

967 Vgl. *M. Albers*, ZJS 2009, 614 (618).

968 S. *J. Scherer*, Öffentlichkeit, S. 29 f., 40; kritisch dazu *D. Kugelmann*, Rechtsstellung, S. 34 f.

969 S. *B. Wegener*, Arkantradition, S. 437 f., 471; vgl. auch *M. Albers*, ZJS 2009, 614 (619).

970 *A. Scherzberg*, Öffentlichkeit, S. 309.

971 S. *J. Angelov*, Grundlagen, S. 70, 80; vgl. in diesem Zusammenhang auch *S. Wirtz/S. Brink*, NVwZ 2015, 1166 (1168), die davon ausgehen, dass die informationelle Grundlage jeder Mitwirkung im Staat traditionell durch die Medien sowie Presse und Rundfunk bereitgestellt werden; ähnlich BVerfGE 20, 162 (174 f.).

972 So *J. Angelov*, Grundlagen, S. 70 f.

öffentlichen Meinungs- beziehungsweise Willensbildung mit ein.[973] Letztere ermögliche es allen in der Gesellschaft vorhandenen politischen, wirtschaftlichen, kulturellen und geistigen Meinungsströmen, den Volksvertretern auch außerhalb von Wahlen ungehindert gegenüberzutreten und auf diese Weise das in der Wahl bewiesene Vertrauen kontinuierlich zu bestärken oder zu korrigieren.[974]

Werde die soziale Wirklichkeit jedoch in zunehmendem Maße in rechtlich nur vage gesteuerten administrativen Entscheidungsprozessen gestaltet, dann reiche es nicht mehr aus, wenn sich die politische Willensbildung des Volkes ausschließlich auf die durch die Öffentlichkeitsfunktion des Parlaments vermittelten Themen beziehe; vielmehr seien grundsätzlich auch die (exklusiv) im Verwaltungssystem behandelten Angelegenheiten einzubeziehen.[975] Dies setze einen ungehinderten Zugang zu den von der öffentlichen Hand gehaltenen Erkenntnisquellen voraus, der jedoch – um Manipulationen zu verhindern – nur zum geringstmöglichen Teil von den Entscheidungen der staatlichen Stellen selbst abhängen dürfe.[976] Das demokratische Recht auf Teilhabe an der politischen Willensbildung verlange stattdessen, dass der Bürger grundsätzlich selbst darüber entscheide, welche Informationen er jenseits institutioneller Selbstdarstellungsinteressen der Verwaltung für wichtig erachte und zum Gegenstand der öffentlichen Erörterung machen wolle.[977]

Unterstützung finden die beiden vorgestellten Begründungsstränge vor allem auch durch die Begründung zum Entwurf des Informationsfreiheitsgesetzes; dort heißt es:

> „Der Zugang zur Information und die Transparenz behördlicher Entscheidungen ist eine wichtige Voraussetzung für die effektive Wahrnehmung von Bürgerrechten. Dies gilt angesichts der wachsenden Informationsmacht des Staates heute mehr denn je. Lebendige Demokratie verlangt, dass die Bürger die Aktivitäten des Staates kritisch begleiten, sich mit ihnen auseinandersetzen und versuchen, auf sie Einfluss zu nehmen (…) Das Informationsfreiheitsgesetz ist daher notwendig, um entsprechend innerstaatlichen, europäischen

---

973 S. BVerwGE 141, 122 (129 Rdziff. 23); *M. Albers*, ZJS 2009, 614 (618); *J. Angelov*, Grundlagen, S. 70 ff.; *J. Bröhmer*, Transparenz, S. 39 f.; *H. Dreier*, in: Dreier, GG, Bd. 3, Art. 20 GG (Demokratie) Rdnr. 77; *H.-U. Jerschke*, Öffentlichkeitspflicht, S. 120 f.; *A. Scherzberg*, Öffentlichkeit, S. 304; *F. Schoch*, IFG, Einl Rdnr. 51; vgl. auch *D. Kugelmann*, Rechtsstellung, S. 34; ablehnend *B. Grzeszick*, in: Maunz/Dürig, GG, Bd. 3, Art. 20 GG II Rdnr. 29.

974 S. *J. Angelov*, Grundlagen, S. 71.

975 *A. Scherzberg*, Öffentlichkeit, S. 309 f.; vgl. auch *M. Albers*, ZJS 2009, 614 (618).

976 *B. Wegener*, Arkantradition, S. 432; vgl. auch *M. Albers*, ZJS 2009, 614 (619); *J. Angelov*, Grundlagen, S. 71 f.

977 S. *B. Wegener*, Arkantradition, S. 433; vgl. auch *J. Angelov*, Grundlagen, S. 76.

und internationalen Tendenzen die demokratischen Beteiligungsrechte der Bürgerinnen und Bürger durch eine Verbesserung der Informationszugangsrechte zu stärken. Denn unabhängig von einer individuellen Betroffenheit sind Sachkenntnisse entscheidende Voraussetzung für eine Beteiligung der Bürger an staatlichen Entscheidungsprozessen.

Das Informationsfreiheitsgesetz dient damit vor allem der demokratischen Meinungs- und Willensbildung. In der modernen Informationsgesellschaft werden Informations-, Kommunikations- und Partizipationsanliegen der Bevölkerung immer wichtiger und verwaltungstechnisch immer leichter erfüllbar. Gleichzeitig wandelt sich das Verwaltungsverständnis: Neben das autoritative Handeln des Staates tritt zunehmend eine konsensorientierte Kooperation mit dem Bürger, die eine gleichgewichtige Informationsverteilung erfordert. Die neuen Informationszugangsrechte verbessern die Kontrolle staatlichen Handelns und sind insofern auch ein Mittel zur Korruptionsbekämpfung. Eine öffentliche Partizipation wird zudem dazu beitragen, die Akzeptanz staatlichen Handelns zu stärken.“[978]

Ein entgrenzter Informationszugang wird allerdings auch von den Ansichten, die eine objektiv-rechtliche Transparenzpflicht der Verwaltung aus dem Demokratieprinzip ableiten, nicht gewährt: Eine realistische Konzeption von transparentem Verwaltungshandeln müsse vielmehr auch Schranken vorsehen.[979] Als Grenzen werden insoweit vor allem die innere und äußere Sicherheit, die internationalen Beziehungen, die Funktionsfähigkeit der Verwaltung, die informationelle Selbstbestimmung, der betriebliche und berufliche Datenschutz sowie spezielle freiheitsbezogene Geheimhaltungsinteressen identifiziert.[980]

Überträgt man die Auffassung vom Grundsatz der Verwaltungstransparenz auf die in dieser Arbeit behandelte Thematik, so müsste man zu dem Ergebnis gelangen, dass die öffentliche Hand auch auf ihre Teilnahme als Partei an Schiedsverfahren bezogen grundsätzlich zur (gegebenenfalls proaktiven) Schaffung von Transparenz verpflichtet wäre, um dem Volk die effektive Wahrnehmung seiner demokratischen Bürger- und Kontrollrechte zu ermöglichen. Etwas anderes würde nur dann gelten, wenn sich die Verwaltung auf einen die Geheimhaltung rechtfertigenden Ausnahmetatbestand berufen könnte; wie bereits anlässlich der Ausführungen zum Informationsfreiheitsgesetz herausgearbeitet

978 Begründung des Entwurfs eines Gesetzes zur Regelung des Zugangs zu Informationen des Bundes der Bundestagsfraktionen SPD und BÜNDNIS 90/DIE GRÜNEN vom 14.12.2004, BT-Drs. 15/4493, S. 6.

979 S. *J. Scherer*, Öffentlichkeit, S. 47; vgl. auch *F. Schoch*, IFG, Einl Rdnr. 11.

980 Vgl. *J. Scherer*, Öffentlichkeit, S. 47 ff.; *A. Scherzberg*, Öffentlichkeit, S. 358 ff.; s. in diesem Zusammenhang auch *H.-U. Jerschke*, Öffentlichkeitspflicht, S. 135 ff.

wurde, könnte in diesem Zusammenhang vor allem der Schutz von Betriebs- und Geschäftsgeheimnissen zum Tragen kommen.[981]

Auch das Bundesverfassungsgericht sieht im Demokratieprinzip ein allgemeines Prinzip der Öffentlichkeit[982] sowie einen Grundsatz der Zugänglichkeit von Informationen[983], die für die individuelle und öffentliche Meinungsbildung von Bedeutung sind, verankert und hebt zugleich die Bedeutung einer freien sowie möglichst gut informierten öffentlichen Meinung für die Existenz des demokratischen Staates hervor:[984] Die Erlangung von Information bilde die notwendige Voraussetzung dafür, dass der Bürger seine persönlichen und politischen Aufgaben ausüben und im demokratischen Sinne verantwortlich handeln könne.[985] Nach Auffassung des Bundesverfassungsgerichts ist dies allerdings zu den „vorrechtlichen Voraussetzungen der Demokratie“[986] zu zählen; zudem sage der Grundsatz der Öffentlichkeit „noch nichts zu den Modalitäten, unter denen Öffentlichkeit zugelassen“[987] werde und gelte nicht ausnahmslos. Insbesondere könne Öffentlichkeit aus zwingenden Gründen des Gemeinwohls auch dort ganz oder teilweise ausgeschlossen werden, wo sie nach der Verfassung grundsätzlich geboten sei.[988]

Aus der Rechtsprechung des Bundesverfassungsgerichts lassen sich also keine konkreten Schlussfolgerungen für die vorliegend behandelte Problematik ziehen; das Gericht legt die Ausformung des demokratischen Öffentlichkeitsgrundsatzes vielmehr in die Hand des Gesetzgebers,[989] der für die Teilnahme des Staates an Schiedsverfahren bislang jedoch keine konkreten Transparenzpflichten normiert hat.

---

981 S. oben J.III.3.d.bb., S. 150 ff.

982 BVerfGE 130, 318 (344); BVerfGE 103, 44 (63); BVerfGE 70, 324 (358); s. auch *J. Angelov*, Grundlagen, S. 68; *G. Nolte*, DÖV 1999, 363 (367); *B. Pieroth*, in: Erbguth u.a., FS Hoppe, S. 195 (197).

983 BVerfGE 103, 44 (65).

984 BVerfGE 27, 71 (81); vgl. auch BVerfGE 103, 44 (65 f.); *B. Grzeszick*, in: Maunz/Dürig, GG, Bd. 3, Art. 20 GG II Rdnr. 21.

985 Vgl. BVerfGE 27, 71 (81); BVerfGE 20, 162 (174).

986 BVerfGE 97, 350 (370); s. auch *G. Robbers*, in: Kahl/Waldhoff/Walter, BK GG, Bd. 5, Art. 20 Abs. 1 GG Rdnr. 627.

987 BVerfGE 103, 44 (63).

988 BVerfGE 103, 44 (63); BVerfGE 70, 324 (358); zustimmend *G. Robbers*, in: Kahl/Waldhoff/Walter, BK GG, Bd. 5, Art. 20 Abs. 1 GG Rdnr. 547.

989 Vgl. BVerfG 103, 44 (64).

B. Grzeszick geht wie das Bundesverfassungsgericht von einem allgemeinen Prinzip demokratischer Öffentlichkeit aus.[990] Dessen Übertragung auf die Verwaltung erweise sich zudem als konsequent; konkrete rechtliche Vorgaben für die Verwaltungstätigkeit könnten dem gleichwohl nicht ohne Weiteres entnommen werden.[991] Stattdessen sei die Transparenz des Verwaltungshandelns auf die Ziele der parlamentarischen Demokratie zu beziehen und aus ihren Bedingungen jeweils abzuleiten.[992] Eine Verdichtung des allgemeinen Öffentlichkeitsprinzips zu einem konkreten verfassungsrechtlichen Rechtsgebot der Verwaltungstransparenz hänge daher davon ab, wie bedeutsam die jeweilige staatliche Tätigkeit aus Sicht der demokratischen Willensbildung sei.[993] Setze die Tätigkeit der Verwaltung ein politisch-diskursives Verfahren voraus, verfüge über den Charakter einer eigenständigen politisch-wertenden Rechts- und Wirklichkeitsbetrachtung oder betreffe relativ bedeutsame Belange der Allgemeinheit, so spreche dies jedenfalls für eine Konkretisierung und normative Verdichtung des allgemeinen Öffentlichkeitsprinzips zu einem Rechtsgebot der Verwaltungstransparenz.[994]

Gleichwohl gelte es zu berücksichtigen, dass ein solches Gebot nicht absolut bestehe, sondern durch entgegenstehende Interessen beschränkt werden könne.[995] Im Ergebnis spricht *B. Grzeszick* dem Gesetzgeber vor diesem Hintergrund ein erhebliches Maß an Gestaltungsfreiheit zu, dessen verfassungsrechtliche Grenzen angesichts der verschiedenen bestehenden Formen verwaltungsrechtlicher Bürgerbeteiligung regelmäßig nicht überschritten seien.[996]

Denkt man an die oben untersuchten Toll-Collect-Schiedsverfahren,[997] so erscheint es keinesfalls ausgeschlossen, dass Schiedsgerichte auch mit Angelegenheiten befasst werden, die von grundlegender Bedeutung für die Allgemeinheit sind. Die öffentliche Hand müsste nach diesem Ansatz dann insoweit für Transparenz sorgen (wie dies konkret geschieht, bleibt *B. Grzeszick* zufolge dem

---

990 *B. Grzeszick*, in: Maunz/Dürig, GG, Bd. 3, Art. 20 GG II Rdnr. 21; so auch *B. Pieroth*, JuS 1987, 625 (628).

991 *B. Grzeszick*, in: Maunz/Dürig, GG, Bd. 3, Art. 20 GG II Rdnr. 31; so auch *G. Robbers*, in: Kahl/Waldhoff/Walter, BK GG, Bd. 5, Art. 20 Abs. 1 GG Rdnr. 638.

992 *B. Grzeszick*, in: Maunz/Dürig, GG, Bd. 3, Art. 20 GG II Rdnr. 31.

993 S. *B. Grzeszick*, in: Maunz/Dürig, GG, Bd. 3, Art. 20 GG II Rdnr. 31.

994 Vgl. *B. Grzeszick*, in: Maunz/Dürig, GG, Bd. 3, Art. 20 GG II Rdnr. 31.

995 S. *B. Grzeszick*, in: Maunz/Dürig, GG, Bd. 3, Art. 20 GG II Rdnr. 32.

996 *B. Grzeszick*, in: Maunz/Dürig, GG, Bd. 3, Art. 20 GG II Rdnr. 32.

997 Vgl. insoweit oben D.II.2., S. 75 ff.

Gesetzgeber überlassen), es sei denn, entgegenstehende Interessen könnten die Vertraulichkeit des Schiedsverfahrens rechtfertigen.[998]

Bereits vor mehr als einem halben Jahrhundert leitete *W. Martens* aus dem Demokratieprinzip ein Verfassungsgebot demokratischer Öffentlichkeit als Voraussetzung der politischen Meinungs- und Willensbildung des Volkes ab.[999] Daraus folgt aus seiner Sicht allerdings keine unbegrenzte Publizitätspflicht des Staates, denn die Verwirklichung einer solchen Forderung entspreche zwar dem Staatstyp einer unmittelbaren Demokratie, nicht jedoch der grundgesetzlich vorgesehenen Repräsentativdemokratie, die eine Identität von Regierenden und Regierten gerade nicht vorsehe.[1000]

Außerdem weist *W. Martens* auf die vom Bundestag vermittelte Öffentlichkeit der Exekutive hin, die von der Berichterstattung der modernen Massenmedien ergänzt werde.[1001] Gewisse Publizitätsbeschränkungen seien auch deshalb unbedenklich, weil die politische Meinungs- und Willensbildung nicht die ohnehin kaum zu erreichende Kenntnis aller Einzelheiten der staatlichen Betätigung voraussetze.[1002] Nach dieser Auffassung spricht wenig dafür, die Verwaltung bezogen auf ihre Teilnahme an Schiedsverfahren zur Herstellung von Transparenz für verpflichtet zu halten.

M. Sitsen lehnt eine demokratieprinzipiell begründete objektiv-rechtliche Pflicht zur Herstellung von Verwaltungsöffentlichkeit demgegenüber gänzlich ab und verweist zur Begründung darauf, dass für eine ausreichende demokratische Rückkopplung der Staatsgewalt an das Volk in erster Linie die Öffentlichkeit der Parlamentsarbeit und nicht die der Verwaltung maßgeblich sei.[1003] Zudem bestehe die Öffentlichkeit der Verwaltung bereits gegenüber dem Parlament und damit mittelbar auch gegenüber dem Volk.[1004]

---

998 In diesem Zusammenhang kommt vor allem eine Geheimhaltung aus Gründen des Schutzes von Geschäfts- und Betriebsgeheimnissen in Betracht, s. dazu oben J.III.3.d.bb., S. 150 ff.

999 *W. Martens*, Rechtsbegriff, S. 59 ff.

1000 *W. Martens*, Rechtsbegriff, S. 60 f.; vgl. in diesen Zusammenhang auch *B. Pieroth*, in: Erbguth u.a., FS Hoppe, S. 195 (197 f.).

1001 *W. Martens*, Rechtsbegriff, S. 73 f., vgl. dazu auch BVerfG, Urteil vom 07.11.2017 – 2 BvE 2/11, Rdziff. 201; *H.-U. Jerschke*, Öffentlichkeitspflicht, S. 156; *B. Pieroth*, in: Erbguth u.a., FS Hoppe, S. 195 (198); *J. Scherer*, Öffentlichkeit, S. 29.

1002 *W. Martens*, Rechtsbegriff, S. 71.

1003 *M. Sitsen*, IFG, S. 37; ausführlich zur parlamentarischen Öffentlichkeit *J. Bröhmer*, Transparenz, S. 97 ff.

1004 *M. Sitsen*, IFG, S. 37.

Selbst wenn man eine Pflicht des Staates zur Herstellung einer Art informationeller Grundversorgung annehmen wollte, so setzte dies *M. Sitsen* zufolge jedenfalls eine informationelle Unterversorgung des Volkes voraus.[1005] Eine entsprechende Mangellage könne jedoch nicht festgestellt werden und sei in der heutigen Zeit auch kaum denkbar: Zum einen sorgten die Öffentlichkeitsarbeit der Regierung,[1006] die Regierungsopposition sowie Presse dafür, dass das Volk in allen wesentlichen Angelegenheiten informiert sei.[1007] Zum anderen bestünden zahlreiche bereichsspezifische Informationszugangsrechte.[1008] Dies alles sei für eine funktionierende Demokratie aus verfassungsrechtlicher Sicht ausreichend.[1009] Selbst wenn man von einer informationellen Unterversorgung der Bevölkerung ausgehen wollte, sei verfassungsrechtlich im Übrigen nicht vorgegeben, wie dieses Defizit zu beheben sei; insoweit kämen unterschiedliche Mittel in Betracht.[1010]

M. Sitsen vermag schließlich auch die oben geäußerten Bedenken zum Kontrollverlust in Bezug auf die Verwaltung nicht zu teilen: Die Verwaltung unterliege einer umfassenden Kontrolle durch die Parlamente sowie Gerichte.[1011] Ausgehend von dieser Auffassung müsste man also zu dem Ergebnis gelangen, dass die Verwaltung nicht dazu verpflichtet ist, für Transparenz bezüglich ihrer Teilnahme an Schiedsverfahren zu sorgen.

Zuletzt soll auf die Auffassung *M. Dalibors* eingegangen werden, nach dem sich aus dem Demokratieprinzip für Regierung, Verwaltung und Justiz keine über spezielle Verfassungsnormen hinausgehenden konkreten Publizitätspflichten ergeben.[1012] Zur Begründung führt er aus, dass die Rückkopplung zwischen Staatsorganen und Volk verfassungsrechtlich vorgezeichnet sei: Zwar reduziere sich die Teilhabe der Bürger an der politischen Willensbildung nicht auf den Wahlakt, sondern umfasse gleichsam eine Kontrollfunktion, die eine fundierte Informa-

1005 So *M. Sitsen*, IFG, S. 36 f.
1006 Kritisch dazu *M. Albers*, ZJS 2009, 614 (619).
1007 *M. Sitsen*, IFG, S. 37.
1008 S. *M. Sitsen*, IFG, S. 37.
1009 *M. Sitsen*, IFG, S. 37.
1010 *M. Sitsen*, IFG, S. 38; vgl. auch *B. Pieroth*, in: Erbguth u.a., FS Hoppe, S. 195 (198).
1011 *M. Sitsen*, IFG, S. 37.
1012 *M. Dalibor*, DVBl. 2012, 933 (937); so auch *H. Dreier*, in: Dreier, GG, Bd. 2, Art. 20 GG (Demokratie) Rdnr. 77 Fn. 280; vgl. in diesem Zusammenhang auch *B. Pieroth*, in: Erbguth u.a., FS Hoppe, S. 195 (197 f.).

tion voraussetze.[1013] Allerdings beziehe sich diese primär auf die Beziehung des Bürgers zum Parlament.[1014] Die Kontrolle der Regierung weise das Grundgesetz demgegenüber dem Parlament und insbesondere der parlamentarischen Minderheit zu.[1015] Das grundgesetzliche Demokratieprinzip laute daher verkürzt:

> „Kontrolle der Regierung erfolgt durch ein unmittelbar demokratisch legitimiertes Organ, nicht unmittelbar durch das Volk (d.h. der einzelne Bürger als Sachwalter), dafür jedoch intensiver."[1016]

Die Nichtöffentlichkeit von Akten gegenüber der Allgemeinheit entspreche daher dem Wesenszug der repräsentativen Demokratie, „um die Entpolitisierung und den Ausgleich der verschiedenen Interessen zu sichern."[1017] Davon ausgehend müsste man zu dem Schluss gelangen, dass das Demokratieprinzip die Verwaltung nicht zu Transparenz bezüglich ihrer Schiedsverfahren zwingt; dieses Ergebnis vermag zu überzeugen.

Zur Begründung lässt sich anführen, dass das Grundgesetz ein streng repräsentativ ausgeformtes Demokratieverständnis vorgibt:[1018] Zwar geht ausweislich Art. 20 Abs. 2 S. 1 GG alle Staatsgewalt vom Volke aus (Grundsatz der Volkssouveränität)[1019]; diese wird jedoch – jenseits von Wahlen und Abstimmungen[1020] – stets durch besondere Organe der Gesetzgebung, der vollziehenden Gewalt und der Rechtsprechung ausgeübt. In der Folge fallen Inhaber- beziehungsweise Trägerschaft und Ausübung der Staatsgewalt für die meiste Zeit (Wahlen finden gemäß Art. 39 Abs. 1 S. 1 GG nur alle vier Jahre

---

1013 So *M. Dalibor*, DVBl. 2012, 933 (937).

1014 S. *M. Dalibor*, DVBl. 2012, 933 (937).

1015 *M. Dalibor*, DVBl. 2012, 933 (937).

1016 *M. Dalibor*, DVBl. 2012, 933 (937).

1017 *M. Dalibor*, DVBl. 2012, 933 (937 Fn. 61).

1018 So *H. Dreier*, in: Dreier, GG, Bd. 2, Art. 20 GG (Demokratie) Rdnr. 94; s. auch *M. Dalibor*, DVBl. 2012, 933 (937); *H. Gött*, in: Buszewski/Martini/Rathke, Freihandel, S. 199 (206); *B. Grzeszick*, in: Maunz/Dürig, GG, Bd. 3, Art. 20 GG II Rdnr. 110; *G. Robbers*, in: Kahl/Waldhoff/Walter, BK GG, Bd. 5, Art. 20 Abs. 1 GG Rdnr. 796; *K. Stern*, StaatsR, Bd. 1, S. 608.

1019 Vgl. dazu *J. Angelov*, Grundlagen, S. 69; *B. Pieroth*, in: Jarass/Pieroth, GG, Art. 20 GG Rdnr. 4; *G. Robbers*, in: Kahl/Waldhoff/Walter, BK GG, Bd. 5, Art. 20 Abs. 1 GG Rdnr. 478; *K. Stern*, StaatsR, Bd. 1, S. 593.

1020 S. *G. Roellecke*, in: Umbach/Clemens, GG, Bd. 1, Art. 20 GG Rdnr. 164.

statt, Abstimmungen kommt *de constitutione lata* kaum eine Bedeutung bei der Ausübung von Staatsgewalt durch das Volk zu)[1021] auseinander.[1022]

Um trotzdem sicherzustellen, dass das Volk die einzige Legitimationsquelle[1023] der Staatsgewalt bildet, bedarf es der Herstellung eines Zurechnungszusammenhangs zwischen dem Volk als Legitimationssubjekt und der durch die drei Gewalten ausgeübten Herrschaftsmacht als Legitimationsobjekt.[1024] Als zentraler Legitimationsvorgang sind dabei die Wahlen auf Bundes- und Landesebene zu betrachten:

> „Sie knüpfen das Band zwischen dem Volk und den Parlamenten aus Volksvertretern und sorgen für eine herausgehobene legitimatorische Stellung des Parlaments gegenüber den anderen Gewalten."[1025]

Letzteres gilt deshalb, weil es sich beim Parlament um das einzige unmittelbar demokratisch legitimierte Staatsorgan handelt;[1026] die Ausübung aller sonstigen Staatsgewalt erfolgt aus Sicht des Bürgers demgegenüber nur mittelbar demokratisch legitimiert,[1027] und zwar institutionell-funktionell (die drei Gewalten sind deshalb demokratisch legitimiert, weil das Grundgesetz sie ausdrücklich als Funktionen benennt)[1028], organisatorisch-personal (die Bestellung des einzelnen Amtswalters, der eine hoheitliche Entscheidung trifft, lässt sich auf eine ununterbrochene Kette personaler Legitimationsakte stützen, die im Ursprung auf das

---

1021 Vgl. zur Abstimmung als einer Form der Ausübung von Staatsgewalt durch das Volk *H. Dreier*, in: Dreier, GG, Bd. 2, Art. 20 GG (Demokratie) Rdnrn. 99 ff.

1022 S. *H. Dreier*, in: Dreier, GG, Bd. 2, Art. 20 GG (Demokratie) Rdnr. 109; *B. Grzeszick*, in: Maunz/Dürig, GG, Bd. 3, Art. 20 GG II Rdnr. 117; *E. Hansalek*, Kontrolle, S. 191; *A. Janssen*, DÖV 2010, 949.

1023 Vgl. *B. Pieroth*, in: Jarass/Pieroth, GG, Art. 20 GG Rdnr. 4; *M. Sachs*, in: Sachs, GG, Art. 20 GG Rdnr. 27.

1024 Vgl. BVerfGE 107, 59 (87), m.w.N.; *B. Pieroth*, in: Jarass/Pieroth, GG, Art. 20 GG Rdnr. 11; *M. Sachs*, in: Sachs, GG, Art. 20 GG Rdnr. 35; *A. Voßkuhle/A.-B. Kaiser*, JuS 2009, 803.

1025 *A. Voßkuhle/A.-B. Kaiser*, JuS 2009, 803 (804); s. auch BVerfGE 20, 56 (113); *B. Grzeszick*, in: Maunz/Dürig, GG, Bd. 3, Art. 20 GG II Rdnr. 109.

1026 Vgl. *M. Sachs*, in: Sachs, GG, Art. 20 GG Rdnr. 36, 38.

1027 So *J. Bröhmer*, Transparenz, S. 42; *B. Grzeszick*, in: Maunz/Dürig, GG, Bd. 3, Art. 20 GG II Rdnr. 109.

1028 S. BVerfGE 49, 89 (125); vgl. zur funktionell-institutionellen Legitimation auch *H. Dreier*, in: Dreier, GG, Bd. 2, Art. 20 GG (Demokratie) Rdnr. 110; *H.-U. Jerschke*, Öffentlichkeitspflicht, S. 74; *A. Voßkuhle/A.-B. Kaiser*, JuS 2009, 803 (804).

Volk und dessen Abgeordnetenwahl zurückreicht)[1029] sowie sachlich-inhaltlich beziehungsweise materiell[1030] (Gesetzesbindung, parlamentarische Kontrolle und Verantwortlichkeit der Regierung, Weisungsgebundenheit der Verwaltung gegenüber der Gubernative)[1031], wobei alle Legitimationsvarianten zusammengenommen ein hinreichendes Legitimationsniveau erreichen müssen, das einen effektiven Einfluss des Volkes auf die Ausübung der Staatsgewalt gewährleistet.[1032]

Betrachtet man das grundgesetzliche Modell demokratischer Legitimation, so wird deutlich, dass die Ausübung des Wahlrechts nach Art. 38 Abs. 1 S. 1 GG die einzige Weise darstellt, auf die das Volk als Souverän seinen Willen in rechtlich verbindlicher Form artikulieren kann;[1033] „ein willkürliches Durcheinander und hemmungsloses Mitbestimmen jedes Bürgers zu jeder Zeit"[1034] kann es demgegenüber nach dem Grundgesetz nicht geben. Zugleich gilt es zu konstatieren, dass diese Art der Willensbetätigung ausschließlich auf die Wahlen der Abgeordneten des Deutschen Bundestages gerichtet ist;[1035] im Übrigen ist das Grundgesetz „prononciert antiplebiszitär"[1036]. Inhaltlich sind die Staatsorgane daher (rechtlich) nicht an den Volkswillen gebunden;[1037] dies zeigt sich auch an der Vorschrift des Art. 38 Abs. 1 S. 2 GG, wonach die Abgeordneten des Deutschen Bundestages nicht an Aufträge und Weisungen gebunden sind.

Vor diesem Hintergrund erscheint es zweifelhaft, ob man tatsächlich davon sprechen kann, dass sich das Volk außerhalb von Wahlen zu einer Kontrolle der Exekutive als befähigt erweist. Denn echte, im Sinne von wirkungsvoller Kontrolle setzt grundsätzlich voraus, dass der Kontrollierende Maßnahmen ergreifen kann, die im Verhältnis zum Kontrollierten über ein Mindestmaß

1029 Vgl. BVerfGE 130, 76 (124); BVerfGE 107, 59 (87 f.); *M. Jestaedt*, JuS 2004, 649 (650); *B. Pieroth*, in: Jarass/Pieroth, GG, Art. 20 GG Rdnr. 12.

1030 S. *G. Robbers*, in: Kahl/Waldhoff/Walter, BK GG, Bd. 5, Art. 20 Abs. 1 GG Rdnr. 580.

1031 Vgl. BVerfGE 130, 76 (124); BVerfGE 107, 59 (88); *H. Dreier*, in: Dreier, GG, Bd. 2, Art. 20 GG (Demokratie) Rdnr. 112; *B. Pieroth*, in: Jarass/Pieroth, GG, Art. 20 GG Rdnr. 14; *G. Robbers*, in: Kahl/Waldhoff/Walter, BK GG, Bd. 5, Art. 20 Abs. 1 GG Rdnr. 580.

1032 S. BVerfGE 130, 76 (124); BVerfGE 107, 59 (87); *G. Robbers*, in: Kahl/Waldhoff/Walter, BK GG, Bd. 5, Art. 20 Abs. 1 GG Rdnrn. 578 f.

1033 S. *J. Angelov*, Grundlagen, S. 69 f.; *W. Martens*, Öffentlichkeit, S. 60; i.d.S. *H.-U. Jerschke*, Öffentlichkeitspflicht, S. 69.

1034 *K. Stern*, StaatsR, Bd. 1, S. 605.

1035 Vgl. *B. Grzeszick*, in: Maunz/Dürig, GG, Bd. 3, Art. 20 GG II Rdnr. 109.

1036 *K. Stern*, StaatsR, Bd. 1, S. 608; a.A. *B. Wegener*, Arkantradition, S. 462 ff.

1037 S. *J. Bröhmer*, Transparenz, S. 39; vgl. auch *B. Grzeszick*, in: Maunz/Dürig, GG, Bd. 3, Art. 20 GG II Rdnr. 69, 134; *K. Stern*, StaatsR, Bd. 1, S. 601 f.

an Verbindlichkeit verfügen.[1038] Auch der Umstand, dass jeder Bürger selbstverständlich stets versuchen kann, über die Ausübung der Meinungs-, Presse-, Versammlungs- und Parteienfreiheit auf den parlamentarischen sowie sonstigen staatlichen Willensbildungsprozess Einfluss zu nehmen, vermag daher an diesem Ergebnis nichts zu ändern.[1039] Ein solcher Versuch würde nämlich allenfalls moralisch-faktische Wirkungen auf die Amtsträger entfalten,[1040] und es kann gerade geboten sein, dass sich die Institutionen des repräsentativ-demokratischen Systems aus Gründen der „Staatsräson" darüber hinwegsetzen.[1041] Als „[e]inziges verbindliches regelmäßiges Kontrollmittel des Volkes"[1042] verbleibt dem Bürger damit nur die nächste Wahl.[1043] In der Zwischenzeit übernimmt er vielmehr die Rolle eines Beobachters; auch dies setzt freilich eine hinreichende Versorgung mit Informationen voraus.

Allerdings sind keine Anhaltspunkte dafür ersichtlich, dass das überkommene System aus parlamentarischer Öffentlichkeit, (rechtlichen Regeln unterworfener) Öffentlichkeitsarbeit der Regierung[1044] sowie Berichterstattung unabhängiger Medien nicht in der Lage wäre, die Bevölkerung in erschöpfendem Maße damit zu versorgen.[1045] Aus diesem Grund geht der Ansatz fehl, der zu einem Grundsatz der Verwaltungstransparenz argumentativ über die Kontrolle der Verwaltung durch den Bürger gelangt.

Die entsprechenden Überlegungen finden keine gesicherte Basis im positiven Verfassungsrecht,[1046] und ihr Verhältnis zu den klassischen Legitimationsformen bleibt (zu) unbestimmt.[1047] Ferner gilt es zu berücksichtigen, dass sich aus einem allgemeinen Grundsatz der Verwaltungstransparenz nicht zwangsläufig ein einheitlicher Zugang aller Bürger zu Verwaltungsinformationen ergeben würde, sondern verschiedene Bevölkerungsgruppen wahrscheinlich über ein in Inhalt und Umfang unterschiedliches Maß an Verwaltungsinformationen ver-

---

1038 Vgl. *H.-P. Schneider*, in: Benda/Maihofer/Vogel, Hdb. VerfassungsR, T. 1, § 13 Rdnr. 91.

1039 Vgl. *S. Magiera*, in: Schoch, GG, Art. 38 GG Rdnr. 10.

1040 Vgl. *M. Jestaedt*, AöR 126, 204 (218).

1041 Vgl. *K. Stern*, StaatsR, Bd. 1, S. 619.

1042 *B. Grzeszick*, in: Maunz/Dürig, GG, Bd. 3, Art. 20 GG II Rdnr. 134.

1043 So auch *H.-U. Jerschke*, Öffentlichkeitspflicht, S. 73 f.

1044 Zur Öffentlichkeitsarbeit der Regierung und ihren Grenzen s. *B. Grzeszick*, in: Maunz/Dürig, GG, Bd. 3, Art. 20 GG II Rdnrn. 18 ff.; *G. Robbers*, in: Kahl/Waldhoff/Walter, BK GG, Bd. 5, Art. 20 Abs. 1 GG Rdnrn. 636 ff.

1045 Vgl. *S. Wirtz/S. Brink*, NVwZ 2015, 1166 (1168).

1046 Vgl. *M. Dalibor*, DVBl. 2012, 933 (938).

1047 Vgl. *B. Grzeszick*, in: Maunz/Dürig, GG, Bd. 3, Art. 20 GG II Rdnr. 156, 166.

fügen würden. Während bei der Durchführung allgemeiner Wahlen alle Bürger formal-egalitär teilnehmen (können), würde eine auf Informationen gestützte Kontrolle der Verwaltung also immer nur durch Volksteile geschehen; dies erscheint mit dem Grundsatz der demokratischen Gleichheit jedoch nur schwerlich zu vereinbaren.[1048]

Es bleibt also dabei, dass die einzig rechtlich wirksame Kontrolle der Verwaltung (mittelbar über die Kontrolle der Regierung) von der Legislative wahrgenommen wird.[1049] Eine andere Frage in diesem Zusammenhang ist freilich, ob die Vertraulichkeit des Schiedsverfahrens womöglich dazu führt, dass eine effektive parlamentarische Kontrolle nicht mehr möglich ist; auf diesen Gesichtspunkt soll im nächsten Abschnitt der vorliegenden Arbeit näher eingegangen werden.[1050]

Zu widerlegen ist zudem das Argument, dass es der Verwaltungstransparenz bedarf, um eine verantwortliche Wahrnehmung demokratischer Bürgerrechte – vor allem des Wahlrechts – zu ermöglichen. Insoweit kann jedoch auf die bereits geäußerten Erwägungen zurückgegriffen werden: Es sind keine Anhaltspunkte dafür ersichtlich, dass es in der Gegenwart oder Vergangenheit zu Informationsdefiziten auf Seiten der Bevölkerung in einem solchen Ausmaß gekommen ist, dass es das Demokratieprinzip gebieten würde, diesem Missstand mithilfe von Maßnahmen der Verwaltungstransparenz abzuhelfen. Außerdem würde der oben geschilderte Zugang zu wahrscheinlich jeweils ungleichartigen Verwaltungsinformationen dazu führen, dass es zu einer problematischen epistemischen Ausdifferenzierung des Wahlvolkes käme und insofern der Grundsatz demokratischer Gleichheit tangiert wäre.

Schließlich soll auf die Ansicht *B. Grzeszicks* eingegangen werden, die darauf hinausläuft, dass immer dann eine Verpflichtung der Verwaltung zur Herstellung von Transparenz besteht, wenn die jeweilige staatliche Tätigkeit aus Sicht der demokratischen Willensbildung bedeutsam ist. Der wesentliche Nachteil dieses Ansatzes besteht darin, dass nur schwer zu entscheiden ist, in welchen Fällen sich eine Angelegenheit der Verwaltung aus demokratischer Sicht als wichtig beziehungsweise weniger wichtig darstellt. Diese Auffassung erweist sich damit als schwer fassbar und ist in der Konsequenz abzulehnen.

Im Ergebnis kann demnach festgehalten werden, dass aus dem Demokratieprinzip kein Grundsatz der Verwaltungstransparenz im voranstehend

---

1048 Vgl. die Antwort der Bundesregierung auf eine Große Anfrage der SPD-Fraktion u.a. vom 09.10.1991, BT-Drs. 12/1273, S. 2; *B. Grzeszick*, in: Maunz/Dürig, GG, Bd. 3, Art. 20 GG II Rdnr. 157; *K. Stern*, StaatsR, Bd. 1, S. 971 f.

1049 Vgl. *H.-U. Jerschke*, Öffentlichkeitspflicht, S. 73.

1050 S. sogleich unten K.II.3.b., S. 203 ff.

diskutierten Bezugsrahmen abgeleitet werden kann; folglich ist die öffentliche Hand insoweit auch nicht verpflichtet, aus diesem Grund für Transparenz in Bezug auf ihre Teilnahme als Partei an Schiedsverfahren zu sorgen.

b. Verwaltungstransparenz und demokratische Kontrolle durch Vertretungsorgane

Nachfolgend soll auf einen Gesichtspunkt näher eingegangen werden, der bereits im vorangegangenen Abschnitt kurz angerissen wurde: Es geht um die Frage, ob die vertrauliche Durchführung von Schiedsverfahren, an denen die öffentliche Hand als Partei beteiligt ist, womöglich dazu führt, dass die unmittelbar demokratisch legitimierten Vertretungskörperschaften ihre Kontrollfunktion im Verhältnis zur ausführenden Gewalt nicht mehr wirkungsvoll wahrnehmen können.[1051]

Ausweislich *J. Wolff* führt die nicht-öffentliche Durchführung von Schiedsverfahren jedenfalls dazu, dass die Legislative weder erfährt, wie die Exekutive das bei Schiedsverfahren regelmäßig bestehende Recht zur Wahl eines der Schiedsrichter ausübt, noch wie im Prozess argumentiert wird, oder welche Anwälte mit der Interessenwahrnehmung der öffentlichen Hand betraut sind.[1052]

Des Weiteren sei nicht einmal gewährleistet, dass das Parlament überhaupt erfahre, dass ein Schiedsverfahren stattfinde, beziehungsweise worüber gestritten werde, selbst wenn die betreffende Streitigkeit Auswirkungen auf den Haushalt und damit ureigene Rechte des Parlaments habe.[1053] In der Praxis sei die Legislative daher durchgängig darauf angewiesen, dass ihr die Parteien freiwillig ein gewisses Maß an Transparenz gewährten.[1054]

Dementsprechend hänge das Bestehen oder Nicht-Bestehen einer Kontrollkompetenz des Parlaments vom Willen der Exekutive ab, die sich wahlweise dazu entschließen könne, ein öffentlich stattfindendes staatliches Gerichtsverfahren durchzuführen oder an einem geheimen Schiedsverfahren teilzunehmen.[1055] Dies sei allerdings nicht mit dem demokratischen Prinzip zu vereinbaren, das eine wirkungsvolle parlamentarische Kontrolle der Exekutive verlange.[1056] In diesem Kontext sei es auch nicht als ausreichend anzusehen, wenn dem Parlament lediglich eine Möglichkeit zur nachgängigen Kontrolle eingeräumt werde, denn Parlamentarier müssten auch über laufende Schiedsverfahren Erkenntnisse erlangen

---

1051 Vgl. oben K.II.3.a., S. 202.
1052 *J. Wolff*, NVwZ 2012, 205 (207).
1053 *J. Wolff*, NVwZ 2012, 205 (207); vgl. auch *S. Schill*, DÖV 2010, 1013 (1016).
1054 So *J. Wolff*, NVwZ 2012, 205 (207).
1055 *J. Wolff*, NVwZ 2012, 205 (207 f.).
1056 Vgl. *S. Schill*, DÖV 2010, 1013 (1016); *J. Wolff*, NVwZ 2012, 205 (207).

können, ganz so wie es bei öffentlich durchgeführten staatlichen Gerichtsverfahren unproblematisch der Fall sei.[1057] *J. Wolff* gelangt vor diesem Hintergrund zu dem Schluss, dass Schiedsvereinbarungen, die nicht explizit die Öffentlichkeit des Verfahrens vorsehen, als verfassungswidrig und damit nichtig zu betrachten sind.[1058]

Diese Argumentation soll im Folgenden aufgegriffen und untersucht werden, ob die vertrauliche Durchführung von Schiedsverfahren tatsächlich dazu führt, dass die unmittelbar demokratisch legitimierten Vertretungsorgane (Bundestag, Landtage, Kommunalvertretungen) die ihnen demokratieprinzipiell zugewiesene Aufgabe der Kontrolle der für die jeweilige Körperschaft handelnden Verwaltungsorgane nicht mehr wirksam wahrnehmen können. Sollte sich diese These dabei als zutreffend erweisen, so müsste die Beteiligung des Staates an parteiöffentlichen Schiedsverfahren in der Tat als verfassungswidrig angesehen beziehungsweise die Exekutive verfassungskräftig für verpflichtet gehalten werden, im Wege ausgleichender Maßnahmen das erforderliche Maß an Transparenz zu schaffen.

Um außerdem dem betreffenden Einwand vorzubeugen, sei bereits an dieser Stelle darauf hingewiesen, dass es sich bei den sogenannten „Kommunalparlamenten" in der Tat nicht um Legislativorgane handeln mag.[1059] Trotzdem stellen die Kreis- und Gemeinderäte nach Art. 28 Abs. 1 S. 2 GG die unmittelbar demokratisch legitimierten Vertretungen der kommunalen Bevölkerungen dar, denen strukturell eine vergleichbare Kontrollfunktion gegenüber den die Kommunen nach außen vertretenden Verwaltungsorganen zukommt wie den Volksvertretungen auf Bundes- und Landesebene.[1060] Daher können die im Folgenden angestellten Überlegungen sinngemäß ebenfalls auf sie übertragen werden.

aa. Verwaltungskontrolle als wesentliche Aufgabe der Volksvertretungen

Das Grundgesetz verwendet den Begriff der parlamentarischen Kontrolle nur an wenigen Stellen: So übt ausweislich Art. 13 Abs. 6 S. 2 GG ein vom Bundestag gewähltes Gremium die *parlamentarische Kontrolle* bezüglich bestimmter staatlicher Maßnahmen aus, die sich wider die Unverletzlichkeit der Wohnung nach Art. 13 Abs. 1 GG richten; in Art. 13 Abs. 6 S. 3 GG heißt es wiederum, dass die Länder eine gleichwertige *parlamentarische Kontrolle* gewährleisten. Nach Art. 45b S. 1 GG wird weiterhin zum Schutz der Grundrechte und als Hilfsorgan des Bundestages

---

1057 S. *J. Wolff*, NVwZ 2012, 205 (208).

1058 *J. Wolff*, NVwZ 2012, 205 (208 f.); vgl. auch *S. Schill*, DÖV 2010, 1013 (1016).

1059 Vgl. *H. Dreier*, in: Dreier, GG, Bd. 2, Art. 20 GG (Demokratie) Rdnr. 126; *J. Wolff*, NVwZ 2012, 205 (208).

1060 So auch *J. Wolff*, NVwZ 2012, 205 (208).

bei der Ausübung der *parlamentarischen Kontrolle* ein Wehrbeauftragter des Bundestages berufen; laut Art. 45d Abs. 1 GG bestellt der Bundestag schließlich ein Gremium zur *Kontrolle* der nachrichtendienstlichen Tätigkeit des Bundes.

Obwohl der Begriff der parlamentarischen Kontrolle also rein normativ im Grundgesetz ein Randdasein führt, ist gleichwohl anerkannt, dass die Kontrolle der Regierung zu den wesentlichen Aufgaben des Bundestages gehört.[1061] Die Verantwortlichkeit der Regierung gegenüber dem sie kontrollierenden Parlament bezweckt dabei die sachlich-inhaltliche Rückbindung der Ausübung von Staatsgewalt auf den Volkswillen und wurzelt insofern unmittelbar im Demokratieprinzip.[1062]

bb. Inhalt und Umfang der parlamentarischen Kontrolle

Die demokratische Kontrolle der Regierung durch das Parlament stellt vor allem eine politische Aufsicht[1063] dar und bezieht sich inhaltlich grundsätzlich auf alle Sachverhalte, die selbst der Kontrolle der Regierung unterliegen.[1064] Primär davon erfasst ist die der Regierung hierarchisch-bürokratisch untergeordnete (Ministerial-)Verwaltung;[1065] Probleme bestehen demgegenüber in Sonderfällen der öffentlichen Verwaltung wie der (funktionalen) Selbstverwaltung, in denen die Kontrolle der Regierung selbst zurückgedrängt ist.[1066]

1061 S. BVerfGE 67, 100 (130); *H.-P. Schneider*, in: Benda/Maihofer/Vogel, Hdb. VerfassungsR, T. 1, § 13 Rdnr. 91; *G. Warg*, NVwZ 2014, 1263 (1264); *J. Wolff*, NVwZ 2012, 205 (207); vgl. zudem *C. Gusy*, JA 2005, 395; *H. Klein*, in: Maunz/Dürig, GG, Bd. 4, Art. 38 GG Rdnr. 51.

1062 Vgl. BVerfG, Urteil vom 07.11.2017 – 2 BvE 2/11, Rdziff. 197 f.; *H. Dreier*, in: Dreier, GG, Bd. 2, Art. 20 GG (Demokratie) Rdnr. 112; *P. Glauben*, LKRZ 2015, 129; *B. Grzeszick*, in: Maunz/Dürig, GG, Bd. 3, Art. 20 GG II Rdnr. 122; *C. Gusy*, ZRP 2008, 36 (37); *C. Gusy*, JA 2005, 395; *E. Hansalek*, Kontrolle, S. 192 ff.; *H. Klein*, in: Maunz/Dürig, GG, Bd. 4, Art. 38 GG Rdnr. 51; *J. Wolff*, NVwZ 2012, 205 (207).

1063 S. BVerfGE 124, 78 (116); BVerfGE 67, 100 (140); *C. Gusy*, JA 2005, 395; *H. Klein*, in: Maunz/Dürig, GG, Bd. 4, Art. 38 GG Rdnr. 54; *H.-P. Schneider*, in: Benda/Maihofer/Vogel, Hdb. VerfassungsR, T. 1, § 13 Rdnr. 91; *P. Stadler*, Kontrolle, S. 35; vgl. auch *K. Gärditz*, NVwZ 2015, 1161 (1163); *G. Kretschmer*, in: Hill, Steuerungsordnung, S. 99 (103); *J. Masing*, Untersuchungen, S. 306.

1064 S. *P. Glauben*, LKRZ 2015, 129 (132); *C. Gusy*, JA 2005, 395 f.; *H. Klein*, in: Maunz/Dürig, GG, Bd. 4, Art. 38 GG Rdnr. 52.

1065 Vgl. *B. Grzeszick*, in: Maunz/Dürig, GG, Bd. 3, Art. 20 GG II Rdnr. 122.

1066 Vgl. *C. Gusy*, JA 2005, 395 f.

Zur Wahrnehmung seiner Kontrollaufgabe[1067] steht dem Parlament dabei eine Reihe unterschiedlicher Kontrollinstrumente zur Verfügung, die sich verschiedentlich kategorisieren lassen: So existieren „sanktionierende"[1068] Kontrollmittel wie das konstruktive Misstrauensvotum nach Art. 67 Abs. 1 GG, das dazu genutzt werden kann, um die parlamentarische Unzufriedenheit gegenüber der bisherigen Regierung vermittels der Abwahl des Bundeskanzlers und damit Ablösung der gesamten Regierung zum Ausdruck zu bringen.[1069] Das Organstreitverfahren nach Art. 93 Abs. 1 Nr. 1 GG kann andererseits von Seiten des Bundestages initiiert werden, um verbindlich verfassungsgerichtlich klären zu lassen, ob sich die Bundesregierung innerhalb des ihr grundgesetzlich zugewiesenen Rechtsrahmens bewegt.[1070] Des Weiteren gibt es bestimmte Angelegenheiten, in denen die Bundesregierung auf die (gesetzliche) Mitwirkung beziehungsweise Zustimmung des Bundestages angewiesen ist (vergleiche zum Beispiel Art. 59 Abs. 2 S. 1 GG);[1071] in diesem Zusammenhang zu nennen sind außerdem die haushalterischen

---

1067 In diesem Zusammenhang gilt es zu berücksichtigen, dass eine einheitliche parlamentarische Kontrolle der Regierung eigentlich gar nicht existiert; stattdessen ist grds. zwischen der parlamentarischen Kontrolle der die Regierung stützenden parlamentarischen Mehrheit einerseits und der Opposition andererseits zu differenzieren, s. *H. Butzer*, in: Epping/Hillgruber, BeckOK GG, Art. 38 GG Rdnr. 26; *P. Glauben*, LKRZ 2015, 129 (136); *C. Gusy*, JA 2005, 395 (397); *H. Klein*, in: Maunz/Dürig, GG, Bd. 4, Art. 38 GG Rdnr. 53; *S. Magiera*, in: Sachs, GG, Art. 38 GG Rdnr. 37; vgl. auch *E. Hansalek*, Kontrolle, S. 159; *H. Klein*, in: Isensee/Kirchhof, Hdb. StaatsR, Bd. 3, § 50 Rdnr. 34; *K. Stern*, StaatsR, Bd. 1, S. 1035. Insofern kann außerdem davon ausgegangen werden, dass die Opposition vor allem auf solche Kontrollmittel zurückgreifen wird, die öffentlichkeitswirksam mit der Regierungsarbeit in Konflikt stehen, s. *C. Gusy*, JA 2005, 395 (397). Zu diesem Zweck eignet sich vor allem die Einsetzung parlamentarischer Untersuchungsausschüsse, vgl. dazu *H.-P. Schneider*, in: Benda/Maihofer/Vogel, Hdb. VerfassungsR, T. 1, § 13 Rdnr. 93; *A. Schleich*, UntersuchungsR, S. 16. Demgegenüber wird die parlamentarische Mehrheit eine Regierungskontrolle ausüben, die weniger konfrontativ und eher informell ausgestaltet ist, vgl. insoweit *C. v. Boetticher*, Kontrolle, S. 220; *H. Butzer*, in: Epping/Hillgruber, BeckOK GG, Art. 38 GG Rdnr. 26; *C. Gusy*, JA 2005, 395 (397).

1068 Vgl. *H. Klein*, in: Isensee/Kirchhof, Hdb. StaatsR, Bd. 3, § 50 Rdnr. 36; *M. Morlok*, in: Dreier, GG, Bd. 2, Art. 38 GG Rdnr. 45.

1069 S. *S. Magiera*, in: Sachs, GG, Art. 38 GG Rdnr. 38; *S. Magiera*, Staatsleitung, S. 263.

1070 Vgl. *H. Klein*, in: Isensee/Kirchhof, Hdb. StaatsR, Bd. 3, § 50 Rdnr. 41.

1071 S. die umfassende Aufstellung bei *H. Klein*, in: Maunz/Dürig, GG, Bd. 4, Art. 38 GG Rdnr. 52.

Gesetzgebungs- und Kontrollrechte des Parlaments.[1072] Insbesondere hervorzuheben sind schließlich die unterschiedlichen Mittel zur parlamentarischen Fremd- beziehungsweise Selbstinformation, die von Seiten der Parlamentarier genutzt werden können, um sich (unter anderem) Aufschluss über das Regierungs- und Verwaltungshandeln zu verschaffen. Der Fremdinformation des Parlaments dienen dabei vor allem:

- Berichtspflichten der Regierung gegenüber dem Parlament;[1073]
- die Berichterstattung des Bundesrechnungshofes gemäß Art. 114 Abs. 2 S. 3 GG;
- das Zitierrecht nach Art. 43 Abs. 1 GG;
- parlamentarische Auskunfts- und Fragerechte nach den §§ 100 ff. GOBT (Große und Kleine Anfragen, Einzelfragen und Fragestunde, Aktuelle Stunde).

Mit den parlamentarischen Auskunftsrechten korrespondiert notwendigerweise eine verfassungsrechtliche Pflicht der Bundesregierung,[1074] die aufgeworfenen Fragen wahrheitsgemäß sowie entsprechend der eigenen Erkenntnisse umfassend zu beantworten[1075] „und den Abgeordneten die zur Ausübung ihres Mandates erforderlichen Informationen zu verschaffen"[1076].

Als Mittel zur parlamentarischen Selbstinformation kommen demgegenüber in Betracht:

- Untersuchungsausschüsse nach Art. 44 Abs. 1 S. 1 GG;
- das parlamentarische Kontrollgremium gemäß Art. 45d Abs. 1 GG;
- der Petitionsausschuss nach Art. 45c Abs. 1 GG;
- das Enquêterecht nach § 56 Abs. 1 S. 1 GOBT;
- der Wehrbeauftragte nach Art. 45b GG.

1072 S. BVerfGE 70, 324 (356); *M. Brenner*, in: Isensee/Kirchhof, Hdb. StaatsR, Bd. 3, § 44 Rdnr. 35; *H. Dreier*, in: Dreier, GG, Bd. 2, Art. 20 GG (Demokratie) Rdnr. 112; *C. Gusy*, JA 2005, 395 (396); vgl. auch *H. Klein*, in: Isensee/Kirchhof, Hdb. StaatsR, Bd. 3, § 50 Rdnr. 40; *G. Robbers*, in: Kahl/Waldhoff/Walter, BK GG, Bd. 5, Art. 20 Abs. 1 GG Rdnr. 810; *H.-P. Schneider*, in: Benda/Maihofer/Vogel, Hdb. VerfassungsR, T. 1, § 13 Rdnr. 94.

1073 Begründet durch Verfassungsrecht (vgl. Artt. 13 Abs. 6 S. 1, 114 Abs. 1 GG) oder einfaches Recht (s. bspw. §§ 44 Abs. 1 S. 1 KSpG, 39 Abs. 2 S. 1 WoGG).

1074 S. BVerfG, Urteil vom 07.11.2017 – 2 BvE 2/11, Rdziff. 195; *H. Klein*, in: Isensee/Kirchhof, Hdb. StaatsR, Bd. 3, § 50 Rdnr. 38; *S. Magiera*, in: Sachs, GG, Art. 38 GG Rdnr. 41; *S. Magiera*, Staatsleitung, S. 325.

1075 So *G. Warg*, NVwZ 2014, 1263 (1264).

1076 BVerfGE 67, 100 (129).

Die Vielzahl der erwähnten parlamentarischen Informationsmittel verdeutlicht zugleich einen strukturell bedingten Unterschied, der zwischen der ersten und zweiten Gewalt im Staat besteht: Aufgrund ihres weitläufigen administrativen Unterbaus verfügt die ausführende Gewalt über deutlich bessere Möglichkeiten, Sachverstand und Erkenntnisse zu generieren sowie zu verwalten, als das Parlament.[1077] Dies rührt andererseits auch daher, dass die öffentliche Hand grundsätzlich von der Exekutive nach außen vertreten wird, der die entsprechenden Informationen damit in erster Hand zufallen.[1078] Vor diesem Hintergrund kann die ausführende Gewalt grundsätzlich auch als „informierte Gewalt"[1079] bezeichnet werden.[1080] Die parlamentarischen Auskunftsrechte dienen insofern dazu, die Legislative am Wissen der Exekutive teilhaben zu lassen.[1081]

In zeitlicher Hinsicht ist die parlamentarische Kontrolle der Regierung dabei grundsätzlich als fortlaufende und begleitende Überwachung ausgestaltet;[1082] Erwägungen, die Kontrolle des Bundestages etwa aus Gründen der Gewaltenteilung insgesamt auf bereits abgeschlossene Vorgänge zu beschränken, sind demgegenüber nicht mit dem modernen Verständnis von Parlamentskontrolle als Ausdruck der gemeinsam von Legislative und Exekutive wahrzunehmenden Aufgabe der Staatsleitung zu vereinbaren.[1083]

1077 S. *D. Bodenheim*, Kollision, S. 40; *P. Huber*, in: Isensee/Kirchhof, Hdb. StaatsR, Bd. 3, § 47 Rdnr. 27; *K.-O. Jessen*, Ansätze, S. 77; *H. Klein*, in: Isensee/Kirchhof, Hdb. StaatsR, Bd. 3, § 50 Rdnr. 36; *G. Kretschmer*, in: Hill, Steuerungsordnung, S. 99 (102); *P. Stadler*, Kontrolle, S. 121; *G. Warg*, NVwZ 2014, 1263 (1264).

1078 Vgl. BVerfGE 67, 100 (130); *J. Wolff*, NVwZ 2012, 205 (206 f.).

1079 *P. Glauben*, LKRZ 2015, 129 (130); *S. Magiera*, Staatsleitung, S. 315; i.d.S. *C. Gusy*, ZRP 2008, 36 (39); *K.-O. Jessen*, Ansätze, S. 77; kritisch *S. Magiera*, Staatsleitung, S. 232 f.

1080 Ausgehend von dieser Erkenntnis wird versucht, die Informationsübermacht der Exekutive im Verhältnis zum Parlament abzumildern: Diesem Zweck dienen etwa die Wissenschaftlichen Dienste des Bundestages, welche die Abg. mit wissenschaftlichen Analysen, Fachinformationen und gutachterlichen Stellungnahmen ausstatten, vgl. dazu *H. Klein*, in: Maunz/Dürig, GG, Bd. 4, Art. 38 GG Rdnr. 55. Auch die Medien spielen insoweit eine erhebliche Rolle, s. *C. Gusy*, JA 2005, 395 (397); *H. Wolff*, JZ 2010, 173 (174). Gleichwohl bleibt das Parlament i.W. darauf angewiesen, dass die Regierung ihr Wissen mit ihm teilt, vgl. diesbezüglich *P. Glauben*, LKRZ 2015, 129 (130); *C. Gusy*, ZRP 2008, 36 (39); *H. Klein*, in: Maunz/Dürig, GG, Bd. 4, Art. 38 GG Rdnr. 55.

1081 Vgl. *H. Klein*, in: Isensee/Kirchhof, Hdb. StaatsR, Bd. 3, § 50 Rdnr. 37.

1082 S. *K. Stern*, StaatsR, Bd. 1, S. 1002; *J. Masing*, Untersuchungen, S. 311 f.; *J. Wolff*, NVwZ 2012, 205 (208).

1083 So *H. Butzer*, in: Epping/Hillgruber, BeckOK GG, Art. 38 GG Rdnr. 27; *H. Klein*, in: Isensee/Kirchhof, Hdb. StaatsR, Bd. 3, § 50 Rdnr. 33; *H. Klein*, in: Maunz/Dürig, GG,

Zwar spricht auch das Bundesverfassungsgericht davon, dass sich die Kontrollkompetenz des Bundestages „grundsätzlich nur auf bereits abgeschlossene Vorgänge“[1084] bezieht; allerdings darf diese Aussage nicht isoliert, sondern muss im Kontext mit der konkret getroffenen Entscheidung betrachtet werden. Dort heißt es weiter:

> „Sie (Anm. d. Verf.: Gemeint ist die Kontrollkompetenz des Bundestages) enthält nicht die Befugnis, in laufende Verhandlungen und Entscheidungsvorbereitungen einzugreifen. Aber auch bei abgeschlossenen Vorgängen sind Fälle möglich, in denen die Regierung aus dem Kernbereich exekutiver Eigenverantwortung geheimzuhaltende Tatsachen mitzuteilen nicht verpflichtet ist.“[1085]

Anhand dieses Zitats wird deutlich, dass das Bundesverfassungsgericht die parlamentarische Kontrolle in seiner Entscheidung nicht verallgemeinernd als nachgängige Kompetenz deutet, sondern die Exekutive ausschließlich vor Übergriffen der Legislative in Funktionsbereiche zu schützen beabsichtigt, die ihr verfassungskräftig zur eigenen Wahrnehmung zugewiesen sind;[1086] dies betrifft vor allem den sogenannten Kernbereich exekutiver Eigenverantwortung.[1087]

Im Übrigen ist das Parlament jedoch nicht daran gehindert, aufmerksam die laufenden Regierungsgeschäfte sowie Verwaltungsvorgänge zu begleiten und die Regierung damit auch jederzeit zu konfrontieren.[1088] Dies gebietet auch der Grundsatz der Wirksamkeit parlamentarischer Kontrolle,[1089] der dem Grundgesetz als Postulat zu entnehmen ist.[1090]

Bd. 4, Art. 38 GG Rdnr. 52; *S. Magiera*, in: Sachs, GG, Art. 38 GG Rdnr. 36; *S. Magiera*, Staatsleitung, S. 263; *M. Morlok*, in: Dreier, GG, Bd. 2, Art. 38 GG Rdnr. 46; kritisch zur gemeinsamen Staatsleitung von Bundesregierung und -tag *H.-P. Schneider*, in: Benda/Maihofer/Vogel, Hdb. VerfassungsR, T. 1, § 13 Rdnr. 97.

1084 BVerfGE 124, 78 (121); BVerfGE 67, 100 (139).

1085 BVerfGE 67, 100 (139).

1086 Vgl. BVerfGE 124, 78 (121); *H. Butzer*, in: Epping/Hillgruber, BeckOK GG, Art. 38 GG Rdnr. 27a; *W. Krebs*, Kontrolle, S. 146; *S. Magiera*, in: Sachs, GG, Art. 38 GG Rdnr. 38; *J. Masing*, Untersuchungen, S. 310 f.

1087 Ausführlich dazu *E. Hansalek*, Kontrolle, S. 237 ff.

1088 S. *J. Masing*, Untersuchungen, S. 311 f.; *J. Wolff*, NVwZ 2012, 205 (208).

1089 Vgl. *S. Magiera*, in: Sachs, GG, Art. 38 GG Rdnr. 36; *J. Wolff*, NVwZ 2012, 205 (208).

1090 S. BVerfGE 124, 78 (121); BVerfGE 100, 199 (215); BVerfGE 77, 1 (48); BVerfGE 67, 100 (130); *B. Grzeszick*, in: Maunz/Dürig, GG, Bd. 3, Art. 20 GG II Rdnr. 137.

cc. Parlamentarische Kontrolle und Schiedsgerichtsbarkeit

Genau in diesem Kontext sind die Probleme hinsichtlich der parlamentarischen Kontrolle der Exekutive und der Teilnahme des Staates als Partei an Schiedsverfahren zu verorten: Mit der Wahl der Schiedsgerichtsbarkeit kommt es zur Ersetzung eines im Grundsatz öffentlichen staatlichen Gerichtsverfahrens durch die prinzipiell nur für die unmittelbar am Verfahren Beteiligten einsichtige Schiedsgerichtsbarkeit. Nach dessen Leitbild geht die Vertraulichkeit dieses Streitlösungsmechanismus sogar so weit, dass kein Außenstehender überhaupt etwas von der betreffenden Streitigkeit erfährt.[1091] Da die Vertretung der öffentlichen Hand in Schiedsverfahren grundsätzlich von der Verwaltung übernommen wird,[1092] erscheint es daher nicht unplausibel, dass es dem Parlament in solchen Fällen schwerer fallen wird, an Informationen bezüglich derartiger Verfahren zu gelangen.

Der Zugang zu einem Mindestmaß an Informationen bildet jedoch die Voraussetzung für einen bewussten und zielgerichteten Einsatz parlamentarischer Kontrollinstrumente;[1093] *C. Gusy* bringt diesen Gesichtspunkt wie folgt zum Ausdruck: „Wer nichts weiß, kann auch nichts fragen bzw. Auskünfte nicht bewerten."[1094]

Insofern steht die Parteiöffentlichkeit des Schiedsverfahrens einer wirkungsvollen parlamentarischen Kontrolle also durchaus entgegen. Zwar entspricht es auch nicht dem Sinn und Zweck der Öffentlichkeit der mündlichen Verhandlung im staatlichen Gerichtsverfahren, dem Parlament die Kontrolle der Exekutive zu ermöglichen; dies stellt sich allenfalls als denkbarer Reflex dar.[1095] Weiterhin ist die Annahme allgemein fernliegend, dass Parlamentarier zur Überwachung der Verwaltung tatsächlich als Zuschauer der mündlichen Verhandlung eines staatlichen Gerichtsverfahrens beiwohnen. Gleichwohl ist in diesem Zusammenhang ebenfalls die bedeutsame Rolle der medialen Gerichtsberichtserstattung in Rechnung zu stellen,[1096] deren Kenntnisnahme durchaus als Ausgangspunkt für weitere parlamentarische Auskunftsverlangen in Betracht

---

1091 Vgl. *J. Wolff*, NVwZ 2012, 205 (207).

1092 Vgl. *J. Wolff*, NVwZ 2012, 205 (206 f.).

1093 S. *E. Hansalek*, Kontrolle, S. 167; *J. Wolff*, NVwZ 2012, 205 (207); vgl. auch *C. Gusy*, JA 2005, 395 (397); *H.-P. Schneider*, in: Benda/Maihofer/Vogel, Hdb. VerfassungsR, T. 1, § 13 Rdnr. 95.

1094 *C. Gusy*, ZRP 2008, 36 (39); vgl. auch *P. Stadler*, Kontrolle, S. 119 ff.

1095 Ausführlich zu den Funktionen der Gerichtsöffentlichkeit *M. Fögen*, Gerichtsöffentlichkeit, S. 22 ff.

1096 Vgl. dazu oben die Nachweise in Fn. 544.

kommt.[1097] Da Medienvertretern grundsätzlich kein Zugang zu mündlichen Verhandlungen gewährt wird,[1098] entfällt diese Möglichkeit für die Schiedsgerichtsbarkeit jedoch.

Dieses Problem bestünde freilich auch dann, wenn es zu Einschränkungen der Gerichtsöffentlichkeit im staatlichen Prozess käme: Insoweit konnte oben gezeigt werden, dass sich die staatliche Gerichtsbarkeit nicht in jedem Fall transparenter als die Schiedsgerichtsbarkeit verhält; insbesondere kennt auch das staatliche Gerichtsverfahren eine ganze Reihe gesetzlicher wie faktischer Durchbrechungen vom Grundsatz der Öffentlichkeit der mündlichen Verhandlung.[1099] In der Folge stünde also ebenfalls eine Erschwerung der parlamentarischen Kontrolle in Fällen zu befürchten, in denen es zu einer Vertretung der öffentlichen Hand durch Verwaltungsorgane in Gerichtsverfahren kommt, in denen eine entsprechende Beschränkung der Gerichtsöffentlichkeit vorliegt.

Nichtsdestotrotz besteht hinsichtlich der Wirksamkeit der parlamentarischen Kontrolle ein maßgeblicher Unterschied zwischen den gesetzlichen und faktischen Durchbrechungen des Öffentlichkeitsgrundsatzes im staatlichen Gerichtsprozess einerseits und der Parteiöffentlichkeit des Schiedsverfahrens andererseits: Die Durchbrechungen des Öffentlichkeitsgrundsatzes in der staatlichen Gerichtsbarkeit sind allesamt im jeweils einschlägigen Prozessrecht angelegt und damit nicht in das ausschließlich freie Belieben der Parteien gestellt; in diesem Sinne lassen sie sich vielmehr als gesetzesimmanent bezeichnen. Demgegenüber erlaubt der Abschluss einer Schiedsvereinbarung den Beteiligten und damit auch der Verwaltung, sich nach eigenem Willen von der Durchführung einer im Regelfall öffentlichen Gerichtsverhandlung zu lösen;[1100] gerade dies untergräbt jedoch das Modell zur parlamentarischen Verwaltungskontrolle der Verfassung, die in Art. 92 GG von der staatlichem Prozessrecht unterliegenden Gerichtsbarkeit als (traditionell im Grundsatz öffentlich wahrnehmbarem)[1101] Standardinstrument der Konfliktbewältigung ausgeht,[1102] in unzulässiger Weise.

Daraus ist zu schlussfolgern, dass die Exekutive im Grundsatz verfassungsrechtlich dazu verpflichtet ist, auch im Falle der Teilnahme des Staates als Partei an nicht-öffentlichen Schiedsverfahren den parlamentarischen Kontroll- und

---

1097 Vgl. *C. Gusy*, ZRP 2008, 36 (39); *C. Gusy*, JA 2005, 395 (397); *E. Hansalek*, Kontrolle, S. 168 f.

1098 S. oben I.III.1., S. 115.

1099 S. oben J.I./II., S. 126 ff.

1100 Vgl. *J. Wolff*, NVwZ 2012, 205 (208).

1101 Vgl. BVerfGE 103, 44 (63); BGHSt 9, 280 (282).

1102 S. *J. Wolff*, NVwZ 2012, 205 (207).

insbesondere Informationsrechten Rechnung zu tragen. Insoweit kommen vor allem ergänzende Berichtspflichten der Regierung gegenüber dem Parlament in Betracht, die den Volksvertretern die effektive Ausübung weiterführender Kontrollmaßnahmen erlauben und der Regierung gesetzlich vorgeschrieben werden können; ohne entsprechende Ausgleichsmechanismen muss die Teilnahme der durch die Verwaltung vertretenen öffentlichen Hand an parteiöffentlichen Schiedsverfahren demgegenüber im Ausgangspunkt als Verstoß gegen das Demokratieprinzip und damit verfassungswidrig gewertet werden.

dd. Berechtige Geheimhaltungsinteressen?

In einem nächsten Schritt gilt es jedoch zu untersuchen, ob die Existenz berechtigter Geheimhaltungsinteressen unter Umständen dazu führen könnte, dass ein Ausschluss des Parlaments von Informationen, die Schiedsverfahren der öffentlichen Hand betreffen, als verfassungsrechtlich gerechtfertigt in Betracht käme. Diesbezüglich ist zu beachten, dass das Informationsrecht des Bundestages grundsätzlich auch „vor dem aus staatspolitischen oder aus Gründen des individuellen (Grund-)Rechtsschutzes geheimzuhaltenden Wissen der Regierung nicht halt“[1103] macht und eine Informationsverweigerung nur ausnahmsweise sowie unter strengsten Voraussetzungen in Betracht kommt.[1104]

Der Hintergrund ist darin zu sehen, dass die staatliche Verantwortung in der parlamentarischen Demokratie nicht nur der Regierung, sondern Exekutive und Legislative zur gesamten Hand überantwortet ist.[1105] Aus diesem Grund können der Bundestag und seine Organe nicht wie Dritte behandelt werden, wenn es um den Zugang zu vertraulichen Informationen geht;[1106] stattdessen sind Mechanismen zu etablieren, die zu einem angemessenen Ausgleich zwischen den berechtigten Geheimhaltungsinteressen des Staates, der Regierung beziehungsweise Dritter und dem parlamentarischen Informationsbedürfnis führen.[1107] Mit anderen Worten: Geheimnisschutz ist grundsätzlich nicht gegen das, sondern mit dem Parlament zu realisieren.[1108]

1103 *H. Klein*, in: Isensee/Kirchhof, Hdb. StaatsR, Bd. 3, § 50 Rdnr. 39.

1104 Vgl. BVerfGE 67, 100 (139); *C. Gusy*, JA 2005, 395 (398).

1105 Vgl. BVerfGE 124, 78 (123 f.); BVerfGE 67, 100 (136); *P. Glauben*, LKRZ 2015, 129 (133); *S. Magiera*, Staatsleitung, S. 319; s. auch *G. Warg*, NVwZ 2014, 1263 (1269).

1106 Vgl. BVerfGE 124, 78 (124); *P. Glauben*, LKRZ 2015, 129 (133).

1107 Vgl. BVerfG, Urteil vom 07.11.2017 – 2 BvE 2/11, Rdziff. 202 ff.; BVerfGE 124, 78 (124); BVerfGE 67, 100 (136); *H. Klein*, in: Isensee/Kirchhof, Hdb. StaatsR, Bd. 3, § 50 Rdnr. 39.

1108 So *P. Glauben*, LKRZ 2015, 129 (133); i.d.S. *C. Gusy*, ZRP 2008, 36 (38).

Zu diesem Zweck hat sich der Bundestag selbst eine Geheimschutzordnung als dritte Anlage zu seiner Geschäftsordnung gegeben; sie ist „Ausdruck der Tatsache, daß das Parlament ohne eine Beteiligung am geheimen Wissen der Regierung weder das Gesetzgebungsrecht noch das Haushaltsrecht noch das parlamentarische Kontrollrecht gegenüber der Regierung auszuüben vermöchte.“[1109]

Dank der in der Geheimschutzordnung vorgesehenen Vorkehrungen lässt sich bereits ein gewisser Grad an Vertraulichkeit für solche Angelegenheiten erreichen, die durch besondere Sicherungsmaßnahmen gegen die Kenntnisnahme durch Unbefugte geschützt werden müssen (vergleiche § 1 Abs. 2 Geheimschutzordnung).

Kommt die Regierung gleichwohl zu der Einschätzung, dass eine vollständige Unterrichtung des Parlaments beziehungsweise dessen Untergliederungen über Informationen, deren Kenntnis für die parlamentarische Arbeit als unabdingbar behauptet wird, aus Geheimhaltungsgründen nicht in Frage kommt, so ist weiter nach Kompromisslösungen zu suchen, die einen Informationszugang dennoch ermöglichen.[1110] Denkbar wäre beispielsweise, den Kreis der Informationsempfänger noch weiter einzuschränken.[1111] Nur falls auch dies im Einzelfall nicht ausreichen sollte, um den (behaupteten) berechtigten Geheimhaltungsinteressen Rechnung zu tragen, kommt ausnahmsweise und zeitlich befristet für die Dauer, in welcher der Geheimhaltungsgrund besteht, ein (verfassungsgerichtlich überprüfbarer)[1112] Ausschluss des Informationszugangs gegenüber dem Parlament in Betracht.[1113]

Was die Teilnahme des Staates an Schiedsverfahren anbelangt, so mag zwar nicht ausgeschlossen, aber gleichwohl schwer vorstellbar sein, dass in diesem Kontext Informationen zur Sprache kommen, die höchster Geheimhaltung bedürfen. Stattdessen werden vorderhand Betriebs- und Geschäftsgeheimnisse privater Rechtsträger betroffen sein, die im Rahmen der betreffenden Verfahren thematisiert werden. Insoweit ist jedoch nicht einsichtig, wieso die von Seiten des Bundestages zu ergreifenden Geheimschutzmaßnahmen im Regelfall nicht ausreichen sollten, um den entsprechenden Geheimhaltungsinteressen Rechnung zu tragen. Deshalb scheidet ein aus Gründen des berechtigten Geheimnisschutzes verfassungsrechtlich gerechtfertigter Ausschluss des Informationszugangs des Parlaments praktisch (freilich nicht theoretisch) wohl aus. Stattdessen haben

1109 BVerfGE 67, 100 (135).

1110 So *G. Warg*, NVwZ 2014, 1263 (1268); vgl. zudem *C. Gusy*, JA 2005, 395 (398 f.).

1111 S. *G. Warg*, NVwZ 2014, 1263 (1268); vgl. auch BVerfGE 67, 100 (138 f.); *C. Gusy*, JA 2005, 395 (398 f.).

1112 S. *C. Gusy*, JA 2005, 395 (398).

1113 Vgl. BVerfGE 124, 78 (121); BVerfGE 67, 100 (139).

Regierung und Parlament die zum Schutze der vertraulichen Informationen notwendigen Schutzvorkehrungen gemeinsam zu treffen.

ee. Ergebnis

Im Ergebnis bleibt damit festzuhalten, dass die unmittelbar demokratisch legitimierten Vertretungskörperschaften auf Bundes-, Landes- und Kommunalebene auch im Falle der Teilnahme des Staates als Partei an Schiedsverfahren ihre demokratische Kontrollfunktion im Verhältnis zu den die öffentliche Hand im betreffenden Verfahren vertretenden Verwaltungsorgane ungehindert wahrnehmen können müssen. Die Exekutive trifft daher eine entsprechende verfassungsrechtliche Gewährleistungspflicht; trägt sie dieser nicht Rechnung und sind in der Folge die parlamentarischen Kontrollmöglichkeiten nicht nur unerheblich eingeschränkt, so stellt sich die Durchführung des betreffenden Schiedsverfahrens beziehungsweise die Teilnahme des Staates daran als Verstoß gegen das Demokratieprinzip und damit verfassungswidrig dar.

Berechtigte Geheimhaltungsinteressen, die im Zusammenhang mit Schiedsverfahren bestehen, sind demgegenüber regelmäßig nicht dazu geeignet, einen Informationsausschluss gegenüber den demokratisch legitimierten Vertretungskörperschaften verfassungsrechtlich zu rechtfertigen. Stattdessen haben die beteiligten staatlichen Hoheitsträger den Geheimnisschutz gemeinschaftlich zu gewährleisten.

c. Ergebnis

Als Fazit kann festgehalten werden, dass das Demokratieprinzip die Verwaltung zwar nicht im Verhältnis zum Bürger zu Transparenz verpflichtet; anderes gilt jedoch auf der Ebene der Verwaltungskontrolle durch die unmittelbar demokratisch legitimierten Vertretungskörperschaften: Die Beteiligung des Staates an Schiedsverfahren darf im Verhältnis zu diesen nicht dazu führen, dass ihre demokratischen Kontrollkompetenzen in erheblicher Weise beeinträchtigt werden. Stattdessen trifft die Exekutive insoweit eine verfassungsrechtliche Pflicht, dafür Sorge zu tragen, dass ein effektiver Einsatz parlamentarischer Kontrollinstrumente auch in diesem Zusammenhang gewährleistet bleibt.

4. *Rechtsstaatliche Pflicht zur Publikation von Schiedssprüchen?*

a. *Kritik im Schrifttum und Judikatur zur Veröffentlichung von Gerichtsentscheidungen*

Eine ganze Reihe rechtswissenschaftlicher Beiträge – darunter auch solche, die der Schiedsgerichtsbarkeit grundsätzlich positiv gegenüberstehen –[1114] beklagt die negativen Folgen, die sich aus der Übertragung der Streitentscheidungsbefugnis auf Schiedsgerichte für die Rechtsordnung und -pflege ergäben: Weil die Parteien für bestimmte Streitigkeiten (vor allem wirtschaftsrechtlicher Natur) eine Schiedsvereinbarung vorsähen, gelangten die betreffenden Rechtsfragen nicht mehr zu den staatlichen Gerichten; in der Folge unterbleibe die richterliche Rechtsfortbildung und -vereinheitlichung insbesondere in Gestalt der Schaffung von Präjudizien.[1115] Als Beispiel wird in diesem Zusammenhang vielfach das Unternehmenskaufrecht als Bereich angeführt, in dem keine obergerichtliche Rechtsprechung mehr zu greifen sei.[1116]

Andererseits werde dieses Defizit auch nicht durch die schiedsrichterliche Spruchtätigkeit ausgeglichen, denn eine Veröffentlichung von Schiedssprüchen finde regelmäßig nicht statt.[1117] Damit werde auch eine wissenschaftliche

---

1114 Vgl. etwa *K. Sachs*, SchiedsVZ 2004, 123 (124); *J. Risse/M. Oehm*, ZVglRWiss 114, 407 (423).

1115 S. *M. Aden*, DZWiR 2012, 360 (361); *F. Brosius-Gersdorf*, VVDStRL 74, 169 (181 f.); *C. Duve/M. Keller*, SchiedsVZ 2005, 169 (172); *R. Gaier*, NJW 2016, 1367 (1369 f.); *G. Hirsch*, SchiedsVZ 2003, 49 (52); *H. Kahlert*, Vertraulichkeit, S. 71 ff.; *S. Schill*, DÖV 2010, 1013 (1016); a.A. *J.-P. Lachmann*, Hdb. Schiedsgerichtspraxis, Rdnr. 171, der diesem Problem nur „sekundäre Bedeutung“ zuspricht; vgl. zum Begriff der Präjudizien *T. Lundmark*, JuS 2000, 546.

1116 S. *M. Aden*, DZWiR 2012, 360 (361); *C. Duve/M. Keller*, SchiedsVZ 2005, 169 (172); *J. Risse/M. Oehm*, ZVglRWiss 114, 407 (424 f.); *K. Sachs*, SchiedsVZ 2004, 123 (124); *S. Schill*, DÖV 2010, 1013 (1016 f.); vgl. in diesem Zusammenhang auch die bereits im Rechtspflegeausschuss des parlamentarischen Rates geäußerten Bedenken des Abg. *P. d. Chapeaurouge*, Stenographisches Protokoll der 3. Sitzung vom 22.10.1948, S. 31–33, abgedruckt in: H.-P. Schneider, Dokumentation, Bd. 23.1, Dok. 28, S. 252.

1117 So *F. Brosius-Gersdorf*, VVDStRL 74, 169 (181 f.); *C. Duve/M. Keller*, SchiedsVZ 2005, 169 (172); *K. Sachs*, SchiedsVZ 2004, 123 (124); vgl. auch *M. Aden*, DZWiR 2012, 360 (362); *J.-P. Lachmann*, Hdb. Schiedsgerichtspraxis, Rdnr. 170; *J. Münch*, in: Rauscher/Krüger, MüKo ZPO, Bd. 3, Vor §§ 1025 ff. ZPO Rdnr. 96; *J. Risse/M. Oehm*, ZVglRWiss 114, 407 (423); *R. Schütze*, in: Plantey/Böckstiegel/Bredow, FS Glossner, S. 333 (338); *H. Stumpf*, in: Böckstiegel/Glossner, FS Bülow, S. 217 (225); kritisch zum Rekurs staatlicher Gerichte auf die Schiedsspruchpraxis *M. Löhr*, Rechtsschutz, S. 43 ff.

Diskussion oder ein Aufgreifen der betreffenden Probleme durch den Gesetzgeber verhindert.[1118] Des Weiteren wird eingewendet, dass in gleicher Weise die Rechtssicherheit leidet, „wenn Schiedsgerichte Sachverhalte entscheiden, ohne dass Parteien in einer vergleichbaren Lage später ihr Verhalten an dem (unveröffentlichten) Schiedsspruch orientieren können und damit Gefahr laufen, für ihr unangepasstes Verhalten sanktioniert zu werden."[1119] Gerade die Komplexität der modernen Lebensverhältnisse gebiete jedoch eine Rechtsordnung, die von Verlässlichkeit und Vorhersehbarkeit geprägt sei.[1120]

Damit sind zentrale Gesichtspunkte des Rechtsstaatsprinzips angesprochen;[1121] dies verdeutlichen gleichsam die nachfolgend wiedergegebenen Ausführungen des Bundesverwaltungsgerichts, in denen das Gericht zur Pflicht der Gerichtsverwaltungen, Rechtssprüche zu veröffentlichen, wie folgt Stellung genommen hat:

> „Diese Pflicht folgt aus dem Rechtsstaatsgebot einschließlich der Justizgewährungspflicht, dem Demokratiegebot und auch aus dem Grundsatz der Gewaltenteilung: Gerichtliche Entscheidungen konkretisieren die Regelungen der Gesetze; auch bilden sie das Recht fort (vgl. auch § 132 IV GVG). Schon von daher kommt der Veröffentlichung von Gerichtsentscheidungen eine der Verkündung von Rechtsnormen vergleichbare Bedeutung zu. Der Bürger muß zumal in einer zunehmend komplexen Rechtsordnung zuverlässig in Erfahrung bringen können, welche Rechte er hat und welche Pflichten ihm obliegen; die Möglichkeiten und Aussichten eines Individualrechtsschutzes müssen für ihn annähernd vorhersehbar sein. Ohne ausreichende Publizität der Rechtsprechung ist dies nicht möglich (...) Nicht zuletzt dient es auch der Funktionsfähigkeit der Rechtspflege für die Aufgabe der Fortentwicklung des Rechts, wenn über die Veröffentlichung von Gerichtsentscheidungen eine fachwissenschaftliche Diskussion ermöglicht wird. Zur Begründung der Pflicht der Gerichte, der Öffentlichkeit ihre Entscheidungen zugänglich zu machen und zur Kenntnis zu geben, bedarf es bei dieser Verfassungslage keiner speziellen gesetzlichen Regelung; eine solche hätte lediglich klarstellende Bedeutung."[1122]

1118 S. *J. Risse/M. Oehm*, ZVglRWiss 114, 407 (423); vgl. auch *G. Hirsch*, SchiedsVZ 2003, 49 (52).

1119 *J. Risse/M. Oehm*, ZVglRWiss 114, 407 (423); s. auch *F. Brosius-Gersdorf*, VVDStRL 74, 169 (181 f.); *C. Duve/M. Keller*, SchiedsVZ 2005, 169 (170); *G. Hirsch*, SchiedsVZ 2003, 49 (52); *J. Münch*, in: Rauscher/Krüger, MüKo ZPO, Bd. 3, Vor §§ 1025 ff. ZPO Rdnr. 96; *H. Stumpf*, in: Böckstiegel/Glossner, FS Bülow, S. 217 (225).

1120 So *R. Gaier*, NJW 2016, 1367 (1370); vgl. auch *H. Prütting*, JZ 1985, 261 (271).

1121 Vgl. *J. Risse/M. Oehm*, ZVglRWiss 114, 407 (423).

1122 BVerwGE 104, 105 (109); zustimmend *M. Huff*, NJW 1997, 2651 (2652); s. dazu auch *M. Bohne*, NVwZ 2007, 656 f.; diese bundesverwaltungsgerichtlichen Ausführungen werden ebenfalls von *H. Kahlert*, Vertraulichkeit, S. 113, zitiert.

Angesichts der grundlegenden Bedeutung, die Rechtsprechung und Literatur der Veröffentlichung von Gerichtsentscheidungen für das Gemeinwesen zuerkennen, soll im Folgenden untersucht werden, ob sich aus dem Rechtsstaatsprinzip gleichsam eine Pflicht zur Bekanntgabe von Schiedssprüchen ableiten lässt.

Dabei soll zweistufig vorgegangen und eingangs geprüft werden, ob ein entsprechendes Gebot bereits für Verfahren bejaht werden kann, an denen ausschließlich private Rechtsträger beteiligt sind.[1123] Diesbezüglich gilt es zu berücksichtigen, dass die privaten Parteien eines Schiedsverfahrens nicht unmittelbar selbst an das Rechtsstaatsprinzip gebunden sind; im Kern geht es bei der untersuchten Frage also darum, festzustellen, ob „der Staat verpflichtet ist, für eine Veröffentlichung von Schiedssprüchen zu sorgen, um in seinem Verhältnis zur Allgemeinheit der Justizgewährleistungspflicht gerecht zu werden und Rechtsklarheit sowie Funktionsfähigkeit der Rechtspflege zu gewährleisten."[1124] Dies könnte beispielsweise dadurch geschehen, dass der Gesetzgeber das einschlägige Schiedsverfahrensrecht an die rechtsstaatlichen Erfordernisse anpasst und eine Veröffentlichungspflicht für Schiedssprüche anordnet.[1125]

Sollte sich bereits auf dieser ersten Stufe herausstellen, dass sich aus dem Rechtsstaatsprinzip ein Gebot zur Veröffentlichung von Schiedssprüchen aus Verfahren ableiten lässt, an denen ausschließlich private Rechtsträger beteiligt sind, dann kann im Wege des *argumentum a fortiori* festgehalten werden, dass dies erst recht gelten muss, wenn es sich bei einer der Parteien um die unmittelbar diesem Prinzip unterworfene öffentliche Hand handelt. Fällt der Befund abweichend aus, so wird auf der nächsten Stufe demgegenüber zu prüfen sein, ob sich an diesem Ergebnis etwas dadurch ändert, dass der Staat als Partei im schiedsrichterlichen Verfahren auftritt.

b. Schiedsverfahren privater Rechtsträger

Zunächst soll jedoch untersucht werden, ob bereits Schiedssprüche aus Verfahren, an denen einzig private Rechtsträger beteiligt sind, aus rechtsstaatlichen Gründen zu veröffentlichen sind. In diesem Zusammenhang gilt es zu berücksichtigen, dass Rechtsstaatlichkeit zu den grundlegenden Staatsstrukturprinzipien

---

1123 So etwa *M. Aden*, DZWiR 2012, 360 (362); *F. Brosius-Gersdorf*, VVDStRL 74, 169 (182), differenziert insoweit nicht, ob an den Verfahren nur Private oder auch Hoheitsträger beteiligt sind.

1124 *H. Kahlert*, Vertraulichkeit, S. 117.

1125 Vgl. *F. Brosius-Gersdorf*, VVDStRL 74, 169 (182); *H. Kahlert*, Vertraulichkeit, S. 117.

des Grundgesetzes gehört.[1126] Gleichwohl wurde der Rechtsstaatsgrundsatz nicht zentral in einer Grundgesetzvorschrift normiert, sondern findet Reminiszenz in verschiedenen Artikeln, die jeweils dessen Teilaspekte widerspiegeln.[1127]

Daneben wurden von Rechtsprechung und Literatur weitere (ungeschriebene) Unterprinzipien herausgearbeitet, die von der herrschenden Meinung als Ausfluss der Rechtsstaatlichkeit angesehen werden;[1128] dazu zählt zuvorderst die Rechtssicherheit: Sie gebietet, dass der Einzelne „seine privaten, beruflichen und wirtschaftlichen Dispositionen aufgrund gesicherter rechtlicher Rahmenbedingungen treffen"[1129] kann.[1130]

Dies setzt zweierlei voraus: *Ex post* erfordert Rechtssicherheit, dass einmal getroffene staatliche Entscheidungen nicht beliebig, sondern lediglich unter Berücksichtigung gewisser Formen und oft nur unter eingeschränkten inhaltlichen Bedingungen abgeändert werden können;[1131] der Bürger genießt insoweit Bestands- beziehungsweise Vertrauensschutz.[1132] *Ex ante* verlangt Rechtssicherheit demgegenüber, dass der Staat eine Rechtsordnung unterhält, die für den Bürger durchschaubar, verständlich und vorhersehbar ist.[1133] Dazu gehört auch, dass im föderalen Verwaltungs- und Gerichtsaufbau die Gefahr sich widersprechender Entscheidungen durch Rechtsvereinheitlichung beschränkt wird.[1134]

1126 S. BVerfGE 20, 323 (331); *B. Grzeszick*, in: Maunz/Dürig, GG, Bd. 3, Art. 20 GG VII Rdnr. 1; *H.-U. Jerschke*, Öffentlichkeitspflicht, S. 78.

1127 S. BVerfGE 65, 283 (290); *E. Schmidt-Aßmann*, in: Isensee/Kirchhof, Hdb. StaatsR, Bd. 2, § 26 Rdnrn. 2 ff.; vgl. *K. Stern*, StaatsR, Bd. 1, S. 778.

1128 Vgl. *E. Schmidt-Aßmann*, in: Isensee/Kirchhof, Hdb. StaatsR, Bd. 2, § 26 Rdnr. 69.

1129 *K.-P. Sommermann*, in: Mangoldt/Klein/Starck, GG, Bd. 2, Art. 20 Abs. 3 GG Rdnr. 288; s. auch *E. Benda*, in: Benda/Maihofer/Vogel, Hdb. VerfassungsR, T. 1, § 17 Rdnr. 14.

1130 Ausführlich zur Rechtssicherheit *A. v. Arnauld*, Rechtssicherheit; *P. Kunig*, Rechtsstaatsprinzip, S. 390 ff.; *E. Schmidt-Aßmann*, in: Isensee/Kirchhof, Hdb. StaatsR, Bd. 2, § 26 Rdnrn. 81 ff.

1131 S. *E. Schmidt-Aßmann*, in: Isensee/Kirchhof, Hdb. StaatsR, Bd. 2, § 26 Rdnr. 81; ausführlich zur Thematik der Rechtssicherheit und der Änderung staatlichen Handelns nimmt *P. Kunig*, Rechtsstaatsprinzip, S. 416 ff., Stellung.

1132 Vgl. BVerfGE 60, 253 (269); *E. Schmidt-Aßmann*, in: Isensee/Kirchhof, Hdb. StaatsR, Bd. 2, § 26 Rdnrn. 81 ff.

1133 S. *E. Schmidt-Aßmann*, in: Isensee/Kirchhof, Hdb. StaatsR, Bd. 2, § 26 Rdnr. 81; vgl. auch *E. Benda*, in: Benda/Maihofer/Vogel, Hdb. VerfassungsR, T. 1, § 17 Rdnr. 71; *S. Calmes-Brunet*, JuS 2014, 602.

1134 S. *J. Wenzel*, NJW 2002, 3353 (3355); vgl. auch VG Berlin, Urteil vom 29.09.2016 – 4 K 122.15, Rdziff. 26 (juris); *M. Schultz*, MDR 2003, 1392 (1400).

Um einen zuverlässigen Eindruck von der geltenden Rechtslage zu erhalten, genügt es dabei nicht, wenn der Einzelne nur die Gelegenheit hat, sich einen Überblick über das geschriebene Recht zu verschaffen.[1135] Weil die ganz überwiegende Mehrzahl der Gesetze als abstrakte und interpretationsbedürftige Rechtsregeln unter Verwendung unbestimmter Rechtsbegriffe sowie generalklauselartiger Ermessenstatbestände formuliert ist,[1136] bedarf es vielmehr auch eines Zugangs zu richterlichen Einzelfallentscheidungen, in denen eine Auslegung und Konkretisierung dieser Vorschriften vorgenommen wird.[1137] Dies gilt auch deshalb, weil sich die staatliche Rechtsordnung nicht nur aus der Summe der geschriebenen Rechtsregeln zusammensetzt, sondern gleichsam ungeschriebene Vorgaben umfasst, die sich aus den Wertungen und Zusammenhängen der verfassungsmäßigen Rechtsordnung als Sinngesamtheit ergeben.[1138] Die Pflicht der Gerichte, dieses Recht im Wege der schöpferischen Rechtsfindung aufzudecken, ist Ausfluss ihrer in Art. 20 Abs. 3 GG verankerten Bindung an Gesetz und Recht.[1139]

Wegen der *inter-partes*-Wirkung[1140] von Gerichtsentscheidungen kann der Bürger dabei zwar nicht darauf vertrauen, dass sein Fall entsprechend eines anderen Gerichtsurteils entschieden wird;[1141] denn zumindest im deutschen Recht kommt gerichtlichen Entscheidungen keine eigenständige präjudizielle Bindungswirkung zu.[1142] Weiterhin schränkt Art. 3 Abs. 1 GG die Rechtsprechung

---

1135 So *F. Drefs*, in: Dreier u.a., Zugang, S. 89 (101); zur rechtsstaatlichen Notwendigkeit der Verkündung förmlich gesetzter Rechtsnormen s. BVerfGE 65, 283 (291).

1136 Vgl. *E. Schmidt-Aßmann*, in: Isensee/Kirchhof, Hdb. StaatsR, Bd. 2, § 26 Rdnr. 34, 60; *K.-P. Sommermann*, in: Mangoldt/Klein/Starck, GG, Bd. 2, Art. 20 Abs. 3 GG Rdnr. 289.

1137 S. *M. Bohne*, NVwZ 2007, 656; *E. Schmidt-Aßmann*, in: Isensee/Kirchhof, Hdb. StaatsR, Bd. 2, § 26 Rdnr. 66; *P. Tiedemann*, NVwZ 1997, 1187; vgl. auch *E. Benda*, in: Benda/Maihofer/Vogel, Hdb. VerfassungsR, T. 1, § 17 Rdnr. 34; *F. Drefs*, in: Dreier u.a., Zugang, S. 89 (101); *H. Hirte*, NJW 1988, 1698 (1701).

1138 S. BVerfGE 34, 269 (286 f.); *M. Sachs*, in: Sachs, GG, Art. 20 GG Rdnrn. 103 ff.; a.A. *B. Grzeszick*, in: Maunz/Dürig, GG, Bd. 3, Art. 20 GG VI Rdnr. 66, der Vorgaben jenseits des positiven Rechts i.R.d. vom GG konstituierten Rechtsordnung die eigenständige rechtliche Bindungswirkung abspricht.

1139 S. BVerfGE 34, 269 (287); *R. Wank*, Rechtsfortbildung, S. 88 f.

1140 S. *H. Kahlert*, Vertraulichkeit, S. 118; *R. Schütze*, in: Plantey/Böckstiegel/Bredow, FS Glossner, S. 333; *R. Wank*, Rechtsfortbildung, S. 36.

1141 In diesem Zusammenhang erscheint bereits problematisch, unter welchen Voraussetzungen zwei Fälle überhaupt als „ähnlich gelagert" oder „gleich" identifiziert werden können, vgl. *K. Sobota*, Rechtsstaat, S. 181.

1142 S. *A. v. Arnauld*, Rechtssicherheit, S. 472; *C. Duve/M. Keller*, SchiedsVZ 2005, 169 (170); *C. Paulus*, ZivilprozessR, Rdnr. 201; *S. Schill*, DÖV 2010, 1013 (1017); *R. Schütze*, in:

auch nicht dahingehend ein, dass eine generell abweichende Auslegung derselben Norm durch das gleiche oder andere Gerichte grundsätzlich ausgeschlossen ist.[1143] Stattdessen verpflichtet die Gesetzesbindung des Art. 20 Abs. 3 GG die Gerichte sogar dazu, eine vorgefundene, aber als unzutreffend erkannte Rechtsauffassung in kommenden Entscheidungen zu verwerfen.[1144] Die Befähigung und zugleich Pflicht zur Wandlung ist also in diesem Sinne sogar fest im Wesen der Rechtsprechung verankert.[1145]

Gleichwohl haben staatliche Gerichte bislang Wert darauf gelegt, in ihrer Rechtsprechung ein gewisses Maß an Kontinuität zu pflegen.[1146] In Verbindung mit dem gleichheitsrechtlich[1147] sowie rechtsstaatlich[1148] gebotenen Willkürverbot schützen Präjudizien den Bürger außerdem davor, dass es zu unbegründeten Abweichungen in der Rechtsanwendung kommt.[1149] Daneben verfügt Rechtsprechung zumindest über faktische Bindungskräfte: So erfüllen Präjudizien eine Entlastungsfunktion, weil die von einem anderen Gericht untersuchten Rechtsfragen in einem späteren Verfahren nicht vollkommen neu entschieden werden müssen.[1150] Dies kann jedenfalls dann gelten, soweit zu der betreffenden Thematik bereits eine vertretbare Argumentation entwickelt worden ist.[1151] Je stärker eine Auffassung in Rechtsprechung und Schrifttum verbreitet ist, desto eher wird ein Gericht geneigt sein, sich ihr ebenfalls anzuschließen.[1152]

Plantey/Böckstiegel/Bredow, FS Glossner, S. 333; vgl. auch *R. Gaier*, NJW 2016, 1367 (1369); *H. Kahlert*, Vertraulichkeit, S. 118 f.; *T. Lundmark*, JuS 2000, 546.

1143 So BVerfG (3. Kammer des 2. Senats), Beschluss vom 23.09.1992 – 2 BvR 871/92 (= NJW 1993, 720); *H. Wolff*, in: Hömig/Wolff, GG, Art. 3 GG Rdnr. 5; vgl. auch *H. Jarass*, in: Jarass/Pieroth, GG, Art. 3 GG Rdnr. 9.

1144 S. *P. Kunig*, Rechtsstaatsprinzip, S. 432.

1145 S. *P. Kunig*, Rechtsstaatsprinzip, S. 433.

1146 So *J.-P. Lachmann*, Hdb. Schiedsgerichtspraxis, Rdnr. 172; vgl. auch *H. Hirte*, NJW 1988, 1698 (1700); *H. Kahlert*, Vertraulichkeit, S. 127 f.; *T. Lundmark*, JuS 2000, 546.

1147 Vgl. zum gleichheitsrechtlichen Willkürverbot *P. Kirchhof*, in: Maunz/Dürig, GG, Bd. 1, Art. 3 Abs. 1 GG Rdnrn. 264 ff.

1148 Zum unmittelbar rechtsstaatlich begründeten Willkürverbot vgl. *U. Kischel*, in: Epping/Hillgruber, BeckOK GG, Art. 3 GG Rdnr. 83; *L. Osterloh/A. Nußberger*, in: Sachs, GG, Art. 3 GG Rdnrn. 34–36, m.w.N.

1149 Ähnlich *H. Hirte*, NJW 1988, 1698 (1700 f.); *K. Stern*, StaatsR, Bd. 2, S. 586; vgl. auch *B. Grzeszick*, in: Maunz/Dürig, GG, Bd. 3, Art. 20 GG VII Rdnr. 106.

1150 S. *A. v. Arnauld*, Rechtssicherheit, S. 474 f.; *J. Ipsen*, RichterR, S. 58 f.; *H. Kahlert*, Vertraulichkeit, S. 122.

1151 S. *A. v. Arnauld*, Rechtssicherheit, S. 475 f.; *H. Kahlert*, Vertraulichkeit, S. 122 f.; *K. Röhl/H. Röhl*, Rechtslehre, S. 566.

1152 Vgl. *H. Kahlert*, Vertraulichkeit, S. 122, 129.

Die Überzeugungskraft des Präjudizes nimmt dabei gleichsam an der Autorität seines Urhebers teil; in der Folge fällt die faktische Bindungswirkung von Instanzrechtsprechung höher aus als die präjudizielle Kraft erstinstanzlicher Urteile.[1153] Auch die Hierarchisierung der Justiz hat Anteil daran: Untergerichte werden regelmäßig den Rechtsansichten höherer Instanzen folgen,[1154] um eine Abänderung beziehungsweise Aufhebung der eigenen Entscheidungen und die damit gegebenenfalls einhergehenden oder zumindest befürchteten Nachteile für das eigene berufliche Fortkommen zu verhindern.[1155]

In der beschriebenen Weise kommt Rechtsprechung eine Konsolidierungsfunktion für die staatliche Rechtsordnung zu,[1156] die dem Bürger die „tatsächliche Rechtsanwendung zeigt“[1157] und ihm erlaubt, sich aus Gründen der Rechtssicherheit bei der Gestaltung seiner rechtlichen Verhältnisse anhand von Präjudizien zu orientieren.[1158] Kommt es zu Konflikten, dann helfen bereits erlassene Urteile dem Einzelnen außerdem dabei, die Erfolgsaussichten eines eigenen gerichtsförmigen Vorgehens im Voraus abschätzen zu können; dies trägt ganz wesentlich zur Effektuierung des staatlicherseits eröffneten Rechtsschutzes bei.[1159]

Wird es der staatlichen Justiz ganz oder teilweise unmöglich, wegen einer steigenden Zahl an vertraulich im Rahmen von Schiedsverfahren entschiedenen Rechtsstreitigkeiten dieser Aufgabe im erforderlichen Maß nachzukommen, und droht in der Folge Rechtsunsicherheit, so erscheint es daher nicht von vornherein abwegig, es für geboten zu halten, dieses Defizit aus rechtsstaatlichen Gründen durch die Inanspruchnahme auch von Privaten kompensieren zu wollen.[1160] Denn

---

1153 Vgl. *A. v. Arnauld*, Rechtssicherheit, S. 475; *H. Kahlert*, Vertraulichkeit, S. 124 f.

1154 S. dazu *A. Heldrich*, ZRP 2000, 497 (499).

1155 S. *A. v. Arnauld*, Rechtssicherheit, S. 474; *R. Gaier*, NJW 2016, 1367 (1369); *H. Kahlert*, Vertraulichkeit, S. 128, 130; *M. Löhr*, Rechtsschutz, S. 43.

1156 Vgl. *M. Bohne*, NVwZ 2007, 656; *S. Calmes-Brunet*, JuS 2014, 602; *E. Schmidt-Aßmann*, in: Isensee/Kirchhof, Hdb. StaatsR, Bd. 2, § 26 Rdnr. 66; *K. Stern*, StaatsR, Bd. 2, S. 586; s. auch BVerfGE 60, 253 (269); *P. Tiedemann*, NVwZ 1997, 1187.

1157 *S. Schill*, DÖV 2010, 1013 (1016); vgl. auch OLG Celle, Beschluss vom 12.06.1990 – 1 VAs 4/90[=NJW 1990, 2570 (2571)].

1158 I.d.S. BVerwGE 104, 105 (109); *R. Gaier*, NJW 2016, 1367 (1370); vgl. auch *A. v. Arnauld*, Rechtssicherheit, S. 476; *C. Duve/M. Keller*, SchiedsVZ 2005, 169 (170); *K. Röhl/H. Röhl*, Rechtslehre, S. 567; *S. Schill*, DÖV 2010, 1013 (1016).

1159 Vgl. BVerwGE 104, 105 (109).

1160 So *M. Aden*, DZWiR 2012, 360 (362).

Schiedssprüche vermögen in ähnlicher Weise wie Gerichtsurteile eine Präzedenzfunktion zu erfüllen.[1161]

Gleichwohl sprechen folgende Erwägungen ganz maßgeblich gegen ein solches Vorgehen: Konflikte zwischen nicht-staatlichen Rechtsträgern sind zuallererst Privatsache, und den Beteiligten steht es frei, ihre Auseinandersetzung auf beliebige Art und Weise beizulegen: Sie können „unter vier Augen" verhandeln, Klage bei den staatlichen Gerichten einreichen oder aber ein Schiedsverfahren durchführen.[1162] In diesem Kontext weist *J. Risse* sehr pointiert darauf hin, dass es ihnen sogar freisteht, ihren Streit im Wege des Würfelspiels beizulegen.[1163]

Ein Anspruch des Staates, dass die Bürger ihre Konflikte zu ihm tragen, besteht demgegenüber nicht; stattdessen genießt die Durchführung eines Schiedsverfahrens aus Sicht des Bürgers sogar Grundrechtsschutz.[1164] Dies gilt in gleicher Weise für die Entschließung, das Verfahren vertraulich auszugestalten: Je nach Streitgegenstand können insoweit vor allem die Grundrechte auf Privatautonomie, informationelle Selbstbestimmung (für persönliche Daten) sowie die Berufs- und Eigentumsfreiheit (für Betriebs- und Geschäftsgeheimnisse) zum Tragen kommen.[1165]

Dass der Staat selbst den privaten Charakter der Streitigkeiten seiner Bürger grundsätzlich anerkennt, kommt in der Legaldefinition des § 1 Abs. 1 MedG zum Ausdruck: Dort wird Mediation beschrieben als „ein vertrauliches und strukturiertes Verfahren, bei dem Parteien mithilfe eines oder mehrerer Mediatoren freiwillig und eigenverantwortlich eine einvernehmliche Beilegung ihres Konflikts anstreben."

Zum Merkmal der Vertraulichkeit heißt es in der Begründung zum Entwurf dieses Gesetzes der Bundesregierung dabei:

> „Die Vertraulichkeit ist für den Erfolg einer Mediation entscheidend. Denn nur so können die Parteien ihre regelungsbedürftigen Interessen und die hierfür wesentlichen Informationen offen mitteilen. In dem vertraulichen Rahmen der Mediation können die Parteien zu gemeinsamen Überzeugungen gelangen, die Grundlage einer von allen Seiten als gerecht empfundenen Lösung sind. Da die gerichtsinterne Mediation nicht vor dem erkennenden Gericht stattfindet, gilt der Öffentlichkeitsgrundsatz nicht; eine ausdrückliche Regelung

1161 S. *C. Duve/M. Keller*, SchiedsVZ 2005, 169 (171); a.A. *J.-P. Lachmann*, Hdb. Schiedsgerichtspraxis, Rdnr. 170, 173.

1162 So auch *J. Risse*, SchiedsVZ 2014, 265 (271); *J. Risse/M. Oehm*, ZVglRWiss 114, 407 (419); a.A. *M. Aden*, DZWiR 2012, 360 (362).

1163 *J. Risse*, SchiedsVZ 2014, 265 (271).

1164 S. oben F.II.1., S. 98 f.

1165 Vgl. *J. Risse/M. Oehm*, ZVglRWiss 114, 407 (419 f.).

der Nichtöffentlichkeit in § 169 ff. GVG ist deshalb nicht erforderlich. Sofern die Parteien allerdings die Herstellung einer beschränkten oder auch vollständigen Öffentlichkeit wünschen, können sie nach dem im Mediationsverfahren geltenden Grundsatz der Parteiautonomie das Ausmaß der Vertraulichkeit selbst bestimmen (vgl. auch § 2 Absatz 4 MediationsG). So können beispielsweise vom Konflikt betroffene Dritte, Personen mit besonderem Sachverstand oder, etwa in Umweltverfahren, am Konflikt beteiligte Gruppen hinzugezogen werden, soweit die Parteien dies vereinbaren."[1166]

Die Mediation als vertrauliches Verfahren auszugestalten, für schiedsrichterliche Entscheidungen demgegenüber von einer Pflicht zur Veröffentlichung ausgehen zu wollen, stellte sich angesichts der Vergleichbarkeit, die beiden Verfahren als nicht-staatlichen Konfliktbewältigungsmethoden zukommt, als widersprüchlich dar.[1167]

So sehr es sich bei der Schaffung von Rechtssicherheit um ein anerkennenswertes Motiv handelt, können und dürfen die privat ausgetragenen Streitigkeiten der Bürger aus den genannten Gründen daher nicht für diese (rechts-)staatliche Zielvorstellung instrumentalisiert werden.[1168] Dies gilt in gleicher Weise für die Rechtsfortbildung und -vereinheitlichung.

c. *Schiedsverfahren unter Beteiligung der öffentlichen Hand*

Es stellt sich die Frage, ob diese Bewertung anders ausfallen muss, wenn eine der Parteien die öffentliche Hand ist. Aus „Gründen der Funktionsfähigkeit der Rechtspflege, der Rechtsklarheit und der Justizgewährungspflicht"[1169] hält *H. Kahlert* die an einem Schiedsverfahren beteiligten Hoheitsträger jedenfalls in bestimmten Fällen für verpflichtet, in diesem Zusammenhang erlangte Präjudizien zu veröffentlichen. Die betreffende Pflicht sei je eher zu bejahen, desto weniger Rechtsprechung zu den in einem Schiedsspruch entschiedenen Fragen vorhanden sei, und desto mehr der Schiedsspruch den Rechtsanwendern sowie der Wissenschaft nutzen könne.[1170] Zur Begründung verweist *H. Kahlert* dabei auf die unmittelbar bestehende Bindung der beteiligten Hoheitsträger an den Rechtsstaatsgrundsatz.[1171]

1166 Begründung der Bundesregierung zum Entwurf eines Gesetzes zur Förderung der Mediation und anderer Verfahren der außergerichtlichen Konfliktbeilegung vom 01.04.2011, BT-Drs. 17/5335, S. 13.

1167 I.d.S. *J. Risse/M. Oehm*, ZVglRWiss 114, 407 (426); vgl. auch *J. Risse*, SchiedsVZ 2014, 265 (271).

1168 Vgl. auch den Argumentationsansatz von *H. Kahlert*, Vertraulichkeit, S. 104 ff.

1169 *H. Kahlert*, Vertraulichkeit, S. 141.

1170 *H. Kahlert*, Vertraulichkeit, S. 141.

1171 *H. Kahlert*, Vertraulichkeit, S. 141.

Diese Auffassung vermag im Ergebnis zu überzeugen; insoweit gilt es zunächst zu berücksichtigen, dass die Vorhersehbarkeit und Berechenbarkeit staatlichen Verhaltens von ganz wesentlicher Bedeutung für die Freiheitsentfaltung des Einzelnen ist:

> „Denn Freiheit meint vor allem die Möglichkeit, das eigene Leben nach eigenen Entwürfen zu gestalten. Eine wesentliche Bedingung hierfür ist, daß die Umstände und Faktoren, die die Gestaltungsmöglichkeiten solcher Entwürfe und ihren Vollzug nachhaltig beeinflussen können, insbesondere die staatlichen Einwirkungen hierauf, möglichst zuverlässig eingeschätzt werden können.“[1172]

Wie oben bereits ausgeführt wurde, reicht die Lektüre des geschriebenen Rechts jedoch nicht aus, um sich eine rechtssichere Vorstellung vom geltenden Recht zu verschaffen;[1173] dies gilt vor allem auch im Verwaltungsrecht, wo regelmäßig mehrere vertretbare Entscheidungen in Betracht kommen.[1174] Darüber hinaus bedarf es vielmehr ebenfalls eines Zugangs zur einschlägigen Judikatur, deren Auswertung dem Einzelnen nicht nur zu einer (mehr oder weniger groben) Orientierung über das voraussichtliche Verwaltungshandeln verhelfen kann,[1175] sondern auch zur Identifikation einer ständigen Verwaltungsübung geeignet erscheint, aus der gegebenenfalls eine Selbstbindung der Verwaltung nach Art. 3 Abs. 1 GG hergeleitet werden kann.[1176]

Die gemäß Art. 20 Abs. 3 GG unmittelbar dem Rechtsstaatsprinzip verpflichtete ausführende Gewalt darf die Berechenbarkeit und Verständlichkeit der Rechtsordnung nicht dadurch gefährden, dass sie sich durch den Abschluss von Schiedsvereinbarungen nach eigenem Belieben der öffentlich bekanntgegebenen Judikatur staatlicher Gerichte entzieht.[1177] Vielmehr ist sie genauso wie die Rechtsprechung grundsätzlich der Schaffung von Rechtssicherheit, der Rechtsfortbildung sowie der Rechtsvereinheitlichung verpflichtet und darf deren Entstehungsprozesse nicht verhindern. Daraus folgt, dass die Verwaltung immer dann

---

1172 BVerfGE 60, 253 (268); vgl. auch *A. v. Arnauld*, Rechtssicherheit, S. 118; *E. Benda*, in: Benda/Maihofer/Vogel, Hdb. VerfassungsR, T. 1, § 17 Rdnr. 35.

1173 S. oben K.II.4.b., S. 219.

1174 So *E. Benda*, in: Benda/Maihofer/Vogel, Hdb. VerfassungsR, T. 1, § 17 Rdnr. 45; vgl. auch *E. Schmidt-Aßmann*, in: Isensee/Kirchhof, Hdb. StaatsR, Bd. 2, § 26 Rdnr. 52.

1175 Vgl. in diesem Zusammenhang auch *F. Drefs*, in: Dreier u.a., Zugang, S. 89 (101); *S. Schill*, DÖV 2010, 1013 (1016).

1176 Vgl. *E. Schmidt-Aßmann*, in: Isensee/Kirchhof, Hdb. StaatsR, Bd. 2, § 26 Rdnr. 84; zur Selbstbindung der Verwaltung s. *P. Kunig*, Rechtsstaatsprinzip, S. 421 ff.

1177 Vgl. auch die Argumentationsansätze von *S. Schill*, DÖV 2010, 1013 (1016 f.), sowie *J. Wolff*, NVwZ 2012, 205 (208).

zur Bekanntgabe von Schiedssprüchen verpflichtet ist, wenn auch staatliche Gerichtsentscheidungen aus rechtsstaatlichen Gründen zu veröffentlichen wären.[1178]

Das Bundesverwaltungsgericht macht dies von der „Veröffentlichungswürdigkeit" der jeweiligen Entscheidung abhängig und stellt insoweit auf die Sicht derjenigen ab, die mit der Publikation erreicht werden sollen:

> „Maßgeblich sind also das tatsächliche oder mutmaßliche Interesse der Öffentlichkeit und das Interesse derjenigen, die in entsprechenden Angelegenheiten um Rechtsschutz nachsuchen wollen."[1179]

Diesem Ergebnis kann auch nicht die Schutzwürdigkeit des privaten Partners entgegengehalten werden: In diesem Zusammenhang gilt es zunächst zu berücksichtigen, dass sich das Gewicht seiner Beeinträchtigung durch eine Anonymisierung der zu veröffentlichenden Entscheidung ausschließen beziehungsweise weitgehend gering halten lässt.[1180] Sollte anhand der im Rahmen des Schiedsspruchs wiedergegebenen Tatsachen gleichwohl eine Identifikation der involvierten Parteien möglich sein, so mag dies vor allem daran liegen, dass bereits zuvor Meldungen über die betreffende Streitigkeit bekanntgegeben worden sind.[1181] Damit erscheint das Geheimhaltungsinteresse des Privaten von vornherein vernachlässigbar, jedenfalls ist eine trotz Anonymisierung verbleibende Einschränkung seiner Geheimhaltungsinteressen zugunsten der übergeordneten rechtsstaatlichen Belange in Kauf zu nehmen.[1182]

Dies gilt umso mehr, weil sich die private Partei beim Abschluss der Schiedsvereinbarung bewusst gewesen sein muss, dass es sich beim Staat nicht um einen beliebigen Vertragspartner, sondern einen besonderen verfassungsrechtlichen Pflichten unterworfenen Rechtsträger handelt; es war für sie also vorhersehbar, dass die Ausgestaltung und -füllung der (schieds-)vertraglichen Beziehungen zur öffentlichen Hand nicht vollkommen frei erfolgen können, sondern gegebenenfalls gewissen (staats-)rechtlichen Prämissen Rechnung zu tragen ist. Zum Ausgleich erhält der Private dafür einen Vertragspartner und Schuldner, der sich durch größtmögliche finanzielle Zuverlässigkeit auszeichnet.[1183]

1178 Zurückhaltend *S. Schill*, DÖV 2010, 1013 (1016 f.).

1179 BVerwGE 104, 105 (110 f.).

1180 Ähnlich *H. Hirte*, NJW 1988, 1698 (1702); s. auch *J. Risse/M. Oehm*, ZVglRWiss 114, 407 (424).

1181 S. *J. Risse/M. Oehm*, ZVglRWiss 114, 407 (424).

1182 Vgl. in diesem Zusammenhang auch *H. Hirte*, NJW 1988, 1698 (1702); *J. Risse/M. Oehm*, ZVglRWiss 114, 407 (424 f.).

1183 Vgl. oben E.I., S. 85.

Aus der Bindung der ausführenden Gewalt an Recht und Gesetz gemäß Art. 20 Abs. 3 GG ergibt sich außerdem, dass der Gesetzgeber der Verwaltung die Teilnahme an Schiedsverfahren obligatorisch untersagen könnte.[1184] Ein solches Ge- oder Verbot hätte dann auch wiederum Auswirkungen auf den privaten Partner, denn es würde ihm für den Abschluss einer Schiedsvereinbarung schlicht an der zweiten Partei fehlen.[1185] Wenn aber schon die Durchführung eines Schiedsverfahrens von Seiten des Gesetzgebers ohne Weiteres gänzlich ausgeschlossen werden kann, dann muss es erst recht zulässig sein, die Schiedsgerichtsbarkeit nur unter der Voraussetzung zu erlauben, dass es zu einer Veröffentlichung des Schiedsspruchs kommt.[1186]

Im Ergebnis ist daher davon auszugehen, dass Schiedssprüche aus Verfahren, an denen die öffentliche Hand als Partei beteiligt ist, aus rechtsstaatlichen Gründen immer dann zu veröffentlichen sind, wenn auch staatliche Gerichtsentscheidungen zu veröffentlichen wären.[1187]

d. Ergebnis

In der vorstehenden Untersuchung konnte gezeigt werden, dass für Schiedssprüche aus Verfahren, an denen lediglich private Rechtsträger beteiligt sind, aus rechtsstaatlichen Gründen eine Publikation nicht geboten ist. Etwas anderes wurde demgegenüber für Verfahren festgestellt, an denen die öffentliche Hand als Partei teilnimmt: Weil die ausführende Gewalt genauso wie die Rechtsprechung der Rechtssicherheit, -fortbildung und -vereinheitlichung verpflichtet ist, sind Schiedssprüche notwendigerweise unter den gleichen Voraussetzungen wie staatliche Gerichtsentscheidungen zu veröffentlichen. Dagegen ist es nicht angängig, diese mit der Publikation von Gerichtsentscheidungen verfolgten Zielsetzungen

1184 Anders *C. Stumpf*, Streitbeilegung, S. 53 f., der die Teilnahme des Staates an verwaltungsrechtlichen Schiedsverfahren dem verfassungsrechtlich geschützten Kernbereich der Exekutive als Ausfluss des Gewaltenteilungsgrundsatzes zuordnet; ein gesetzlich gegenüber der Verwaltung ausgesprochenes Verbot, sich am Abschluss von Schiedsvereinbarungen zu beteiligen, als Einbruch in den Kernbereich exekutiver Eigenverantwortung zu werten, geht freilich deutlich zu weit; dieser Ansatz ist auch deshalb verfehlt, weil der Kernbereich exekutiver Eigenverantwortung nicht der vollziehenden Gewalt insgesamt, sondern grundsätzlich nur der Gubernative zusteht, s. *J. Wolff*, NVwZ 2012, 205 (207 f.).

1185 Vgl. *C. Stumpf*, Streitbeilegung, S. 51.

1186 Abw. *C. Stumpf*, Streitbeilegung, S. 53 f.

1187 Nach *F. Brosius-Gersdorf*, VVDStRL 74, 169 (182), ermöglichte eine Veröffentlichung solcher Schiedssprüche zugleich eine Kontrolle staatlichen Handelns.

dem freien Belieben der Verwaltung zu überlassen, indem ihr der Abschluss von umfassende Vertraulichkeit vorsehenden Schiedsvereinbarungen erlaubt wird. Weil auch Schiedssprüche geeignet erscheinen, die rechtsstaatlichen Funktionen gerichtlicher Entscheidungen zu erfüllen, ist die öffentliche Hand daher aus rechtsstaatlichen Gründen verpflichtet, eine Publikation veröffentlichungswürdiger Schiedssprüche vorzunehmen; berechtigten Geheimhaltungsinteressen ist dabei auf dem Wege der Anonymisierung Rechnung zu tragen.

Praktisch wird diese Verpflichtung dazu führen (müssen), dass in der Schiedsvereinbarung stets entsprechende Vorkehrungen vorab zu treffen sind. Denn eine nachträgliche Zustimmung der anderen Partei zur Publikation des Schiedsspruchs dürfte im Regelfall nicht zu erwarten sein. Sollte sich der private Partner nicht darauf einlassen wollen, so folgt aus den rechtsstaatlichen Bindungen der öffentlichen Hand, dass sie einen Abschluss der Schiedsvereinbarung zu verweigern hätte.

5. *Ergebnis*

Zusammenfassend kann festgehalten werden, dass öffentliche Rechtsträger wie folgt in objektiv-verfassungsrechtlicher Hinsicht zur Schaffung von Transparenz in Zusammenhang mit ihrer Teilnahme als Partei an Schiedsverfahren verpflichtet sind: Erstens darf die Vertraulichkeit des Schiedsverfahrens nicht dazu führen, dass die demokratisch unmittelbar legitimierten Vertretungskörperschaften nicht mehr in der Lage sind, die ihnen demokratieprinzipiell zugewiesene Aufgabe der Verwaltungskontrolle effektiv wahrzunehmen. Stattdessen hat die Exekutive gegebenenfalls Maßnahmen zu ergreifen, um den jeweils betroffenen Volksvertretungen einen wirkungsvollen Einsatz ihrer parlamentarischen Kontrollinstrumente zu ermöglichen.

Die Verwaltung ist zudem aus rechtsstaatlichen Gründen dazu verpflichtet, Schiedssprüche unter den gleichen Voraussetzungen wie staatliche Gerichtsentscheidungen zu veröffentlichen und damit zu der Schaffung von Rechtssicherheit, der Rechtsfortbildung sowie Rechtsvereinheitlichung beizutragen.[1188]

1188 Es kann die Frage aufgeworfen werden, inwiefern diese Verpflichtung wiederum subjektiv-rechtlich verankert ist. In diesem Zusammenhang gilt es sicherlich die oben auf S. 221 getroffene Feststellung zu berücksichtigen, wonach die Kenntnis rechtsförmiger Entscheidungen ganz wesentlich zur Effektuierung der staatlich gewährten Rechtsschutzmöglichkeiten beiträgt, indem sie die Erfolgsaussichten eines eigenen gerichtsförmigen Vorgehens für den Bürger im Voraus abschätzbar(er) macht. Vor diesem Hintergrund erscheint es jedenfalls nicht fernliegend, die rechtsstaatliche Pflicht zur Veröffentlichung von Schiedssprüchen in Verbindung zu setzen mit dem subjektiv-rechtlich ausgeformten allgemeinen bzw. besonderen

Berechtigten Geheimhaltungsinteressen haben die staatlichen Hoheitsträger dabei jeweils Rechnung zu tragen.

III. Ergebnis

Im Rahmen der vorangehend durchgeführten verfassungsrechtlichen Untersuchung konnte herausgestellt werden, dass sowohl auf subjektiv- als auch objektiv-verfassungsrechtliche Ansätze zurückgegriffen werden kann, um die öffentliche Hand in einem gewissen Umfang zur Schaffung von Transparenz in Bezug auf ihre Beteiligung an Schiedsverfahren zu verpflichten: In diesem Zusammenhang ist vor allem auf das nach Art. 5 Abs. 1 S. 1 Alt. 2 GG garantierte Informationsfreiheitsrecht hinzuweisen, dass den Bürger im Bereich seiner Schutzbereichseröffnung davor bewahrt, dass der Staat ihm ohne hinreichende Rechtfertigung Informationen vorenthält.

Andererseits muss die Exekutive gewährleisten, dass die Schiedsgerichtbarkeit nicht dazu führt, dass die demokratisch legitimierten Volksvertretungen ihre demokratische Kontrollfunktion nicht mehr wirkungsvoll wahrnehmen können. Schließlich ist es rechtsstaatlich geboten, dass die den Staat betreffenden Schiedssprüche unter den gleichen Voraussetzungen wie staatliche Gerichtsentscheidungen veröffentlicht werden.

L. Ergebnis

Obwohl Schiedsverfahren prinzipiell nur parteiöffentlich stattfinden, kann ein pauschal proklamierter Antagonismus zwischen transparenter Gerichtsbarkeit und intransparenter Schiedsgerichtsbarkeit keinen Bestand haben. Gleichwohl sind der Schiedsgerichtsbarkeit gewisse Eigenschaften zu eigen, die eine vertrauliche Durchführung des Verfahrens begünstigen. Daran vermag im Ergebnis auch die Informationsfreiheitsgesetzgebung auf Bundes- und Landesebene wirkungsvoll nichts zu ändern, die in begrenztem Umfang zu Informationszugangsansprüchen des Bürgers in Bezug auf solche Schiedsverfahren führen kann, an denen die öffentliche Hand als Partei teilnimmt.

Demgegenüber können dem Grundgesetz sowohl gewisse subjektiv- als auch objektiv-verfassungsrechtliche Gehalte entnommen werden, die unter bestimmten Voraussetzungen dazu führen, dass die öffentliche Hand zur Schaffung von Transparenz hinsichtlich ihrer Beteiligung an Schiedsverfahren verpflichtet ist.

Justizgewährungsanspruch nach Art. 19 Abs. 4 GG und auf diesem Weg zu einer subjektiven Gewährleistung dieser Verpflichtung zu gelangen.

Thesenförmige Zusammenfassung

1. Genauso gut wie die öffentliche Hand als Prozesspartei in Verfahren vor den Zivilgerichten in Betracht kommt, sind ebenfalls Schiedsverfahren denkbar, die zivilrechtliche Streitigkeiten des Staates zum Gegenstand haben.
2. Es existieren konkrete Anhaltspunkte dafür, dass die echte Schiedsgerichtsbarkeit im Verhältnis zur öffentlichen Hand unlängst einen Bedeutungszuwachs – insbesondere im Zusammenhang mit ÖPP – verzeichnen konnte; allerdings ist diese Feststellung nicht auf diesen Streitlösungsmechanismus zu beschränken, sondern kann in gleicher Weise auf andere Methoden der alternativen Konfliktbewältigung übertragen werden.
3. Die zunehmende Bedeutung der Schiedsgerichtsbarkeit auch für Rechtsverhältnisse, an denen sich die öffentliche Hand als Partei beteiligt, ist am ehesten dem „Zeitgeist", privatwirtschaftlichen Vorbildern sowie den Ratschlägen ihrer juristischen Berater geschuldet; demgegenüber existiert kein Grund, der zwangsläufig für die Bevorzugung dieses Streitlösungsmechanismus im Verhältnis zur staatlichen Gerichtsbarkeit spricht.
4. Im Ausgangspunkt steht das Grundgesetz einer Teilnahme des Staates als Partei an Schiedsverfahren nicht entgegen.
5. Das verwaltungsprozessrechtliche Schiedsverfahrensrecht stellt ein *compositum mixtum* dar, dessen zivilprozessrechtlich geprägter Schwerpunkt an die Besonderheiten des Verwaltungsprozesses anzupassen ist, sofern die Verweisungsvorschrift des § 173 S. 1 VwGO dies erfordert.
6. Die Wirksamkeit der verwaltungsrechtlichen Schiedsvereinbarung ist anhand der Vorgaben des § 54 S. 1 VwVfG zu messen; ihre Form richtet sich nach § 1031 ZPO in Verbindung mit § 173 S. 1 VwGO. Von Seiten der Verwaltungsgerichte ist das Vorliegen einer Schiedsvereinbarung wie im Zivilprozess nur dann zu berücksichtigen, wenn der Beklagte die Einrede nach § 1032 Abs. 1 ZPO in Verbindung mit § 173 S. 1 VwGO erhebt.
7. Vertraulichkeit setzt einerseits voraus, dass ein Schiedsverfahren unter Ausschluss der Öffentlichkeit durchgeführt wird; andererseits sind alle am Verfahren Beteiligten bezüglich aller im Zusammenhang mit dem Schiedsverfahren stehenden und sämtlichen aus ihm stammenden Erkenntnisse zur Verschwiegenheit zu verpflichten.
8. Obwohl Schiedsverfahren nur parteiöffentlich, die mündlichen Verhandlungen staatlicher Gerichtsverfahren im Grundsatz hingegen öffentlich stattfinden, kann aufgrund der vielfältigen gesetzlichen wie faktischen

Durchbrechungen der Gerichtsöffentlichkeit ein pauschal proklamierter Antagonismus zwischen transparenter Gerichtsbarkeit und intransparenter Schiedsgerichtsbarkeit keinen Bestand haben.

9. Gleichwohl ist nicht von der Hand zu weisen, dass in der Schiedsgerichtsbarkeit gewisse Vorzeichen existieren, die eine vertrauliche Durchführung des Verfahrens begünstigen. An diesem Ergebnis vermag effektiv auch die Informationsfreiheitsgesetzgebung auf Bundes- und Landesebene nichts zu ändern, die in begrenztem Umfang zu Informationszugangsansprüchen des Bürgers in Bezug auf solche Schiedsverfahren führen kann, an denen die öffentliche Hand als Partei beteiligt ist.
10. Ein subjektives Recht des Bürgers, das ihm Zugang zu Informationen verschafft, die im Zusammenhang mit der Teilnahme des Staates an Schiedsverfahren stehen, lässt sich aus dem Grundgesetz herleiten. Weil es den entsprechend Berechtigten aufgrund der in Schiedsverfahren regelmäßig vorherrschenden Parteiöffentlichkeit und gegebenenfalls Vertraulichkeit jedoch von vornherein an Anhaltspunkten fehlt, die sie zu einer Wahrnehmung dieses Rechts veranlassen könnten, erweist sich eine subjektiv-verfassungsrechtlich abgesicherte Pflicht des Staates zur Informationsverschaffung allerdings nur als bedingt dazu geeignet, insoweit für Transparenz zu sorgen.
11. Das Demokratieprinzip verpflichtet die Verwaltung zwar nicht im Verhältnis zum Bürger zu Transparenz im Zusammenhang mit der Teilnahme der öffentlichen Hand als Partei an Schiedsverfahren; anderes gilt jedoch auf der Ebene der Verwaltungskontrolle durch die unmittelbar demokratisch legitimierten Vertretungskörperschaften: Insoweit darf die Beteiligung des Staates an Schiedsverfahren nicht dazu führen, dass demokratische Kontrollkompetenzen in erheblicher Weise beeinträchtigt werden. Stattdessen trifft die Exekutive eine verfassungsrechtliche Pflicht, dafür Sorge zu tragen, dass ein effektiver Einsatz parlamentarischer Kontrollinstrumente auch in diesem Kontext gewährleistet bleibt. Berechtigten Geheimhaltungsinteressen haben die beteiligten staatlichen Hoheitsträger dabei gemeinschaftlich Rechnung zu tragen.
12. Weil die ausführende Gewalt genauso wie die Rechtsprechung der Rechtssicherheit, -fortbildung und -vereinheitlichung verpflichtet ist, sind Schiedssprüche aus Verfahren, in denen sie die öffentliche Hand als Partei vertritt, aus rechtsstaatlichen Gründen unter den gleichen Voraussetzungen wie staatliche Gerichtsentscheidungen zu veröffentlichen. Dies hängt wiederum von ihrer Veröffentlichungswürdigkeit ab, die sich nach dem insoweit bestehenden tatsächlichen oder mutmaßlichen Interesse der Bevölkerung richtet; berechtigten Geheimhaltungsinteressen ist dabei auf dem Wege der Anonymisierung Rechnung zu tragen.

Sachverzeichnis

H

I

W

Z

Schriftenreihe der August Maria Berges Stiftung für Arbitrales Recht

Herausgegeben von Dr. Hubertus W. Labes

Band 1 August Maria Berges – Ausgewählte Schriften zum Schiedsrecht. Herausgegeben von der August Maria Berges Stiftung für Arbitrales Recht. 1998.

Band 2 Iris Koch: Außergerichtliche Streitbeilegung im japanischen Wirtschaftsverkehr unter besonderer Berücksichtigung der Schiedsgerichtsbarkeit. 2000.

Band 3 Hans-Claudius Scheef: Der einstweilige Rechtsschutz und die Stellung der Schiedsrichter bei dem Abschluß von Schiedsvergleichen nach dem deutschen und englischen Schiedsverfahrensrecht. Eine rechtsvergleichende Untersuchung. 2000.

Band 4 Dominik Lentz: Die internationale Wirtschaftsschiedsgerichtsbarkeit in der Russischen Föderation. Darstellung und Analyse anhand der Praxis des internationalen Handelsschiedsgerichts bei der Handels- und Industriekammer der Russischen Föderation. 2000.

Band 5 Torsten Lörcher: Neue Verfahren der internationalen Streiterledigung in Wirtschaftssachen. Verfahren vor dem Internationalen Seegerichtshof, WTO-Panelverfahren, ICSID- und WIPO-Schiedsverfahren. 2001.

Band 6 Julia Tief: Discovery und Informationspflichten der Parteien in der Internationalen Schiedsgerichtsbarkeit. Ein deutsch-amerikanischer Vergleich. 2000.

Band 7 Richard Happ: Schiedsverfahren zwischen Staaten und Investoren nach Artikel 26 Energiechartavertrag. Eine Studie zum Wandel der Streitbeilegung im Investitionsschutzrecht unter den Bedingungen einer globalen Weltwirtschaft. 2000.

Band 8 Jörn Schämann: Schiedsgerichte unter staatlicher Kontrolle. Das englische Recht und das UNCITRAL-Modellgesetz. 2001.

Band 9 Jana Dominique Jaeger: Die Umsetzung des UNCITRAL-Modellgesetzes über die internationale Handelsschiedsgerichtsbarkeit im Zuge der nationalen Reformen. 2001.

Band 10 Michael Kronenburg: Vollstreckung ausländischer Schiedssprüche in den USA. Die Rechtsprechung US-amerikanischer Gerichte. 2001.

Band 11 Jan-Michael Ahrens: Die subjektive Reichweite internationaler Schiedsvereinbarungen und ihre Erstreckung in der Unternehmensgruppe. 2001.

Band 12 Klaus Peter Berger: Arbitration Interactive. A Case Study for Students and Practitioners. 2002.

Band 13 Daniel Paul Simms: Das Recht der Schiedsgerichtsbarkeit in Irland. 2002.

Band 14 Johann von Pachelbel-Gehag: Das reformierte deutsche und schwedische Schiedsverfahrensrecht. Eine vergleichende Betrachtung unter Berücksichtigung des UNCITRAL-Modellgesetzes über die internationale Handelsschiedsgerichtsbarkeit. 2002.

Band 15 Volker Nienaber: Die Anerkennung und Vollstreckung im Sitzstaat aufgehobener Schiedssprüche. 2002.

Band 16 German Institution of Arbitration (ed.): Financial Capacity of the Parties. A Condition for the Validity of Arbitration Agreements? Based on a Conference organized by the German Institution of Arbitration (DIS) on November 29th 2002 in Berlin. 2004.

Band 17 Frank Martens. Wirkungen der Schiedsvereinbarung und des Schiedsverfahrens auf Dritte. 2005.

Band 18 Claudia Krapfl: Die Dokumentenvorlage im internationalen Schiedsverfahren. Ein deutsch-US-amerikanischer Vergleich. 2007.

Band 19 Michael Christ: Berichtigung, Auslegung und Ergänzung des Schiedsspruchs. Das schiedsgerichtliche Korrekturverfahren nach § 1058 ZPO. 2008.

Band 20 Carsten Schmidt: Prozessuale Meistbegünstigung im völkerrechtlichen Investitionsschutz. 2008.

Band 21 Philipp K. Wagner: Abstimmungsfragen zwischen Internationalem Insolvenzrecht und Internationaler Schiedsgerichtsbarkeit. Unter besonderer Berücksichtigung der Anerkennung grenzüberschreitender Insolvenzen durch Schiedsgerichte. 2008.

Band 22 Deutsche Institution für Schiedsgerichtsbarkeit e.V. (Hrsg.): Die neue ICC-Schiedsgerichtsordnung. 2012.

Band 23 Nils Christian Wighardt: Rückverweisung des Schiedsspruchs an das Schiedsgericht. Vorschläge zur Reform nach Art. 34 Abs. 4 UNCITRAL-Modellgesetz. 2013.

Band 24 Christoph Grenz: Der Faktor Zeit im Schiedsverfahren. 2013.

Band 25 Annekathrin Holzberger: Die materiellrechtliche und kollisionsrechtliche Einordnung des Schiedsrichtervertrages. 2015.

Band 26 Sven Hasenstab: Regulierung anwaltlicher Parteivertreter in internationalen Schiedsverfahren. Rechtlicher Rahmen für in- und ausländische Rechtsanwälte vor Schiedsgerichten mit Sitz in Deutschland. 2015.

Band 27 Max Wilhelm Oehm: Das Rechtshilfeverfahren in Beweissachen nach 28 U.S.C. § 1782 in der internationalen Handels- und Investitionsschutzschiedsgerichtsbarkeit. 2016.

Band 28 Mirko Widdascheck: Die UNCITRAL Arbitration Rules als *semi-institutionelle* Schiedsverfahrensregeln. 2016.

Band 29 Nicolas Gremminger: Haftung von Schiedsorganisationen. 2018.

Band 30 René Rosenau: Die öffentliche Hand als Partei in verwaltungs- und zivilrechtlichen Schiedsverfahren. 2018.

www.peterlang.com

www.ingramcontent.com/pod-product-compliance
Ingram Content Group UK Ltd.
Pitfield, Milton Keynes, MK11 3LW, UK
UKHW021840290926
8980IPUK00005B/558

9 783631 767887